*Innovations sociales
et
renaissance
de*
L'AFRIQUE
NOIRE

Jean-Marc Ela
Innovations sociales et renaissance de l'Afrique noire
Les défis du «monde d'en-bas»

Diffusion Europe, Asie et Afrique :
L'Harmattan
5-7, rue de l'École Polytechnique
75005 Paris
FRANCE
33.01.40.46.79.10

Diffusion Amériques :
Harmattan Inc.
55, rue St-Jacques
Montréal
CANADA
H2Y 1K9
1 (514) 286-9048

Conception graphique et montage : Olivier Lasser

Sauf à des fins de citation, toute reproduction, par quelque procédé que ce soit, est interdite sans l'autorisation écrite de l'éditeur.

© Harmattan Inc., 1998
ISBN : 2-89489-043-5

Bibliothèque nationale du Québec
Bibliothèque nationale du Canada

Jean-Marc Ela

Innovations sociales et renaissance de
L'AFRIQUE NOIRE

**Les défis du
«monde d'en-bas»**

Harmattan
55, rue St-Jacques Montréal
Canada H2Y 1K9

L'Harmattan
5-7, rue de l'École Polytechnique
75005 Paris France

DU MÊME AUTEUR

La plume et la pioche, Yaoundé, Éditions Clé, 1971.
Le cri de l'homme africain, L'Harmattan, 1980, traduction anglaise et néerlandaise.
De l'assistance à la libération. Les tâches actuelles de l'Église en milieu africain, Paris, Centre Lebret, 1981, traduction allemande et anglaise.
L'Afrique des villages, Paris, Karthala, 1982.
Voici le temps des héritiers. Églises d'Afrique et voies nouvelles, Paris, Karthala, 1982, en collaboration avec R. Luneau, traduction italienne.
La ville en Afrique Noire, Paris, Karthala, 1983.
Ma foi d'Africain, Paris, Karthala, 1985, traduction allemande, anglaise et italienne.
Fede e Liberazione in Africa, Assisi, Citadella Editrici, 1986, traduction espagnole.
Cheikh Anta Diop ou l'honneur de penser, Paris, L'Harmattan, 1989.
Quand l'État pénètre en brousse... Les ripostes paysannes à la crise, Paris, Karthala, 1990.
Le message de Jean-Baptiste. De la conversion à la réforme dans les Églises africaines, Yaoundé, Clé, 1992.
Afrique : l'irruption des pauvres. Société contre l'ingérence, pouvoir et argent, Paris, L'Harmattan, 1994.
Restituer l'histoire aux sociétés africaines. Promouvoir les sciences sociales en Afrique noire, Paris, L'Harmattan, 1994.

EN COLLABORATION
  « Fécondité, structures sociales et fonctions dynamiques de l'imaginaire en Afrique noir », in H. Gérard et V. Piché, *La sociologie des populations*, Montréal, Les Presses de l'université de Montréal, AUPELF/UREF, 1995.

*À Yao Assogba, Célestin Monga,
Achille Mbembe et à ma nièce Anne-Sidonie,
je dédie cet ouvrage écrit sur les chemins de l'exil.*

TABLE DES MATIÈRES

Avant-propos – Crises et inventivité des sociétés africaines   9

PREMIÈRE PARTIE – Développement
et changement social : enjeux théoriques   27
**1 – Faillite du développement
ou renaissance de l'Afrique noire ?**   29
    L'épuisement des paradigmes   29
    Pour une archéologie du développement   36
    Le changement en question   48
    Permanences ou ruptures   55
    Les masques du discours africaniste   61
    Les coûts du progrès   67
    Rompre avec le modèle   70

DEUXIÈME PARTIE – Rationalités, pénurie et créativité
sociale   77
2 – Violence et précarité   79
    La dérive culturaliste   81
    Coercition, production et dénuement   88
    Vivre sous le signe de la précarité   100
    Les illusions de la croissance économique   107
**3 – « Le développement social » : un gadget contre
la pauvreté et l'exclusion**   119
    La génération sacrifiée   119
    Le développement introuvable ?   123
    La montée des inégalités   128
    Le cynisme des institutions financières internationales   134
    Au-delà de la débrouille   142

4 – Pour une nouvelle approche de la ruralité africaine 145
  Revisiter le village 145
  Crise et métamorphoses de la ruralité 151
  Un laboratoire des changements sociaux 167
5 – Savoirs endogènes, risques technologiques et sociétés 173
  Raison et violence 173
  Vers l'économie politique de l'érosion 183
  L'écoute de l'autre 188
  L'empire du coton 194
  Systèmes agraires et aménagement de l'espace 202
  Le poids de l'histoire 208
  Conflits ou rencontre des savoirs ? 213
  Vache, culture et société 220
  Les nouvelles pistes de la recherche agricole 229

TROISIÈME PARTIE – POPULATION, GLOBALISATION ET POLITIQUE 237
6 – Gestion administrative, réseaux mafieux et pouvoir 239
  Syndrome bureaucratique et commandement 241
  Gouverner c'est manger 246
  Fraude et dictature sous le patronage de l'Élysée 251
  Le règne de l'impunité 275
  L'héritage du parti unique 284
  Culture de la gestion et culture démocratique 295
7 – Rire, danse et dissidence 299
  Écouter « les rien-du-tout » 301
  Sexe, ventre et meurtre 303
  La révolte en chanson 314
  Le refus de l'impôt 320
8 – Face au défi du nombre, un nouveau fétiche 325
  L'explosion démographique : réalité et défi 327
  L'empire du dollar et le marché des condoms 331
  Ajustement structurel ou développement ? 340
  Au-delà des schémas économistes 343
  La fin des certitudes 351
9 – Réformes économiques et enjeux géopolitiques 355
  Les termes du débat : de la « survie » au « développement » 355
  Le piège libéral 360
  Le continent du XXIe siècle 375
  Ajustement structurel et recolonisation 384

Conclusion – Les ruses de l'imaginaire 403

Bibliographie 419

AVANT-PROPOS

CRISES ET INVENTIVITÉ DES SOCIÉTÉS AFRICAINES

« Parachuté dans notre pays, l'étranger ne manquera pas de remarquer immédiatement une phrase sempiternelle : "c'est comment ?" utilisée le plus souvent en guise de salut, elle élide un bonjour antérieur désormais obsolète. Avant, on disait : "bonjour, comment vont ta famille, tes affaires, etc... ?". À présent, l'heure n'est plus au salamaleck, la vitesse est de rigueur; on abrège en un maigre "c'est comment ?".

Mais un "c'est comment ?" hâtivement jeté ou non, dénote toujours un intérêt certain pour la personne à qui on s'adresse; l'intérêt peut être bienveillant ou pas. Les réponses affluent alors. La plus entendue, contexte financier oblige, c'est : "on est là, on va encore faire comment ?".

Par cette phrase, vous ferez entendre que votre situation est peu réluisante et que, dépassé par les événements, vous vous contentez quotidiennement de venir voir. Si, depuis belle lurette, vous vous démenez de ci, de là, sans trouver aucune opportunité à percer sur le plan matériel, vous pourrez toujours vous plaindre que "le temps est dur" ou déplorer encore plus pathétiquement, "le dehors veut seulement nous finir"[1]. »

---

1. Mercédès Fouda, *Le Franco Fau-File illustré, ou l'art de parler le français au Cameroun*, Yaoundé, Equinoxe, 1995, p. 11.

Cette page de Mercédès Fouda est le miroir d'une société qui invente ses mots pour dire le temps où elle est appelée à vivre et à se redéfinir. On retrouve ce langage sous la plume d'une jeune africaine qui s'est mise à l'écoute de ce qui se dit dans les sous-quartiers comme dans les couloirs des grands ministères où, désormais, sont rares les hommes et les femmes qui, malgré tous les masques dont ils se couvrent, échappent à l'empire de la nécessité et du besoin. Depuis des années, les Africains sont entrés dans une ère où, comme le répète « l'homme de la rue », « les temps sont durs ». Rappeler que « c'est fort sur moi », c'est reconnaître que « ça va mal ». La situation est si grave que la pénurie se lit dans les poubelles comme l'observe ce « fouilleur » que A. S. Zoa a rencontré dans son enquête sur « Les ordures à Yaoundé ». Après les années d'abondance,

« les poubelles ne sont plus très riches. Avant, on jetait les habits, les chaussures, maintenant c'est très rare[2] ».

Dans un contexte socio-économique où de nombreux citadins redécouvrent « la marche à pied » dans la mesure où ils n'ont plus les moyens nécessaires pour prendre un taxi[3], c'est au niveau du rapport à l'argent que l'on saisit au quotidien l'ampleur de la rareté matérielle qui se révèle à tous les niveaux de la vie sociale. Ici encore, il faut revenir au « monde d'en bas » qui est le lieu par excellence où l'on peut observer l'Afrique d'aujourd'hui. « Etre foiré » traduit une situation critique où l'on prend conscience des « maux de poche » dont souffre la société globale. Ce que le langage populaire appelle la « crise » est cette carence fondamentale qui caractérise les conditions de vie dans lesquelles se trouve la majorité des populations africaines. Il s'agit de la situation générale d'insécurité matérielle dans les pays où, dans tous les domaines, surgit une crise aiguë de subsistance. La société est confrontée à la pénurie et à la disette dans les secteurs vitaux où, face à l'eau, à la nourriture, au transport, aux

---

2. Anne-Sidonie Zoa, *Les ordures à Yaoundé : urbanisation, environnement et politique au Cameroun*, Paris, l'Harmatttan, 1995, p. 145.
3. J. M. Ela, *Afrique, L'irruption des pauvres : Société contre ingérence, Pouvoir et Argent*, Paris, l'Harmattan, 1994, p. 49.

services de base, l'accès aux ressources de première nécessité est devenu un enjeu quotidien. Placée dans un système où « y a pas l'argent », elle se heurte aux contraintes multiples dont le poids est considérable et met en cause l'avenir des systèmes sociaux et familiaux.

Ce que suggèrent les langages de la crise vécue au quotidien, c'est l'enjeu des dysfonctionnements et des déséquilibres qui résultent de l'effondrement d'un système productif au moment où les bailleurs de fonds internationaux s'organisent pour imposer à l'Afrique des réformes économiques inscrites dans le cadre des programmes néo-libéraux d'austérité. Il faut bien se rendre compte des formes spécifiques de pénurie et de disette qui structurent le monde de notre temps. De nombreuses enquêtes et études soulignent l'augmentation et l'aggravation de la pauvreté dans les différentes régions du continent[4]. Si, depuis la colonisation, l'Afrique ne fut jamais heureuse comme le rappelle l'histoire des famines, des épidémies ou les révoltes paysannes et ouvrières contre les processus de prolétarisation entretenus dans les lieux de production et de travail[5], il convient d'insister sur l'articulation des rapports entre l'ajustement structurel et la pauvreté dans un environnement difficile où s'accentuent les conditions qui semblent perpétuer les dynamiques de pauvreté du continent. L'explosion de la pauvreté et la montée du chômage s'inscrivent dans un contexte de déséquilibres créés par les forces du marché qui obligent les populations africaines à se soumettre aux diktats du néo-libéralisme triomphant. Ce qui apparaît comme une crise de subsistance ne se comprend qu'à l'intérieur des mécanismes d'expansion d'un modèle qui dissocie l'économique et le social. On ne peut comprendre le contexte global où se trouve l'Afrique sans situer la montée du chômage et de la pauvreté au cœur des dynamiques historiques par lesquelles le système néo-libéral envahit tous les espaces de la vie quotidienne. Dans ce sens, on doit revenir aux années 80

---

4. J. M. Ela, *Ibidem*; Voir aussi J.-P. Lachaud, (Dir.), *Pauvreté et marché du travail urbain en Afrique subsaharienne : analyse comparative*, Genève, Institut International d'Études Sociales, 1994.
5. C. C. Vidrovitch, *Afrique Noire : permanences et ruptures*, Paris, Payot, 1995, pp. 143-236.

pour définir les conditions d'apparition de la « nouvelle pauvreté » qui, en Afrique, est étroitement liée aux logiques du néolibéralisme qui domine le monde contemporain. Comme le rappelle J. Coussy,

> « La crise que l'Afrique subsaharienne connaît depuis le milieu des années 80 est une crise de son mode d'insertion internationale. Cette insertion est en mutation du fait d'une évolution défavorable des flux extérieurs (baisse des termes de l'échange, perte des parts de marché, crise de l'endettement, etc...) et de la réforme, non achevée, de la politique économique extérieure dans le cadre de l'ajustement structurel[6] ».

Autrement dit, à partir de la baisse des revenus et de la consommation alimentaire, de la dégradation des conditions sanitaires, l'Afrique fait face aux contraintes d'une économie-monde qui la force à adhérer au crédo néo-libéral en vue du triomphe total du marché hors duquel il n'y a pas de salut. Il nous faut replacer les réalités africaines dans ce systèmes pour comprendre les enjeux socio-économiques et politiques de cette période de l'histoire africaine où « les temps sont ndjindja[7] ».

Au-delà des chiffres qui mesurent les ravages du néolibéralisme en Afrique, on découvre

> « des visages et des dignités bafoués, des corps mutilés, des vies fauchées, bref le génocide du marché, souvent greffé sur les antagonismes sociaux du passé. Pas n'importe quel marché, mais cette économie du marché, dont Milton Friedman a l'honnêteté de revendiquer le véritable nom : le capitalisme.
>
> Loin de répondre à la logique de la main invisible, l'économie du profit construit au contraire un rapport social de domination, ce même rapport qui présida à la conquête des Amériques et au génocide des indiens, au libre-commerce des esclaves et au blocage politico-social de l'Afrique, à

---

6. J. Coussy, « Les crises démo-économiques de l'Afrique subsaharienne : les paradigmes d'interprétation », dans J. Coussy et J. Vallin (Dir.), *Crise et population en Afrique : crises économiques, politiques d'ajustement et dynamiques démographiques*, Paris, CEPED, 1996, p. 14.
7. « Les temps sont amers. »

l'exploitation du prolétariat industriel, à la colonisation, mercantile d'abord et d'exploitation des richesses ensuite, à la guerre de l'opium et à la révolte de Tai-Pei, à l'intégration de l'ancestrale infériorité des femmes dans des rapports sociaux générateurs d'avantages économiques, à l'émigration massive des européens vers d'autres continents et à la fermeture des frontières quand le flux s'inverse, à l'échange inégal entre le Nord et le Sud, à l'informalisation du Tiers-Monde et à ce qu'on appelle aujourd'hui dans les sociétés industrielles l'exclusion[8]».

Tel est le cadre de référence qui éclaire la condition des hommes et des femmes dans les pays où la «crise» se lit à partir des rapports de domination que les sociétés africaines entretiennent avec le totalitarisme du marché au moment où les options néo-libérales de l'Occident s'inscrivent dans les structures fondamentales de la vie des ruraux et des citadins d'Afrique.

Cette situation a provoqué une série d'études et de recherches qui proposent des paradigmes d'interprétation. Sans reprendre les analyses sur les fondements de ce qu'il est convenu d'appeler la «crise» en Afrique, sans revenir sur les contraintes extérieures qui ont contribué au déclin du continent et aux blocages internes de type politique et institutionnel qui pèsent sur l'effort de reconstruction des sociétés africaines, ne faut-il pas s'ouvrir aux nouveaux champs qui restent à explorer? La réponse à cette question ne va pas de soi. Elle impose des choix de recherche qui obligent à procéder à un réajustement des paradigmes, à restructurer le champ des savoirs et à revoir les concepts, les grilles, les méthodes d'analyse et les systèmes de référence, bref à remettre en cause les discours traditionnels sur l'Afrique.

Bien sûr, devant le matracage idéologique organisé par les prophètes du messianisme néo-libéral qui, à partir du «consensus de Washington», promettent aux Africains la

---

8. François Houtart, *L'avenir du développement au Sud : à la recherche d'une alternative de gauche*, séminaire à l'occasion du XXe anniversaire du Centre Tricontinental (CETRI), Bruxelles, 27 Septembre 1996.

Terre Promise de l'économie du marché, la vigilance épistémologique est de rigueur. À cet égard, on doit saisir les failles du système qui, à travers les politiques d'austérité, soumet les pays africains écrasés par le fardeau de la dette à un ajustement qui aggrave les conditions de pauvreté et les enfonce dans un scénario où la « sortie de crise » est toujours renvoyée au calendes grecques. Dans un ouvrage osé qui garde toute son actualité, G. Duruflé l'a bien montré à partir d'une étude de cas qui peut servir de référence pour d'autres régions du continent :

> « De rééchellonement en rééchelonnement, on ne fait que leur maintenir la tête hors de l'eau, tout en leur imposant des programmes d'austérité qui contreviennent à toute autre perspective de croissance et de développement et qui se traduisent par une dégradation souvent dramatique des conditions de vie de couches importantes de la population[9] ».

Comme le démontre l'économiste,

> « Il est illusoire et trompeur de parler de sortie de crise "par le haut" ou même plus simplement de sortie de crise dans un horizon prévisible, étant donné les conditions financières qui prévalent actuellement[10] ».

Dans ce contexte dramatique, les populations déjà ruinées par le pillage des ressources rares organisé par les tyrans sanguinaires qui règnent au Cameroun, au Togo, au Kenya et ailleurs, subissent les coûts élevés des programmes d'ajustement structurel dont le dogmatisme intolérant ne parvient pas à masquer les échecs qui se confirment de jour en jour. Comme le rappelle une enquête récente,

> « en dépit des sacrifices consentis, les prophéties annoncées ne se sont pas réalisées. Qu'on en juge : entre 1980 et 1986, l'Île Maurice est l'unique pays, sur trente-sept États "ajustés", où la pauvreté a diminué. Sur les dix meilleurs élèves des institutions de Bretton Woods, seuls l'Île Maurice et le Ghana ont une dette inférieure à

---

9. G. Duruflé, *L'ajustement structurel en Afrique (Sénégal, Côte-d'ivoire, Madagascar)*, Paris, Karthala, 1988, p. 15.
10. *Ibidem.*

100 % de leur revenu national. En dix-huit ans d'ajustement, seulement sept pays ont vu leur niveau d'investissement augmenter. Dans la plupart des cas, du fait de la détérioration de leurs conditions de vie, les fonctionnaires ont eu davantage recours à des pratiques délictueuses pour maintenir leur pouvoir d'achat. Dans le même temps, leur motivation au travail a décru. Toujours plus de cadres, et parmi les meilleurs, quittent l'administration pour le secteur privé, voire pour l'étranger (...) Chute du pouvoir d'achat, baisse des dépenses de santé, ..., la liste est longue des effets de l'ajustement sur le niveau de vie des populations[11] ».

Ainsi, à vouloir intégrer l'Afrique de force dans l'économie du marché mondialisé, la logique des institutions de Bretton Woods qui « frise souvent l'absurde » se traduit par le démantèlement des structures économiques locales, la déliquescence de l'Etat et le blocage des politiques sociales, sanitaires et éducatives. Les fruits amers du néo-libéralisme accélèrent les affrontements dans les sociétés où les pauvres sont gouvernés par les réseaux mafieux pour lesquels l'accès aux ressources, y compris de première nécessité, se confond avec une activité guerrière. Car la rareté matérielle et l'insécurité croissante provoquent les convoitises et les appétits féroces que l'on tend à satisfaire par tous les moyens, y compris l'extorsion, la prédation ou le conflit armé. En fait, une nouvelle génération de conflits surgit aujourd'hui sur fond de crise au moment où la guerre elle-même tend à devenir un mode de production du politique. On l'a vu naguère avec l'effondrement du mobutisme et l'éviction de Lissouba par un général d'armée après des tueries sanglantes et stupides. Ces perspectives hantent les régimes fondés sur « une économie de prédation » où la dégradation des jeux de pouvoir est liée aux jeux économiques dans le sens où l'Afrique ne cesse d'être enfoncée dans un contexte plus libéral qui n'offre aucune perspective d'avenir aux catégories sociales sinistrées. Dans le système de dégradation des

---

11. Demba Diallo, « Diagnostic d'un échec », dans *L'Autre Afrique*, du 17 au 23 Septembre 1997, p. 9.

conditions de vie et de dénuement généralisées, tout se passe comme si le seul gouvernement laissé aux classes dirigeantes était celui de la pauvreté. G. Duruflé a mis en lumière ce paradoxe lorsqu'il écrit :

> « En raison du caractère excessivement serré des contraintes financières, ce qui est annoncé comme un "processus d'ajustement" tend à devenir une "gestion de l'enlisement" dont on ne voit pas le terme. Cette conclusion est malheureusement une des constantes de l'analyse que, pour des raisons compréhensibles, mais non sans hypocrisie, les bailleurs de fonds, eux-mêmes confrontés au caractère statutairement limité de leurs resources et aux exigences de leur conseil d'administration, tentent d'escamoter. Tous les programmes d'ajustement de la BIRD se doivent d'être assortis d'un "scénario de sortie de crise" où, moyennant une enveloppe de financement extérieur fixé *ex ante*, on dessine un scénario macro-économique de retour progressif à l'équilibre des finances publiques et extérieures accompagné d'un taux de croissance au moins égal à celui de la population. Aucun de ces scénarios ne résiste vraiment à une analyse serrée, et, de fait, année par année, les besoins de financement dépassent les prévisions, tandis que le pays s'installe dans la stagnation (voire la récession) et le désinvestissement. Les techniciens de la banque le savent bien, puisque, au moment où on les contraint à élaborer ces scénarios de sortie de crise pour que le programme puisse "passer auprès des instances dirigeantes de la banque", on programme une reconduction quasi indéfinie des prêts d'ajustement structurel[12] ».

Pour élargir les perspectives de recherche et nourrir le débat sur les alternatives qu'impose la faillite du modèle de croissance dont l'épuisement est devenu évident à travers les signes variés, il semble nécessaire de recentrer les regards sur cette « autre Afrique » que semblent dédaigner les « techniciens » qui élaborent des « scénarios de sortie de crise par le haut » sans jamais s'interroger sur les acteurs qui, confrontés

---

12. G. Duruflé, *L'ajustement structurel en Afrique*, op. cit., p. 14.

aux lois prétendument universelles du libéralisme, mettent en œuvre des stratégies spécifiques qui n'ont rien à voir avec les logiques estimées plus rationnelles et plus efficaces.

Car, au moment où l'expansion du capitalisme occidental est à l'épreuve du développement humain, il faut s'affranchir du paradigme de la faillite pour mettre en œuvre de nouvelles façons de percevoir et de comprendre les sociétés africaines. En dépit de l'«enlisement» généralisé, l'Afrique n'est pas un simple appendice du marché caractérisé par les rapports de force où les plus forts écrasent les plus faibles. Il serait bien simpliste de réduire l'ensemble des africains et africaines à n'être que les grandes victimes du génocide du marché néolibéral dans le processus de globalisation en cours. Dès les années 90, la prise en compte des « ripostes à la crise » nous est apparue comme un vaste champ de recherche où doit s'investir l'intelligence en Afrique[13]. On peut vérifier la pertinence des analyses qui renouvellent le regard sur le continent en redonnant toute sa valeur à la banalité comme l'indiquent les études de cas que nous avons eu l'occasion de susciter et d'accompagner à partir des travaux de terrain. Pour nous limiter ici au cas du Cameroun, rappelons, en milieu rural, l'analyse de Neh Fru qui met en lumière les processus d'innovation par lesquels les planteurs de café de la région de Bamenda amorcent de nouvelles manières de gérer le rapport à l'espace[14]. Une étude pionnière de Chantal Guimapi, en rupture avec les analyses géographiques longtemps fascinées par le départ vers la ville, introduit le thème de la « migration de retour » dans la recherche sur les dynamiques de population[15]. La jeune sociologue inaugure aussi la recherche sur les attitudes en milieu urbain, et les comportements des femmes face à la crise à Yaoundé en examinant attentivement leurs réactions et leurs initiatives face aux problèmes de la mobilité

---

13. J.-M. Ela, *Quand l'État pénètre en brousse, les ripostes paysannes face à la crise*, Paris, Karthala, 1990.
14. Célestina Neh Fru, *Les planteurs de café et la crise de l'agriculture d'exportation dans le Nord-Ouest Cameroun, le cas de Mankon*, Université de Yaoundé, 1990.
15. Chantal Guimapi, *De la ville au village : Le cas des Bafous des Hauts plateaux de l'Ouest-Cameroun*, Université de Yaoundé, 1990.

urbaine, de l'habillement, de l'alimentation et des activités productrices de revenus[16]. Une autre étude pionnière que nous avons eu la joie de susciter met en relief les «jeux et les enjeux autour des ordures» à Yaoundé. En s'armant de courage, A.-S. Zoa observe le fond des poubelles et resaisit toute une société au quotidien à travers ses déchets en même temps qu'elle découvre l'économie des ordures qui fait vivre la micro-entreprise, jusque-là inconnue des milieux d'affaires et de la Banque Mondiale dans un contexte de chômage et de pauvreté où la valorisation des déchets est une source d'emplois et un enjeu économique et politique[17].

Les enquêtes menées dans les observatoires ruraux et urbains créés par G. Courade dans le cadre des analyses du changement et de l'innovation sociale au Cameroun sont venues s'inscrire dans ce nouveau mouvement de recherche qui procède à l'étude des comportements et des attitudes des ménages face à la crise[18]. C'est peut-être parmi les démographes que cette problématique est au centre des préoccupations actuelles comme le démontrent les travaux, les séminaires et les colloques, les conférences et les publications qui portent sur les dynamiques démographiques perçues comme la réponse des ménages et des familles à la crise de l'économie et aux rigueurs des programmes d'ajustement structurel en Afrique subsaharienne. Ces orientations de recherche obligent à reconsidérer les sociétés africaines comme un défi majeur aux sciences sociales dans un tournant de l'histoire qui exige le renouvellement de la pensée africaine.

En effet, si la crise africaine est aussi une crise des idées, des concepts et des paradigmes, il est difficile d'échapper au doute qu'impose l'évaluation globale des outils d'analyse dont la pertinence n'est pas établie pour permettre la compréhension en profondeur des mutations en cours.

---

16. Chantal Guimapi, *Les Réactions de survie des femmes à Yaoundé*, les Cahiers d'Osciscia, n°16, 1995.
17. Anne-Sidonie Zoa, *Les ordures à Yaoundé*, op. cit.
18. G. Courade (Dir.), *Le village camerounais à l'heure de l'ajustement*, Paris, Karthala, 1994.

« Dans la mesure où tout savoir scientifique qui se constitue doit accepter d'être vulnérable et partiellement contesté[19] »,

on peut se demander si la crise des sociétés soumises aux contraintes du néolibéralisme ne met pas en question l'héritage de l'africanisme : en quoi les savoirs élaborés sur l'Afrique dans le système colonial et néo-colonial nous proposent-ils un cadre d'interprétation valable des réalités dont l'intelligence exige une refonte complète des cadres de pensée et d'analyse ? Pour relever les nouveaux défis de la connaissance du fait africain, n'éprouvons-nous pas le besoin de revoir nos grilles de lecture dans un moment où, trop souvent, la tentation est grande de s'enfermer dans les schémas de la pensée unique ? Au-delà des « scénarios de crise » et de catastrophes, comment regarder l'Afrique autrement sans redécouvrir l'inventivité des sociétés dont les « réveils » et les dynamismes bouleversent les certitudes des discours institués ? Afin d'esquisser les réponses à ces questions, il importe d'orienter les regards vers les terrains d'observation où l'on doit se demander si l'Afrique en crise n'est pas un lieu privilégié d'innovations et de changement social.

Au-delà des formes de « bricolage » qui relève de « l'univers de la débrouille » dont on découvre désormais l'ampleur à travers les processus d'informalisation de tous les niveaux de la vie en société, par « innovation », il faut entendre ici non seulement les multiples « arts de faire » qui sont une réponse à la crise, mais aussi les dynamiques diffuses qui manifestent la créativité des sociétés africaines et conduisent à l'émergence des comportements marquant les nouveaux visages d'une Afrique engagée dans un vaste mouvement de restructuration économique et de recomposition sociale. Dans cette perspective, réfléchir à la crise en Afrique ne saurait se limiter à décrire les initiatives qui se multiplient dans les domaines où les enquêtes ne dépassent pas toujours le cadre d'observation des stratégies de survie.

---

19. G. Balandier, *Anthropologie politique*, Paris, PUF, 1995, p. 1.

En ce qui nous concerne, il faut rompre avec les analyses classiques pour mesurer le poids historique des transformations radicales qui annoncent l'invention des sociétés en Afrique subsaharienne. Car, ce qui se joue sous nos yeux, c'est une sorte de « revanche des exclus » qui élaborent des alternatives fondées sur les logiques et les rationalités en opposition avec les modèles qui veulent imposer le changement aux sociétés africaines « par le haut ». En marge des vulgates officielles qui mettent l'accent sur les scénarios d'incertitude, d'instabilité, de faillite ou d'effondrement, il convient de revisiter l'Afrique pour savoir si les réactions surprenantes aux amputations et aux crises multiformes ne posent pas les fondements d'un système social et culturel qui s'annonce par les trajectoires et les cheminements que l'on doit s'efforcer de découvrir et de comprendre. Bien plus, c'est « l'historicité des sociétés » africaines qu'il faut mettre en lumière en tenant compte des modifications des comportements des individus et des groupes sociaux. Bref, ce qui se donne à voir, c'est une Afrique à l'état naissant dans une période de transition où l'on doit rester à l'affût des sociétés neuves dans les lieux d'initiatives et le champ des modifications répérables à travers les nouveaux modes de vie, les réinterprétations confuses, les dynamiques imprévues, les évolutions annonciatrices des ruptures politiques, sociales et économiques. L'intelligence des sociétés africaines doit être réaménagée pour saisir « le travail » de ces sociétés sur elles-mêmes, leurs mises en débat, leurs efforts d'interaction, leurs processus de « production ». Sous cet angle, c'est la mise à l'épreuve de l'Afrique contemporaine par les chocs extérieurs et internes qui peut conduire l'observateur à décider si les innovations en cours sont porteuses d'un potentiel de changement social. Sans nous attarder sur les théories auxquelles l'étude de ce phénomène a donné lieu[20], précisons avec Guy Rocher que ce terme désigne :

---

20. Pour un aperçu de ces théories, lire M. Etienne et al., *Dictionnaire de Sociologie*, Paris, Hatier, 1995 ; Voir aussi H. Mendras et M. Forse, *Le changement social*, Paris, Colin, 1983 ; G. Balandier, *Changements techniques, économiques et sociaux, étude théorique*, Paris, PUF, 1959.

> « toute transformation observable dans le temps, qui affecte, d'une manière qui ne soit pas que provisoire ou éphémère, la structure ou le fonctionnement de l'organisation sociale d'une collectivité donnée et modifie le cours de son histoire[21] ».

De ce point de vue, ce qui doit préoccuper la recherche en Afrique noire, c'est de savoir si les mutations profondes qui affectent les individus et les groupes condamnés à réagir aux traumatismes de l'histoire contemporaine, n'exigent pas la mise en œuvre d'une « Sociologie de l'imaginaire social » dont on n'a guère tenu compte dans les études africanistes. Sans doute, après la Deuxième Guerre mondiale, la remise en question du système colonial a fait prendre conscience de la fonction heuristique d'une situation dont l'analyse a imposé la réhabilitation de l'histoire dans l'africanisme. Toute l'œuvre de Balandier sur l'Afrique Noire est marquée par cette découverte fondamentale. Ce que l'auteur de *Sociologie actuelle de l'Afrique noire* a bien compris, c'est que

> « Les crises subies deviennent le révélateur de certaines relations sociales, de certaines des configurations culturelles, et de leurs rapports respectifs. Elles conduisent à considérer la société dans son action et ses réactions, et non plus sous la forme de structures et de systèmes intemporels. Elles incitent à rechercher les conditions de l'existence sociale qui sont les plus révélatrices des rapports qui la constituent, à concevoir une analyse des situations et de l'événement qui a maintenant acquis le statut scientifique. Dans ce même mouvement, l'histoire est restituée à des sociétés que l'erreur et l'indolence théoriques avait définies comme a-historiques. La dynamique sociale, envisagée dans toute sa complexité, et l'histoire s'imposent conjointement[22] ».

La mise en valeur du concept de « crise » et de son rôle de « révélateur » fait appel à une démarche dont la préoccupation est de mettre à jour ce qui se cache. Comme le remarque bien Balandier,

---
21. Guy Rocher, *Le changement social*, Paris, Seuil, 1986, p. 22.
22. G. Balandier, *Sens et puissance*, op. cit., p. 6.

Les sociétés ne sont jamais ce qu'elles paraissent être ou ce qu'elles prétendent être. Elles s'expriment à deux niveaux au moins ; l'un superficiel présente les structures « officielles », si l'on peut dire ; l'autre profond, assure l'accès aux rapports réels les plus fondamentaux et aux pratiques révélatrices de la dynamique du système social[23] ».

En appliquant cette démarche aux analyses qu'imposent les mouvements messianiques en Afrique centrale, Balandier a fait découvrir les dynamiques de protestation et les forces critiques portées par les « Christs Noirs[24] » dont l'émergence au sein des églises séparatistes dévoile l'inventivité religieuse des sociétés africaines, leur capacité de réorganisation et leur force de contestation politique[25].

En dehors des stratégies de dérobade et de dérision, des formes diverses d'« escarpisme » et des fuites en avant comme la migration, les sociétés colonisées n'ont pas subi passivement la domination qui leur fut imposée par les sociétés européennes. Si les collaborations n'ont pas manqué là où les élites indigènes élaborent des compromis pour capter leur part de puissance et de richesse en participant à la colonisation de leurs propres pays, d'autres acteurs passent de la résistance occulte aux mouvements de révoltes organisées qui jalonnent l'histoire de la colonisation. Ainsi, le mouvement nationaliste articulé dès 1948 par Ruben Um Nyobé[26] est un cas exemplaire d'une insurrection armée contre le régime colonial :

« de tous les territoires d'Afrique noire sous domination française, le Cameroun fut le seul où, en plus des résistances à la conquête coloniale proprement dite, le recours à la violence des armes s'imposa pour trancher le conflit né de la revendication d'indépendance[27] ».

---

23. G. Balandier, *Ibidem*, p. 7.
24. Lire la préface de R. Bastide dans Martial Sinda, *Le Messianisme congolais*, Paris, Payot, 1973.
25. G. Balandier, *Sociologie actuelle de l'Afrique noire*, op. cit, p. 417.
26. R. Joseph, *Le Mouvement nationaliste au Cameroun*, Paris, Karthala, 1986.
27. A. Mbembe, *La naissance du maquis dans le Sud-Cameroun (1920-1960)*, Paris, Karthala, 1996, p. 8.

Au cœur des nouveaux systèmes de domination qui se mettent en place avec l'avènement de l'État post-colonial dans les pays où la violence brute et la répression sanglante sont une méthode de gouvernement, la culture du consensus et le règne de l'unanimité ne doivent pas faire oublier l'ampleur des pratiques de dissidence qui prennent des formes multiples dans la diversité des situations socio-politiques du continent. Dans une analyse brillante, Achille Mbembe a mis en lumière les stratégies d'insubordination qui, derrière les masques des institutions monolithiques et des projets autoritaires, manifestent l'extraordinaire créativité sociale et symbolique qui échappe largement aux appareils officiels. Au sein des régimes répressifs qui s'organisent pour briser toute capacité inventive des sociétés, on découvre ces « Afriques indociles[28] » voilées par les bilans mystificateurs et l'hagiographie triomphante produite par des intellectuels corrompus. Au moment où le continent noir est sous l'emprise d'un capitalisme barbare, comment ne pas souhaiter qu'une nouvelle génération d'analystes procède à une relecture de l'histoire du présent en vue de l'élaboration d'une anthropologie de l'Afrique contemporaine à partir des lieux d'indocilité où, face au pouvoir et à l'argent, les sociétés africaines mettent en œuvre les dynamiques d'invention en réactualisant leur imaginaire d'insoumission ? Les réflexions publiées dans l'ouvrage qu'on va lire posent les jalons de cette anthropologie du présent dans un contexte historique où les formes de violence du néo-libéralisme en expansion sont l'un des événements traumatiques du siècle qui achève.

Au-delà des systèmes et des institutions (État, firmes, rapport de force et de contrôle), il s'agit de retrouver la subjectivité des acteurs pour lesquels l'affrontement avec les logiques du marché est une occasion de se ressaisir en convertissant les chocs provoqués par les bailleurs de fonds en une opportunité qui, par les usages de la conjoncture qu'imposent les rigueurs du temps présent, est à l'origine du changement social en Afrique noire. En tenant compte des

---

28. A. Mbembe, *Afriques indociles: Christianisme, pouvoir et État en société postcoloniale*, Paris, Karthala, 1988.

tendances lourdes et des grandes transformations en cours dans une région en pleine croissance démographique et urbaine où les conditions d'accès aux ressources disponibles sont un enjeu de pouvoir dans les espaces de tensions et de disparités en voie de constitution, une tâche précise s'impose à notre attention : repérer les signes et les langages de l'imaginaire des sociétés dont la créativité se déploie à partir de ce « monde d'en-bas » où se posent les vraies questions du Continent Noir.

Pour mener cette recherche, on voit la nécessité des approches pluridisciplinaires, comparatives et régionales. Par ailleurs, l'ampleur des défis à relever nécessite une équipe de recherche prenant en considération la diversité des cheminements au sein des sociétés qui ont leurs trajectoires spécifiques. Enfin, un travail de terrain est indispensable pour redonner la parole aux acteurs dans les lieux d'invention de la société où ils interviennent à partir des logiques du terroir qui se remettent en mouvement afin de trouver des réponses qu'exige l'adaptation à une situation qui défie les ruses de l'intelligence africaine. Les contraintes multiples ne nous ont pas permis cet accès au terrain pour vérifier les hypothèses principales qui orientent notre réflexion. En exploitant une série de notes et d'observations que nous avons pu sauver dans les moments tragiques, nous nous contentons de définir les questions incontournables qui s'imposent aujourd'hui à la recherche à partir des préoccupations concrètes des populations africaines. Pour cela, nous avons opéré des choix déchirants en identifiant les domaines où surgissent les nouveaux défis qui obligent à repenser la problématique de l'innovation et du changement social en Afrique. On doit garder à l'esprit la portée critique de cette problématique dans la mesure où, parler d'« innovation » et de « changement » au sujet de l'Afrique apparaît comme un « scandale de l'intelligence et une sorte d'« impertinence » si l'on se souvient des mythes et des idéologies élaborés sur le continent. C'est ce « scandale » et cette « impertinence » qui doivent revenir au centre des débats lorsqu'on veut bien réfléchir sur les prétentions des techniciens qui s'obstinent à promouvoir les réformes en Afrique à partir des « dynamiques du dehors » sans jamais mettre en doute l'efficacité des modèles de changement imposés à la majorité des pays où il faut bien se demander aujourd'hui « pourquoi l'ajustement structurel ne marche pas[29] ».

Si l'on veut s'affranchir du provincialisme de l'approche des processus du changement social en milieu africain, ne faut-il pas revenir au village et au quartier qui sont un espace de crise à explorer et un lieu de rencontre des acteurs créateurs d'historicité ? Pour aller à la redécouverte de l'Afrique en état d'invention au cœur des contraintes socio-économiques qui l'assaillent, il faut alors apprendre à « penser la banalité[30] » en redonnant toute la valeur aux objets d'étude boudés par la recherche technocratique. Notre réflexion tente d'ouvrir un champ d'analyse à la pensée africaine en s'articulant autour des thèmes porteurs permettant de cerner les enjeux de la connaissance et de saisir les tensions et les conflits autour desquels les acteurs divers affrontent le poids des événements critiques dans les lieux d'innovations génératrices de changements sociaux.

---

29. Voir, « FMI - Banque Mondiale : L'Échec » dans *L'autre Afrique*, op. cit.
30. J.-M Ela, *Restituer l'histoire aux sociétés africaines, promouvoir les Sciences Sociales en Afrique Noire*, Paris, L'Harmattan, 1994.

PREMIÈRE PARTIE

Développement et changement social : enjeux théoriques

1

FAILLITE DU DÉVELOPPEMENT OU RENAISSANCE DE L'AFRIQUE NOIRE ?

Afin de situer le cadre général de notre réflexion, précisons le lieu des interrogations qui doivent renouveler l'intelligence des défis majeurs de l'Afrique en cette fin de siècle. Nous devons réfléchir sur cette situation critique en mettant en lumière les enjeux théoriques des problèmes du développement sur lesquels il convient de mobiliser les investissements intellectuels et scientifiques susceptibles d'ouvrir les voies d'avenir. À l'intérieur du continent, les hommes et les femmes de réflexion et d'analyse ne peuvent s'impliquer dans cette recherche en évitant les questionnements et les débats qui engagent le devenir du monde dans lequel nous vivons.

L'ÉPUISEMENT DES PARADIGMES

Comment penser l'Afrique à partir du doute qui envahit les intelligences contemporaines au sujet des mythes liés à l'aventure occidentale, aux structures de pensée, aux systèmes économiques et aux trajectoires de l'imaginaire qui, depuis la révolution industrielle notamment, ont inversé le cours de l'histoire humaine ? Pour saisir la pertinence et la gravité de cette interrogation, on doit rappeler ici la profondeur de la crise des références que suggèrent les remises en question qui portent sur les concepts et les modèles dont on connaît le poids considérable sur l'esprit de notre temps : « Que reste-t-il du développement ? » s'interroge Jean-Yvon Thériault[1]. De toute évidence, cette question révèle une crise globale qu'Alain Lipietz résume dans un ouvrage éclairant :

« Voici l'heure des doutes, des interrogations ; voici l'heure où les schémas en volant en éclats autorisent tous les reniements. Voici l'heure où du fond de la pauvreté extrême se lèvent de nouvelles puissances industrielles. Voilà que ceux qui comptaient sur leurs propres forces ouvrent leurs portes aux firmes transnationales. Voici les émeutes de la faim contre les taux d'intérêts ; voici le temps où tout se brouille, où l'ennemi devient une abstraction et où les miracles s'effondrent[2] ».

La fin des certitudes en matière de développement met en lumière l'épuisement des paradigmes qui s'avèrent incapables de fonder des objectifs historiques viables dans la conduite des affaires humaines. Si le discours sur le développement implique désormais un regard critique sur l'imaginaire occidental qui est à la source des idéologies du progrès de la modernisation et du développement, les Africains ne peuvent se réapproprier et rapatrier les débats en cours sans les situer à ce niveau de radicalité qui les amène à s'interroger en profondeur sur les liens entre les impasses du développement et la crise de « l'occidentalisation du monde[3] ». Pour approfondir la réflexion, soulignons l'enjeu du débat qui s'impose à l'examen. Comme le rappelle Balandier :

« Les théories du développement propres aux pays du Tiers Monde ont d'abord été marquées par les théories extérieures : celles qui se sont formées et affrontées au sein des sociétés dites avancées[4] ».

---

1. J.-Yvon Thériault, dans *Coopération et intervention sociale : discours et pratiques*, V.M.P. Da Rosa, J. Y. Thériault, Les Presses de l'Université d'Ottawa, 1988.
2. A. Lipietz, *Mirages et miracles : problèmes de l'industrialisation dans le Tiers-Monde*, Paris, La Découverte, 1985, p. 5.
3. S. Latouche, *L'Occidentalisation du monde*, Paris, La Découverte, 1989.
4. G. Balandier, *Sens et puissance*, Paris, PUF, 1971, p. 126.

Dans ce contexte, la problématique de la crise et de la faillite du développement doit être reconnue comme une thématique propre aux sociétés occidentales qui s'interrogent sur les limites des concepts et des idéologies qui portent la marque de leur histoire. Edgar Morin le montre bien lorsqu'il écrit :

> « La crise du développement ce n'est pas seulement la crise de deux mythes majeurs de l'Occident moderne, la conquête de la nature (objet) par l'homme (sujet souverain du monde), le triomphe de l'individu atomisé bourgeois. C'est le pourrissement du paradigme de l'*homo-sapiens faber*, où science et technique semblaient devoir accomplir l'épanouissement du genre humain[5] ».

Comme on le voit, l'enjeu du débat, c'est l'incapacité du paradigme occidental de l'*homo-sapiens faber* à promouvoir un modèle viable par lequel non seulement le progrès pour-rait s'étendre et se réaliser, mais qui répondrait aussi à une meilleure articulation des modes de production et des rapports sociaux.

Si l'émergence de la problématique environnementale a mis à nu les effets néfastes du productivisme inhérent au projet occidental qui se déploie à travers la croissance illimitée et la surconsommation débridée, le triomphe du néo-libéralisme donne à voir au quotidien la perversité des mécanismes de paupérisation et d'exclusion liés au mode de fonctionnement de la rationalité instrumentale. Comme le gaspillage des ressources, la pauvreté de masse et les fractures sociales sont entretenues par « la violence de l'argent ». Après les illusions des années d'abondance, on commence à prendre conscience des failles qui incitent à l'incroyance à l'égard des dogmes sur lesquels reposent les idéologies du progrès. Or, depuis la décolonisation des années 60, il a semblé que l'avenir des pays d'Afrique devrait passer par le développement dont l'Occident est le centre et le moteur. Autrement dit, à partir du particularisme des sociétés où règnent la raison utilitaire et les valeurs instrumentales, l'Afrique devrait s'ouvrir à la

---

5. E. Morin, « Le développement de la crise du développement », in *Le mythe du développement*, sous la direction de Candide Mendès, Paris, Seuil, 1977, p. 216.

modernité économique qui se construit par un discours sur l'autre dans la mesure où, en lui-même, le projet occidental est porteur de ce que l'on a appelé abusivement « sous-développement ». À l'heure du doute, la difficulté de séparer la question du développement de la question de l'Occident nous impose des interrogations fondamentales sur la crédibilité d'un paradigme dont la prétention à l'universalité se heurte aux pratiques sociales de base qu'il faut bien reconsidérer pour savoir si la faillite du développement ne constitue pas aujourd'hui une chance et une condition pour la renaissance de l'Afrique noire.

Pour comprendre ce paradoxe, nous devons reprendre à notre compte la réflexion sur la crise des modèles et des stratégies de développement dont on peut mesurer les manifestations dans les conditions de vie des millions d'hommes et de femmes marqués par l'univers de la précarité et de la pénurie qui constitue leur horizon. Sans répéter les refrains sur l'Afrique « fantôme », « ambiguë », « mal partie », « bloquée », « déboussolée », « désenchantée », « étranglée », « en panne », etc., contentons-nous de rappeler la situation générale qui prévaut dans la majorité des pays du continent depuis la « décennie perdue » dont parle le PNUD :

« Le PNB par habitant a diminué de presque 10 %. En Afrique sub-saharienne, les déclins ont pour la plupart commencé à la fin des années 70 [...] vingt pays [...] sont encore en-deça de leur revenu par habitant d'il y a vingt ans » (p. 2).

« Le taux de scolarisation dans le primaire a stagné en Afrique sub-saharienne dans son ensemble et a stagné de 37 à 50 % dans 17 pays de cette région » (p. 5). « L'espérance de vie ne dépasse pas en moyenne 51 ans en Afrique sub-saharienne contre 70 ans en Asie de l'est et en Amérique latine et loin de l'objectif de l'IDH[6] ».

La situation est si grave que l'on en vient à se demander si le continent noir ne tend pas vers la marginalisation accrue et l'éviction de l'économie-monde : « Le risque ne se limite pas simplement à ce que les bénéfices de la mondialisation

---

6. Rapport sur le développement humain, PNUD, 1996, p. 116.

contournent ces pays, mais que ceux-ci se marginalisent de plus en plus à mesure que leur part dans les échanges mondiaux et les flux de capitaux internationaux continuent de décroître[7]». Sous cet angle, l'Afrique est bien l'empire de la rareté. Si elle n'a pas l'exclusivité des conditions de vie précaire et du chômage, on doit constater l'ampleur des déséquilibres et des dysfonctionnements qui s'accompagnent souvent de conflits de nature politique, ethnique ou religieuse au moment même où la pauvreté s'y étend ou s'y maintient tant dans les villes que dans les campagnes.

L'état du continent que décrivent de nombreux rapports est un défi aux études africaines. Jusqu'ici, on a assisté à l'explosion d'une abondante littérature qui met surtout l'accent sur les effets de la crise économique dans un contexte international où les échecs des programmes d'ajustement structurel ont accentué les facteurs d'enlisement dans les sociétés qui, depuis la pénétration occidentale, n'ont jamais connu, en dépit des apparences, les lendemains qui chantent. Si les Africains ne sont pas des marionnettes dans le jeu du monde, on doit bien insister sur les causes internes de la crise actuelle dont les éléments s'inscrivent au cœur des mécanismes d'accumulation mis en place par les élites au pouvoir qui ont privatisé l'État en Afrique.

Certes, on ne peut ignorer le fardeau de la dette extérieure qui, à elle seule, constitue un facteur d'appauvrissement et de perpétuation de la crise africaine. Les difficultés que rencontre la jeunesse africaine face aux défis de l'éducation et de l'emploi se situent dans ce contexte où les pays pauvres financent les pays riches. Au moment où les conflits qui se sont multipliés dans différentes régions du continent ruinent les capacités des économies dont l'essor a été bloqué par le pillage des dictatures burlesques, on ne peut oublier le poids des interventions étrangères. Ici, le soutien constant à des régimes répressifs qui ont conduit leurs pays à l'effondrement comme on l'a vu au Zaïre, au Cameroun et au Togo ne peut être évacué par l'économie politique de la crise en Afrique noire. À cet égard, on peut se demander si les bases

---
7. *Ibidem*, p. 116.

militaires implantées dans les zones d'influence placées sous le contrôle de la France n'ont pas contribué, depuis des années en l'absence de toute agression extérieure, à protéger et à renforcer les despotismes obscurs. On ne peut non plus écarter la complicité des groupes d'intérêt qui n'hésitent pas à favoriser leur retour et leur remise sur scène comme le montre le drame qui s'est achevé à Brazzaville par la reprise du pouvoir par un ancien général d'armée déchu par la conférence nationale dans un environnement géopolitique et économique où rien ne se passe sans qu'ELF ne soit informé et impliqué[8]. Évoquons aussi les tragédies et les massacres dont l'horreur se chiffre non seulement par le bilan des victimes humaines, mais aussi la destruction des biens et des rares instruments du développement économique et social qui ont pu résister à la convoitise et l'appropriation des réseaux mafieux qui, dans les allées du pouvoir, constituent une bande de kleptomanes. Les pertes innombrables qui résultent des affrontements fratricides se traduisent par la dégradation des conditions de vie qui résultent des enjeux de pouvoir internes et des interventions externes. Au-delà des alibis ethniques qui polarisent les médias en masquant les stratégies de conquête du pouvoir par la manipulation des identités primaires, relevons les formes de pauvreté et d'insécurité matérielles qui s'aggravent dans les régions du continent où les groupes d'intérêt se disputent le contrôle des ressources et des minerais stratégiques comme on le constate en Sierra Leone, en Angola, dans l'ex Zaïre et dans l'ensemble de la sous-région de l'Afrique centrale hantée par le syndrome de « Le syndrome de Kabila[9] ». Nous reviendrons sur ces rapports entre les stratégies de contrôle des ressources et les enjeux politiques en Afrique.

Ces indications sont nécessaires pour comprendre la complexité des facteurs d'une crise qui ne peut être intelligible que si l'on prend en compte la conjonction et l'articu-

---

8. Sur les missions d'ELF en Afrique, voir la confession de Loïk Le Floch-Prigent dans *L'Express*, 12 décembre 1996.
9. Sur ce sujet, lire F. Misser et O. Vallée, *Les gemmocraties, L'économie politique du diamant africain*, Paris, Desclée, 1997 ; J. B. Placca, *L'Autre Afrique*, n° 6, du 25 Juin au 1er Juillet 1997, p. 3.

lation organique des causes qui l'engendrent. Il faut rompre avec la naïveté des reportages qui s'apesantissent sur la corruption comme si les Africains en avaient le monopole. De plus, nous devons démasquer les institutions financières internationales qui, en écartant délibérément le problème crucial de la refonte du système économique international et de la répartition équitable des richesses mondiales, s'obstinent à réduire les causes de la crise africaine à la seule intervention de l'État dans le monde des affaires et au dynamisme démographique des femmes africaines. Gavin Williams rappelle à cet égard le discours invariable de la Banque Mondiale :

« Les analyses traditionnelles de la Banque Mondiale identifient deux causes principales de cette situation :
l'intervention excessive de l'État dans le domaine de l'économie avec des moyens administratifs inadéquats (sans oublier le rôle joué par cette même Banque Mondiale dans l'appui et le financement de telles pratiques) d'une part ;
la croissance démographique rapide et soutenue ces trois dernières décennies d'autre part.
Les deux sont tenus responsables de la désertification, de la dégradation de l'environnement, du déficit alimentaire et de l'augmentation des importations dans ce domaine. La solution, il va sans dire, consisterait à réduire le taux de natalité et à promouvoir des technologies capables d'améliorer les productions agricoles[10] ».

La reproduction de ces discours dans les milieux de recherche, les centres d'études et les lieux de réflexion donne à penser. Comment contribuer efficacement à la production des connaissances dont nous avons besoin pour comprendre la crise qui sévit en Afrique lorsque, sous les contraintes alimentaires, on se couvre du masque de la scientificité pour gloser sur les réalités du continent en s'appuyant sur les postulats de la pensée unique qui n'est pas autre chose que la « défaite de la

---

10. Williams Gauvin, « Africa in retrospect and prospect » dans *Africa South of the Sahara*, 1994, 2ᵉ édition, London (England), Europa Publication Ltd, 1994, p. 5.

pensée » ? Il ne suffit plus de parler de la crise en Afrique sans poser la question radicale de la crise des sciences sociales elles-mêmes qui, pour retrouver leur crédibilité, ne peuvent abdiquer leur liberté et leur esprit critique. Comprendre la crise en Afrique dans le monde d'aujourd'hui où l'argent est la seule chose qui compte dans le processus de globalisation en cours impose une véritable éthique de la connaissance. Cette éthique se fonde sur l'impertinence de l'intelligence et sur la capacité à assumer les tâches de recherche et de production des savoirs en refusant de se soumettre aux jeux de « l'argent fou ». Dans ces conditions, il nous faut reprendre le débat sur la crise du développement dans un environnement où il n'est pas évident que les modèles inhérents à l'aventure occidentale offrent des réponses pertinentes aux défis majeurs qui interpellent l'Afrique. Au-delà des analyses de la Banque Mondiale et du FMI qui exercent une sorte de leadership dans la production des connaissances sur l'Afrique, une remise « à plat » des grilles de recherche, des catégories de pensée et des systèmes d'interprétation qui ont servi à la réflexion sur la « crise » paraît incontournable. Pour repenser les conditions du changement social dans le monde africain, il faut mettre à jour la question principale qui ne saurait être trop longtemps occultée : celle de la crise des modèles de développement élaborés dans le cadre d'une économie incapable de répondre aux besoins réels des populations africaines. Comment comprendre la faillite du développement en Afrique en dépit de ses ressources naturelles et humaines ? Cette question nous est imposée par les préoccupations qui se font jour, les doutes et les incertitudes, les préjugés qui se réactualisent, le désenchantement et les frustrations des générations sacrifiées. Précisons le sens de cette question.

POUR UNE ARCHÉOLOGIE DU DÉVELOPPEMENT

Le fait pour ce continent de ne pas être dans la modernité serait-il lié à son incapacité d'y entrer ou serait-il consécutif à son refus d'assumer une modernité qui ne conduit pas nécessairement au bien-être ? Au-delà des délires passionnels, des stéréotypes et des simplifications stériles, le meilleur angle d'attaque pour aborder cette question est de procéder à une réévaluation des savoirs sur les sociétés africaines. Il s'agit d'examiner la manière dont est pensée depuis une cinquantaine d'années, le rapport de l'Afrique à ce qu'il est convenu d'appeler le « développement ».

En observant les réactions de l'Afrique à ce phénomène, on peut mieux comprendre la faillite ou les impasses d'une modernité dominante et s'interroger sur les capacités d'innovation dont sont porteuses les sociétés africaines lorsqu'elles inventent les réponses neuves aux contraintes inédites imposées par l'épuisement des modèles inspirés par le système occidental dans sa phase d'expansion à l'échelle planétaire. En effet, on est tenté de se demander si la crise de la modernité occidentale ne constitue pas un événement fondateur qui ouvre de nouvelles perspectives de recherche sur les stratégies des acteurs et les dynamismes des sociétés longtemps négligées, voire à peine entrevues et soupçonnées par le savoir colonial. Pour explorer ce vaste champ des possibles, une série de réflexions nous semble nécessaire.

Afin de situer le débat et d'en préciser les termes, on pourrait supposer que le discours sur l'incapacité de l'Afrique à se convertir corps et âme au système économique et social diffusé par les apôtres de la modernité est une projection de l'incapacité des sociétés occidentales à rompre avec un modèle qui, fondamentalement, n'a rien de viable mais que l'on est condamné à subir comme une fatalité sans être en mesure d'imaginer les alternatives efficaces et susceptibles de mobiliser l'ensemble des acteurs et des mouvements sociaux. Cette difficulté à reconnaître sa propre faillite comme la peur de regarder le vide dans lequel on est plongé peut être un obstacle majeur à la découverte des innovations par lesquelles les sociétés africaines s'efforcent de résoudre les problèmes quotidiens qui résultent de l'échec du modèle occidental à promouvoir des conditions de vie acceptables. Pour vérifier cette hypothèse, il semble nécessaire de procéder à une véritable archéologie du développement à partir des regards sur les sociétés africaines confrontées à la modernité occidentale.

Précisons les enjeux théoriques, économiques et statégiques qui nous préoccupent. Lorsque les problèmes du développement s'imposent à l'analyse au cours de la décennie qui suit la deuxième guerre mondiale, on se rend compte que les pays du Nord leur accordent une importance particulière en raison des rapports de force en présence dans le système international caractérisé par les conflits entre les grandes puissances. Les réflexions et les choix que ces problèmes inspirent s'inscrivent dans le contexte du monde bipolaire qui s'est effondré avec la chute du mur de Berlin. Jusqu'à cette période,

 « l'importance des pays sous-développés, du point de vue des nations prépondérantes, s'explique d'abord par des considérations d'ordre stratégique ; par l'enjeu majeur qu'ils représentent dans le champ des antagonismes entre coalitions. C'est en cela, donc d'une manière indirecte, que les problèmes du sous-développement ont pris un soudain caractère d'urgence[11] ».

C'est dire que l'inégalité entre les nations n'est pas seulement un problème pour les pays pauvres, elle constitue aussi une préoccupation pour les pays dits avancés dans la mesure où l'on se demande si l'état du Tiers-Monde ne constitue pas un terrain favorable à l'implantation du communisme à l'échelle internationale. Ces questions sont présentes dans les analyses des auteurs nord-américains qui

 « montrent à quel degré les considérations politiques ont pu devenir prépondérantes. Les trop grandes inégalités entre nations y sont surtout vues comme créant des conditions favorables à l'expansion du socialisme marxiste. E. Staley en fait la remarque. Et il tente de la justifier" en doctrine": "un élément essentiel de la stratégie communiste en vue de la conquête mondiale est l'idée du conflit de classes inévitable non seulement à l'intérieur des nations, comme les marxistes l'ont déjà souligné, mais aussi entre nations qui se trouvent à des niveaux de développement économique différents"[12] ».

---

11. G. Balandier, *Sens et puissance, Les dynamiques sociales*, P.U.F., 1986, p. 190.
12. *Ibidem*.

Comme on l'a bien remarqué au cours des trente-cinq dernières années, « l'attitude adoptée à l'égard des pays sous-équipés apparaît comme conditionnée par les conflits latents opposant les grandes sociétés rivales[13] ».

Aux enjeux géopolitiques que « revêtent les pays moins avancés en raison des luttes de puissance[14] », il convient d'ajouter les inquiétudes d'ordre économique qui ne peuvent être sous-estimées si l'on veut comprendre en profondeur les problèmes du sous-développement en les situant dans le cadre des rapports entre les sociétés différentes. En effet, l'émergence des nations riches dans les pays longtemps soumis à la domination occidentale est un événement qui risque de bouleverser les certitudes établies dans un monde construit sur la base des sociétés compétitives. Comment imaginer que les sociétés naguère « en retard », en maîtrisant leurs ressources, soient rendues, du jour au lendemain, dignes de traiter sur un pied d'égalité avec les sociétés « avancées » qui considèrent les espaces économiques convoités comme leur champ privilégié d'expansion ? S'il existe des « territoires économiques » dont les sociétés dites « développées » se réservent le contrôle, on ne peut envisager sans inquiétude le développement véritable des sociétés indigènes. Face aux perspectives de l'industrialisation des sociétés "attardées", K. Mandelbaume pose une question révélatrice : « Que se passera-t-il lorsque les économies nouvelles auront atteint leur maturité ? ».

Il n'examine le problème que pour souhaiter implicitement, grâce à l'accélération du progrès technique, le maintien d'une large distance entre pays avancés et pays en cours d'équipement (...). F. Notestein, démographe et économiste, exprime des inquiétudes encore plus nettes quant aux risques encourus par cette minorité que constituent les peuples aujourd'hui puissants et nantis. Il affirme sans équivoque :

« En lançant un programme de modernisation, les puissances dominantes actuelles créeraient en fait un monde futur dans lequel leurs propres peuples deviendraient des

---
13. *Ibidem*, p. 191.
14. *Ibidem*.

minorités de plus en plus petites et posséderaient une portion de plus en plus petite de la richesse et de la puissance mondiales[15]».

Des questions plus radicales se posent également lorsqu'on prend conscience des écarts différentiels entre les pays dit développés et les pays sous-développés. Ces questions trouvent leurs racines dans le concept même de « sous-développement » qui s'est imposé dans la littérature politique comme dans les débats académiques :

> « Le concept de sous-développement implique au départ une comparaison : il s'emploie par référence à un type de société – celle que portent les pays hautement industrialisés et à un type d'activités humaines – celle qu'il est convenu de qualifier de technico-économiques. La remarque est naïve, mais elle incite à se demander s'il n'y a pas, en l'occurence, plus qu'un simple ou banal système de références. Entre les sociétés situées aux différents niveaux de l'échelle du progrès matériel, se sont établies des relations qui ont déterminé certains des progrès considérés. Il est un aspect relationnel du sous-développement, envisagé de manière parfois schématique sous le couvert du colonialisme et de l'impérialisme, que nous devons analyser avec rigueur. C'est là et immédiatement une démarche nécessaire.[16]»

Balandier n'exclut pas le poids des facteurs externes dans l'état du sous-développement :

> « Les sociétés les plus avancées techniquement et qui sont en même temps organisées à plus grande échelle [...], n'entrent en rapport avec les sociétés moins développées que sur un pied d'inégalité. Elles tendent à inscrire ces dernières dans les limites de leur espace économique et politique et de manière durable[17]».

Le sociologue écrit encore avec plus de précision :

> « Il est facile d'observer que les problèmes réunis sous l'expression commode d'"état de sous-développement"

---

15. Cité par G. Balandier, *Sens et puissance*, op. cit., p. 190.
16. G. Balandier, op. cit., p. 186.
17. G. Balandier, op. cit., p. 195.

ne dépendent pas seulement de conditions propres à la société en retard, mais surtout des effets en cette dernière de l'expansion des sociétés conquérantes. Ils interviennent comme autant de circonstances constituantes et aggravantes[18] ».

De ce point de vue, une analyse rigoureuse du sous-développement ne peut occulter les mécanismes structurels qui contribuent à la production et à la reproduction des conditions d'appauvrissement dans les sociétés dépendantes. On entrevoit la nécessité d'une économie politique de la pauvreté depuis la colonisation où, à travers les processus de prolétarisation dans les plantations agricoles, les champs du commandant, les ports et les zones minières, « L'Europe sous-développa l'Afrique[19] ». En évoquant les mutations nécessaires que les pays avancés doivent réaliser pour qu'une « transformation des structures internes » soit possible dans les pays sous-développés, Balandier remarque :

« l'impuissance du Tiers-Monde s'entretient par les inégalités et les dépendances, sur lesquelles ces pays fondent et maintiennent provisoirement leur puissance[20] ».

On saisit parfaitement l'articulation entre la sociologie du développement et la sociologie politique. Car, le problème du sous-développement est aussi un enjeu de puissance dans un système international où des minorités contrôlent les richesses de la planète et le pouvoir mondial. Enracinées dans une longue histoire, les dynamiques de paupérisation se sont accentuées au fur et à mesure que s'élargit l'écart entre les sociétés indigènes et les sociétés occidentales :

« Les sociétés les moins bien situées se trouvent soumises à des effets de domination qui s'expriment au maximum et de manière la plus directe, à l'occasion du pacte colonial ; leur croissance économique s'accomplit d'abord

---

18. *Ibidem*, p. 189.
19. Rodney, *Et l'Europe sous-développa l'Afrique*, Paris, Ed. Caribéennes.
20. G. Balandier, *Sens et puissance*, op. cit., p. 201.

en fonction des besoins propres aux sociétés qui les contrôlent de quelque manière[21] ».

À l'heure du révisionnisme ambiant, il faut retenir cette dimension politique des problèmes de développement. Au moment où s'achève le temps du monde fini grâce à la puissance des médias qui brisent les frontières et mettent en scène les conditions de misère et de pauvreté en créant « un véritable effet de démonstration[22] », la prise de conscience des mécanismes du sous-développement conduit à la remise en question fondamentale des rapports entre les sociétés dites « avancées » et les sociétés dites « traditionnelles ».

Si les analyses lucides mettent en évidence les rapports inégaux entre « développés » et « sous-développés » et reconnaissent la nécessité de la refonte de ces rapports par les transformations structurelles, la majorité de l'opinion internationale occulte dès les années 60 le poids des contraintes économiques et politiques qui freinent la marche des sociétés appauvries vers le progrès. Tout se passe comme si les véritables obstacles au processus de modernisation étaient liés aux seules structures des sociétés traditionnelles. La vision des problèmes de développement restera dominée par les a priori par lesquels les « développés » ont tendance à se valoriser au détriment des « sous-développés ». Tout au long des décennies,

> « l'on postule l'immobilisme des sociétés et cultures portées par les pays à développement différé ; un jugement de valeur est exprimé, qui vise à inférioriser toute société non industrielle. Le fait même des profondes différences de civilisation sert à justifier les politiques d'expansion et les pressions exercées. Actuellement, les jugements, pour être devenus moins sommaires, n'en révèlent pas moins une orientation de même sens[23] ».

Nous verrons bientôt les conséquences de ce postulat dans les rapports établis entre les développeurs et les développés. Il nous suffit de relever l'importance des enjeux

---
21. *Ibidem*, pp. 187-188.
22. *Ibidem*, p. 189.
23. *Ibidem*, pp. 189-190.

économiques qui demeurent après l'effondrement du monde de Yalta où, la guerre froide terminée, l'Afrique noire semble avoir perdu son poids stratégique dans les relations internationales. Ce qui doit retenir notre attention, c'est toute la charge symbolique que véhicule l'idée de développement et oblige de nombreux acteurs à intervenir dans la vie africaine à partir des repères socio-culturels propres au monde occidental. Car, c'est autour de ces repères que s'organise la reconstruction des sociétés africaines dans leurs rapports aux sociétés dites « développées ».

Dès le départ, tout semble reposer sur le doute quant à la capacité d'innovation et de progrès des sociétés indigènes. Telles qu'elles sont organisées sur leurs normes de référence, leurs croyances et leurs systèmes de valeur, on ne voit pas comment ces sociétés peuvent changer. En ce qui concerne l'Afrique noire, on mesure la tâche prométhéenne qu'exige l'entreprise de développement. Afin d'en saisir les défis et d'évaluer les effets, il faut reconsidérer le concept du développement lui-même. Ce « concept majeur et onusien du demi-siècle est un maître-mot sur lequel se sont rencontrées toutes les vulgates idéologico-politiques des années 50 et 60[24] ». Sans refaire l'histoire de cette notion qui repose sur trois piliers spécifiques à l'Occident que sont Aristote, le judéo-christianisme et la culture du siècle des Lumières[25], qu'il suffise de constater la force mobilisatrice de ce concept qui fonctionne à la manière d'une croyance née dans un contexte historique et culturel déterminé.

Rappelons l'efficacité de ce qui est apparu comme le mythe central de notre temps. Ce mythe « est à la fois la justification de la richesse de l'Occident et la promesse d'un avenir meilleur pour les sociétés du Tiers-Monde ». Le terme de mythe est pris ici au sens fort :

---

24. E. Morin, Le développement de la crise du développement in *Le mythe du développement*, sous la direction de Candido Mendès, Paris, Seuil, 1977, p. 241.
25. C. C. Vidrovitch, D. Hemery, J. Piel (ed.), *Pour une histoire du développement*, États, Sociétés, Développement, Paris, l'Harmattan, 1988. Lire aussi G. Rist, *Le développement dans une perspective interculturelle*, Institut universitaire d'études du développement, Genève, 1985.

« Le terme était entendu dans le sens anodin de chimère, de rêve inaccessible ou de réalité inconsistante. Mais le mythe n'est pas que cela ; c'est aussi un récit fondateur qui garantit l'ordre social et donne un sens aux expériences historiques d'un groupe donné. Pour qu'il puisse remplir ce rôle, point n'est besoin que chacun soit capable de l'interpréter : il suffit qu'on le tienne pour vrai[26] ».

Il est important de souligner ici un fait majeur : tel qu'il nous vient de l'Occident, ce qui a trait au développement relève des grands récits d'une société donnée. Le développement s'inscrit dans la dynamique des mythes par lesquels l'Occident revit son passé et raconte son aventure dans l'histoire. Bref, il est une structure de l'imaginaire sociohistorique. Au-delà des « projets » qui modifient l'économie indigène de manière à l'ouvrir au marché avec, parfois, l'offre de services concernant la santé et l'éducation, il faut entrevoir une vaste entreprise visant l'intégration à un système – monde où l'on retrouve toujours le miroir de l'autre. À propos du développement, Berthoud écrit :

« Le développement peut s'assimiler à la phase la plus récente – prenant souvent le relais de la période coloniale – d'un processus visant à instaurer, dans l'ensemble du monde, une manière d'être et d'agir centrée sur les valeurs universalistes et individualistes propres à l'Occident moderne[27] ».

Singleton est plus catégorique :

« Notre projet, c'est le développement. Il est impossible qu'il puisse y avoir un développement qui ne soit pas situé culturellement, enraciné dans une histoire. Le développement est synonyme d'Occident. C'est le projet occidental. Ne nous leurrons pas : qui parle de "développement", parle d'"occidentalisation"[28] ».

---

26. G. Rist et F. Sabelli, *op. cit.*
27. G. Berthoud, *Le développement entre l'impasse et le mirage* dans G. Rist et F. Sabelli, *op. cit.*, p. 125.
28. M. Singleton, « La coopération est un miroir : le nôtre », in *Cultures et développement*, n° 8-9, 1992.

Mis en circulation sur le marché du langage, le concept de développement a fait fortune en s'imposant à de nombreuses disciplines de recherche qui l'ont introduit dans les différents domaines de la connaissance et de la production des savoirs : histoire, économie, géographie, anthropologie et sociologie, droit, sciences politiques. L'irruption du terme dans l'espace du discours contemporain correspond à la promotion d'un système de pensée où le paradigme du développement fonctionne comme une sorte d'épistémé au sens de Michel Foucault[29]. À ce titre, le concept de développement est le socle où s'enracinent le discours de l'Occident sur lui-même et son regard sur l'autre. Enfin, il faut y voir non seulement une condition de possibilité de tout discours sur l'histoire humaine, mais un véritable dogme qui constitue l'arrière-plan auquel on se réfère au moment même où les sociétés occidentales vivent l'expérience du désenchantement du monde dont parle Max Weber. Pour se justifier, ce mythe a besoin d'un autre qui est le « sous-développement ». Car la crédibilité que l'Occident se donne à ses propres yeux ne se justifie que parce qu'il a conscience d'avoir réalisé dans sa propre histoire ce qui n'existe pas dans l'histoire des autres. Autrement dit, la conscience de soi et la perception de l'autre se fondent sur l'opposition bien-être/ misère, ou plus généralement sur l'opposition développés/ sous-développés. Comme on le devine aisément, il s'agit d'une opposition « marquée » dans la mesure où elle est une production sociale et historique qui réactualise l'opposition civilisés/ sauvages qui structure le regard de l'Occident sur la diversité des sociétés humaines depuis la Renaissance. À partir du mythe du développement, nous sommes donc renvoyés à un fond d'imaginaire qui nourrit les discours, les représentations, les perceptions, les attitudes et les comportements, les pratiques et les interventions de l'Occident dans ses rapports avec les sociétés différentes[30]. Il importe de mettre en lumière

---

29. Voir M. Foucault, *Les mots et les choses*, Paris, Gallimard, 1966.
30. Voir J.-M. Ela, « Culture, Pouvoir et Développement », in C. Beauchamp (dir), *Démocratie, culture et développement en Afrique noire*, Actes du colloque de l'Association internationale des sociologues de langue française (Bénin, 23-26 janvier 1995), Montréal, Harmattan, 1997, pp. 8-10.

ces « assises imaginaires » du système des relations internationales établies dans un nouvel ordre du monde où, au sortir de la nuit coloniale, on s'interroge sur les conditions d'entrée des Africains dans la modernité.

Par un étrange paradoxe, les années qui ont suivi les indépendances africaines n'ont pas été accompagnées par une décolonisation conceptuelle qui aurait permis aux « développeurs » de s'affranchir des ravages de l'ethnocentrisme pour repenser à neuf ce qu'on a appelé les « conditions de take off » des pays d'outre-mer.

À la fin de la Deuxième Guerre mondiale, rien ne prouve que les projets de développement soient élaborés en référence à un cadre de pensée ayant rompu avec l'idéologie coloniale de la mission civilisatrice. Rappelons l'article 22 du pacte de la SDN concernant les peuples et les territoires sous-tutelle : on parle « des peuples non encore capables de se diriger eux-mêmes dans les conditions particulièrement difficiles du monde moderne ». L'on apprend aussi que « le bien-être et le développement de ces peuples forment une mission sacrée de civilisation ». Enfin, on reconnaît que « la meilleure méthode pour réaliser ce principe est de confier la tutelle de ces peuples aux nations développées ». Par ailleurs, le caractère de ce mandat doit varier selon le « degré du développement du peuple ».

Comme on peut le constater, le sens du mot développement est ici synonyme de civilisation. En fait, l'ensemble des représentations des peuples dont la tutelle est confiée aux nations développées s'inscrit dans le cadre des idéologies qui ont marqué la condition des indigènes dans le regard de l'Occident. Le centre de gravité de ces représentations porte sur « le développement économique des collectivités primitives ». Ainsi, les contrées non développées sont situées en marge des progrès de la science. Si l'on se réfère à la géographie en faisant allusion aux pays tropicaux, parler de régions « non développées » ou de « peuples non encore capables de se diriger eux-mêmes », c'est revenir à l'idéologie du progrès qui est une dimension de l'imaginaire du développement. L'explosion du concept de développement a lieu dans un environnement international où l'on pense les conditions de vie dans le monde moderne à partir des schémas narratifs d'un mythe lié à l'histoire économique et sociale de l'Occident. Dans cette perspective, ce qu'on nomme «développement» se situe dans le processus de la mise en œuvre coloniale dont les Africains se souviennent à partir de leur expérience de l'économie de plantation et de la monoculture d'exportation au temps de l'indigénat et des travaux forcés.

Le transfert des pouvoirs aux élites indigènes soigneusement sélectionnées et mises en tutelle par les nouvelles formes de dépendance a contraint les métropoles occidentales à changer de mots pour penser leurs interventions extérieures en s'adaptant à une situation nouvelle. Le concept de développement exprime ces préoccupations. Or, cette terminologie empruntée à la biologie se charge d'une symbolique dont le sens ultime n'est accessible qu'en référence au néo-évolutionnisme qui se dissimule à travers un courant de pensée qui vise à ancrer la croyance inéluctable de l'humanité vers le progrès. Les efforts de plannification menés par les experts se situent à l'intérieur de ce système où le «développement» doit conduire les Africains au «bonheur» qui, faut-il le rappeler, est l'un des grands mythes qui accompagne le genre humain au terme de son évolution. C'est à cette vision quasi religieuse que l'Afrique est confrontée dans la mesure où la rédemption de l'homme et son bonheur se réalisent par une série d'étapes par lesquelles il doit nécessairement passer. Comme l'a bien observé Georges Corm :

> «Caractéristique du rationalisme universalisant et ethnocentrique de l'Occident colonisateur, la notion de développement est devenue au cours des vingt-cinq dernières années une idéologie internationale possédant les plus larges assises. En réalité, l'exportation de cette notion aux pays du Tiers-Monde et son adoption généralisée se sont accomplies à la faveur des indépendances. Avec une facilité extrême, la notion de développement a servi de noyau de base à toutes les idéologies politiques et tous les programmes du gouvernement des pays du Tiers-Monde. La "bataille pour le développement" a partout pris le relais de la bataille pour l'indépendance.

La plus grande partie du matériel idéologique ayant servi de source d'inspiration aux gouvernements du Tiers-Monde est sortie soit des bureaucraties des agences des Nations-Unies, soit des rapports d'experts délégués par des organismes d'aide des pays industrialisés[31] ».

LE CHANGEMENT EN QUESTION

Comment généraliser le développement et donc ouvrir le bonheur à l'humanité africaine dont on n'est pas sûr qu'elle présente des conditions favorables dans la mesure où le choix de développement et le choix de modernisation sont inséparables ? Telle est la question centrale que se posent les experts qui composent l'intelligentsia recrutée par les Nations-Unies, la Banque Mondiale, les organismes d'assistance et les agences de coopération qui s'impliquent dans les différents domaines du développement : agriculture, économie, alimentation et santé, éducation, culture, technologie...

Si cette question se pose avec acuité, c'est parce qu'il existe un corpus d'images et de représentations qui obligent de reconnaître que la tâche n'est pas très facile. Rappelons le regard de l'autre qui s'est imposé en Occident dans l'axe des rapports entre l'anthropologie et le colonialisme. Dès la fin du XVIIIe siècle, admettre que les sociétés occidentales sont le produit et le foyer de la raison triomphante, c'est supposer qu'en dehors d'elles, principalement en Afrique, toute la réalité humaine plonge dans l'archaïque. Lévy Bruhl dont les ouvrages sont le bréviaire des administrateurs, des instituteurs et des missionnaires, a appris à l'homme civilisé que le Noir a la logique d'un enfant, la mentalité prélogique qui le fait croire à la participation mystique et dédaigner l'expérience positive, le rendant ainsi incapable de maîtriser la nature et le condamnant, de ce fait, à vivre en marge des grands courants de l'histoire humaine. Ce portrait robot de l'homme primitif est reproduit à travers les clichés qui n'ont guère varié au fur et à mesure que l'Europe explore l'intérieur

---

31. G. Corm, « Saper l'idéologie du développement », *Le Monde diplomatique*, Avril 1978.

du continent africain. L'on ne cesse de souligner que les indigènes sont des grands enfants dépourvus de toute idée de progrès :

> « Le nègre sauvage et barbare, écrit le romancier Dudbarry dans un récit de voyage au Dahomey publié en 1879, est capable de toutes les turpitudes et, malheureusement, Dieu sait pourquoi, il semble être condamné dans son pays d'origine à la sauvagerie, à la barbarie à perpétuité. Trois semaines de labeur par an lui suffisent pour assurer sa provision de riz, de maïs, etc. S'il travaillait pendant six mois, il ferait de sa patrie un paradis. Mais, le manque de toute idée de progrès, de toute morale, ne lui permet pas de se rendre compte de la valeur incalculable de la puissance infinie du travail et ses seules lois sont ses passions brutales, ses appétits féroces, les caprices de son imagination déréglée. Il vit au jour le jour, à l'aventure, insoucieux du lendemain. Son goût peu délicat lui permet de s'accomoder de la nourriture que lui donne le hasard[32] ».

Si contrairement à ce que pense Rousseau, le progrès technique se traduit par le progrès social et moral, l'homme d'Occident est à la fois le détenteur de la vérité, de la sagesse et de la vertu. En fait, les théories évolutionnistes situent les sociétés occidentales au sommet de la perfection selon le schéma d'une ascension continue où la civilisation rationnelle et technicienne est la ligne d'arrivée. Or, la colonisation amène l'Europe à sortir de ses frontières au moment où l'on croit que chaque peuple doit passer par les étapes de la sauvagerie et de la barbarie. À travers les maîtres anglo-saxons dont Morgan, Maine et Taylor sont les figures emblématiques, la pensée anthropologique du XIXe siècle situe l'entreprise coloniale dans cette perspective de l'évolutionnisme qui l'inspire. Dans cette perspective, la colonisation trouve sa justification par le fait qu'elle apparaît comme le moyen privilégié d'accélérer la marche vers le progrès des peuples encore arriérés et attardés.

---

32. Cité par R. Girardet, *L'idée coloniale en France*, Paris, La Table Ronde, 1992.

À l'intérieur de ce système de pensée, l'administrateur, le médecin, l'instituteur, le missionnaire et le technicien sont le symbole de la modernité envahissante. Car le mythe du progrès commande toutes les formes d'intervention qu'exige la mise en valeur des colonies. Comme on l'a vu, la puissance de ce mythe présuppose une vision de l'Afrique qui s'accorde mal aux impératifs de la modernité. On est en présence des peuples dont l'infériorité se traduit par le retard de leur évolution. La mise en tutelle des peuples d'Afrique impose à l'Occident la tâche délicate de diriger le développement intellectuel, moral et économique d'une humanité en bas âge. Pour en accélérer les étapes, la présence de l'Occident est incontournable. Ainsi, ce qu'on appelle « colonisation » n'est rien d'autre que l'ensemble des efforts des peuples civilisés pour accélérer la marche des peuples inférieurs vers la lumière et la maturité.

Lorsque les Nations-Unies reprennent en 1945 l'idéologie de la « mission de civilisation » désormais confondue avec l'idéologie du développement, on doit se demander si ce n'est pas le système occidental qui, pour se perpétuer, doit se développer tandis que les autres sociétés n'ont d'autre rôle que celui de reproduire un modèle dont on pense qu'il a fait ses preuves ailleurs. Que signifie implanter des projets de développement en Afrique noire si, comme on le reconnait aujourd'hui, le développement est synonyme de culture occidentale où, ce qui revient au même, est indissociable du projet qu'est la société occidentale ?

Si l'on veut bien reconnaître l'occidentalité de ce concept et de la totalité du projet historique qu'il représente, on mesure l'ampleur des défis que doivent relever les développeurs. Toute la question est de savoir si les sciences humaines et sociales n'ont pas été mobilisées en Occident pour identifier ces défis en montrant que les cultures indigènes ne peuvent être une dimension du développement. En reconnaissant que la culture des sociétés occidentales est le seul noyau du développement, il faut s'attendre à ce que celui-ci ne se réalise que par la destruction des cultures qui lui résistent. C'est dans l'horizon de l'affrontement des cultures que l'on situe toute la problématique du développement qui

est inséparable de la problématique du changement social. Les analyses de Georges Balandier dans une grande partie de son œuvre sur l'Afrique nous semblent bien illustrer cette approche. Considérons attentivement l'intérêt qu'il accorde aux sociétés du Tiers-Monde dont l'irruption sur la scène internationale est un défi à la recherche en sciences sociales :
« Les sociétés en essai de développement, accédant maintenant à la modernité, constituent la large majorité des sociétés et rassemblent les effectifs de population les plus nombreux ; elles imposent un véritable défi scientifique en raison de leur nombre, de leur diversité et de leur état présent qui les fait dire "en transition". Une première contradiction s'impose. L'urgence des problèmes n'a pas permis d'attendre que les théories de développement économique et social soient élaborées ; la politique du développement, qui aurait dû résulter d'une information rigoureuse et d'élaborations théoriques novatrices, s'est fondée sur un empirisme grossier peu propice au progrès d'un savoir scientifiquement constitué. Mais il est des raisons d'une autre nature : celles qui tiennent au fait que les sciences sociales se sont construites à partir d'une expérience limitée, celle des pays dits occidentaux, et en fonction d'un type privilégié de société, la société industrielle d'origine européenne. Dans ces conditions, les concepts et les théories, les méthodes et les techniques d'investigation se sont souvent révélés inadaptés au cas des sociétés du Tiers-Monde. Ce dernier constitue le véritable terrain d'épreuve de la validité générale des sciences sociales.[33] »

Pour relever le défi scientifique qui impose un renversement des perspectives, les sciences sociales ne peuvent échapper à la remise en question des fondements théoriques imposés par l'évolutionnisme. Car l'analyse des économies et des sociétés du Tiers-Monde exige une rupture épistémologique avec les modèles d'intelligibilité incapables de saisir les « dynamiques sociales » qui travaillent les groupes

---

33. G. Balandier, *Sens et puissance*, *op. cit.*, p. 112.

humains engagés dans le processus des mutations depuis la colonisation.

« Les problèmes du développement ont été pris en considération au cours des années qui ont suivi la Seconde Guerre mondiale : le refus des dépendances coloniales les a manifestés sur le plan politique ; la nécessité d'interpréter avec rigueur les changements profonds qui affectent alors toutes les sociétés a provoqué leur examen sur le plan des sciences économiques et sociales[34] ».

Cet examen ouvre un vaste champ d'analyse qui oblige le sociologue à réévaluer la tradition de pensée qui a tendance à situer les sociétés africaines en marge de l'histoire. Aussi, pour introduire les sociétés africaines dans un projet global de recherche visant à comprendre les changements qui les affectent, Balandier veut marquer « la pause du fonctionnalisme » dont parle Guy Rocher[35]. En prenant en compte les implications de la situation coloniale, l'auteur de *La sociologie actuelle de l'Afrique Noire*[36] cherche manifestement à « restituer l'histoire aux sociétés africaines[37] ». Mais si les messianismes sont apparus comme un champ privilégié d'observation des changements sociaux dans la mesure où ils constituent un révélateur de la crise provoquée par la situation coloniale[38], on ne peut négliger l'impact des problèmes de développement et des réponses qu'ils suscitent. Balandier accorde aux interventions en matière de développement la même fonction heuristique que la crise qui résulte de la domination coloniale en Afrique :

« Les programmes radicaux de modernisation et de développement entrepris après l'indépendance sont, dans un temps, créateur de crises pour les sociétés traditionnelles qu'ils affectent. Ils jouent aussi le rôle de révélateurs[39] ».

---

34. *Ibidem*, p. 111.
35. G. Rocher, *Introduction à la Sociologie générale : Le changement social*, 1968, p. 10.
36. G. Balandier, *Sociologie actuelle de l'Afrique Noire*, Paris, PUF, 1971.
37. J.-M. Ela, *op. cit.*
38. G. Balandier, *op. cit.*
39. *Ibidem*, p. 27.

C'est pourquoi il ne suffit plus de mettre en lumière les processus de transformation et les déséquilibres liés à la rencontre entre les sociétés différentes comme le montrent les analyses sur les Fangs et les Bakongo[40]. Au-delà des changements qui modifient les sociétés traditionnelles à travers les phénomènes d'acculturation et de domination, il faut désormais soumettre à l'analyse les sociétés marquées par les tensions et les conflits entre la tradition et la modernité à partir des processus de développement. Dans cette perspective, « la confrontation des structures sociales "traditionnelles" et de l'économie moderne[41] » est au cœur des recherches contribuant à « l'étude des procès du changement social[42] ». Cette démarche nécessite des conditions préalables que Balandier détermine avec précision :

« Toute étude des sociétés du Tiers-Monde requiert :
1) La recherche des caractéristiques structurelles propres à cet ensemble de sociétés et dont le concept de "société traditionnelle" défini par les anthropologues, et par les sociologues soumis à l'influence théorique de Max Weber, ne suffit pas à rendre compte ;
2) Le repérage des dynamismes, des forces qui opèrent "à l'intérieur" même de ces structures et peuvent acquérir la capacité de provoquer leur transformation ;
3) la mise en évidence des processus de modification des agencements sociaux et culturels qui sont à l'épreuve ;
4) Enfin, la détermination des relations externes qui affectent le devenir des sociétés en cours de développement et de modernisation, et notamment des rapports de dépendance (y compris la dépendance technologique) qui font qu'elles ne sont pas entièrement maîtresses de leur avenir immédiat[43] ».

Il est intéressant d'observer que c'est vers les villages que s'oriente cette sociologie du développement qui assume

---

40. Ibidem.
41. G. Balandier, *Sens et puissance*, op. cit., p. 221.
42. G. Balandier, *Sociologue actuelle* ..., op. cit., p. XIII
43. G. Balandier, *Sens et puissance*, op. cit., pp. 112-113.

l'étude du changement dans le champ social africain. Pour Balandier,

« la communauté villageoise, en raison de sa dimension, constitue l'unité où s'appréhende le mieux cette dynamique complexe où se repèrent à l'état naissant les structures nouvelles[44] ».

Dans la mesure où le développement rural est le défi majeur de cette Afrique qui, malgré les problèmes inquiétants posés par une croissance urbaine accélérée et rapide[45] demeure « l'Afrique des villages[46] », soulignons l'intérêt d'une approche qui inscrit le champ paysan dans les recherches sur les dynamiques sociales et de ce fait, lui confère la dignité d'un objet d'étude privilégié[47]. Balandier insiste avec raison sur l'importance que représente la communauté villageoise comme terrain d'observation des tensions à l'œuvre dans les sociétés africaines ouvertes au processus du développement :

« Elles constituent une société en réduction, aux frontières précises, où se saisit avec netteté l'affrontement du traditionnel et du moderne, du sacral et de l'historique[48] ».

Bref, précise l'africaniste : « Les communautés villageoises sont les unités de recherche les plus pertinentes, car elles constituent le champ d'affrontement de la tradition et de la modernité[49] ».

Ainsi, « la dialectique de la tradition et de la modernité apparaît au centre du débat[50] » où l'on s'interroge sur les conditions d'émergence du développement et du changement social en Afrique noire.

---

44. *Ibidem*, p. 122.
45. Parmi les multiples ouvrages consacrés à ces problèmes, lire J.-M. Ela, *La ville en Afrique Noire*, Paris, Karthala, 1983 ; E. Gapyisi, *Le défi urbain en Afrique*, Paris, l'Harmattan ; Collectif : *Nourrir les villes en Afrique Subsaharienne*, Paris, l'Harmattan, 1986.
46. J.-M. Ela, *L'Afrique des villages*, Paris, Karthala, 1982.
47. Sur les cadres théoriques nécessaires au renouvellement du regard sur les réalités paysannes, renvoyons à *L'Afrique des Villages*, op. cit. ; *Quand l'État pénètre en brousse : Les ripostes paysannes face à la crise*, Paris, Karthala, 1990.
48. G. Balandier, *Anthropologie politique*, Paris, PUF, 1995 (3ᵉ édition), p. 208.
49. G. Balandier, *op. cit.*, p. 211.
50. G. Balandier, *Sens et puissance*, *op. cit.*, p. 120.

On mesure la portée de ce débat dans les universités africaines en crise. En l'absence de tout espoir de renouvellement des sources d'information, des ouvrages de référence et des instruments d'analyse permettant aux étudiants et enseignants de s'ouvrir aux nouveaux apports de la recherche sur l'Afrique, ceux-ci sont condamnés à reprendre les œuvres de Balandier dont quelques-unes se retrouvent souvent dans la poussière au milieu des livres étalés dans les « librairies au poteau » répandues dans les grandes capitales africaines. ailleurs, dans certains départements de sociologie et d'anthropologie, les enseignements sur l'Afrique sont la reprise médiocre et naïve, c'est-à-dire sans aucun examen critique des postulats et des thématiques qui remontent à une époque où les autorités coloniales avaient chargé l'auteur de *Sociologie actuelle de l'Afrique noire* d'enquêter sur les événements qui, à travers les mouvements messianiques, remettent en cause la situation de domination et annoncent l'avènement des mouvements nationalistes en Afrique noire.

PERMANENCES OU RUPTURES

Il convient de le rappeler : au lendemain de la Deuxième Guerre mondiale, la tâche qui vise à réhabiliter l'histoire dans les recherches sur les sociétés africaines et l'ensemble des études consacrées aux changements sociaux sont « conditionnées par les exigences de l'actualité politique[51] ».

Balandier s'intéresse particulièrement au messianisme Bas-Congo comme à un « phénomène révélateur » de la crise du système colonial dans un contexte politique où l'expansion des mouvements socio-religieux des peuples opprimés inquiète la métropole. Tel est le cadre des enquêtes de terrain qui orientent la recherche vers les voies nouvelles. Ces études veulent répondre au besoin de connaissance sur la situation qui prévaut dans ces régions du continent. Les évènements socio-politiques obligent de rompre avec les cadres de pensée qui figent dans l'éternel présent les sociétés longtemps ethnologisées. Pour

---

51. G. Balandier, *Sociologie actuelle de l'Afrique noire*, op. cit. p. XI.

faire le point sur cette situation, un nouveau terrain d'analyse du changement social s'impose à partir du concept de crise de la situation coloniale. En définissant l'objectif de l'enquête qui lui est confiée, Balandier rappelle les intentions de ceux qui financent sa recherche de terrain :

« Il nous avait été demandé d'établir une sorte de "bilan" quant à deux peuples – Les Fangs du Gabon et les Ba-Kongo du Congo – qui s'imposaient à l'attention des autorités administratives par "leur reprise d'initiative" et leurs entreprises novatrices[52] ».

L'approche du rapport tradition/modernité s'inscrit dans ce projet global visant à mettre en lumière les changements qui affectent les sociétés mises à l'épreuve par les phénomènes de contact et de domination depuis la colonisation. À cet égard, une précision s'impose. Si « la modernité, c'est l'irruption de l'événement » comme l'écrit Balandier[53], les sociétés africaines peuvent-elles s'engager dans un réel processus de modernisation à partir de leurs dynamiques internes ou bien sont-elles contraintes de s'ouvrir aux « dynamiques du dehors » pour entrer dans l'ère du changement ? Cette question constitue l'arrière-plan de « la dialectique de la tradition et de la modernité » dont parle Balandier. On retrouve ici l'armature et le pivot de tout un système de pensée qui oriente les regards sur l'Afrique noire depuis plus d'un demi-siècle. On revient sur cette problématique comme source d'inspiration qui alimente les débats sur le devenir du continent. Tout se passe comme si le rapport tradition/modernité était une sorte de schéma d'interprétation des réalités africaines. Dans ce sens, cette approche apparaît comme une intuition au sens bergsonien du terme, car elle est reprise dans l'ensemble de l'œuvre à travers les variations multiples. Les diverses modalités de relation entre tradition et modernité sont situées à différents paliers qui, comme le voulait Gurvitch, doivent conduire à la compréhension totale des réalités dont la complexité exige la prise en compte des différents niveaux permettant de saisir la profondeur du social en Afrique.

---

52. G. Balandier, *Sociologie actuelle de l'Afrique noire*, op. cit., p. VIII.
53. *Ibidem*, XI.

On peut s'en rendre compte en suivant les grandes étapes des recherches de Balandier sur les sociétés africaines. Dès les années 50, la problématique de la tradition et de la modernité structure les analyses ouvertes sur la *Sociologie actuelle de l'Afrique noire*. En 1957, cette problématique domine manifestement « l'Afrique ambiguë » que Balandier impose comme cadre de référence à l'africanisme. Après les tentatives antérieures qui contribuent à « la réhabilitation de l'histoire » dans la recherche africaniste[54], Balandier pense que :

> « l'Anthropologie politique ne peut plus ignorer les dynamismes et le mouvement historique qui transforment les systèmes d'institutions auxquels elle s'aplique, et doit élaborer les modèles dynamiques capables de se rendre compte du changement politique tout en identifiant les tendances modificatrices des structures et des organisations[55] ».

Dans cette perspective, la rupture avec les démarches de « l'analyse statique qui sont exclusives de l'action du temps sur les structures et les systèmes[56] » oblige de remettre en évidence l'opposition tradition/modernité au centre des études sur le politique[57]. L'examen des phénomènes d'acculturation conduit à la reconnaissance de l'historicité dont les sociétés dites « traditionnelles » ont été longtemps privées[58]. Les relations de domination imposées à ces sociétés par le colonialisme moderne ouvrent un domaine de recherche qui amène à repenser l'articulation des « dynamiques du dehors » et « des dynamiques du dedans ».

On ne peut échapper à ce défi de la connaissance si l'on remet en cause les limites du néo-évolutionnisme afin d'approfondir l'analyse de la dynamique sociale à partir des processus de développement et de modernisation. Balandier

---

54. G. Balandier, *Anthropologie politique*, [*op. cit.*, p. 187], p. XI
55. G. Balandier, *op. cit.*, p. 187.
56. G. Balandier, *Sens et puissance*, *op. cit.*, p. 17.
57. Lire le chapitre VII « Tradition et Modernité » dans *Anthropologie politique*, *op. cit*, pp. 186-217.
58. G. Balandier, *Sens et puissance*, *op. cit.*, p. 37.

souligne l'enjeu théorique des études que l'on place sous la rubrique du « développementalisme » :

> « L'ambition n'est plus de reconstituer les longues perspectives du changement, de déterminer dans l'immédiat les stades ou les étapes de l'évolution sociale, mais de saisir les jeux des mécanismes internes qui provoquent du dedans la modification ou le changement des groupes et systèmes sociaux[59] ».

Rien ne prouve que les réalités du terrain soient favorables à l'émergence de ces mécanismes qui, de l'intérieur des sociétés africaines, sont en mesure de les conduire sur les chemins du progrès. En fait, en ce qui concerne ces sociétés, on s'interroge sur leurs « capacités de développement indépendantes des circonstances extérieures[60] ». Compte tenu de l'idée du développement qui, nous l'avons vu, s'enracine dans l'imaginaire occidental, on comprend le doute qui sous-tend tout le débat sur la dialectique permanente de la tradition et de la modernité. Les théories développementalistes ont contribué à clarifier ce débat comme le reconnaît Balandier :

> « Le problème de la dynamique du dedans, et de ses effets à plus court terme, se trouve ainsi posé. C'est un progrès, si l'on établit la comparaison avec les vastes mises en question particulières à l'évolutionnisme sans rivages[61] ».

Si l'idée de développement est bien une caractéristique de la pensée occidentale[62], introduire « la dialectique de la tradition et de la modernité[63] » dans le cadre de la Sociologie du développement comme le fait Balandier ne rompt pas avec l'ethnocentrisme sur lequel se fondent tous les évolutionnismes tant « traditionnels » que « modernes ». Car c'est toujours à partir des sociétés dites « développées » que l'on tend à comprendre les sociétés dites « sous-développées ». Au moment même où le sociologue veut « saisir la société en action » pour mettre en relief les dynamiques qui la tra-

---

59. *Ibidem*, pp. 21-22.
60. *Ibidem*, p. 22.
61. *Ibidem*.
62. *Ibidem*, p. 24.
63. *Ibidem*, p. 44.

vaillent du dedans, on s'interroge sur la capacité de transformation et de progrès dans les sociétés dites « traditionnelles » en considérant comme référence incontournable les sociétés occidentales élevées à la dignité de sociétés leaders et prométhéennes. De ce fait, c'est en raison de l'historicité de ces sociétés que les sociétés dites « traditionnelles » apparaissent comme « problématiques » dans la mesure où leurs structures fondamentales mettent en cause leur capacité d'ouverture et d'adaptation à l'esprit et aux vertus spécifiques qu'exige le processus de développement et de modernisation.

Au cœur des villages d'Afrique, l'affrontement entre les forces contradictoires et opposées c'est-à-dire la tradition et la modernité, n'a de sens et ne s'explique que par la conscience que les sociétés traditionnelles ont des menaces que représente la modernité. Celle-ci apparaîtrait alors comme l'obstacle majeur mettant en cause leurs capacités de reproduction. En d'autres termes, « l'ordre » qui structure la tradition est menacé par le « désordre » qu'incarne la modernité dont l'irruption dans le champ social africain perturbe l'ensemble des systèmes traditionnels. En définitive, on ne conçoit le changement social qu'à partir du développement qui se situe dans une logique de rupture totale et de discontinuité. C'est ce qui explique que le défi majeur du développement soit centré sur le « problème de la dynamique des structures[64] ». Pensé à partir de la société occidentale, le développement de l'Afrique pose la question fondamentale du rapport des sociétés soumises à « la dynamique du dehors[65] ».

Pour s'en rendre compte, arrêtons nous sur le sens de la tradition dont il est question dans le débat en cours. Si la tradition « hante le cerveau des hommes » comme le répète Engels après Marx, la singularité des sociétés africaines exige une attention particulière compte tenu de la signification spécifique que le terme tradition prend dans le cas concret de ces sociétés. Ici, tout se passe comme si l'on était en présence

---

64. G. Balandier, *Sens et Puissance*, op. cit., p. 27.
65. *Ibidem*, p. 37.

d'un ordre social et culturel qui cherche à se maintenir d'autant plus qu'il est

« justifié par référence au passé, et qui assure la défense de cet ordre contre l'œuvre des forces de contestation radicale et de changement[66] ».

Tout semble indiquer que les sociétés africaines relèvent de ce type dans la mesure où elles

« sont obsédées par le sentiment de leur vulnérabilité, par la crainte des ruptures ; elles sont engagées dans une lutte permanente contre les déviations et les déséquilibres qui les menacent[67] ».

Dans cette perspective,

« la tradition peut être vue comme pratique sociale et régulatrice des conduites. Sous cet aspect vécu, elle devient traditonnalisme ; sa fonction est de susciter la conformité, d'entretenir au mieux la répétition des formes sociales et culturelles[68] ».

Contrairement à ce que l'on observe dans les sociétés dites « développées », la tradition ainsi vécue ne peut être qu'un ferment de résistance aux agressions de la modernité. S'il a bien fallu « restituer l'histoire aux sociétés africaines », en assumant les dynamismes qui se manifestent dans des stratégies de refus de la domination coloniale, l'analyse approfondie des conditions du développement impose des réserves sérieuses sur le potentiel de changement dont sont porteuses les sociétés fondées sur le traditionnalisme. Comparées aux sociétés développées qui sont aussi celles qui assument les incompatibilités. les contradictions, les ruptures et les tensions, bref, le mouvement, les sociétés traditionnelles seraient des « sociétés stables, non menacées par les contradictions internes et isolées à l'intérieur de leurs frontières[69] », ces sociétés auraient tendance à privilégier les équilibres structurels, les uniformités, les logiques de parenté et les formes de solidarité.

---

66. *Ibidem*, p. 105.
67. *Ibidem*.
68. *Ibidem*.
69. G. Balandier, *Anthropologie politique, op. cit.*, p. 23.

« En ce débat, résume Balandier, il importe de tenir grand compte des illusions de l'optique sociale. Lorsqu'il s'agit des sociétés traditionnelles (et de surcroît exotiques), l'impression de continuité paraît fort accentuée ; les anthropologues commencent seulement à reconnaître leur dynamisme et à leur restituer une histoire. À l'inverse, lorsqu'il s'agit des sociétés industrielles développées, l'impression de changement est si forte qu'elle impose la certitude de véritables mutations[70] ».

LES MASQUES DU DISCOURS AFRICANISTE

Face aux exigences du développement, on découvre donc la racine profonde du conflit entre la tradition et la modernité. Ce conflit est inévitable dès le moment même où, malgré une certaine reconnaissance des dynamismes des sociétés dites traditionnelles, on est bien obligé d'admettre la difficulté pour ces sociétés d'assumer la modernité qui leur impose la rupture avec un ordre social et culturel fondé sur l'immobilisme. Au travers des problèmes de développement, ce qui est en jeu, c'est le conflit des imaginaires sociaux et culturels. Les distances que Balandier prend à l'égard du « néo-évolutionnisme perverti (qui) apparaît notamment dans la théorie de la croissance économique élaborée par W. W. Rostow[71] » ne le mettent nullement à l'abri de la tentation qui consiste à penser l'accès au développement en assumant le regard des sociétés occidentales sur leur propre histoire et sur l'inertie présumée des sociétés dites « traditionnelles ». Alors qu'il considère « la dynamique des rapports entre tradition et modernité[72] » comme le centre de gravité des analyses sur le changement et le développement en Afrique noire, Balandier ne cesse de soumettre les notions de tradition et de traditionnalisme à un effort constant d'élucidation, de reprise et d'approfondissement. En revanche, le concept de modernité semble échapper continuellement à toute mise à l'épreuve et

---

70. G. Balandier, *Sens et puissance*, op. cit., p. 106.
71. *Ibidem*, p. 104.
72. G. Balandier, *Anthropologie politique*, op. cit., p. 201.

au questionnement radical. On se contente d'approximations sans jamais parvenir à une définition claire et précise de cette modernité dont on parle. Or, on sait l'importance que Durkheim accorde à la définition des concepts comme une démarche préalable des *Règles de la méthode sociologique*. Balandier ne nous apprend rien sur la nature réelle de la modernité lorsqu'en la comparant au traditionnalisme il écrit :

> « La notion de traditionnalisme reste imprécise. Elle est vue comme continuité, alors que la modernité est rupture[73] ».

Les analyses portant sur ce qu'il considère comme un débat entre la tradition et la modernité n'ouvrent aucune discussion réelle sur ce qu'est la modernité en elle-même. Comment comprendre le silence sur un concept porteur dans une approche qui a la prétention de relever le défi scientifique que les problèmes du développement imposent aux sciences sociales en Afrique noire? Ce silence est-il innocent? L'imprécision dans laquelle l'auteur laisse ses lecteurs sur ce thème mobilisateur masque-t-elle l'absence d'une pensée claire autour d'un mot dont on vulgarise l'usage? Il faut le reconnaître : le concept de modernité est bien vague et ne dit rien de précis. Tout se passe comme si l'on se plaisait à jouer sur cette confusion pour écarter du débat la référence à un système de représentation qui relève de l'inconscient collectif. Comme le remarque Baudrillard,

> « La modernité n'est ni un concept sociologique, ni un concept politique, ni proprement un concept historique. C'est un mode de civilisation caractéristique, qui s'oppose au mode de la tradition, c'est-à-dire à toutes les autres cultures antérieures ou traditionnelles : face à la diversité de celles-ci, la modernité s'impose une, homogène, irradiant mondialement à partir de l'Occident[74] ».

Depuis la Renaissance, une tradition de pensée bien établie a fait de la modernité la spécificité des sociétés occidentales où l'idée de progrès joue le rôle d'un mythe

---

73. G. Balandier, *Anthropologie politique*, op. cit., p. 202.
74. J. Beaudrillard, « La modernité » in *Encyclopaedia Universalis*, T. 15, p. 552.

fondateur. La « rhétorique de la modernité » s'inscrit dans un système de compréhension des sociétés différentes à partir des innovations et des ruptures liées à la révolution industrielle. Pour définir les sociétés exotiques, on se réfère aux dynamiques internes de la société industrielle. Comme le rappelle Mendras,

« Par opposition à la société industrielle, agencée pour le changement et valorisant l'innovation, les sociétés pré-industrielles, paraissent agencées pour la stabilité, la perpétuation d'un ordre immémorial. Elles valorisent la tradition, c'est pourquoi on les appelle souvent sociétés traditionnelles, couvrant sous cet épithète une variété infinie de sociétés de natures différentes, qui n'ont en commun que de n'être pas industrielles[75] ».

En permanance, on est renvoyé à l'opposition entre ces deux types de sociétés. Aux occidentales qui valorisent l'innovation et le changement, s'opposent les sociétés indigènes qui valorisent la tradition c'est-à-dire, en fin de compte, le conformisme, le conservatisme, la continuité et la permanence, ce que Mendras a appelé « la perpétuation d'un ordre immémorial ». La dialectique de la tradition et de la modernité renvoie à tout un fond de croyances qui s'est construit à l'époque des Lumières. Ces croyances centrées sur le mythe du progrès s'enracinent dans l'économie compte tenu d'un ensemble de perceptions et de représentations à travers lesquelles, depuis la révolution industrielle, l'histoire elle-même doit être rythmée par les phases du développement économique à partir des présupposés normatifs aux sociétés occidentales. Marx se réfère à ces présupposés lorsqu'il écrit dans la préface du Capital :

« Le pays le plus développé industriellement ne fait que montrer à ceux qui le suivent sur l'échelle industrielle l'image de leur propre avenir[76] ».

Ainsi, les pays d'Occident constituent les lieux privilégiés de référence et le laboratoire des paradigmes sans lesquels on ne

---

75. H. Mendras et M. Forse, *Le changement social*, Paris, A. Colin, 1983, p. 43.
76. K. Marx, *Le Capital*.

peut comprendre l'évolution des sociétés différentes. Lorsque les « primitifs » des XVIIIe et XIXe siècles sont devenus les « sous-développés » au lendemain de la Deuxième Guerre mondiale, tout passage à la modernité est conditionné par la soumission aux normes de la rationalité occidentale. On reste enfermé dans l'univers de la colonisation que d'aucuns ont considéré comme une « forme modernisante », « un modèle par lequel la modernisation a été universalisée[77] ».

Pour pousser ce processus à son terme dans un système diplomatique, économique et international régi par les accords de « coopération », l'antagonisme de la tradition et de la modernité n'est pas autre chose que l'affrontement entre les sociétés africaines et le « développement » qui, précisément, est un trait spécifique de l'occidentalité comme le confirment toutes les recherches récentes dont nous avons fait état plus haut.

À travers ses analyses sur la « dynamique du traditionnalisme et de la modernité[78] », le sociologue des « ambiguïtés » le sait bien. Car, derrière son silence sur l'imaginaire occidental qui définit le lieu de la confrontation entre les sociétés modernes et les sociétés traditionnelles qui, par définition, sont sous-développées, on découvre l'enjeu des conflits qui s'instaurent entre les deux sociétés. Relevons cette page où Balandier tente de décrire les vraies caractéristiques qui rendent compte de la nature du débat entre tradition et modernité. Ce débat met à jour

> « tout d'abord, les sociétés proclamées développées où les changements se multiplient en s'accélérant. Marx les a vues, dès le siècle dernier, comme porteuses d'une charge historique, génératrices de révolution. Weber les a envisagées comme essentiellement "rationnelles" capables de prévision, efficaces et expansives. Dans les deux cas, c'est leur mouvement propre, leur dynamisme interne qui les définit. Le devenir – qui résulte de leur capacité à être cumulatives – est alors la principale de leurs propriétés spécifiques ; et les sociétés "autres", postulées a-historiques ou

---

77. Voir D. Apter, *The Politics of modernization*, Chicago, 1965.
78. G. Balandier, *Anthropologie politique*, *op. cit.*, pp. 202-217.

à histoire ralentie, sont estimées tributaires d'un mouvement induit de l'extérieur trouvant son origine dans l'expansion de ces sociétés dites dynamiques par nature. Par ailleurs, les sociétés entreprenantes sont maintenant le lieu de transformations toujours plus nombreuses et plus rapides. Il s'y est créé des ruptures telles que le présent semble ne pouvoir y être maîtrisé qu'en fonction de l'avenir[79] ».

Tout est dans ce texte qui fait tomber les masques du discours africaniste et du développement. Pour en saisir la pertinence, Balandier invite à faire retour sur l'univers culturel et historique des sociétés développées dont Marx et Weber ont révélé les structures fondamentales et les propriétés spécifiques dont sont dépourvues les sociétés « autres ». Ces sociétés sont naturellement situées en marge de la rationalité et des dynamismes internes qui rendent compte de la force d'expansion des sociétés occidentales et de la mission historique que leur confère leur capacité à susciter les dynamiques de changement au sein des sociétés condamnées à recevoir de l'extérieur les facteurs de modernisation. Dans les sociétés « à histoire ralentie »,

« les moyens de la modernité sont importés dans une large mesure, sous la forme de capitaux, de biens d'équipement, de techniques, de modes de consommation, de modèles institutionnels. Cette dépendance, résultant de l'histoire, a pu être imputée à la nature même des sociétés qui la subissent. Déjà, A. Comte dans une de ses leçons du Cours, envisage la capacité de changement, la possibilité d'échapper à la répétition, et en conséquence le progrès, comme une propriété de la *seule* civilisation occidentale. Max Weber attribue à la "rationalisation" et à l'efficacité, propres à la société moderne occidentale, le pouvoir de tirer les autres sociétés hors de l'état traditionnel[80] ».

---
79. G. Balandier, *Sens et puissance*, op. cit., p. 101.
80. *Ibidem*.

Balandier admet comme une évidence ces analyses qu'il considère comme une « manière de voir largement partagée[81] ».

Aussi ramène-t-il l'attention du monde développé sur les obstacles auxquels il se heurte dans son expansion à travers les projets de développement dans les sociétés différentes. En Afrique noire, si l'on ne peut négliger l'importance des enjeux fonciers dans les régions où le sol se dégrade et où la faible productivité du travail agricole résulte des conditions techniques et sociales, il importe d'évaluer les

« forces culturelles de résistance au progrès : quel est le degré de compatibilité entre un type de civilisation ancien, qui affecte profondément les comportements mais inadapté à la situation actuelle, et un type de civilisation nouveau, qui bouleverse les habitudes, les conceptions et les intérêts, mais résulte nécessairement du développement des techniques et de l'économie[82] ».

La question est particulièrement grave pour les civilisations africaines qui, dans leur mode d'organisation des rapports entre l'économie et la société, sont fondées sur les logiques étrangères aux normes de la raison utilitaire. Balandier écrit à cet effet :

« Le dynamisme des "sociétés traditionnelles" n'est pas aussi directement conditionné qu'il l'est, dans les pays dits développés, par le souci d'accroissement constant du volume des biens matériels. Le retard des techniques explique cette moindre contrainte des forces productives, mais il n'est pas seul en cause. Sous l'effet de certaines cultures, en Afrique particulièrement, la production cumulative des moyens d'existence paraît moins importante que la reproduction des êtres humains ; c'est le nombre des hommes contrôlés autant (et parfois plus) que la quantité des biens contrôlés, qui détermine le prestige social et la capacité politique. Toute une structure sociale peut s'édifier sur ce principe fondamental[83] ».

---

81. G. Balandier, *Sens et et puissance, op. cit.*, p. 103.
82. *Ibidem*, p. 235.
83. *Ibidem*, p. 233.

LES COÛTS DU PROGRÈS

Dans les pays où les rapports sociaux reposent sur les structures de la parenté, on tend aussi à montrer que la pression communautaire est si forte sur les individus qu'elle les empêche d'innover et de prendre des initiatives qui sont en rupture avec les consensus sur les normes et les valeurs établies. Dans cette perspective, on voit la difficulté de faire triompher les mesures de rationalisation dans un milieu réputé hostile au changement. Sans insister sur l'importance majeure des obstacles culturels au développement qui retiennent l'attention de nombreuses études, retenons le rôle attribué au traditionalisme comme source de résistance délibérée aux innovations génératrices de changement. En ramenant le débat au niveau du village, Meister situe le lieu des résistances au développement lorsqu'il écrit :

« Le traditionalisme fait partie de la condition du paysan, de son état. Le paysan ne peut renoncer à cet état qu'en devenant un entrepreneur, utilisant à l'égard de sa terre et de son exploitation les méthodes de calcul industriel. Pour favoriser ce difficile passage, il n'est pas trop de jouer à la fois à la carte libérale du profit supplémentaire à l'intérieur d'une planification de l'économie, et d'un système d'organisations populaires de mobilisation[84] ».

En reprenant la question des sources de la résistance au développement dans les sociétés exotiques, Lévi-Strauss résume l'ensemble des représentations qui, sur ce problème majeur, sont un lieu commun de la pensée occidentale :

« D'une façon générale, les causes profondes de la résistance au développement semblent être au nombre de trois. D'abord, une tendance de la plupart des sociétés dites primitives à préférer l'unité au changement ; en second lieu, un profond respect pour les forces naturelles ; enfin, la répugnance à s'engager dans un devenir historique[85] ».

---

84. A. Meister, *Participation, animation et développement : à partir d'une étude rurale en Argentine*, Paris, Anthropos, 1969, p. 357.
85. Cl. Lévi-Strauss, *Anthropologie structurale deux*, Paris, Plon, 1996, p. 372.

Ainsi, à la suite de Comte, de Marx et de Weber, le célèbre auteur de *Tristes Tropiques* donne sa caution aux fantasmes qui hantent l'imaginaire occidental. Au terme des analyses sur « les discontinuités culturelles et le développement économique et social[86] », Lévi-Strauss déclare :
« Nos sociétés occidentales sont faites pour changer, c'est le principe de leur structure et de leur organisation. Les sociétés dites "primitives" nous apparaissent telles, surtout parce qu'elles ont été conçues par leurs membres pour durer. Leur ouverture sur l'extérieur est très réduite, et ce que nous appellerions chez nous "l'esprit de clocher" les domine[87] ».

Pour les développeurs qui s'obstinent à convoquer les sociétés indigènes au tribunal de la rationalité occidentale, toute la question est de savoir comment ouvrir ces sociétés aux apports de la modernité qui ne peut venir que de l'extérieur et implanter l'esprit d'entreprise et le désir du progrès sans lesquels elles sont condamnées à s'enliser dans les faubourgs de l'histoire ? À la limite, comment faire assumer à l'Afrique noire « le coût social du progrès » qui s'annonce d'autant plus lourd qu'il remet en question les fondements de sa civilisation et ses structures sociales et l'oblige à risquer les choix de modernité qui sont inséparables des choix de société ? Telles sont les questions majeures qui soumettent à une rude épreuve les individus et les groupes dans un contexte de pénurie et de pauvreté. Les risques à prendre pour relever le défi du développement sont lourds de conséquences compte tenu de l'ampleur des contraintes qui poussent les sociétés traditionnelles à assumer les mutations profondes en vue de redéfinir leur place dans l'histoire. Car,
« Les instruments du progrès économique sont pour la plupart introduits du dehors : ils imposent une discontinuité brutale par rapport aux moyens traditionnels de production, par rapport aux relations sociales que ces derniers impliquaient. Le phénomène s'accuse d'autant

---

86. *Ibidem*, p. 365.
87. *Ibidem*, p. 376.

plus que les pays en essai de développement, pour remédier à une situation qui les maintient en position d'infériorité, sont incités à acquérir les techniques les plus modernes[88] ».

Dès lors, développer, c'est moderniser. Mais les choix de modernité impliquent d'accroître les influences extérieures dans la mesure même où, au-delà des apparences, il s'agit de s'adapter « à des tâches nouvelles, à des nouveaux outils et de nouvelles façons de penser[89] ».

Ainsi, les capacités d'innovation dans les sociétés exotiques dépendent d'une véritable culture d'adaptation qui met ces sociétés à l'épreuve des dynamismes extérieurs. Le développement tel qu'il est pensé à partir de ces présupposés ne peut se réaliser sans heurts. Car, il n'est pas autre chose que la projection d'une « dynamique de transformation positive » extérieure aux sociétés locales. Comme le veut Balandier,

« Dans le cas des sociétés actuelles en développement la difficulté est multipliée. Le changement résulte moins du devenir interne que de l'action des forces extérieures ; en ce sens, c'est un mouvement d'origine étrangère qui est impulsé à la société prédéveloppée et qui lui impose de se transformer sur le mode des sociétés industrielles. C'est à cette transformation induite que résistent certaines des structures traditionnelles, et cette résistance conduit à déterminer – par réaction de défense, en quelque sorte – une stratégie du développement et finalement à modifier le jeu des influences externes[90] ».

Pour préparer les sociétés indigènes à s'ouvrir aux innovations et aux ruptures nécessaires, ce que l'on a appelé l'« animation » en Afrique devient la tâche prioritaire qui mobilise les développeurs impliqués dans les projets de modernisation où l'on est confronté aux facteurs socio-culturels considérés comme un frein. La diffusion du progrès technique et économique ne peut se faire sans une pédagogie visant à surmonter les obstacles d'ordre culturel que cette

---

88. G. Balandier, *Sens et puissance*, op. cit. p. 198.
89. *Ibidem*, p. 146.
90. G. Balandier, *Sens et puissance*, op. cit. p. 120.

diffusion rencontre. On mesure l'importance de ces efforts si l'on situe les enjeux du développement dans la dynamique des conflits qui structurent les modalités de rapport entre les sociétés différentes. Il faut insister sur ce point pour comprendre les limites des approches du développement qui, depuis des décennies, en dépit des discours sur le caractère auto-centré ou endogène, imposent les facteurs d'innovation aux sociétés autres sur la base d'une modernisation fondée sur la dépendance et le refus de la différence. Meister est catégorique sur ce sujet :

> « Seule l'arrivée de l'extérieur peut donner aux innovateurs, animateurs ou agriculteurs de métier, suffisamment de prestige et de détachement (absence de lien locaux de famille, par exemple) pour leur permettre d'influencer les autres directement (animateurs) ou indirectement, par démonstration de leurs résultats (agriculteurs). Certes, ces innovateurs seront en proie à l'hostilité locale contre les étrangers et contre le changement. Et le problème du développement n'est pas de nier ou de minimiser cette hostilité, mais de faire triompher les points de vue modernistes et productivistes des innovateurs ; il est, dans ce conflit inévitable entre innovateurs et forces traditionnelles, de renforcer la position des premiers par des encouragements de toute sorte, matériels et autres[91] ».

Ce que l'on considère comme une tension inévitable entre la tradition et la modernité dissimule donc, en fin de compte, des logiques de pouvoir et de subordination qui se cachent derrière les facteurs d'innovation et de modernisation.

Rompre avec le modèle

Il n'est pas nécessaire de nous attarder ici sur la prétendue incapacité des sociétés africaines à changer à partir de leurs dynamismes internes. On sait aujourd'hui que ces dynamismes se sont déployés depuis des siècles dans les régions du

---

91. A. Meister, *Participation animation et développement*, Paris, Anthropos, 1969, p. 240.

continent où se sont développés de grands foyers de civilisation que redécouvrent les sciences historiques lorsqu'elles se libèrent des mythes forgés par l'impérialisme occidental. L'histoire de l'Afrique ne commence pas avec l'esclavage et les conquêtes coloniales qui ouvrent la voie à la pénétration du capitalisme mais il faut insister sur ce fait : l'économie de profit s'est implantée par la destruction des empires célèbres, les meurtres des populations au cours des guerres coloniales, la violence brute des années des travaux forcés et de l'indigénat, les processus de prolétarisation dans les lieux d'exploitation des ressources minières et forestières et les grandes plantations européennes. Ce n'est pas le lieu d'entreprendre une autre économie politique du sous-développement en réactualisant les récits fondateurs à travers lesquels revit la mémoire des colonisés qui marque l'imaginaire historique des sociétés africaines. Il nous suffit de rappeler cet arrière-plan qui situe en profondeur la racine des processus de paupérisation et d'insécurité dont l'aggravation s'est accélérée depuis l'époque des comptoirs et des grandes concessions en mettant en place les systèmes d'accumulation et de contrôle des ressources du continent qui n'ont cessé de briser les dynamismes économiques des sociétés dites traditionnelles.

Le vrai problème est de savoir si, en mettant en œuvre un modèle de développement qui, par ses contradictions internes, provoque la méfiance des sociétés qui ne sont pas prêtes à payer leur progrès matériel par la perte de leur âme et de leur imaginaire, les apôtres de l'occidentalisation de l'Afrique n'ont pas préparé les conditions nécessaires à la faillite de leur entreprise. En effet, ce que l'on observe depuis plus d'un demi-siècle de « développement » n'est pas autre chose que la volonté farouche d'inculquer aux sociétés africaines l'esprit d'une culture pour laquelle les inégalités socio-économiques sont le moteur indispensable de la croissance et du développement. Autrement dit, l'accès au bien-être d'une infime minorité ne peut se concevoir que par l'aggravation de la misère d'une multitude. Au-delà des recettes techniques, on ne peut occulter les ravages et les déséquilibres d'un système socio-économique heurtant les sociétés et les cultures qui se refusent de dissocier l'économique et le social. Le faux débat de la tradition et de la modernité nous met en présence d'un défi majeur que l'Afrique doit assumer pour renaître en prenant conscience des impasses de ce qu'il est convenu d'appeler le «développement».

Pour amorcer le véritable débat qui s'impose en cette fin de siècle, il faut refuser, dès le départ, de penser l'avenir de l'Afrique à partir du passé des autres. Toute l'expérience historique des sociétés confrontées au projet prométhéen des sociétés dites développées le rappelle : il y a eu, sous couvert du développement, une forme d'iniquité qui a consisté à organiser la subordination de l'Afrique noire aux contraintes de l'imaginaire occidental. En imposant du dehors des facteurs de modernité, on a créé les conditions d'entretien des économies et des cultures de la pauvreté. L'expansion du modèle du développement conçu à partir des mythes fondateurs de la modernité occidentale se nourrit des écarts inégalitaires qui le rendent incapable de surmonter les contradictions qui l'engendrent. Cette expansion elle-même tend à devenir une véritable fuite en avant où le modèle risque sans cesse de projeter ses ravages à l'échelle de la planète comme le rappelle la crise de l'environnement dans les régions où les forêts africaines sont menacées de disparition. Au moment où l'on veut mobiliser les hommes et les femmes d'Afrique à participer à un développement faxé, il convient de relever ce fait qui paraît singulièrement grave : le dynamisme que l'on reconnaît aux sociétés occidentales ne se traduit-il pas par des logiques de violence inhérentes à un système qui s'exaspère en vue de la seule possession du monde ? Si, dans l'Afrique d'aujourd'hui, le développement est en panne, cela ne révèle-t-il pas les failles béantes créées par cette ambition prométhéenne qui n'a cessé d'accroître et d'exporter l'inégalité que refusent obstinément les sociétés fondées sur le principe de la réciprocité et de la redistribution ?

Si l'on veut regarder en face la situation actuelle du continent noir, il faut bien constater que l'échec du développement dont on parle n'est pas autre chose que l'inquiétude d'un système qui ne sait pas très bien comment réussir à s'implanter dans la culture africaine malgré toutes les ressources mises en œuvre pour s'attaquer aux résistances des sociétés indigènes qui se refusent d'adhérer à un système global où elles ne trouvent pas leur compte. Tout semble avoir été tenté pour arracher les Africains à l'irrationalité de leur logique sociale, à leur perception du temps et du monde, à leur gestion des rapports sociaux. Les volontaires du progrès et autres coopérants ont pris «le chemin du village» pour s'enfoncer dans une vie de brousse afin de devenir les agents du changement social dans un contexte où les communautés rurales doivent prendre en main leur destin en s'ouvrant aux innovations. Le résultat de ces efforts est désormais connu : non seulement le changement ne peut être exogène, mais on constate aussi que la «stagnation capitaliste» est générale. Cette situation est la preuve du manque de crédibilité du modèle qui, aux yeux des Africains, n'a produit que des chocs traumatiques dont personne ne veut plus porter les coûts dans un contexte où l'on prend conscience du particularisme et des effets pervers d'une modernité aliénante et hideuse.

Ce caractère apparaît lorsqu'on prend conscience de la contradiction radicale du projet moderniste. À priori, ce projet a la prétention d'incarner l'universel dans la mesure où l'Occident récapitule en lui-même l'homme accompli, devenu détenteur de la science et de la technologie, le lieu d'où partent tous les changements de l'histoire. Face à ce projet, comme on l'a vu depuis la colonisation,

«Les sauvages peuvent se réjouir : la foi, la loi et la science s'approchent; ils vont rejoindre après les millénaires des ténèbres, la lumière de la vérité[92]».

La faillite du développement marque la fin des certitudes. Les grands mythes s'effondrent. La légitimité de l'universel incarné par l'Occident est partout remise en question. Plus personne ne peut croire aujourd'hui à la légende qui fait de l'Afrique l'enfance du théâtre de l'humanité. Il faut donc recommencer à réfléchir sur une nouvelle manière d'articuler les rapports entre l'économie, la société et les cultures. Dans

---

92. R. Bureau, *Le péril blanc*, Paris, L'Harmattan, 1978, pp. 48-49.

ce sens, on ne peut plus se permettre de sommer les sociétés africaines d'intérioriser l'esprit de l'Occident pour passer de la « tradition » au « développement » et faire leur entrée dans l'histoire. D'autres chemins existent à partir de la diversité des possibles dont chaque société est porteuse. La conscience de cette diversité reste dans un état de somnolence malgré les jaillissements qui n'ont pas encore abouti à une réflexion systématique. Dans le même texte où il ne cesse de célébrer les vertus des sociétés occidentales « par nature » vouées au changement par leur dynamisme interne, Balandier écrit :

« Les sociétés du Tiers Monde ne peuvent être répétitives du modèle des sociétés qui les ont engagées dans l'actuel processus de modernisation ; si elles veulent "réussir" elles sont contraintes à l'innovation[93] ».

Tel est le défi qui interpelle l'Afrique. Pour affronter ce défi, il a semblé nécessaire dans les réflexions qui précèdent, d'éclairer les débats sur les conditions de la Renaissance à partir des dynamiques latentes longtemps bloquées par le modèle du développement qui a voulu les capter pour les orienter dans un sens qui ne favorise pas l'invention des sociétés. Rappeler que le système occidental, pour se perpétuer, doit forcer les autres sociétés à reproduire ce que les « dynamiques du dehors » lui imposent, c'est dévoiler la nature mythique du développement et mettre en lumière le caractère autoritaire et répressif des sociétés occidentales qui condamnent l'Afrique à la « déraison du mimétisme ». Si l'on accepte la crise du développement, on voit s'ouvrir les chemins qui montrent que la quête de l'inédit passe par la rupture avec l'ensemble des normes et des critères par lesquels, jusqu'ici, on s'est efforcé de penser le « développement » à partir des seules trajectoires de l'imaginaire occidental.

Pour sortir des impasses actuelles, l'Afrique n'a pas de choix : il lui faut redécouvrir les chemins d'invention en explorant les champs du possible qui lui sont propres. Cette tâche gigantesque doit mobiliser toutes les ressources de l'intelligence et de l'imagination. Elle met à l'épreuve les

---

93. G. Balandier, *Sens et puissance*, op. cit., p. 120.

capacités de créativité face aux situations qui provoquent l'ensemble de la société à se redéfinir à partir des contraintes et défis qui la bousculent et la font entrer en débat avec elle-même. Dans ce sens, tout peut dépendre de la manière dont les nouveaux acteurs de la société africaine vont convertir la faillite du développement en une opportunité qui renforce et stimule leur capacité d'innovation. Comme le reconnaît Sabelli,

«L'histoire enseigne que, pour conserver leur identité, les sociétés doivent se transformer. Ce qui ne les empêche nullement de combiner les nouveaux éléments qu'elles s'approprient, selon leur génie propre, à la fois imprévisible et inimitable. Vouloir les conformer, comme on croit trop souvent nécessaire de le faire (au nom du "développement"), à une logique exogène est aussi aberrant que criminel. Cela dit, les possibilités du changement existent, même si elles ne sont ni infinies, ni uniques.

Il ne s'agit donc pas d'être "pour" ou "contre" le développement, car en posant l'alternative en ces termes, on accepterait déjà, implicitement les présupposés de la pensée ordinaire. En revanche, remettre en question les fondements culturels du "développement", signifie aussi accorder leur chance, à une multitude de projets sociaux complexes, enracinés dans leur propre histoire, et radicalement différents de tout ce qui, "à l'évidence", devrait leur tenir lieu d'avenir. Une telle démarche n'implique aucune haine de soi, nul recours à la sagesse cachée d'un bon sauvage fictif, nul repli sceptique hors d'un monde désenchanté[94]».

---

94. G. Rist, F. Sabelli, *Il était une fois le développement*, op.cit., pp. 68-69.

DEUXIÈME PARTIE

*Rationalités, pénurie
et créativité sociale*

2

VIOLENCE ET PRÉCARITÉ

Se nourrir, se loger, se soigner, se vêtir et s'instruire : tels sont les thèmes soumis à la réflexion lors du colloque international tenu à Cotonou, au Bénin, sur « le minimum social commun[1] ». La concentration sur ces domaines qui nécessitent la mise en œuvre d'énormes moyens d'action faisant défaut à la majorité des pays d'Afrique ne semble pas dépasser le cadre conventionnel des discours bien connus sur les « besoins essentiels ». L'émergence du paradigme de la pauvreté dont l'élimination s'inscrit désormais dans les objectifs de la Banque Mondiale qui réactualise la doctrine de l'endiguement social élaboré par Robert Mc Namara au début des années 70, invité à entreprendre l'examen critique des pensées instituées. L'ampleur des défis provoqués par le nombre de pauvres dans le monde dont la misère explose nous oblige à revenir à la racine des déséquilibres qui perturbent toutes les structures d'intégration sociale. Dans la mesure où l'Afrique subsaharienne est particulièrement touchée par les dynamiques de la « mondialisation de la pauvreté », il convient d'accorder à cette thématique toute son importance dans le cadre de notre étude.

---

1. Voir *Jeune Afrique*, n°1910, 13-26 août 1997, p. 9.

On peut se réjouir de l'attention portée à cette part de l'humanité vivant dans les conditions de pauvreté absolue. Mais on doit s'interroger sur la pertinence des approches de la pauvreté qui surgissent dans un environnement nouveau où, paradoxalement, la problématique du développement n'est plus la priorité des institutions financières internationales. Dans ce contexte, le choix des mots n'est pas neutre. Le vide créé par l'effondrement des mythes du Tiers-Monde semble avoir été comblé largement par l'invasion d'un concept destiné à justifier le maintien des choses par une sorte d'équilibre naturel comme le rappelle Galbraith[2].

Jadis, le tiers-mondisme déterminait une stratégie supposant la solidarité avec les exploités du Sud dans un projet global de remise en question des mécanismes structurels de domination et de sous-développement. Aujourd'hui, le recours à un terme aussi imprécis que chargé de connotations morales comme la « pauvreté » ne relève-t-il pas de l'économie politique ? On résiste difficilement à le penser. Car les discours et pratiques centrés sur la réduction de la pauvreté ne mettent nullement en cause les fondements du système néo-libéral où ils s'inscrivent. Aussi faut-il comprendre le virage que prend la Banque Mondiale face à l'accroissement de la pauvreté dans un contexte où les « fractures sociales » apparaissent comme les principales menaces qui pèsent sur la stabilité mondiale. Si l'on reconnaît les limites des thérapies proposées pour panser les plaies sociales les plus vives, la problématique de la pauvreté n'appartient-elle pas à la surenchère idéologique qui se renforce au moment où la montée des intégrismes se nourrit des frustrations sociales ? Pour saisir la portée de ces questions, l'analyse des problèmes de pauvreté et de chômage doit être considérée comme l'un des éléments de la réflexion sur le changement social à l'heure où l'on assiste à la fin du travail dans les sociétés contemporaines[3].

---

2. Voir J. K. Galbraith, *Théorie de la pauvreté de masse*, Paris, Gallimard, 1980.
3. M. Drancourt, *La fin du travail*, Paris, Hachette, 1984.

LA DÉRIVE CULTURALISTE

Relevons la complexité du sujet qui exige l'apport de nombreuses disciplines. En effet, une approche rigoureuse de notre objet d'étude nécessite la maîtrise des travaux réalisés dans le domaine qui nous préoccupe. Elle doit également s'appuyer sur les données empiriques permettant d'évaluer les situations de pauvreté. Enfin, on ne peut ignorer ceux et celles qui, en Afrique, vivent ces situations souvent tragiques. Une analyse fidèle au réel doit se mettre à l'écoute du « monde d'en-bas » qui, comme nous l'avons remarqué plus haut, a son langage pour dire ce qui lui arrive et ce qu'il vit au quotidien. Toutes ces orientations trouvent leur convergence dans un système global d'interactions et de rapports de force où la relation de l'homme au travail, au logement, au savoir et à la santé se heurte, de toute évidence, aux contraintes de la mondialisation du capital.

Dans le tournant de l'histoire africaine où les visages et les mécanismes de la pauvreté se renouvellent, le lieu véritable d'une réflexion sur les conditions primordiales de changement est défini par la totalité des processus de dysfonctionnement et de restructuration qui s'opère entre l'État, l'économie et la société. En d'autres termes, à partir des groupes sociaux démunis et précarisés, il nous faut réévaluer le rapport à l'argent dans un continent où l'ensemble de la société est touché par l'ampleur des mutations provoquées par la transition de l'Afrique vers l'économie de marché. À la limite, si les « crises » de l'Afrique révèlent en profondeur la crise du capitalisme après les années de faillite du modèle néo-colonial de croissance et de développement, comment articuler les rapports entre le travail et la société ? Ou, si l'on préfère, comment repenser les mécanismes d'intégration sociale au moment où l'on assiste à l'épuisement de ce modèle ? Ces questions imposent une grille de lecture appropriée à la compréhension des phénomènes de société que risquent d'occulter les paradigmes dominants ; ces derniers sont les purs reflets des idéologies en vigueur. Le modèle de la pensée unique auquel beaucoup préfèrent s'en tenir crée un désarroi intellectuel qui pousse certains analystes à réactualiser les mythes coloniaux sur les sociétés africaines confrontées à la violence du marché.

Ainsi, sans jamais se soucier de mettre à jour « l'impensé des discours » qui structurent la réflexion sur le passage de l'Afrique à la modernité économique[4], les anthropologues de circonstance reproduisent les schémas d'un culturalisme naïf qui réaménage les postulats de l'évolutionnisme dans le cadre des rapports au capital au moment où l'on doit mesurer les effets de la conceptualisation qui s'opère à partir du démantèlement de l'État et de ses conséquences socio-politiques. Obnubilés par ce qu'ils considèrent comme les tares inhérentes aux cultures indigènes, ces anthropologues ne soupçonnent pas un seul instant que les conditions actuelles de la pauvreté en Afrique résultent des conflits majeurs entre le travail et le capital qui cherche à tout soumettre aux logiques marchandes au sein des sociétés contemporaines.

On peut observer les dérives culturalistes qui se manifestent dans les recherches où, à partir du comportement économique des acteurs, le débat sur l'avenir de l'Afrique s'essouffle en s'immobilisant sur les configurations socio-culturelles dont les réseaux communautaires, les logiques de distribution, les droits et les obligations sont considérés comme l'obstacle majeur à l'émergence de l'économie de profit en milieu africain. Observons l'angoisse et le « cauchemar » d'un économiste libéral. Pour F. R. Mahieu,

> « L'impact de la société communautaire sur la croissance et le développement pose un problème d'évaluation. Du point de vue de la croissance, la communauté est un frein à l'augmentation de la production. Elle paralyse l'initiative individuelle, abaisse la productivité, rationne les facteurs. Par rapport à l'optique plus large du développement, l'obligation communautaire est un archaïsme, une survivance tribale, une source d'angoisse permanente, opposée au bien-être. Mais la communauté est là... comme fait têtu. Elle est une contrainte que la théorie économique standard continue d'ignorer et qui fait échouer les politiques économiques les plus

---

4. Sur ce sujet, voir J. M. Ela, *Population, pauvreté et crises*. Conférence inaugurale, Secondes Journées Scientifiques du Réseau démographique, Ouagadougou, 13-15 novembre 1996.

sophistiquées [...]. À l'inverse, le totalitarisme communautaire constitue un cauchemar pour l'observateur libéral, tout en se demandant comment l'utiliser pour favoriser la productivité et l'esprit d'entreprise[5] ».

Nous n'insisterons pas ici sur la reprise invariable de ces stéréotypes qui opposent l'homo africanus et l'homo œconomicus[6]. Le retour à ces stéréotypes répond à un but précis : si l'on veut promouvoir les changements économiques et rompre avec les comportements qui sont la traduction de l'irrationalité, il faut imposer aux Africains le système social et économique occidental considéré comme l'idéal à atteindre partout dans le monde. On retrouve le rêve colonial d'occidentalisation des structures et des pratiques sociales, des règles et des normes de vie et, plus profondément, des modes de production et des mécanismes d'enrichissement qui font de l'inégalité économique le moteur même du progrès humain[7]. Ce qu'il faut constater aujourd'hui, c'est l'entrée en scène des nègres de service qui, comme ces perroquets qu'on capture dans les forêts vierges, reproduisent la voix de leurs maîtres. Pour le théologien Kâ Mana, il faudrait revenir à la croyance des Africains à l'invisible, voire à la vénération de leurs ancêtres qui s'inscrit dans les structures de parenté, pour comprendre les malheurs du continent noir. Qu'on en juge par ce texte révélateur qui reprend les clichés de l'ethnologie coloniale :

« Le fait d'être à la dérive ne vient pas seulement de la ruine subite devant l'Occident ces quatre derniers siècles, mais surtout des options métaphysiques et sociales inopérantes et stériles qui nous ont amenés à construire des sociétés marquées par l'invisible, en oubliant la nécessité de s'adapter au visible pour pouvoir répondre aux défis constants de l'histoire. Le fait d'avoir opté pour un type

---

5. Sur les stupeurs que ces réalités africaines provoquent dans la pensée néolibérale, lire F. R. Mahieu, *Les fondements de la crise économique en Afrique : entre la pression communautaire et le marché international*, Paris, L'Harmattan, 1990, pp. 88-89.
6. P. Hugon, *L'économie de l'Afrique*, Paris, La Découverte, 1993, pp. 54-61.
7. A. Meister, *La participation pour le développement*, Paris, Éd. Ouvrières, 1977.

de société basée sur le sens illimité du communautaire et du collectif, articulé sur une quête constante d'harmonie pacifiante, dans un esprit de conformation à une tradition dont les références fonctionnent comme un absolu immuable. Cela a eu comme conséquence de briser en nous toute capacité de développer un esprit de novation et d'intervention sur la réalité [...]. Nous avons construit une culture portée par le culte de la vie et de la fécondité vitale [...]. Ces bases [...] se sont révélées incapables de répondre au défi du surgissement de l'Occident contemporain sur la trajectoire de notre destinée.[8] »

Pour tenir de tels propos, il faut avoir faim dans les conditions graves où, à force de prédation et de pillage, le régime de Mobutu a contraint de nombreux intellectuels à la clochardisation. Dans ces conditions, afin de survivre, tout est permis, y compris la trahison des clercs et leur prostitution par un système qui les « capture » en leur distribuant les miettes qui tombent de la table du maître. Pourquoi hésiter à reprendre ce que n'ont cessé de répéter les penseurs d'Occident depuis Hegel si, « pour un temps de crise », le théologien lui-même doit vivre de mendicité en résistant à toute séduction de la pensée libre et critique afin de se tourner vers les généreux « bienfaiteurs » du Nord qui, depuis la mort du tiers-mondisme, n'aiment pas relire les analyses qui remettent en cause les mécanismes d'oppression, le soutien aux dictatures sanglantes et réveillent « les sanglots de l'homme blanc ». Il faut masquer le poids des événements traumatiques qui structurent la mémoire des sociétés africaines, mettre entre parenthèses tous les effets pervers de l'agriculture d'exportation, les conséquences incalculables des « éléphants blancs » et des grands barrages, l'emprise des firmes transnationales dans les régions minières. Les nouvelles règles du jeu consistent à ménager la susceptibilité des réseaux d'appui qui apportent leur contribution aux élites dociles qui acceptent de se vendre en faisant l'apologie des structures familiales et sociales fondées sur

---

8. Kâ Mana, *Théologie africaine pour un temps de crise*, Paris, L'Harmattan, 1993, p. 122.

l'individualisme occidental seul capable de provoquer la remise en question de « la culture de la vie et de la fécondité vitale » et d'inspirer les modèles de comportements favorables à l'esprit d'entreprise et d'innovation.

Ce que le pasteur Kâ Mana écrit n'est pas très éloigné des propos irresponsables et fracassants d'Axelle Kabou sortie de la nuit par le titre d'un ouvrage qui l'a introduite dans les débats publics où elle passe pour une intellectuelle africaine. En effet, la spécificité des sociétés africaines est au cœur d'une problématique du développement qui oblige l'Afrique à faire des choix qui conditionnent son avenir :

« La solution c'est de changer ou de disparaître [...]. Pour y arriver, l'Afrique doit tirer les conséquences de sa marginalisation, ne pas avoir peur de se comparer à d'autres civilisations et oublier ses complexes, pour s'ouvrir à l'extérieur de manière urgente. Elle doit sortir de l'antagonisme "tradition/modernité" pour être capable de se libérer de la honte de l'esclavage et de la colonisation, en acceptant scientifiquement que le continent ne s'enfonce pas tout d'un coup, mais que ses peuples ont eu une part de faute dans son propre enfouissement. Ceci l'aidera à sortir de 30 ans d'hibernation stérilisante[9] ».

Dans cette « Afrique malade d'elle-même » dont parle le malien Tidiane Diakité, Kabou situe l'origine de cet enfouissement non seulement dans les mythes rétrogrades qui porteraient les Africains à attribuer toute la responsabilité de leur marasme à l'Occident en référence à l'esclavage et au colonialisme, mais elle voit aussi l'origine de ce rejet du développement dans les structures mentales elles-mêmes, les croyances ancestrales, le sens de l'hospitalité et de la solidarité. À la limite, c'est le « primitivisme africain » qu'il faut considérer comme la cause du sous-développement. Car l'homme africain dont Hegel a fait le portrait célèbre, serait, à relire Axelle Kabou, en marge de la raison et de l'histoire. Dans une phrase lapidaire, A. Kabou résume ainsi son avis sur les défis auxquels sont confrontées les sociétés qui

---

9. A. Kabou, *Et si l'Afrique refusait le développement?*, Paris, L'Harmattan, 1991.

renoncent enfin à refuser le développement : « L'Afrique du XXIe siècle sera rationnelle ou ne sera pas[10]».

Pour cela, précise Etounga Manguélé, elle a « besoin d'un ajustement culturel[11] » qui l'oblige de rompre avec « l'irrationalité » des manières de vivre et de penser enracinées dans les cultures du terroir.

Aux ethnologues d'occasion tentés de s'encroûter de préjugés coloniaux, faut-il rappeler Descartes dont certains s'approprient l'héritage sans méditer ce que le maître à penser affirme dès les premières pages du *Discours de la méthode* où il reconnaît la diversité des voies de la rationalité :

> « la diversité de nos opinions ne vient pas de ce que les uns sont plus raisonnables que les autres, mais seulement de ce que nous conduisons nos pensées par diverses voies, et ne considérons pas les mêmes choses[12] ».

Doit-on aussi renvoyer à Lévy-Bruhl les économistes africanistes qui éprouvent le besoin de se convertir en anthropologues en courant le risque de s'introduire dans des domaines dont ils ne maîtrisent pas la complexité ? En effet, après vingt ans de spéculations sur la « mentalité primitive » qui ne reposent sur aucune expérience de terrain, le théoricien du prélogisme étendu au monde africain a fini par se rétracter comme le prouvent ses écrits posthumes dont de nombreux « experts » en sociétés traditionelles ne tirent pas les conséquences dans leur évaluation sur les rapports entre l'Afrique et le « développement » :

> « J'avais déjà mis beaucoup d'eau dans mon vin depuis vingt-cinq ans... J'abandonne une hypothèse mal fondée... Je ne parle plus d'un caractère prélogique de la mentalité primitive... Du point de vue strictement logique, aucune différence essentielle entre la mentalité primitive et la nôtre. Dans tout ce qui touche à l'expérience courante ordinaire, transactions de toutes sortes, vie politique, économique, usage de la numérotation, etc., ils se comportent d'une façon qui implique le même usage de leurs

---

10. *Ibidem.*
11. E. Manguélé, *L'Afrique a-t-elle besoin d'un ajustement culturel?* Ivry, Éditions Nouvelles du Sud, 1993.
12. R. Descartes, *Le discours de la méthode*, Paris, Flammarion, 1992, p. 23.

facultés que nous faisons des nôtres... Pas de loi de participation... J'affirmerai, une fois de plus que la struture logique de l'esprit est la même chez tous les hommes et que, par conséquent, les "primitifs", tout comme nous, rejettent la contradiction quand ils l'aperçoivent[13] ».

Il faut reconnaître le courage du philosophe qui remet en question tout le corpus d'idées et de théories, de croyances et de préjugés qui traînent dans les poubelles de l'histoire occidentale. En détruisant toutes les affirmations développées dans de nombreux ouvrages, Lévy-Bruhl oblige le grand public et les milieux intellectuels à renoncer à « une hypothèse mal fondée » qu'ils tendent à reproduire en reprenant inconsciemment les postulats évolutionnistes qui opposent en permanence, d'un côté l'homme moderne, le blanc, rationaliste, logique, scientifique, créateur et de l'autre, le non blanc, primitif, instinctif, mystique et condamné par la science à rester dans cet état. L'auto-critique de l'auteur de *La mentalité primitive*, est une leçon magistrale à tous ceux qui sont tentés par l'« ethnologie de cabinet » en traitant les sujets difficiles qui imposent aux sciences humaines libérées de l'ethnocentrisme occidental d'entreprendre des études approfondies pour mieux comprendre les enjeux de l'Afrique dans l'histoire contemporaine. Une véritable décolonisation de ces sciences ne peut se faire sans une rupture épistémologique et une reconceptualisation critique de la recherche selon les démarches dont l'examen dépasse le cadre de notre étude. Il nous suffit de rappeler la nécessité d'un autre regard sur les obstacles à l'émergence des conditions de bien-être dans les sociétés africaines soumises aux contraintes du néo-libéralisme en expansion à l'échelle planétaire.

S'il est bien vrai que « les phénomènes économiques n'ont de signification qu'au sein de l'univers humain auxquels ils appartiennent[14] », comment comprendre le silence organisé

---

13. *Revue philosophique*, n°s 7-9, juillet-septembre 1947, Lucien Lévy-Bruhl, *Carnets*, pp. 257-281.
14. P. Hugon, *Analyse du sous-développement en Afrique noire : l'exemple de l'économie du Cameroun*, Paris, PUF, 1968, p. 2.

dans les milieux d'analyse sur le débat relatif à l'incapacité foncière de l'esprit du capitalisme à promouvoir un modèle de développement susceptible de répondre aux demandes sociales des peuples africains depuis la pénétration européenne dans le continent ? Comme l'a bien vu Max Weber, le capitalisme est d'abord un *ethos*, un « mode de pensée », c'est-à-dire, en fin de compte, un ensemble de croyances, de traditions et de coutumes. Dans cette perspective, l'économiste ne peut se passer d'une ethnologie qui, à partir des trajectoires spécifiques des sociétés occidentales, oblige de s'interroger sur l'aptitude de cet éthos dont parle Weber à fonder un système social et économique capable de faire le bonheur des hommes et des femmes d'Afrique. Ce questionnement est incontournable non seulement pour s'interdire de regarder l'Afrique à travers le miroir de l'Occident, mais aussi pour reprendre le problème de l'émergence des dynamiques socio-économiques au-delà de la dérive culturaliste. Dès lors, il faut élaborer d'autres grilles d'analyse et produire les outils de connaissance permettant de comprendre les vraies racines de la situation que vit l'Afrique d'aujourd'hui.

Depuis le XIXe siècle, le travail et le salaire sont au centre des analyses économiques et sociologiques dans les sociétés contemporaines. Ces phénomènes sont devenus des objets rares avec l'explosion du chômage et de l'exclusion. De nouveaux domaines d'étude s'imposent à l'analyse. En Afrique noire, où, en rigueur, il n'y a ni « travail », ni « développement », il nous faut revisiter le champ social en inscrivant la précarité dans l'espace de la recherche en sciences sociales. On entrevoit les nouveaux défis à relever par les historiens, les anthropologues et les économistes qui se décident à faire la lumière sur les mécanismes de paupérisation que tend à occulter l'analyse néo-libérale dont le culturalisme est un avatar dans « l'ère du vide » créée par le totalitarisme du marché.

COERCITION, PRODUCTION ET DÉNUEMENT

Dans cette perspective, si l'on veut rompre avec le mythe de l'exceptionalité africaine, une approche historique de la pauvreté et de l'exclusion est particulièrement indiquée pour comprendre que ce qui arrive aujourd'hui à de nombreux Africains n'est pas phénomène nouveau. Toute la période coloniale est une vaste entreprise de mise au travail des indigènes. Or, depuis la conférence de Berlin, l'extraction des ressources et les processus d'accumulation du capital sont fondés sur la violence utilisée par le régime colonial pour construire l'inégalité en s'appuyant sur l'articulation des rapports entre l'État et les milieux d'affaires. C'est ce que rappellent les réquisitions de la main-d'œuvre indigène par les travaux forcés dans ce système de production où se manifeste la complicité entre les principaux acteurs de la colonisation. Pour décrire ces liens entre l'État et le capital privé au Congo-Belge, J. L. Vellut parle de «bloc colonial». Il s'agit de cette «conjonction entre pouvoir public et privé, telle qu'elle se vérifie en métropole, et à l'échelon local»[15]. En dépit des variations locales, l'exploitation systématique des ressources dans les territoires soumis à la domination est organisée à l'intérieur d'un système favorable aux groupes d'intérêts bénéficiant de la cohésion de l'oppression dont parle Newbury[16]. Il faut insister sur l'ampleur des contraintes et des formes de coercition qui, au-delà de l'instauration des travaux forcés, structurent les conditions de vie et d'activité dans les sociétés soumises à la pénétration du capitalisme en Afrique. Pour comprendre les problèmes du travail, il ne suffit pas de mettre en lumière son caractère aliéné et aliénant comme l'a fait Marx. Il faut aussi prendre en compte tout le champ coercitif qui, avec le mépris colonial et les formes multiples de discrimination, s'inscrit dans les processus d'accumulation et d'appropriation des ressources autochtones. Dans les pays colonisés, les lieux de production s'apparentent à des bagnes où peine la main-d'œuvre souvent arrachée de force pour travailler dans les entreprises de colonisation. Dans cette optique, on ne peut comprendre ce que fut la colonisation sans

---

15. J. L. Vellut, «Articulation entre entreprises et l'État : pouvoirs hégémoniques dans le bloc colonial belge (1908-1960)», in *Entreprises et entrepreneurs en Afrique (XIXe et XXe siècle)*, Paris, L'Harmattan, 1985, pp. 49-79.
16. Voir C. Newbury, *The Cohesion of Oppression*, New-York, Columbia University Press, 1988.

découvrir la place du corps dans les procédures qui visent à produire les richesses au sein d'un système de domination qui contrôle tout, y compris le corps et non seulement l'esprit. Le colonisé est embrigadé dans la totalité de son existence par un système d'assujettissement qui n'épargne rien. Si l'Afrique est d'abord une immense réserve de matières premières et de main-d'œuvre, l'expansion du capitalisme dans ce continent ne peut se concevoir, après l'abolition de l'esclavage, sans un effort de restructuration idéologique, juridique et politique. On ne peut oublier que l'Europe coloniale a participé dans son ensemble à une vaste reconstruction de l'image du Noir qui a servi à justifier la domination. À travers une littérature abondante et variée, on retrouve les mythes et les préjugés qui alimentent l'imaginaire européen au sujet de ces peuples d'Afrique considérés depuis le début de la traite Atlantique, comme les descendants de Cham le maudit. Avec le processus de désenchantement du monde accéléré par l'avénement des Lumières, d'autres normes de référence s'ajoutent aux schémas théologiques pour rendre compte du sort infligé aux Africains.

À partir des postulats de l'évolutionnisme, ces derniers sont de plus en plus perçus comme les témoins d'une humanité inférieure selon la théorie de l'inégalité des races humaines vulgarisée par Gobineau. Pour les entrepreneurs européens qui ont besoin de main-d'œuvre bon marché, il n'est pas évident que le statut d'êtres humains soit reconnu aux Africains qui, en dehors de quelques évolués triés sur le tas, sont d'abord, comme le veut le code de l'indigénat « taillables et corvéables à merci ». On doit reconsidérer toute l'histoire coloniale à partir de cette condition imposée aux indigènes. Car tout se passe comme si l'Europe coloniale réactualisait dans le monde des XIXe et XXe siècles l'arsenal juridique qui a servi de fondement à l'économie antique qui, on le sait, repose essentiellement sur le travail des esclaves. La modernité occidentale est tributaire d'une rationalité qui a ses racines dans une culture dont les grands témoins n'ont pas hésité à justifier l'esclavage au service de l'impérialisme gréco-romain. Qu'il suffise de relire Aristote qui situe l'esclavage et la bête sur le même plan :

« L'utilité des animaux domestiques et celle des esclaves sont à peu près les mêmes : les uns comme les autres nous aident par le secours de leur force corporelle à satisfaire les besoins de l'existence[17] ».

Considéré sous le seul angle de la rentabilité dans un contexte où l'esclavage est un moyen naturel pour accroître les richesses, l'esclave est, par nature, un « outil vivant ». Toute l'attitude à son égard découle de ce statut qui, en définitive, renvoie à la division de l'espèce humaine en deux sous-espèces, celle des maîtres, hommes à part entière et celle des serviteurs qui sont les créatures situées à mi-chemin de l'animalité. Un autre philosophe européen célèbre, Hegel, dans un cours magistral, apprend à l'Occident que l'homme africain est « l'homme-animal[18] ».

En refusant l'humanité à l'homme africain, on prive celui-ci de tous les droits. Précisément, le temps de l'indigénat s'inscrit en profondeur dans le temps de l'esclavage puisque, comme l'esclave antique, l'indigène des sociétés colonisées n'a pas de droits. Tous les débats sur le code du travail dans les colonies le montrent. Bien plus, les fondements juridiques de l'indigénat attestent cette identification entre le colonisé et l'esclave. En définitive, le système colonial repose sur la bureaucratisation de la violence dans la mesure où l'indigène est assimilé à une machine vivante comme l'esclave de la Rome antique. N'ayant aucune dignité qui lui soit reconnue par l'État colonial qui l'a dépouillé de toute capacité juridique, l'indigène doit s'attendre à toutes sanctions et châtiments réservés jadis à l'esclave. Les éléments du Code Noir sont appliqués aux Africains restés sur le continent. C'est ce que suggèrent toutes les brimades, les formes de mépris, les conditions d'alimentation, de santé et les méthodes de travail inscrites dans cette gestion de la brutalité que fut le régime colonial en Afrique noire. En fait, les mêmes instruments qui servirent dans l'Antiquité et dans les îles à sucre pour frapper les esclaves vont être repris par

---

17. Aristote, *La politique*, cité par Y. Verbeek, *Histoire de l'esclavage de l'Antiquité à nos jours*, T.1 Ed. Famot, Genève, 1976, p. 30.
18. Hegel, *La raison dans l'histoire*, 10/18, pp. 245-249.

les gardes chiourmes qui surveillent les indigènes dans les camps de travail.

Relevons la portée de cet usage dans les sociétés coloniales. Frapper le corps de l'indigène avec la cordelette de chanvre ou de cuir dont on se sert pour châtier les chevaux et autres animaux résume toute l'image que l'on a des Africains au temps des colonies : ce geste prouve qu'il n'y a pas de différence fondamentale entre l'indigène et l'animal. Par ailleurs, le châtiment infligé aux Africains concrétise l'assimilation à l'esclave dont nous avons parlé. Car, historiquement, le châtiment du fouet était réservé aux seuls esclaves. On sait que ce supplice fut un de ceux que les Romains infligeaient aux chrétiens à l'époque des persécutions. Or, si la peine du fouet figure dans la législation des sociétés modernes comme on le voit en France jusqu'à sa disparition en 1792, elle n'est infligée qu'à des prisonniers par des bourreaux. Cette peine fut introduite dans l'armée française. Mais, elle était considérée comme tellement infamante qu'on ne l'infligeait à un soldat qu'après l'avoir dégradé. En Angleterre où ce mode de châtiment est aboli depuis 1948, c'est seulement aux prisonniers qu'on l'applique en cas d'infraction grave à la discipline pénitencière.

Comment justifier la pratique du fouet dans les pays colonisés si, au regard des pouvoirs établis, l'indigène ne récapitule pas en lui-même l'état animal, la condition d'esclave et du prisonnier ? La dégradation de l'humain dans l'histoire de l'Afrique contemporaine atteint le sommet à travers les formes de sévices et de châtiment qui inscrivent le corps lui-même dans les dynamiques de violence inhérentes à l'expansion du capitalisme. Au Cameroun, s'il y a un lieu de mémoire qui résume « l'ordre allemand » dont parle Philippe Gaillard[19] c'est la figure de Hans Dominik qui, comme Puttkamer, ne croit qu'à la force brute pour gouverner les indigènes sans se priver de les flageller en leur infligeant les « vingt-cinq coups » de fouets restés célèbres dans la mémoire des gens de Yaoundé. Ce qu'il convient d'ajouter, c'est que

---

19. P. Gaillard, *Le Cameroun*, Paris, L'Harmattan, t.1, 1989, pp. 61-111.

toutes les sanctions infligées aux indigènes sont au service de l'économie dans le contexte global où les sociétés concessionnaires ont besoin de la main-d'œuvre forcée pour la mise en valeur des vastes zones d'exploitation dont elles ont le monopole. Les profits réalisés par ces sociétés reposent sur un coût humain tragique si l'on tient compte des conditions dans lesquelles le salariat est développé par les autorités administratives, les planteurs européens et les commerçants. La colonisation a repris, pour le continent, les méthodes de travail et les conditions de vie imposée par le Code Noir aux esclaves du nouveau monde. A toutes les brimades du corps, elle ajoute la domestication des esprits à travers un système d'enseignement dont l'objectif primordial est de faire des indigènes les instruments adaptés aux intérêts du capitalisme :

« Les formes modernes de l'esclavage ne visent plus seulement à asservir les corps pour un certain rendement. Afin de transformer le travail forcé en une organisation économique rentable, on s'oriente vers une rééducation qui vise à briser la volonté des individus pour mieux soumettre leur esprit : tel est le nouvel esclavage dont la menace plane sur le présent et le futur partout où des hommes cherchent à imposer leur loi à d'autres hommes[20] ».

Pour mieux définir les conditions où se forme le salariat, il faut revenir, une fois de plus, à l'image du Noir dans la pensée occidentale. On retrouve dans la littérature coloniale le mythe de la paresse considérée comme le péché capital de l'Afrique. Aussi, les missionnaires eux-mêmes qui partagent cette croyance[21] se mobilisent pour « éduquer » les indigènes au travail dans leurs écoles en leur inculquant les vertus cardinales de l'effort dans un système socio-religieux qui, en contextualisant la formule célèbre de St-Benoît dont les moines ont défriché les forêts européennes, associe le travail

---

20. Y. Verbeek, *op.cit.*, p. 252.
21. Sur ce sujet, lire la thèse éclairante et courageuse de L. Laverdière, *L'Africain et le missionnaire, l'image du missionnaire dans la littérature africaine d'expression française. Essai de sociologie littéraire*, Montréal, Bellarmin, 1987, pp. 106, 116-119

et la prière. «Ora et Labora» est une devise adoptée par certains collèges catholiques comme on le voit à Yaoundé. L'enfant noir doit être pris en charge par l'école pour se préparer aux tâches que lui réserve l'économie coloniale. Dès l'école de village, il s'initie, par le travail manuel, aux activités qui l'attendent dans les compagnies concessionnaires et les «champs du Commandant».

À cet égard, il convient d'observer ce fait : l'indigène participe au financement de sa domination non seulement en payant l'impôt et les redevances diverses exigées par l'administration, mais il contribue encore davantage à la reproduction de ce système par le travail qui lui est demandé. En effet, il ne s'agit pas d'un travail dont il a la libre initiative. Réduit au statut d'esclave comme nous l'avons vu, l'indigène ne maîtrise ni son corps, ni sa force de travail. Comme ses terres et l'ensemble de leurs ressources, son temps lui-même est la propriété de ceux qui contrôlent tous les espaces de la vie et de la société. Pour prévenir toute forme de démission, de fuite ou de résistance, le pouvoir colonial transforme le travail en une obligation. Travailler pour la prospérité du capital qui s'empare des différents lieux d'exploitation, est une loi du gouvernement. Ceux qui sont tentés de se soustraire au travail institué s'exposent à des sanctions exemplaires. Le travail obligatoire est imposé à l'ensemble des territoires d'Outre-mer. Dans ces conditions, travailler la terre n'est pas un acte libre que l'on se décide d'entreprendre en toute autonomie. Le recrutement des travailleurs exige l'usage de la force. Nous retrouvons le paradigme du joug qui rend compte de la situation des indigènes qui, pendant des générations, vont livrer leurs corps à la pratique du fouet et de la chicote. À la pénibilité du travail réalisé dans des conditions d'alimentation et de santé précaires, s'ajoute donc l'encadrement policier de la main-d'œuvre dans un contexte où l'on retrouve les châtiments infligés aux esclaves et aux prisonniers. Comme on le voit dans les chantiers de construction des routes et des chemins de fer, une grande partie de l'économie coloniale est restée une économie de la violence et de la mort. Ici, les corps livrés au fouet comme ceux qui sont fatigués et amaigris inscrivent la vie de l'indigène dans ce que A. Mbembe appelle la « culture des forçats[22] ». Cette culture est liée aux contraintes d'un modèle de production des richesses qui, depuis le génocide des Indiens et les siècles d'esclavage, s'est réapproprié le gangstérisme des pirates et des voleurs des grands chemins qui, à la veille de la révolution industrielle, ont légué à l'Occident une culture de la violence et de la prédation que le capitalisme semble avoir « normalisé » et légalisé pour l'étendre dans toutes ses zones d'expansion à l'échelle planétaire.

Dans les pays colonisés, les lieux de production sont de vrais bagnes où peine une main-d'œuvre arrachée de force de son milieu d'origine pour se soumettre à un système économique et social qui dissocie fondamentalement travail et liberté. Comme le rappelle toute l'histoire des plantations coloniales, des routes et des chemins de fer en Afrique, la manière d'amasser les biens et de produire les richesses est inséparable de la manière de commander et de contrôler les indigènes par les formes de violence qui, au-delà de la sphère administrative et judiciaire, se déploie dans le champ économique lui-même. On le voit dans cette page de J. Wilbois décrivant les conditions de construction des routes au Cameroun :

« En 1933, 4332 km de pistes étaient construits sans compter les 1514 km de pistes, alors qu'en 1922 l'ensemble des routes totalisait 400 km seulement. Ce beau résultat a été obtenu grâce à des méthodes de travail habituelles. Toutes ces choses – qui sont belles et qui sont grandes – ont été amorties en même temps que construites. Pas un sous étranger ne reste enfoui en elles. Elles ne doivent rien à personne. Ne doivent-elles vraiment rien ? Bâtir n'est pas créer. Si l'on a pas besoin d'argent, on a besoin d'hommes. Il faut choisir. On a fait suer le Noir.[23] »

De fait, tout ce travail s'effectue sous le signe de la violence brute. Pour Wilbois, c'est dans la nature des choses :

---

22. A. Mbembe, *La naissance du maquis, op.cit.*, pp. 84-85
23. J. Wilbois, *Le Cameroun*, Paris, Payot, 1934, p. 210.

« c'est ainsi que les choses se passent aujourd'hui. Mais il reste des témoins sans passion des méthodes d'autrefois. Ce furent celles de tous les colons européens. Plus encore que les plantations privées, les chantiers publics ont attiré les gens de la brousse. À moins qu'on soit allé dans la brousse les recruter autrement que par la persuasion. Des milliers d'habitants ont déserté leurs familles. Au travail, les indigènes qui les commandaient usaient souvent de la chicote. Des femmes venues pour préparer leur nourriture ont été parfois enrôlées dans la corvée de portage et la corvée de débauche. Les maladresses provoquaient les blessures dans le coude à coude, un malade en contaminait cent. D'autres fièvres sortaient des marigots. Plusieurs ne sont pas revenus au pays. Un prêtre disait : "l'argile des ces routes est rouge de leur sang".[24] »

Dans la préface célèbre qu'il écrit à l'ouvrage de Frantz Fanon sur « les damnés de la terre », Jean-Paul Sartre a mis toute sa lucidité et son génie littéraire pour décrire la condition de l'indigène soumis à cette productivité de la terreur qui définit le travail colonial en Afrique :

« le colon n'a qu'un recours : la force, quand il lui en reste ; l'indigène n'a qu'un choix : la servitude ou la souveraineté [...]. Notre force de frappe a reçu mission de changer cette abstraite certitude en réalité : ordre est donné de ravaler les habitants du territoire annexé au niveau du singe supérieur pour justifier le colon de les traiter en bêtes de somme. La violence coloniale ne se donne pas seulement le but de tenir en respect ces hommes asservis, elle cherche à les déshumaniser. [...]. On les abrutira de fatigue. Dénourris, malades, s'ils résistent encore, la peur terminera le job : on braque sur le paysan des fusils ; viennent des civils qui s'installent sur sa terre et le contraignent par la cravache à cultiver pour eux. S'il résiste, les soldats tirent, c'est un homme mort ; s'il cède, il se dégrade, ce n'est plus un homme ; la honte et la crainte vont fissurer son caractère,

---

24. J. Wilbois, *op. cit.*, pp. 212-213.

désintégrer sa personne [...]. Les coups ne suffisent jamais, il faut forcer sur la dénutrition [...]. Le résultat, ni homme ni bête, c'est l'indigène. Battu, sous-alimenté, malade, apeuré, mais jusqu'à un certain point seulement, il a [...] toujours les mêmes traits de caractère : c'est un paresseux, sournois et voleur, qui vit de rien et ne connaît que la force[25] ».

Tel est le contexte véritable où de nombreux africains font l'expérience du travail à travers les méthodes qui les condamnent à n'être que des bêtes de somme pour la production des richesses qui ont fait la prospérité de l'Europe. Les niveaux de vie sont le reflet de ce système d'extorsion et d'abrutissement organisé. Dans les plantations, les mines et les entreprises forestières et les ports qui sont les principaux centres de migration de travail, le salarié africain ne peut compter sur ses maigres revenus pour vivre décemment au moment même où il épuise sa force de travail. Toutes les analyses sur les niveaux de vie le confirment dans les territoires soumis à la domination coloniale. À Douala où se concentrent les principaux groupes ethniques du pays comme le révèle une étude sur la main-d'œuvre de Newbell[26], les conditions de vie sont particulièrement précaires. Compte tenu de l'augmentation des prix des produits de première nécessité, les manœuvres éprouvent toutes les difficultés pour subsister dans un environnement où, aux problèmes de ravitaillement dont souffre la ville de Douala, s'ajoute le blocage des salaires. Achille Mbembe souligne bien cette situation de précarité :

> « le salaire de base des domestiques et des manœuvres était très bas en comparaison de ce qui se pratique dans les autres villes de la côte occidentale de l'Afrique. À titre d'exemple, les manœuvres du Cameroun britannique percevaient à la même époque l'équivalent de 15 F par jour. À Lagos, les manœuvres avaient droit à l'équivalent

---

25. J.-P. Sartre, préface in F. Fanon, *Les damnés de la terre*, Paris, Maspéro, 1991.
26. J. Guilbot, « Les conditions de vie des indigènes de Douala », Études Camerounaises, 1949, n°ˢ 27-29. *Petite étude sur la main-d'œuvre à Douala*, IFAN, Yaoundé, 1949.

de 25 F par jour (2,6 Shillings). Depuis le 20 août 1944, le salaire de début du journalier manœuvre ou assimilé était de 6 F par jour dans les chemins de fer. Une indemnité de zone, variable selon la région, y était ajoutée. Elle était de 2 F à Douala et Bonabéri, de 1 F à Yaoundé et de 0,50 F dans quelques gares importantes du réseau ferroviaire. Le personnel journalier n'avait droit à aucune allocation familiale. Le passage d'un échelon au suivant se faisait exclusivement au choix, et les augmentations correspondantes étaient faibles (0,50 F à l'échelle 1, 1 F à l'échelle 2 et 2 et 3 F aux échelles supérieures). Ainsi, un manœuvre voyait son plafond fixé à 7 F compte tenu des indemnités de zone. Les quatre cinquièmes du personnel journalier étaient constitués de manœuvres. Une étude faite par le chef de service de la voie le 6 juillet 1944 à l'occasion d'un réajustement des salaires avait conclu que le minimum vital pour un célibataire s'établissait à 10 F par jour à Douala et à 17 F par jour pour le travailleur marié et père d'un enfant[27]».

En dehors des grands centres urbains, la situation est aussi difficile dans les zones d'exploitation forestière et agricole qui utilisent une importante main-d'œuvre exposée au processus de prolétarisation. En Centrafrique, l'exploitation du caoutchouc fut un travail de bagne comme l'a révélé André Gide, après son Voyage au Congo. Dans ces régions de forêt, on a vu les hommes, corde au cou, partir dans les chantiers des travaux forcés[28].

Rappelons aussi les coûts humains de la construction du chemin de fer du Congo-Océan qui fit de nombreuses victimes parmi les recrutés de force à travers l'AEF[29]. En retrouvant sa mémoire de colonisé, Ateba Yene rapporte :

«La notion de "à travail égal, salaire égal" n'était pas respectée. Les Noirs avaient droit dans les exploitations agricoles et forestières en complément de leurs maigres

---

27. A. Mbembe, *La naissance du maquis dans le sud-Cameroun (1920-1960): histoire des usages de la raison en colonie*, Paris, Karthala, 1996, p. 197.
28. P. Kalck, *Histoire de la RCA*, Paris, 1974.
29. Albert Londres, *Terre d'ébène*; M. Homet, *Congo, terre de souffrance*, Paris, 1934.

salaires à quelques insignifiants avantages en nature. Chaque exploitant avait une boutique surnommée Économat. Si en dehors du quota fixé mensuellement, comme avantage en nature en complément de salaire, un ouvrier avait besoin de quelque chose d'autre, il signait un bon à prix fort qui lui était retenu en fin de mois. Nombreux étaient ceux qui recevaient des bulletins de paie négatifs[30] ».

On a du mal à se représenter le degré de déshumanisation du travail dans la situation coloniale. Pour se faire une idée approximative de cette déshumanisation, il y aurait lieu de procéder à une anthropologie historique qui s'attacherait à saisir l'articulation entre la violence, le travail et le capital en Afrique sub-saharienne. On verrait alors comment l'arbitraire, la dégradation des conditions de vie, l'exploitation de la force de travail et les bas salaires font partie de la mémoire des hommes et des femmes qui ont vécu à l'époque des travaux forcés et de l'indigénat. Au moment où le système colonial est en crise compte tenu de l'émergence de la conscience syndicale et politique, ce que l'on observe au Cameroun, dans la plantation d'hévéa de Dizangué apporte un éclairage sur le phénomène du travail dans les sociétés colonisées :

« En 1954, la société concessionnaire, la SAFA (société africaine forestière et agricole), emploie trois mille cent ouvriers sur 6 000 ha et produit 3 000 tonnes de caoutchouc. Or, la SAFA est une caricature de l'entreprise capitaliste coloniale qui fait "suer le nègre". Son patron, Chamaulte, est un des principaux activistes du colonat. Non seulement il paie mal ses salariés, mais, dans l'univers intégré, pour ne pas dire concentrationnaire, qu'il gère à l'abri des contrôles administratifs, il récupère une bonne partie de la masse salariale par les canaux de son monopole commercial : au mépris du code du travail, qui interdit le profit aux économats d'entreprise, la factorerie de Dizangué vend le riz aux ouvriers cinq fois le

---

30. T. Ateba Yene, *Cameroun : Mémoire d'un colonisé*, Paris, L'Harmattan, 1988, p. 57.

prix qu'elle le paie : 60 F le kilogramme, alors que le salaire journalier des manœuvres est de 50 F[31] ».

En Afrique occidentale, Amidu, Magasa a retracé l'histoire des exploités des rives du Niger entre 1902 et 1962 :

« en ce temps, il y avait des désertions, quand c'était très dur. En cas de refus de travailler, on était arrêté, battu et emprisonné et on reprenait le même travail. En cas de désertion, on arrêtait le père du déserteur, et il était envoyé en prison jusqu'à ce qu'on retrouve le fugitif ! Mais on n'était jamais repris et le père n'était libéré que quand ils le désiraient[32] ».

Vivre sous le signe de la précarité

On le voit : le recrutement forcé, les conditions de santé et de nutrition déplorables, la répression et les bas salaires en dépit des travaux pénibles montrent ce que fut la colonisation au quotidien. Si l'histoire coloniale est inséparable de la mise en valeur des territoires d'outre-mer, on doit situer les mécanismes de paupérisation au cœur des rapports qui s'établissent entre le travail et le salaire en Afrique noire. De ces rapports dépendent les niveaux de vie dans les sociétés confrontées aux effets pervers du capitalisme. Celui-ci donne à voir comment le travailleur africain vit sous le signe de la précarité dans « les Brazzavilles Noires » :

« La constatation est très nette », écrit Balandier, « durant toute une époque de demande accrue en main-d'œuvre, la situation du manœuvre ne tire aucun avantage d'une conjoncture économique défavorable[33] ».

Cette conjoncture oblige le manœuvre à inventer des stratégies de survie. En effet, « la médiocrité des ressources apparaît dans la multiplicité des solutions imaginées pour parer aux dépenses indispensables. La plus fréquente est l'appel à la solidarité familiale [...]. Par ailleurs, il est fréquemment demandé aux enfants et aux femmes d'apporter

---

31. P. Gaillard, *Le Cameroun*, T.1, Paris, L'Harmattan, 1989, pp. 141-142.
32. Amidu, Magasa, *Papa commandant a jeté un grand filet devant nous*, Paris, Maspero, 1978.
33. G. Balandier, *Sociologie des Brazzavilles Noires*, Paris, Presses de la Fondation nationale des sciences politiques, 2ᵉ édition, 1985, p. 81.

les revenus d'appoint [...]. Tous les salariés qui servirent d'informateurs lors de l'enquête ont insisté sur leurs difficultés pour se loger, se nourrir, se vêtir[34]».

Ces difficultés s'inscrivent profondément dans le rapport au travail depuis la pénétration du capitalisme en Afrique noire. Elles mettent en lumière l'incapacité de ce modèle de développement à assurer l'intégration économique et sociale des populations dont les fondements économiques sont ébranlés sans que le passage du travail rural au travail salarié permette aux générations contraintes à se vendre, d'accéder aux nouveaux modes de vie imposés par les contraintes de la monétarisation. Il faut saisir la portée des études sur les niveaux de vie de la main-d'œuvre indigène dans les quartiers populaires où s'entassent des travailleurs urbains. Au moment où l'on assiste à l'émergence du monde du travail et des travailleurs en Afrique noire[35], il importe de mesurer le poids des contraintes qui empêchent la promotion des salariés indigènes.

Relevons d'abord leur faible importance numérique comme l'indique P. Naville dans son étude sur les «données statistiques sur la structure de la main-d'œuvre salariée et l'industrie en Afrique[36]». À Brazzaville, le marché du travail ne reste accessible qu'à une minorité de la population. Balandier constate :

> « les salariés, dont le nombre total est inférieur à 190 000 pour l'ensemble total de l'AEF, représente environ 4,5 % de la population totale et environ 17 % de la population mâle active (de 15 à 45 ans) ». Quand on se souvient de l'importance du problème de la main-d'œuvre pour la mise en valeur des colonies, on peut s'étonner du peu d'empressement des entreprises à recruter leur personnel dans les villes d'Afrique qui constituent un véritable réservoir de main-d'œuvre en quête de survie[37] ».

---

34. *Ibidem*, p. 86.
35. Sur ce sujet, voir AGIER, M., Copans, J., Morice A., (dir.), *Classes ouvrières d'Afrique Noire*, Paris, Karthala, 1987.
36. In *Le travail en Afrique Noire*, Paris, Seuil, 1952.
37. G. Balandier, *Sociologie des Brazzavilles Noires*, *op. cit*, p. 62.

Cette anomalie pourrait s'expliquer par le manque de qualification de la main-d'œuvre indigène dont le niveau d'instruction est généralement peu élevé dans l'ensemble des pays d'Afrique. Une telle explication ne suffit pas : le bas niveau d'instruction résulte du système éducatif mis en place par les colonisateurs qui ont maintenu l'enseignement technique et professionnel dans un état rudimentaire pour des raisons qui sont faciles à comprendre. L'État colonial s'est résolu à instituer l'enseignement en Afrique pour la formation de quelques auxiliaires subalternes dont il avait besoin et pour satisfaire la demande des entreprises agricoles, commerciales et industrielles préoccupées d'exploiter les ressources des territoires conquis sans chercher à accroître les dépenses nécessaires à la reproduction de la force de travail. Comme nous l'avons noté plus haut, les salaires de la majorité des travailleurs africains sont restés très bas durant toute la période coloniale. De plus, pendant que l'administration ne privilégie que l'instruction des fils de chefs, tout le système scolaire est commandé par une politique de sélection sévère visant à réduire le nombre de jeunes africains qui accèdent aux diplômes et, de ce fait, sont susceptibles de s'intégrer aux catégories sociales formées par les évolués dont on n'est pas sûr d'assurer le contrôle. Cette méfiance à l'égard des africains instruits est justifiée par les menaces qu'ils représentent dans un système fondé sur l'arbitraire, les injustices et les bas salaires. Dans ces conditions, l'accès aux connaissances est l'objet d'une attention particulière des autorités coloniales pour lesquelles le développement de l'enseignement n'est pas un objectif prioritaire.

J. Wilbois souligne cette volonté du pouvoir de restreindre le nombre des écoles régionales et, par voie de conséquence, de freiner le progrès de l'éducation :

> « Le gouvernement ne cherche, par le passage à travers les degrés de ses écoles, qu'à constituer une élite : formation de choix, formation officielle, mais formation privée. S'ils sont diplômés, c'est de l'école supérieure de Yaoundé qu'ils sortent. Ils étaient 147 en 1930, 124 en 1931, en 1933 il n'en reste que 73. On a volontairement limité leur nombre. Il fallait proportionner les diplômes

aux emplois. Des Noirs instruits et inoccupés sont le plus souvent d'insupportables fats ou des fauteurs de désordres. La prudence de l'administration est louable[38] ».

On retrouve le principe de base qui, au-delà du Congo-Belge, oriente tout l'enseignement colonial en Afrique noire : « pas d'élite, pas d'ennuis ». S'il faut bien instruire les indigènes, c'est parce que la mise en valeur des colonies l'exige. Les grandes maisons de commerce installées au Gabon, au Sénégal, en Guinée, en Côte-d'Ivoire ou au Cameroun ne peuvent se passer de recruter les agents dont l'économie de traite a besoin. Mais, tout le problème est de savoir comment l'enseignement institué doit répondre aux besoins en personnel de l'administration et des entreprises privées en sauvegardant l'ordre colonial. Pour relever ce défi, la sélection dont nous avons parlé permet de comprendre l'existence d'une mince couche de la population accédant à l'enseignement primaire supérieur. Dans cette perspective, on évite soigneusement de multiplier la foule des travailleurs indigènes. Si l'on ne peut renoncer à dégager une élite, il faut limiter le nombre des agents destinés à suppléer à l'insuffisance numérique des Européens. On accepte volontiers que le marché du travail soit encombré par un personnel de bas niveau dont le seul privilège est d'être européen. Dans le cercle d'études sociales qu'il anime à Yaoundé, Donnat révèle, comme le rapporte Ateba Yene,

> « qu'au Cameroun comme en Afrique, il y avait beaucoup plus de postes de police, de gendarmerie que d'écoles primaires et maternelles ; beaucoup plus de prisons que d'hôpitaux, beaucoup plus de policiers, gendarmes et soldats français, que de médecins, instituteurs et ingénieurs, que l'Afrique était une zone d'occupation. Il démontra qu'en Afrique, il y avait des Blancs soi-disant commissaires de police qui, en France, n'étaient que de simples gardiens de la paix ; des soi-disant instituteurs qui, en France, n'étaient que des gardes d'enfants ; des soi-disant ingénieurs qui en France n'étaient que des

---

38. J. Wilbois, *op. cit.*

contremaîtres ou de simples ouvriers ; que pour ainsi dire que l'Afrique était une véritable poubelle où on retrouvait tous les déchets de la métropole[39] ».

Cette situation est la conséquence d'une politique coloniale d'éducation confrontée à un dilemme insurmontable. Jean Suret Canal l'a bien remarqué :

« Pour le régime colonial, écrit-il, l'instruction des indigènes présente un double péril : en élevant la qualification de la main-d'œuvre, elle la rend coûteuse ; d'autre part elle conduit les masses colonisées à prendre conscience de l'exploitation et de l'oppression auxquelles elles sont soumises. Mais d'autre part, l'appareil d'exploitation économique, d'oppression administrative et politique ne peut fonctionner sans un minimum de cadres subalternes autochtones, courroie de transmission et agents d'exécution entre l'encadrement européen et les masses. Avec l'extension de l'économie de traite, avec les progrès techniques [...] avec le perfectionnement (ou l'alourdissement) de la machine administrative, la colonisation est obligée de former de tels cadres en nombre croissant.

La politique coloniale en matière d'enseignement s'explique par cette contradiction. Pour la colonisation, l'instruction est un mal nécessaire. On s'efforcera donc de limiter sa diffusion au minimum strictement indispensable, en quantité comme en qualité[40] ».

Dans ces conditions, le chômage est une structure fondamentale du système socio-économique dont la colonisation est le relais et le moyen d'implantation en Afrique. La création des emplois n'est pas la priorité des entreprises dans les territoires d'Outre-mer. Leur finalité n'est pas de promouvoir les conditions de bien-être mais de faire le maximum de bénéfices en renforçant les écarts de niveau de vie qui séparent les indigènes des populations européennes. On voit se reproduire ces inégalités socio-économiques dans cette « ville

---

39. Th. Ateba Yene, *Cameroun, Mémoire d'un colonisé*, Paris, L'Harmattan, 1988, p. 71.
40. J. Suret Canal, *Afrique Noire occidentale et centrale, L'ère coloniale*, Paris, Éditions Sociales, 1964, p. 475.

cruelle » où l'on trouve toujours le « Tanga nord » et le « Tanga sud[41] » selon un modèle d'urbanisation qui reproduit les stratifications sociales et les discriminations raciales dans l'espace.

Le chômage que l'on observe dans les villes en expansion[42] est un phénomène social lié aux mécanismes d'une économie de profit qui doit réduire la charge sociale que représente la distribution des revenus à un taux élevé d'employés dont les capacités de rendement ne sont pas garanties. C'est pourquoi, un noyau de prolétaires constitue la majorité de la classe ouvrière dont l'émergence est un fait majeur de l'histoire sociale en Afrique noire. Les travailleurs salariés dont le nombre est bien réduit par rapport à la population active forment ce noyau. Les conditions de vie que lui impose le mode de production capitaliste révèlent les freins que celui-ci dresse aux catégories sociales laborieuses qui veulent passer de la pauvreté à la prospérité dans la société naissante où l'articulation du rapport entre le travail et l'argent est devenue une contrainte structurale. Si l'on éprouve le besoin d'entreprendre des recherches sur la capacité de rendement du travailleur africain, on se refuse en même temps à améliorer son sort par l'augmentation des salaires. Dès lors, rien ne permet aux travailleurs indigènes de s'investir à fond dans les tâches pénibles qu'ils doivent accomplir dans un système de production où le travail lui est imposé et organisé par d'autres qui le contrôlent. N'ayant aucune garantie, le travailleur qui doit exécuter des tâches rudes dans une entreprise où tout lui est étranger et où rien n'est fait pour l'intégrer ne voit pas la nécessité d'accroître sa productivité compte tenu de la précarité de ses conditions d'existence et de son faible pouvoir d'achat. Pour n'avoir pas évalué les incidences de cette précarité sur l'élévation du rendement, les entrepreneurs européens doivent faire face à l'instabilité de la main-d'œuvre, qui, en

---

41. Mongo Béti, *Ville cruelle*, Paris, Présence Africaine.
42. L. V. Thomas, « Les problèmes spécifiques de l'emploi dans les villes d'Afrique Noire et Madagascar », in *Croissance urbaine en Afrique Noire et à Madagascar*, Paris, CNRS, 1972.
À titre d'exemple, lire G. Althabe, *Étude du chômage à Brazzaville en 1957. Étude psychologique*, Cahiers ORSTOM 1 (4), série Sciences Humaines, 1963.

dehors des formes d'absentéisme, est un signe du malaise social qui caractérise la vie des travailleurs indigènes.

Ainsi, la mobilité de la main-d'œuvre s'explique fondamentalement par la faible valeur stimulatrice du salaire et du pouvoir d'achat des employés peu portés à donner le meilleur d'eux-mêmes pour un travail qui ne rapporte rien, dans des conditions où, par ailleurs, on retrouve les formes subtiles du travail forcé dont le souvenir n'a pas disparu. La promotion du travailleur africain dont dépend la capacité de rendement n'est possible que par la révision profonde des conceptions économiques propres au mode de production en vigueur. Mais l'on sait que l'objectif primordial de ce mode de production est de rechercher le profit en construisant l'inégalité. Dans cette perspective, pour la majorité des travailleurs qui sont des manœuvres, l'irruption du capitalisme impose les mécanismes d'exclusion qui se traduisent par des conditions de vie déplorables. Cette situation est particulièrement grave dans les sociétés où, pour subsister, l'accès à l'argent reste difficile. Comme le remarque Balandier, dans les cités africaines, « la recherche de l'argent, jamais obtenu en quantité suffisante, est au centre de toutes les activités[43] ». Or, la crise des moyens traditionnels de subsistance contraint les ruraux attirés par la ville à s'exposer au risque du travail salarié dans des conditions qui n'autorisent aucune illusion. Car, ils doivent s'attendre à des revenus de misère qui interdisent tout espoir de promotion sociale. Tel est le sens de ce qui se donne à voir à travers les manières de vivre et d'habiter qui se sont généralisées dans les « Brazzavilles Noires ». Balandier écrit justement :

> « la promiscuité liée au tassement dans les quartiers anciens contribue à accuser l'état de dénuement de la plupart des citadins ; l'habitation demeure médiocre – bien plus qu'au village où les réparations et la réfection totales sont faciles – et le mobilier est réduit au minimum dans le cas des éléments les plus démunis [...]. Le travailleur citadin prend de plus en plus conscience des désavantages qu'il subit en

---

43. G. Balandier, *Sociologie des Brazzavilles noires, op. cit.*, p. 87.

tant que noir et devient de plus en plus capable d'évaluer son réel dénuement[44] ».

Rien ne prouve que l'avènement de L'État post-colonial introduit la rupture avec la rationalité économique qui s'est manifestée par la précarité des conditions de vie des travailleurs africains. Au moment même où la crise de l'économie de subsistance pousse les indigènes à travailler pour obtenir un salaire dans les sociétés qui passent du rural à l'urbain, n'assiste-t-on pas, au lendemain des indépendances africaines, à la reproduction des structures d'inégalité inscrites dans les logiques de l'économie de profit ?

LES ILLUSIONS DE LA CROISSANCE ÉCONOMIQUE

Certes, l'univers concentrationnaire dans lequel les travailleurs indigènes ont longtemps vécu s'est effondré. Mais l'impôt demeure. De plus, la monoculture d'exportation qui produit les richesses sur lesquelles se fonde la puissance publique ne cessera d'être stimulée. Elle doit être considérée comme la réappropriation de la culture de l'impôt sans laquelle l'État n'existe pas[45]. Ce qui change avec la prise de pouvoir par les « évolués » qui prennent la relève de leurs maîtres, c'est le décor où se vit désormais le rapport au travail dans un ordre politique qui, malgré les indépendances de drapeau, s'est renouvelé, dans la mesure où les véritables dirigeants d'Afrique se sont retirés dans les anciennes métropoles en contrôlant étroitement les élites indigènes auxquelles fut confiée l'administration des nouveaux États d'Afrique noire. Dans un moment de réveil et de sursaut critique, Léopold Sédar Senghor, l'un des grands chantres de la France-Afrique, a dû reconnaître les mirages de l'indépendance alors même qu'il se trouvait à la tête de l'État sénégalais. Répondant en 1977 à une interview de *Jeune Afrique*, il eut ces propos désabusés :

« Sous le régime colonial, on pouvait protester, on avait le peuple avec soi. Aujourd'hui, on est colonisé et on

---

44. *Ibidem*, p. 60.
45. J. M. Ela, *L'Afrique des villages*, *op. cit.*, pp. 106-109.

ment au peuple en disant qu'on est libre. La dépendance de l'Afrique vis-à-vis de l'étranger est beaucoup plus grave que du temps du régime colonial[46]».

Les travaux forcés ont été abolis au lendemain de la Deuxième Guerre mondiale, mais cet événement soulève les colères et les protestations des entrepreneurs européens au cours de la conférence des États Généraux de la Colonisation Française tenue à Douala en 1945. Après la conférence du Général De Gaulle à Brazzaville, le colonat craint de perdre le contrôle de la main-d'œuvre indigène[47]. De fait, les populations rurales retrouvent leur mobilité. Elles n'ont plus besoin du laissez-passer imposé jadis par l'administration coloniale pour fixer la main-d'œuvre disponible dans les campagnes. «Le droit à la ville» est retrouvé avec la libre circulation des indigènes à travers le pays[48]. Dans les zones de migration de travail, les manœuvres indigènes semblent aussi libérés des formes de coercition dont les premières générations de travailleurs avaient fait l'expérience. En l'absence du fouet et de la chicote, beaucoup de travailleurs salariés continuent pourtant à subir les nouvelles formes de précarité et de discrimination. En fait, les structures d'inégalité s'accentuent compte tenu des stratifications sociales qui se renouvellent. Peut-être la situation est-elle pire qu'à l'époque coloniale, puisque toute tentative de grève est réprimée par les régimes de parti unique qui se généralisent au lendemain des indépendances. Le travailleur doit subir en silence les bas salaires pour sauvegarder la stabilité politique et la «sécurité nationale» dans les États qui, par leurs codes d'investissement, accordent toutes les libertés aux entreprises étrangères ayant tout intérêt à s'implanter là où le facteur travail est le moins cher. Dans cette perspective, le passage de la colonie à l'indépendance n'a pas détruit le système d'apartheid qui favorise les Européens au détri-

---

46. L. Senghor, Interview à *Jeune Afrique*, 7 janvier 1977.
47. Concernant les protestations du colonat français, voir Richard Joseph, *Le mouvement nationaliste au Cameroun*, Paris, Kathala 1986, p. 80.
48. Sur ce sujet, lire L. Kaptué, *L'administration coloniale et la circulation des indigènes au Cameroun : le laissez-passer. 1923-1946*, Afrika Zamani, n°s 10 et 11, 1979, pp. 160-184.

ment des travailleurs africains. Philippe Hugon écrit justement :

> « À travail égal, les revenus touchés par les Blancs sont dix fois supérieurs à ceux touchés par les Noirs. Des études effectuées au Kenya ont montré que les Africains qui forment 98 % de la population touchent moins de 50 % du revenu. Nous avons pu évaluer qu'au Cameroun les 15 000 Européens touchent environ 20 milliards, 1/7 du revenu national. Les sociétés étrangères qui emploient moins de 1000 Européens forment 17 % du revenu (16,7 milliards)[49] ».

Entre les travailleurs africains eux-mêmes, on retrouve aussi des disparités croissantes compte tenu des structures de l'État qui se mettent en place. Car aux inégalités de revenus selon les régions et les secteurs d'activités, s'ajoutent les inégalités selon les catégories socioprofessionnelles. La formation d'une bourgeoisie d'État met en lumière les clivages qui structurent la vie sociale. René Dumont souligne bien le fossé qui se creuse lorsqu'il écrit en 1963 :

> « un député travaille (?) trois mois par an et reçoit chaque mois 120 000 à 165 000 F CFA. En six mois de salaire, il gagne autant que le paysan africain moyen en trente-six ans de toute une vie de labeur[50] ».

Si le ponctionnement des agriculteurs favorise la formation de l'épargne nationale que s'approprient les élites au pouvoir selon les mécanismes de fonctionnement bien connus[51], la faiblesse et la stagnation des salaires de la majorité des ouvriers et des manœuvres engagés dans le système moderne de l'économie résultent d'un système de domination exercée par les groupes d'affaires qui investissent en Afrique sub-saharienne. En dehors de l'État qui, jusque dans les années 80, demeure le principal employeur, le salarié africain doit s'habiller, se nourrir, payer son loyer et ses impôts, prendre en charge l'éducation et la santé de ses enfants avec les maigres ressources distribuées par les entreprises privées.

---

49. P. Hugon, *Analyse du sous-développement*, op.cit., p. 231.
50. R. Dumont, *L'Afrique Noire est mal partie*, Paris, Seuil 1963.
51. J. M. Ela, *L'Afrique des villages*, op.cit., pp. 107-111.

L'inégale redistribution des ressources résulte des différences de position de pouvoir au sein de l'État post-colonial. On sait que ces positions sont aussi des positions d'accumulation : le pouvoir est fondamentalement « le pouvoir d'être riche » dans les régimes où les lois contre la subversion mettent les classes dirigeantes qui pillent les ressources publiques à l'abri de toute contestation populaire[52]. Ce que l'on ne peut non plus ignorer, c'est que la pauvreté de masse qui frappe particulièrement les petits producteurs agricoles et les manœuvres dans cette structure inégalitaire de la répartition des revenus, n'est pas un fait de nature. Elle fait partie intégrante des processus de la croissance économique dans les sociétés soumises à l'emprise des capitaux privés. Ces processus sont liés à l'implantation du capitalisme qui entretient une dynamique de paupérisation. Autrement dit, la précarité des conditions de vie des paysanneries laborieuses et des travailleurs salariés relève d'un système global où les entrepreneurs privés ont le monopole sur l'ensemble de la vie économique. Si rien n'échappe à leur domination, on comprend dans quel sens le dénuement est structurel. Comme l'écrit P. Hugon,

> « En Afrique, la paupérisation de la masse rurale et la stagnation des salaires ne résultent pas du développement mais uniquement de l'effet de domination exercée par certains groupes. Elle ne correspond à aucune formation d'une épargne nationale. L'ouverture de l'éventail des revenus a ainsi des conséquences économiques néfastes tout en étant la cause d'un grave déséquilibre politique et social[53] ».

Au moment où peu d'analystes résistent à la tentation de reprendre le mythe colonial des croyances et des valeurs ancestrales incompatibles avec l'évolution, il convient d'insister sur les obstacles qui n'ont cessé de bloquer la montée humaine dans les sociétés africaines soumises aux intérêts étrangers depuis la colonisation. Sans doute, on ne peut occulter la diversité des facteurs qui provoquent la dégradation des conditions de vie de larges couches de la population. Parmi ces facteurs, relevons notamment :

---

52. J. M. Ela, *Le cri de l'homme africain*, Paris, L'Harmattan, 1980.
53. P. Hugon, *op.cit*. p. 235.

- la crise de l'environnement dont on doit reconnaître l'impact sur les problèmes de l'agriculture, l'alimentation et la santé ;
- l'écart continu entre la croissance démographique et les ressources disponibles dans un contexte d'urbanisation accélérée où l'accès aux conditions de bien-être est un enjeu de conflit potentiel ;
- les effets de la sécheresse des dernières décennies qui ont entraîné de pertes énormes dans les zones de savane où l'économie pastorale est un fait de société et de culture tandis que les migrations vers les régions humides ont aggravé les problèmes d'adaptation à la vie urbaine et provoqué les tensions et les antagonismes entre les « réfugiés écologiques » et les populations autochtones ;
- les déficits prolongés dans le domaine des transports et des infrastructures modernes ;
- l'enclavement de vastes régions ou de pays entiers qui entrave l'approvisionnement des grandes villes et les échanges entre les centres urbains et les campagnes ou encore les relations économiques entre pays voisins, en dépit du commerce frontalier qui s'intensifie dans certaines régions du continent ;
- l'analphabétisme et les incidences économiques de la dégradation de l'état sanitaire ;
- les choix politiques en matière de développement dont les objectifs n'ont pas été atteints ;
- les conflits et les guerres dans les pays où tout est à reconstruire comme on l'a vu au Tchad, au Liberia, en Sierra Leone, en Somalie, au Biafra, en Angola ou au Mozambique, et plus récemment au Rwanda, dans l'ex-Zaïre et à Brazzaville.

Si les facteurs internes jouent un rôle décisif dans l'inégal accès aux richesses et à la sécurité matérielle, ils sont aggravés par le poids des facteurs externes qui fragilisent les sociétés africaines profondément marquées par le colonialisme qui a bloqué le dynamisme des réseaux commerciaux, brisant les liens économiques que le monde africain entretenait avec l'Asie et la civilisation arabe en mettant en valeur les ressources de sa maritimité. Depuis les conquêtes européennes du XIXe siècle, la soumission des territoires d'Outre-mer aux mécanismes de l'économie de traite polarise désormais les sociétés africaines autour d'un modèle pyramidal et centralisé qui, à partir du pacte colonial, construit la dépendance de ces sociétés vis-à-vis des intérêts des seuls pays occidentaux. La colonisation a intégré de force l'Afrique dans un réseau de relations verticales avec l'Occident comme le rappellent les lignes de transports aériens et de télécommunications dans un contexte où les relations sont plus faciles avec Paris, Londres, Bruxelles, Lisbonne et Madrid ou Francfort qu'avec les capitales des pays du continent. Cette géographie des lignes aériennes situe l'Afrique au cœur des enjeux économiques et politiques. Les capitales des pays du continent illustrent les rapports entre espaces et sociétés. Ils sont structurés par les appétits féroces des groupes d'intérêt qui n'hésitent pas à se livrer la guerre par indigènes interposés afin de contrôler les ressources forestières, les mines, le cuivre, le diamant et l'or, l'uranium et le pétrole qui font de l'Afrique subsaharienne un continent convoité.

Le bon sens interdit de rendre compte du prétendu retard de l'Afrique par les structures ancestrales. Au-delà des discours rituels sur la baisse croissante des prix des matières premières et le fardeau de la dette, il faut rompre avec les analyses sur « la politique du ventre » dans les États africains où il convient d'insister sur les structures de domination qui renouvellent les formes de violence et de précarité en Afrique noire.

Dès les années 80, nous avons pris conscience de l'emprise de ces structures au moment où de nombreuses recherches et études qui tentaient pourtant de comprendre le politique en Afrique à partir des expériences de terrain, ne disaient pas un seul mot sur les régimes répressifs à travers lesquels les sociétés africaines contribuent au financement de leur assujettissement comme à l'époque coloniale[54]. Pour ne

---

54. Sur l'ensemble des mécanismes de répression à l'œuvre dans les sociétés post-coloniales, lire J.M. Ela, *Le cri de l'homme africain, op. cit.*

prendre qu'un exemple, comment rédiger une thèse sur l'État au Cameroun sous Ahidjo sans la moindre référence au « complexe politico-économique » qui est au centre des enjeux non seulement des stratégies de compromis ou d'alliance hégémoniques entre les classes dirigeantes mais aussi des rapports de subordination inhérents à l'État qui sert de relais aux capital extérieur ? L'évocation des brimades subies par les « cadets sociaux » ne suffit pas à rendre compte de l'hypothèque totalitaire qui pèse sur ce qui se vit au quotidien dans les camps de torture de la Brigade Mixte Mobile (BMM) de Kodengui à Yaoundé, ceux de Yoko dans la province du centre, de Mantoum dans l'Ouest Cameroun et de Tcholiré dans le Grand Nord. L'existence de ces camps met à jour une manière de gouverner qui s'est réappropriée les technologies de répression de l'insoumission que le gouvernement français avait déployées pour combattre l'insurrection dans le sud-Cameroun au temps du maquis[55]. Si l'on ne veut pas se borner à analyser le politique au Cameroun à partir des comptes-rendus des réunions de l'U.N.C., il faut descendre dans les « terroirs » où, à travers les différents rapports avec le pouvoir central, on retrouve la diversité des trajectoires qui définissent les modalités de vie au sein du système hégémonique en place. Pour revenir au « monde d'en-bas » où survit la mémoire d'indiscipline, l'observateur est confronté à un potentiel politique énorme qui s'exprime à travers les chants et les récits populaires qui témoignent de la capacité de résistance des gens ordinaires. S'il est facile de traquer les écrits qui dérangent ou les intellectuels indociles dans un régime où le silence même est coupable[56], on entrevoit les conditions de survie difficiles auxquelles sont exposés les acteurs qui font preuve de désobéissance. Les coups, les humiliations, les tortures, la saleté sont le lot des jeunes et des adultes déportés dans les camps de la mort[57]. Il suffit souvent d'une simple « affaire de tracts » et d'une délation pour être emprisonné par

---

55. Concernant ces technologies, lire A. Mbembe, *La naissance du maquis, op. cit.*
56. J.M Ela, *Le cri de l'homme africain*, p. 84.
57. Voir Nouk Bassomb, *Le quartier spécial. Détenu sans procès au Cameroun*, Paris, L'Harmattan, 1992.

un régime qui impose l'ordre pour la prospérité des intérêts privés.

Car il ne s'agit plus de financer la domination par le portage ou les travaux forcés comme à l'époque coloniale. Désormais, les impôts des paysans et des travailleurs salariés alimentent les budgets de répression dans un système politique qui, à la place de l'eau potable et de la lumière ou des routes, des dispensaires et des écoles, envoie, dans les villages et les quartiers, les policiers et gendarmes qui rançonnent les populations pour une plus grande « participation » à ce qu'on appelle le « développement ». Or, celui-ci est un enjeu de pouvoir dans un système complexe d'interactions, de jeux d'intérêt et de stratégies concurrentielles où l'État et ses représentants, les techniciens et les experts, les organismes d'intervention et les bailleurs de fonds contrôlent toutes les décisions. Sans une refonte de ces jeux d'alliances et de pouvoir trop souvent occultés par les analyses technocratiques, toute « participation » populaire relève de la mascarade. En fait, les conditions de santé, d'éducation, de logement ou d'emploi qu'on observe dans les pays d'Afrique ne se comprennent qu'à la lumière des « effets de domination » dont parle P. Hugon.

Ombe Ndzana illustre bien cette situation dans le sud-ouest du Cameroun où les empires agro-industriels imposent aux travailleurs agricoles un processus de prolétarisation à partir des mécanismes de dépossession des paysanneries et de marginalisation de toute une région[58]. Pour s'en rendre compte, il suffit d'une étude détaillée de la fiche de paie pour comprendre ce que signifie être salarié dans les complexes agro-industriels de la CDC ou de Pamol. Ce que révèle la lecture d'une fiche de paie, c'est l'emprise du capitalisme multinational à travers les entreprises agro-industrielles qui soumettent la paysannerie capturée aux intérêts étatiques et étrangers tout-puissants. Cet exemple met en lumière l'ampleur des formes de pauvreté dans les secteurs stratégiques de la vie économique.

---

58. Vianney Ombe Ndzana, *Agriculture, pétrole et politique au Cameroun : Sortir de la crise?* Paris, L'Harmattan, 1978, pp. 41-48.

Comme le montre l'étude de P. Hugon, le Cameroun est un cas exemplaire qui permet de comprendre les dynamiques de pauvreté dans les économies bloquées qui sont un appendice des économies de la métropole dont on retrouve l'impact sur l'agriculture, l'industrie, le commerce et le flux des capitaux. Si les investissements d'origine extérieure s'avèrent incapables de poser les fondements d'un développement véritable[59], il n'y a rien à attendre des entreprises étrangères pour résorber les problèmes de l'emploi et améliorer les niveaux de vie dont la dégradation est un des facteurs de l'exode rural et un obstacle à toute insertion sociale dans la vie urbaine. Alors que les différents secteurs de l'économie moderne sont soumis aux intérêts étrangers, les plans successifs de développement ont été incapables de créer des emplois pour les jeunes qui sortent des écoles. À la fin du IIIe plan, on retrouve 1 200 000 chômeurs parmi les diplômés de l'enseignement secondaire au Cameroun. Pour comprendre ce phénomène, il faut encore revenir à la subordination des économies locales. En effet, observe Ph. Hugon,

« Les investissements étrangers s'orientent principalement dans des placements commerciaux à court terme ou des activités spéculatives dont la rentabilité est rapide[60] ».

Les rapatriements des capitaux privés demeurent le souci primordial des entreprises étrangères pour lesquelles l'Afrique est d'abord un continent où l'on vient faire de l'argent. En réalité, on n'investit pas en Afrique noire, on s'y enrichit[61]. On voit ici les raisons profondes du chômage dont l'expansion s'inscrit dans l'horizon des pays africains dès la première décennie de l'indépendance. Ce phénomène est resté occulté par les illusions de la croissance économique alors qu'il était lié au processus d'accumulation mis en place dans les États qui

---

59. Sur ce sujet, lire la thèse de Georges Ngango, *Les investissements d'origine extérieure en Afrique Noire Francophone : Statut et incidence sur le développement*, Paris, Présence africaine, 1972.
60. P. Hugon, *Analyse du sous-développement*, op.cit., p.140.
61. Voir J. M. Ela, *La ville en Afrique noire*, op. cit., p. 144.

s'ouvrent aux capitaux extérieurs[62]. Faut-il le répéter : la pauvreté et le chômage ne sont guère un phénomène nouveau dans les sociétés africaines post-coloniales. Les enquêtes récentes de la Banque mondiale dans certains pays d'Afrique permettent de situer la précarisation des conditions de vie et d'emploi dans la longue durée. On le voit bien au Cameroun :
« Tout au long de la période 1965-85, le Cameroun a enregistré des taux de croissance élevés, parfois très élevés. Des observateurs extérieurs, y compris la Banque mondiale, faisaient l'éloge de sa performance. Cependant, l'enquête sur les dépenses des ménages de 1983/84 a mis en exergue à la fois un degré élevé de pauvreté absolue dans les zones rurales, et de profondes inégalités dans la distribution des revenus, tant dans les zones rurales qu'urbaines, ainsi que dans l'ensemble du pays[63] ».

Tel est le vrai bilan des régimes politiques qui se sont imposés à l'ensemble du continent dans la majorité des pays africains qui offrent toutes les garanties aux entreprises étrangères. P. Hugon l'annonce dans sa thèse :

« Les concessions politiques faites aux pays d'Afrique n'ont pas résolu leurs problèmes économiques ; elles les ont momentanément accrus. La puissance coloniale en tant que facteur structurant et équilibrant de la société faisait contrepoids aux puissances économiques. L'indépendance a laissé le champ libre aux forces déséquilibrantes. »

En identifiant ces forces, un constat s'impose : dans les pays où le libéralisme planifié constitue le cadre de référence des politiques économiques, les véritables acteurs qui décident des conditions d'existence des populations africaines sont ailleurs. Car, en Afrique noire, comme le montre l'exemple du Cameroun, « l'économie est subordonnées aux centres de décision étrangers[64] ». Une analyse objective de la pauvreté et du chômage doit prendre en compte cette subordination des

---

62. Sur l'explosion du chômage des villes africaines, voir J. M. Ela, *La ville en Afrique noire*, op. cit., pp. 127-147.
63. Report n° 13167, *Cameroun, diversité, croissance et réduction de la pauvreté*, document de la Banque mondiale, 4 avril 1995, I, p. 5.
64. P. Hugon, *op. cit.*

sociétés africaines aux « dynamiques du dehors » généralement occultées par de nombreux africanistes qui, de concert avec l'ensemble des puissances occidentales, trouvent que « le parti unique, sous la direction du chef de l'État paraît nécessaire[65] ».

Pour les Africains, c'est la remise en question de ce système qui est restée une nécessité et une urgence dans la mesure où de nombreux dirigeants s'en sont servi pour faire de l'État leur affaire en instaurant un état d'urgence permanent afin d'étouffer tout risque de libre expression. La violence est une méthode de gouvernement dont l'État a le monopole, à travers les armes légales qui lui permettent de couvrir tous les abus, les corruptions, les extorsions et les prédations, les pillages et les mécanismes de paupérisation imposés par les centres de décision étrangers. Un tel système répressif qui enferme des millions d'hommes et de femmes dans un climat de peur n'est guère susceptible de favoriser un véritable développement. La régression qui se manifeste dans la plupart des secteurs de la vie sociale : santé, éducation, information, alimentation, emploi, logement, illustre de façon tragique les échecs du modèle néo-colonial de croissance. Au moment où la crise de ce modèle révèle l'ampleur des dynamiques de pauvreté et de chômage, quelle pertinence accorder aux solutions proposées par les experts dans le cadre des politiques sociales inspirées par le néo-libéralisme triomphant ?

La réponse à cette question nécessite l'approfondissement des analyses qui précèdent.

---

65. P. Hugon, op. cit.

3

« LE DÉVELOPPEMENT SOCIAL » : UN GADGET CONTRE LA PAUVRETÉ ET L'EXCLUSION.

Pour identifier les enjeux de la réflexion qui s'impose, commençons par quelques constats élémentaires. L'Afrique subsaharienne est l'une des régions où la liste des pays les plus pauvres du monde s'allonge. Depuis les années 80, cette situation s'est aggravée. Au-delà des images d'apocalypse véhiculées par les médias qui masquent les causes réelles de l'explosion de la pauvreté, des études permettent de mieux cerner « l'irruption des pauvres[1] » dans le contexte africain.

LA GÉNÉRATION SACRIFIÉE

Après les travaux de recherches sur l'ampleur des formes de pauvreté dans les sociétés africaines contemporaines, il convient de faire le point sur la situation présente en dégageant les tendances lourdes qui se dessinent et engagent l'avenir des nouvelles générations africaines. Ce qui retient l'attention, c'est l'aggravation de la pauvreté et du chômage dont nous avons retrouvé les racines profondes dans les mécanismes de domination à l'œuvre dans les pays d'Afrique depuis l'ère coloniale. Les enquêtes sur la consommation des

---

1. J.-M., Ela, *Afrique: L'irruption des pauvres, op. cit.*

ménages dans de nombreux pays permettent de suivre les indications sur le coût de la vie et la baisse du pouvoir d'achat des citadins depuis 1980. On peut vérifier ce fait à Yaoundé, à Dakar ou à Abidjan[2]. Ces enquêtes confirment la dégradation générale des niveaux de vie dans un contexte socio-économique où la pauvreté n'épargne plus les populations urbaines. Ainsi, le Rapport du PNUD sur le développement humain au Cameroun (1993) apporte un éclairage sur les profils de pauvreté dans les grandes viles du pays[3]. Partout, la société tend à basculer dans la précarité et l'insécurité matérielle compte tenu de l'aggravation de la crise économique et de la paupérisation des ménages.

Malgré un taux de croissance proche des 8 %, la Côte-d'Ivoire connaît une hausse de la misère. Si les autorités affichent avec fierté la reprise, elles sont en revanche gênées par une enquête de la Banque mondiale sur « la pauvreté en Côte-d'Ivoire » qui met à nu la pauvreté qui s'est accrue au cours des dix dernières années. Selon ce rapport, en 1995 « 36,8 % de la population » ivoirienne vivaient encore « en dessous d'un seuil de pauvreté relative, fixé à 144 800 F CFA par an, soit 12 000 F CFA par mois, avec des disparités régionales allant de 50 % dans les régions des savanes à 20 % dans la capitale économique. Parmi eux, 1,4 million d'Ivoiriens, soit environ 10 % de la population vit avec moins de 94 6000 F CFA par an ». Ce cas illustre un drame qui s'est amplifié après la dévaluation du franc CFA en janvier 1994.

Au Cameroun, un Rapport similaire de la Banque mondiale a fait découvrir à l'opinion publique les chiffres de la misère grâce aux enquêtes de terrain dont les résultats ont permis de mesurer la faillite dans laquelle Paul Biya a plongé l'économie du Cameroun depuis son accession au pouvoir en 1982. L'un des signes le plus inquiétants de cette dégringolade est le chômage qui frappe particulièrement les jeunes diplômés en milieu urbain[4]:

---

2. DIAL et DSCN, Consommation et conditions de vie des ménages à Yaoundé, 1993.
3. Sur les données de base, lire ce Rapport, p. 22ss.
4. F. Roubaud, *Le marché du travail à Yaoundé de 1983-1991: La décennie perdue*, Revue Tiers-Monde, vil. 35, n° 140, 1994, pp. 751-778.

Le «développement social»: un gadget...

«l'envolée du taux de chômage constitue le premier indicateur de la difficulté d'insertion des camerounais sur le marché du travail. Il est passé en l'espace de dix ans de 7,3 % de la population active à 24,6 %. Aujourd'hui, le taux de chômage urbain au Cameroun est l'un des plus élevés d'Afrique, et très largement supérieur à ceux enregistrés en Amérique Latine ou en Asie, et les jeunes sont les plus vulnérables, avec des taux de chômage des 20-24 ans supérieurs à 40 %. Le chômage a fortement augmenté ces dernières années et, contrairement à la période de 1983, il frappe en premier lieu les diplômés du supérieur[5]».

On peut mesurer les effets de ces difficultés chez les jeunes de Yaoundé qui ont conscience d'être véritablement une génération sacrifiée. La majorité de ceux que l'on peut rencontrer dans les quartiers populaires gèrent leur amertume face à l'avenir sombre qui les attend compte tenu du marasme dont le pays ne peut sortir sans une véritable alternance seule capable de créer les conditions de sortie du tunnel.

« À Yaoundé, sur dix jeunes de 10 à 29 ans se présentant sur le marché du travail en 1992, trois sont chômeurs, six passent dans le secteur informel et un seulement intègre le secteur moderne (public ou privé). Le désajustement profond entre la montée du niveau de qualification et la stagnation de la demande de travail formel ne peut qu'exacerber les frustrations des jeunes générations. Sans perspectives d'emplois satisfaisantes, ce sont les jeunes qui paient le plus lourd tribut au chômage[6]».

Cette situation est d'autant plus surprenante qu'avec ses ressources immenses tant humaines que matérielles, le Cameroun a toutes les chances pour devenir l'une des nations montantes du continent noir. Comme le révèle une étude récente publiée par un groupe d'universitaires : « La misère intellectuelle du Cameroun[7]» témoigne de l'insouciance face aux vrais défis du pays qui caractérise le régime de P. Biya.

---

5. Cf. *Cameroun, diversité...*, op. cit., III.
6. *Ibidem*, 6 (p. 91).
7. Voir l'étude publiée par le Forum universitaire catholique (Fuc); Sur la mort de l'université au Cameroun, lire aussi A. Kom, *Éducation et démocratisation en Afrique, le temps des illusions*, Paris, L'Harmattan, 1996, 4e partie : « Enseignement supérieur, le coma profond », pp. 119-175.

Si l'on insiste sur cette dimension de la pénurie et de la précarité, c'est dans la mesure où en un sens, le Cameroun apparaît comme une sorte de laboratoire où l'on peut observer l'enchevêtrement du politique et de l'économique dans un contexte de déséquilibres et de dysfonctionnement où se conjuguent les forces internes et les facteurs externes de désagrégation de la société globale. On trouve ailleurs, évidemment, les marques de la crise de l'enseignement et du travail dans les États d'Afrique noire où la poursuite d'un processus d'ajustement structurel est sans issue comme on le voit au Sénégal où rien ne laisse entrevoir les signes permettant de renouer avec la croissance[8]. Comme à Yaoundé, le chômage atteint des niveaux tragiques à Dakar où les jeunes scolarisés sont particulièrement touchés ainsi que l'indiquent les études disponibles[9].

Il est important de relever cette tendance dans les différents pays d'Afrique subsaharienne : l'émergence des chômeurs diplômés dans la crise générale du travail urbain[10] manifeste la gravité et la profondeur d'une crise qui met en cause le potentiel futur du développement du continent africain. Car, au-delà de la problématique de l'insertion urbaine des migrants et des migrantes qui préoccupent à juste titre la recherche actuelle[11], on doit s'interroger sur l'énorme gâchis que constituent le déclassement social et la clochardisation des investissements intellectuels représentés par la faible minorité de jeunes africains qui ont accédé à l'enseignement supérieur et, de ce fait, représentent une ressource humaine dont la gestion devrait être un atout pour l'avenir de l'Afrique. Cette

---

8. Sur ce sujet, l'ouvrage de Gilles Duruflé pose une question lancinante qui demeure d'actualité : *Le Sénégal peut-il sortir de la crise?*, Paris, Karthala, 1994, p. 24.
9. Sur ce sujet, lire P. Antoine et al., *Les familles dakaroises face à la crise*, Paris, ORSTOM, 1995, p. 132. Pour une vue d'ensemble de la situation, lire J. Charmes, « Emploi, informatisation, maginalisation ? L'Afrique dans la crise et sous ajustement », *1975-1995*, in J. Coussy et J. Vallin, (dir), *Crise et population en Afrique*, Orstom, 1996, pp. 499-504.
10. Voir J.-P. Lachaud (dir), *Pauvreté et marché du travail urbain en Afrique subsaharienne : Analyse comparative*, Genève, Institut international d'études sociales, 1994.
11. Sur ce point, Ph. Antoine et al., *L'insertion urbaine : le cas de Dakar*, Orstom, 1992 ; D. Ouedrago et V. Piché (dir.), *L'insertion urbaine à Bamako*, Paris, Karthala, 1995.

question rappelle que toute capacité d'innovation et d'invention, notamment dans le monde de l'entreprise, est liée à cette gestion des intelligences. Le drame des jeunes universitaires africains condamnés à la débrouille dans les métiers de rue où certains sont réduits à survivre en devenant des vendeurs à la sauvette traqués par la police comme on le voit au Cameroun, est un des défis majeurs des années qui viennent.

LE DÉVELOPPEMENT INTROUVABLE ?

Sans revenir ici sur les incidences et les effets pervers provoqués par l'ampleur des précarités, il suffit de relever les mécanismes d'exclusion mis en place par l'augmentation de la pauvreté et du chômage. Rappelons surtout les difficultés d'accès au marché matrimonial avec la montée du célibat dans les grandes villes où les difficultés économiques croissantes provoquent les changements de comportement en matière de nuptialité. Dès lors que tous les processus de socialisation sont remis en question dans les milieux où l'accès au savoir, au travail et au mariage était jusqu'ici la clé de l'avenir, tout se passe comme si le système social basculait dans un état d'anomie dont on n'a pas encore suffisamment mesuré l'impact. Ce qui se prépare en Afrique avec les enfants de la rue, le nombre grandissant des gens sans toit, les formes de mendicité qui prolifèrent, les fous errants tout nus dans les grandes capitales ou les bébés qu'on jette dans les poubelles, annonce une crise de société et de culture dont il faut saisir les fondements afin d'évaluer les mesures à prendre pour empêcher les nouvelles générations de s'enfoncer dans les différentes formes de la marginalité sociale. Cette perspective ne peut être écartée si l'on veut analyser avec lucidité toute la portée des décisions qui, depuis les années 80, ont enfermé l'Afrique noire dans les rets de la pensée unique. Remarquons-le : les processus d'appauvrissement et d'exclusion provoquent les tensions et les antagonismes qui, au-delà des familles, risquent de s'amplifier au sein de la société globale comme le rappellent Lagos, Kinshasa, Douala, Dakar et Abidjan qui ont tendance à devenir des espaces de conflits et des lieux d'insécurité le jour comme la nuit[12]. Imposer à l'Afrique des contraintes économiques et financières au moment où l'urbanisation est un défi majeur, c'est la soumettre à des risques d'implosion dont on n'a pas encore calculé les coûts. Pour éviter l'aggravation des conflits potentiels dans les régions du continent où, en dehors des bidonvilles en expansion, l'accès à l'eau et à la terre peut être une source de guerre comme on l'a vu chez les Touaregs, il faut alors reprendre l'examen des rapports entre développement et sociétés.

Dans cette perspective, comment ne pas remettre en cause la tyrannie des tabous entretenue par les milieux d'affaires qui s'obstinent à écarter le débat fondamental sur l'universalité présumée du modèle occidental que la Banque mondiale ne cesse d'importer à travers ce qu'elle appelle le « le chemin à parcourir[13] ». Dans le village dit « planétaire » où nous entrons, faut-il imposer la censure sur une question aussi grave afin de contraindre toute l'humanité à adhérer à la croyance, à présent séculière, en l'action « bénéfique » de l'Occident sur le reste de la planète ? Si l'on veut rompre avec le conformisme paradoxal, du fait de la violence organisée sur les sociétés différentes, il semble urgent de transgresser les tabous en se posant la question légitime, celle de savoir si, les nouvelles politiques industrielles et économiques élaborées dans le cadre du néo-libéralisme sont capables de sortir les Africains et Africaines de la pauvreté où les enferment le F.M.I. et la Banque mondiale.

Cette question mérite d'être examinée attentivement quand on veut se mettre à l'écoute des hommes et des femmes qui vivent la hantise du chômage entretenue par les restructurations des entreprises à partir des postulats selon lesquels pour redresser la situation économique, il faut exposer à l'insécurité des chefs de familles, alourdir la pénibilité du travail des femmes, écarter des milliers de jeunes du

---

12. Pour une étude de cas de cette situation, lire M. Antoine de Montclos, *Violence et sécurité urbaines en Afrique du sud et au Nigéria, un essai sur la privatisation*, Paris, L'Harmattan.
13. Voir le rapport de la Banque mondiale sur « l'ajustement en Afrique : Les réformes, les résultats et le chemin à parcourir », 1994.

marché du savoir et aggraver les risques de mortalité infantile compte tenu de l'expansion de la pauvreté dans les villes et les campagnes.

Après le sommet de Copenhague, le débat qui nous paraît essentiel est celui-ci : « Quel sens donner au développement social » compte tenu de l'extraordinaire réalignement idéologique auquel nous assistons dans les pays pauvres où, désormais, une seule politique s'impose : l'ajustement structurel ? Pour sortir des impasses actuelles où s'enfoncent des groupes de base, de vastes secteurs de la vie rurale et urbaine en quête d'un ordre social différent, quels sont les défis à relever pour répondre aux demandes sociales des nouvelles générations ? Dans quelle mesure le « développement social » constitue-t-il une sorte de gadget contre les mécanismes de pauvreté et d'exclusion à l'œuvre autour de nous ? À partir d'observations concrètes, nous allons tenter de répondre à ces questions en essayant de dégager les enjeux qui s'imposent à l'examen dans les sociétés défiées par les inégalités croissantes.

Relevons d'abord la nouveauté du concept de « développement social » dont l'usage a commencé à se répandre sans que l'on soupçonne les enjeux théoriques qu'il dissimule. Jusqu'ici, le développement a été tour à tour :
- « intégré » ;
- « autocentré » ;
- « endogène » ;
- « communautaire » ;
- « participatif ».
- Le PNUD, quant à lui, a opté naguère pour le développement « humain ».
- Depuis la conférence de Rio, le développement est devenu « durable » : ainsi l'ont décidé les Nations-Unies.
- Après le sommet de Copenhague, il se veut désormais « social ».

Cette incertitude sémantique révèle le désarroi des experts. Ceux-ci ne savent plus à quel saint se vouer pour inventer les concepts appropriés concernant les problèmes graves vécus par les pays pauvres. La variation des termes qui se succèdent sans une cohérence interne semble témoigner de cette défaite de la pensée qui caractérise le règne du néo-

libéralisme. Nous assistons à l'épuisement des paradigmes dont la prétention à la scientificité ne résiste pas au doute critique. Face aux mutations de sens, le développement n'a pas été, dans les périodes antérieures :
- désintégré
- exogène
- inhumain
- non durable
- a-social.

La question est loin d'être fantaisiste. En considérant les tourments des experts qui doivent passer des nuits de cauchemars pour s'ingénier à forger de nouveaux concepts autour du développement, ne faut-il pas se rendre à l'évidence : tel que l'Occident l'imagine pour l'Afrique où il n'a cessé d'exporter son modèle depuis des décennies, le développement est « introuvable ». Ce constat appelle un regard critique sur le « sens » du développement qui reste toujours unique du « centre » vers la « périphérie ». Car on n'a jamais vu l'Occident s'interroger sur l'universalité de ce qui existe ailleurs et peut le porter à boire à d'autres sources en remettant en question les limites de sa manière de voir et de penser le monde, de gérer le rapport à l'espace et au temps, bref, de reconnaître les différences afin de tenter d'inverser le cours de l'histoire. Le problème est de savoir si l'on ne doit pas déplacer le lieu du discours sur le devenir de la société humaine en sortant des ghettos conceptuels dans lesquels nous enfermons les forces sociales qui ont tendance à sacraliser leur modèle de développement en le considérant comme un dogme infaillible et intouchable.

Nous retrouvons la fécondité de la démarche qui impose le soupçon sur la pertinence des concepts et des pratiques inspirés par le modèle occidental dont il faut aujourd'hui reconnaître les impasses. En réalité, face à tout ce qui concerne le développement, il faut bien admettre que nous sommes parvenus à un tournant de l'histoire caractérisé par la fin des absolus. Plus rien ne va de soi. Les chemins proposés par « ceux qui savent » ne mènent nulle part comme le rappellent les fractures sociales observées dans les régions où l'on a tenté les expériences de développement :

« Relayé depuis une quarantaine d'années par son avatar moderne, le développement, ce mythe du progrès a contribué à la mise en place, sous la loi désormais incontestée du marché, d'un système économique mondial auquel s'est intégrée une partie des populations du sud, au prix de l'exclusion du grand nombre. Et de destructions, peut-être irréversibles, dans l'environnement planétaire ».

Cette critique des impasses du concept de développement se trouve dans l'article d'ouverture d'un dossier du *Courrier de l'Unesco* portant sur l'idée de progrès au Nord et au Sud. Cette publication qui n'a rien de radical part d'un constat, lui, radical : « le développement est en crise ». Cette crise n'est-elle pas en profondeur celle de la projection de l'imaginaire à partir duquel rien de crédible n'a encore été réellement construit ? Aucune problématique du développement social ne peut ignorer la faillite des stratégies inspirées par le modèle occidental dont il faut désormais se demander s'il est souhaitable, s'il est soutenable et s'il faut l'étendre à toute la planète. Ces questions doivent être posées dans les sociétés africaines où les experts et les techniciens développeurs sont peu portés à prendre en compte les références qui ne s'insèrent pas toujours dans les cadres a priori reconnus par l'Occident.

Que signifie le « développement social » au moment où la notion de développement fait l'objet d'âpres débats ? Dans ce contexte de crise conceptuelle, le « développement social » n'est-il pas appelé à devenir, comme les autres, une idéologie de rechange ? Doit-on s'investir désormais, comme le veut la communauté internationale, sur le « développement social » parce que celui-ci est peut-être le seul qui reste à tenter après l'échec des autres formules ? Le débat sur cette question est loin d'être académique si l'on se réfère à l'état actuel des recherches sur ce qu'on nomme le « développement ». Au cours des dernières décennies, on a pris conscience de la nécessaire ouverture à la pluridisciplinarité pour une meilleure articulation des analyses du développement avec l'apport des sciences sociales (anthropologie, sociologie, histoire, etc.). L'échec des projets qui ont longtemps tenu en médiocre estime les facteurs socio-culturels ou les dimensions politiques du développement a ouvert de nouveaux champs d'études qui nécessitent la prise en compte de variables diversifiées dans les secteurs d'intervention où le monopole du traditionnel PNB/habitant oblige à recourir à une statistique à visage humain. Au moment où de nouveaux espaces de référence s'imposent, on assiste au retour en force des organismes internationaux chargés du développement et de son financement qui risquent de mettre en cause le prestige scientifique, dans le reflux des analyses partielles et des champs thématiques jugés plus prometteurs par les bailleurs de fonds. Cette évolution est en cours dans un contexte international qui impose une restructuration du cadre institutionnel de la recherche sur le développement, compte tenu du poids décisif des structures qui composent le complexe développeur dans l'administration internationale de l'aide au développement.

LA MONTÉE DES INÉGALITÉS

Nous pensons ici aux organismes internationaux chargés du développement et de son financement dans le système des Nations Unies (F.A.O., Unicef, O.M.S., BIT, FNUAP) dont les activités sont coordonnées par le PNUD. Rappelons aussi le poids de la Banque mondiale, d'autres banques et des fonds de développement régionaux qui complètent ce dispositif.

Tout se passe comme si la place dégagée par le déclin des idéologies et la crise des modèles promus par les différents courants de pensée et les niveaux d'analyses d'origine universitaire devrait être occupée par les thèmes et les productions suscitées par les organismes internationaux qui deviennent les éléments moteurs de toute perception et toute analyse du développement. Dans cette perspective, la recherche sur les problèmes du Tiers-Monde risque de devenir le lieu des sentiments, des mesures simples et immédiates, des programmes définis selon les exigences des bailleurs de fonds. On n'a pas encore suffisamment mesuré les conséquences de ce transfert de compétences qui s'opère au profit d'agences internationales. Les sciences du développement doivent-elles s'adapter aux seules règles des nouveaux acteurs institutionnels qui les financent et les orientent? Cette question doit être prise au sérieux au moment où s'impose un autre regard sur le développement à partir des réalités sociales qui résultent manifestement d'un système global où l'idéologie libérale s'affirme sans contrepoids. Il est difficile d'identifier les questions majeures que pose le concept de «développement social» lorsqu'on écarte toute référence à ce système.

On peut s'interroger sur la pertinence de ce concept qui vient d'être mis sur le marché de la communication à partir des organismes internationaux devenus les véritables laboratoires qui alimentent notre pensée en matière de développement. Si la référence au social marque une rupture avec les problématiques caractérisées par les approches économétriques qui triomphent au sein des organismes, il reste à savoir si, face au «pouvoir des experts» qui ont relégué en quelque sorte les ingénieurs de conception, il n'y a pas lieu de redonner toute sa place à la réflexion critique, au-delà des champs thématiques définis selon les principes onusiens de neutralité et de non-ingérence.

Si l'on admet que la pensée sur le développement s'est considérablement appauvrie ces dernières années en cédant le pas au réductionnisme économiste et libéral, la discussion sur le développement social permet, sans aucun doute, de mieux cerner les ressources et les limites des courants théoriques qui refusent de laisser le champ libre aux théories libérales et néo-libérales. Mais, pour vérifier les hypothèses en débat et proposer des orientations concrètes, il est nécessaire de retrouver «l'enjeu du social» au cœur des mécanismes d'appauvrissement et d'exclusion à l'œuvre dans les sociétés envahies par ce que Albert MINC appelle «l'argent Fou».

Pour approfondir l'analyse de cet enjeu, il n'est pas inutile de rappeler les objectifs majeurs du sommet mondial sur le développement social. Ces objectifs sont triples :

1) l'atténuation et la réduction de la pauvreté,
2) le développement des emplois productifs,
3) et le renforcement de l'intégration sociale, en particulier des groupes sociaux les plus défavorisés et marginalisés.

Si l'on veut comprendre l'importance de ces objectifs, il faut replacer les problèmes du développement social dans le contexte global des dernières conférences internationales. Car, le sommet de Copenhague ne surgit pas du néant, il se situe dans la perspective d'un approfondissement des rencontres antérieures. Rappelons à cet égard :
- le sommet mondial de l'enfance en 1990,
- la conférence sur l'environnement et le développement à Rio en 1992,
- la conférence mondiale sur les droits de l'homme en 1993,
- la conférence sur la population et le développement qui s'est tenue en 1994 au Caire.

Il convient d'intégrer l'apport de ces rencontres à la définition du développement social. Dans ce sens, les défis à relever doivent prendre en compte non seulement le déclin du monde rural, mais aussi les déséquilibres sociaux liés aux processus d'urbanisation dans les pays où la croissance démographique incontrôlée aggrave les problèmes d'alimentation, d'éducation et de logement, de santé et d'emploi. À cet égard, il semble nécessaire d'insister sur :
- les rescapés de la ville,
- les désordres sociaux liés à la misère des bidonvilles en expansion,
- les formes de violence urbaine et de marginalité sociale.

Au cœur de ces déséquilibres, comment ne pas privilégier les problèmes qui mettent en cause l'avenir de l'enfant africain ? En effet, à travers le phénomène des enfants et des jeunes de la rue qui a surgi au cours des dernières décennies, il faut observer une altération qui déstabilise la famille et la communauté. Comme l'a bien montré le forum International de Grand-Bassam en 1985, les jeunes de la rue sont des laissés-pour-compte qui :
- luttent pour leur survie,
- ont besoin d'affection,
- cherchent à s'identifier à leurs parents, leur famille, leur communauté,
- manquent de confiance et d'auto-estime,
- sont angoissés et n'ont pas de projet de vie.

Il est évident que le problème des enfants et des jeunes de la rue n'est pas isolé, il est l'un des problèmes graves des sociétés africaines et reflète clairement la crise de la famille elle-même en milieu urbain. En renonçant à réprimer ces groupes de jeunes qui font désormais partie du paysage des villes africaines et que l'on tend à considérer comme des délinquants ou de petits voleurs, on ne peut améliorer leurs conditions de vie sans reconstruire la famille dans un contexte socio-économique qui ébranle jusqu'à ses fondements. Il en est de même pour les femmes pauvres en milieu urbain où les perspectives d'intégration sociale sont entravées par les contraintes économiques dans ces pays où durant de nombreuses années, les stratégies de développement ont pensé à tout sauf aux femmes.

On a pris conscience naguère de cette exclusion des femmes des projets qui n'ont profité qu'à une élite. L'analyse des problèmes sociaux fait apparaître l'ampleur des pénuries qui affectent la condition des femmes dans le processus de la bidonvillisation dont il convient de mesurer les incidences sur la vie des enfants et des femmes en milieu africain. Il faut ici découvrir l'univers de la précarité et du dénuement à partir des formes d'habitat, des problèmes d'alimentation et de santé qui aggravent la mortalité des jeunes enfants dans la plupart de ces quartiers dépourvus d'infrastructures viables[14].

Le mythe de la ville qui travaille en profondeur l'imaginaire des jeunes africains s'effondre au fur et à mesure que s'amplifient les zones de misère insoupçonnées des villages de brousse. Parmi les nombreux problèmes auxquels les familles urbaines à faible revenu ont à faire face, on peut relever avec l'UNICEF les données suivantes :

A- la pauvreté, le faible revenu, le chômage ;
B- les mauvaises conditions de logement, le surpeuplement et l'absence de sécurité de jouissance ;
C- la forte densité de population et l'insalubrité du milieu : systèmes d'écoulement des eaux usées, d'assainissement et d'évacuation des déchets insuffisants ou inexistants ;

---

14. Sur ces problèmes, lire R. Stren et R. Rodney, (dir), *Villes africaines en crises : Gérer la croissance urbaine au sud du Sahara*, Paris, L'Harmattan, 1993.

D- l'approvisionnement insuffisant et irrégulier en eau et sa mauvaise qualité ;
E- l'accès limité aux services de planification de la famille ;
F- le taux de natalité élevé par rapport à celui des familles riches, entraînant un nombre élevé de personnes à charge par travailleur adulte ;
G- l'insuffisance des soins donnés aux nourrissons et aux enfants, surtout dans le cas des mères qui travaillent ;
H- les faibles taux d'alphabétisation et de scolarisation et un taux d'échec scolaire élevé ;
I- le fait que les enfants doivent travailler pour améliorer le revenu de la famille, principalement dans le secteur libre, pour s'occuper des frères et soeurs plus jeunes ou pour gagner leur vie lorsqu'ils sont abandonnés ;
J- la malnutrition frappant les nourrissons et les enfants par suite de sevrage précoce, la diarrhée due à de mauvaises conditions sanitaires et environnementales, et le manque de revenus en espèces permettant d'assurer les niveaux nutritionnels minimaux nécessaires.

Des problèmes élémentaires sont à peine résolus dans les villes où les ruraux espéraient naguère trouver un lieu de promotion rêvé. Pensons à l'angoisse de manger en ces temps de ramadan financier où des groupes mafieux se nourrissent de la dévaluation du Franc CFA comme le rappelle la hausse des prix organisée sur les marchés urbains. Un rapport parrainé par la Banque mondiale signale que l'incidence de la malnutrition croît plus rapidement en ville qu'à la campagne et que le degré de malnutrition parmi les populations urbaines est fréquemment plus élevé que parmi les populations rurales.

« Le nombre de citadins pauvres souffrant de déficits caloriques est estimé à 200 à 300 millions et risque d'atteindre 260 à 910 millions d'ici à 1990. Il n'y a plus de mal nourris dans les zones rurales (1,1 milliard environ en 1975) mais l'incidence croît rapidement dans les zones urbaines. Par ailleurs, le degré de malnutrition dans les villes est fréquemment plus sérieux que dans les campagnes [...]. Les indicateurs de l'état nutritionnel tels que les mesures anthropométriques de croissance, d'une part, et la ration et le déficit alimentaire par rapport aux besoins, d'autre part, confirment que du point de vue nutritionnel, le citadin pauvre est les plus défavorisé[15]».

À partir de la ville, on est confronté à des lieux de misère où l'avenir semble bloqué pour la majorité des enfants et des femmes qui peuplent les «Brazzavilles Noires». Dans ces conditions, parler de développement social, c'est opérer une véritable mutation sociale dans la mesure où les formes de pauvreté et de pénurie sont inscrites dans les processus de ce que Durand Lasserve appelle «l'exclusion des pauvres dans les villes du Tiers-Monde». On le voit avec les problèmes d'habitat dans les zones de concentration où l'accès au sol urbain est un luxe réservé à un petit club de nantis. Dans les pays d'Afrique où l'urbanisation est un produit du sous-développement, il faut marquer l'articulation des rapports entre l'explosion urbaine et la croissance des inégalités. Tel est le contexte réel où se pose la question fondamentale du développement social. Les objectifs du sommet mondial de Copenhague correspondent-ils à des objectifs de société? À la limite, est-on sûr que la problématique de ce qu'on appelle le «développement social» s'inscrit sur la longue durée? Ou bien ne risque-t-elle pas de jalonner quelques politiques correctives qui n'empêchent nullement la reproduction du système social actuel?

Si l'enjeu du développement social est le droit à l'avenir des groupes marginalisés, on peut douter de la pertinence des programmes d'action inspirés par une «culture de l'instant» qui n'ose pas rompre avec une idéologie à courte vue et refuse d'inscrire la réflexion sur les problèmes de société dans la longue durée. Précisément, le problème est de savoir si, à partir des projets et des interventions des agences spécialisées des Nations-Unies centrées sur le social, on ne cherche pas à

---

15. UNICEF, *Comment atteindre les enfants et les femmes pauvres en milieu urbain?*, p. 34.

donner à ces organismes la caution de la communauté mondiale pour leur permettre de poursuivre les efforts entrepris au cours des dernières années. Bref, le développement social serait-il un autre nom de la « dimension sociale de l'ajustement structurel », une sorte de mesure d'accompagnement dans les pays qui, comme on le voit en Afrique noire, sont plus pauvres que jamais[16] ? Autrement dit, le mal étant fait, il faut bien mettre du baume sur les plaies des débiteurs dévalués que sont devenus des millions d'Africains. En quoi consiste le développement social à l'heure où l'Afrique s'ajuste ? S'agit-il de nuancer le credo libéral en soulignant l'importance de soulager la pauvreté dans les pays endettés soumis aux effets pervers des programmes d'ajustement structurel ? Suffit-il de limiter les réductions imposées aux services de santé et d'éducation en instaurant les programmes compensatoires bien ciblés afin de venir en aide aux groupes les plus vulnérables ?

LE CYNISME DES INSTITUTIONS FINANCIÈRES INTERNATIONALES

Ces questions renvoient à l'analyse des nouvelles formes de pauvreté qui surgissent depuis l'ajustement structurel avec l'emprise du F.M.I. et de la Banque mondiale dont l'ingérence a provoqué la montée des inégalités, un nouvel envol du chômage et la réduction des salaires chez les travailleurs. Considérons ces métamorphoses de la pauvreté dans le dénuement où se trouve aujourd'hui l'Afrique au sud du Sahara dans un tournant de l'histoire sociale et économique où le retour en force du libéralisme et la fin de l'État-providence ont fait naître une classe de nouveaux pauvres, comme le rappelle le statut de ces professeurs d'université contraints de marcher à pieds pour aller enseigner, ainsi que l'observe Nguidjol Nguidjol[17]. Il est évident que cette situation est le résultat de la crise des fonctions sociales de l'État.

En effet, désocialiser l'État, en finir avec le rôle providentiel et tutélaire de la puissance publique, fait partie du projet global de réorganisation libérale de l'appareil de l'État

---

16. *Jeune Afrique Économique*, février 1994.
17. *Nouvelle Expression*, n° 199 du 21 au 24 octobre 1994.

et d'une stratégie visant à affaiblir les classes populaires afin qu'elles cessent d'apparaître comme une nuance. Tel est le lieu d'émergence des nouvelles formes de pauvreté qui s'inscrivent dans un vaste projet de restructuration sociale où la majorité des populations doit subir les conséquences de la mercantilisation du logement, de la santé et de l'éducation. En imposant la prédominance des conduites de type individualiste et la rupture des liens de solidarité antérieurs, le système vise par la privatisation, à assurer le reflux de l'action collective. On est loin de l'époque où les sécheresses et la famine suffisaient pour dramatiser le sort des pauvres. De plus, il ne suffit plus de rendre compte des situations d'insécurité et de pénurie par la seule crise des filières cacao-café, dans la mesure où il n'y a pas de matière première sur le marché de laquelle «le continent noir soit parvenu à s'imposer depuis la Seconde Guerre mondiale[18]».

Les structures de la nouvelle pauvreté se font jour au moment où, longtemps préservés des ingérences trop directes du F.M.I. et de la Banque mondiale, les pays d'Afrique sont livrés pieds et poings liés aux institutions de Bretton-Woods qui dictent à la fois les politiques d'austérité à appliquer et la dévaluation. L'inspiration libérale sert désormais de caution à n'importe quoi sans qu'on se donne la peine de procéder à une réflexion sérieuse sur l'adaptation pratique aux conditions concrètes des sociétés noires. Ainsi, toute augmentation du pouvoir d'achat des travailleurs africains est une mesure contraire aux prescriptions libérales de la Banque mondiale et du F.M.I. Il n'est plus question de reconnaître à chacun le droit à une rémunération décente de son travail indexé sur le coût de la vie.

À l'heure où les nouvelles sociétés concessionnaires sont de retour, on revient à l'époque de la traite où les nouveaux maîtres se permettent d'exploiter le travail là où le coût est le plus bas. Des conditions de servitude nous attendent dans le village global de l'économie mondialisée où, au nom de l'évangile de la compétitivité, l'Africain doit s'ajuster aux règles de l'économie de marché. Nous entrons dans le temps des exclusions avec les revenus de misère, au moment où s'ins-

---

18. J. L. Gombaud, *La Grande crise du commerce des produits tropicaux*, Le Monde Diplomatique, Mars 1994, p. 25.

talle un capitalisme sans entrave. La pauvreté de masse qui s'annonce est le produit d'un système qui se généralise dans les sociétés africaines happées par le marché mondial. Il est important d'observer cette évolution à partir de la législation sur l'emploi en ces temps de revanche du capital sur le travail où le sort du salarié est désormais laissé à la discrétion de l'employeur en même temps que le poids de la fiscalité pèse sur les travailleurs contraints de payer cher pour un statut social dégradé. À la limite, nous nous orientons vers la destruction du statut social des travailleurs dans un contexte historique où la ville apparaît comme le meilleur observatoire des nouvelles formes de pauvreté et d'exclusion, compte tenu de l'ampleur du sous-emploi qui constitue le problème crucial des économies en faillite.

Relevons le paradoxe de cette situation quand on sait que le monde n'a jamais assisté à un tel flux financier du Sud vers le Nord. Car tout se passe comme s'il fallait corriger le Tiers-Monde en recherchant la capitalisation économique des pays coupables d'avoir montré leur force lors des chocs pétroliers. Les nécessités de la lutte contre le communisme avaient obligé les riches à désamorcer les risques d'implosion dans le Tiers-Monde et pour cela, d'y lutter contre la pauvreté en concédant à ces pays des crédits et quelques avantages commerciaux. Avec l'effondrement du communisme, le Sud, et notamment l'Afrique, ne représente plus aucun enjeu stratégique. C'est dans cette situation que le F.M.I. et la Banque mondiale ont utilisé la détérioration de l'échange pour imposer les politiques d'ajustement structurel par la même panoplie punitive caractérisée par la réduction des dépenses publiques et des salaires, la dévaluation et la privatisation. La sombre victoire du libéralisme se traduit alors par la liquidation du patrimoine national avec comme conséquence l'escalade des inégalités et de la pauvreté, le déclassement international et la priorité accordée au remboursement de la dette au détriment des nécessités de lutte contre le sous-développement. Comme disait l'humoriste camerounais Jean-Michel KanKan : « Rembourse moi mon argent avant de mourir ». Telle est la sommation d'un système qui n'a que faire des pauvres et des exclus dont il mesure l'encombrement à l'heure de la « sainte compétitivité » où l'argent est la seule valeur dans un monde qui se globalise.

Selon les institutions de Bretton-Woods, la « réduction de la pauvreté » consiste à diminuer les dépenses sociales et à les redistribuer de manière sélective en faveur des pauvres. À cette fin, des « fonds sociaux d'urgence » sont mis en place dans les pays en voie de développement et en Europe de l'Est, ayant vocation à servir de « mécanisme souple » pour « gérer la pauvreté » pendant que s'opère le démantèlement des finances publiques.

En Afrique subsaharienne, ce « ciblage » en faveur des « groupes vulnérables » est en grande partie responsable de l'effondrement des écoles, des cliniques et des hôpitaux même si les institutions de Washington y trouvent un semblant de légitimité. À ses prêts d'ajustement du secteur social, la Banque mondiale impose des conditions drastiques revenant à « geler » le nombre des diplômés de l'enseignement et à augmenter celui des élèves dans les classes. Le budget de l'éducation est rogné, la durée des classes réduite. Désormais, un seul maître fait le travail de deux, de sorte que l'on peut licencier. Les économies qui en résultent pour le trésor permettront de rembourser les créancier officiels du « club de Paris[19] ».

Il faut démasquer le cynisme des institutions financières internationales qui font perdre à l'idéologie de réduction de la pauvreté toute crédibilité dans la mesure où l'on évite soigneusement de bousculer les mécanismes d'exclusion. Que signifie le développement social si « plus de marché » dans la santé, les universités et le fonctionnement des services publics se traduit par l'aggravation des conditions de pauvreté dans les pays où des milliers d'enfants noirs sont, comme l'a bien observé l'Unicef, dans leur esprit et leur corps, les premières victimes des réductions des dépenses publiques imposées par le F.M.I. et la Banque mondiale[20]? Pour préciser le lieu du débat qui s'impose sur cette question de fond relevons les distorsions qui se dissimulent à travers le concept de développement

---

19. Amputer les dépenses sociales. Au nom de la la « réduction de la pauvreté », *Le monde Diplomatique*, juin 1994, p. 18.
20. Voir *La situation des enfants dans le monde*, Unicef 1985, p. 16.

social. Celui-ci ne risque-t-il pas de dissocier l'économique et le social s'il ne prend pas suffisamment en compte la nécessité de déserrer les contraintes dictées par la foi du F.M.I. et de la Banque mondiale à l'ajustement structurel ?

Pour répondre à cette question, rappelons que la déclaration finale adoptée par le sommet de Copenhague prévoit l'engagement solennel des dirigeants mondiaux sur neuf points. Ils promettent de :
- créer un environnement économique, politique et juridique favorable au développement social ;
- s'engager à atteindre le but d'éliminer la pauvreté dans le monde, au moyen d'actions nationales décisives et par le biais de la coopération internationale, en tant qu'impératif moral, politique et économique de l'humanité ;
- s'engager à permettre à tout individu de s'assurer des moyens de subsistance sûrs et durables par l'exercice d'emplois et d'un travail productif librement choisis, ainsi qu'à maintenir l'objectif du plein emploi ;
- s'engager à promouvoir l'intégration sociale et la participation de tous en favorisant la formation de sociétés qui soient stables, sûres et justes ;
- s'engager à faire pleinement triompher l'équité et l'égalité entre femmes et hommes, ainsi qu'à reconnaître et intensifier la participation des femmes au progrès social et au développement ;
- s'engager à promouvoir le développement économique et social et la mise en valeur des ressources humaines de l'Afrique et des pays les moins avancés ;
- s'engager à veiller à ce que les programmes d'ajustement structurel comportent des objectifs de développement social : élimination de la pauvreté, création d'emplois productifs et progrès de l'intégration sociale ;
- s'engager à accroître sensiblement et à utiliser plus efficacement les ressources affectées au développement social de manière à atteindre les objectifs du Sommet par l'action au niveau national et par la coopération internationale ;
- s'engager à renforcer le cadre de la coopération inter-

nationale aux fins du développement social, dans un esprit de partenariat, par l'intermédiaire de l'Organisation des Nations-Unies et d'autres institutions multilatérales.

Cette déclaration donne lieu à une première remarque : la médiatisation apportée à la grand-messe de Copenhague a permis de remettre la dimension sociale du développement au premier plan de la scène mondiale. Mais à peine achevée cette grand-messe, le silence est retombé sur les questions abordées au cours du sommet. Ce qui s'est passé après la conférence de Rio (environnement) ou du Caire (population), s'est produit pour la conférence mondiale de Copenhague. De plus, en relisant cette déclaration, on voit bien qu'elle touche à tout. Cela montre les limites du cadre d'analyse qui, au départ de la conférence, manquait d'une vision globale et systémique mettant en évidence les interactions entre les problèmes et les réalités relevant d'un ensemble de facteurs multiples et interdépendants. Par ailleurs, le programme d'action adopté n'est qu'un ensemble de voeux pieux égrenés par un chapelet d'engagement louables, mais sans contenu concret. Si l'absence de débat sur le traitement de la dette des pays appauvris fait partie des attentes déçues, on ne voit nulle part apparaître une amorce de discussion sur les mécanismes de pauvreté et d'exclusion qui sont à l'œuvre dans les sociétés contemporaines. Enfin, la question brutale à laquelle les participants au Sommet social ne semblent guère avoir sérieusement pensé, reste entière : Qui doit assurer le suivi des résolutions prises au cours d'une rencontre mondiale où l'on a vu près de 121 chefs d'États confrontés à la misère du monde étalée sur le tapis à Copenhague ? L'absence d'objectifs concrets n'a pas manqué de provoquer l'inquiétude et les frustrations de ceux qui étaient venus dans la capitale danoise à la recherche d'autres choses que d'un catalogue de bonnes intentions où la générosité ne compense pas l'absence d'analyse critique de problèmes majeurs des pays pauvres.

Ce qui nous paraît grave, c'est que les déclarations faites à Copenhague reflètent la croyance en un modèle unique de développement. À aucun moment, on n'a cherché à remettre en question l'universalité de ce modèle en tenant compte à la fois des diversités et des spécialités des sociétés contemporaines et des contradictions dont l'analyse reste au cœur des débats qui s'imposent. En effet, on ne peut comprendre pourquoi « l'expansion de la prospérité va de pair avec l'expansion de la pauvreté », si l'on fait l'économie de la critique radicale du modèle néo-libéral qui, précisément, conduit à l'accumulation des richesses tout en maintenant et en renforçant les inégalités afin de se perpétuer lui-même et de se renforcer. Le développement social n'a pas de sens s'il n'est qu'une simple adaptation de ce modèle. Pour en finir avec la pauvreté et l'exclusion envahissantes, c'est le contrôle des milieux d'affaires qui, seul, peut reconstruire de fond en comble le système dominant qui tend à mettre tous les secteurs de la vie sociale sous la tutelle des critères d'efficacité et de productivité économiques. Dans cette optique, le problème fondamental de la pauvreté et de l'exclusion est politique.

Si l'on admet qu'il est très difficile de faire progresser la démocratie dans un contexte de dette, il faut aussi reconnaître l'impossibilité des modifications profondes des structures de pauvreté en l'absence d'une véritable couche d'entrepreneurs nationaux susceptibles d'intervenir dans les secteurs où l'idéologie libérale exige le retrait de l'État dépourvu des ressources pour mettre en œuvre des politiques cohérentes dans des domaines aussi vitaux que la santé, l'éducation, la redistribution sociale, etc.

Dans cette perspective, il faut prévenir le danger de restreindre le débat sur le développement « social » aux domaines que les hommes politiques des sociétés libérales assignent au social c'est-à-dire des surplus correctifs à la « pathologie sociale » induite par « l'économie barbare » dont parle Philippe Saint-Jean. Si le développement social est inséparable du développement économique, il faut alors repenser l'enjeu du social dans une optique de développement global. Car, la question qui s'impose aux Africains n'est pas de rajouter du social aux déséquilibres économiques, ni de compenser les coûts de l'ajustement par des mesures sociales, il s'agit d'inverser la séquence social/économie/finances. Dans ce sens, le débat sur le développement social risque d'être sans objet s'il ne s'oriente pas vers des choix stratégiques du développement à long terme. Dès lors, au lieu de moraliser un système qui accélère «les progrès de l'inhumain», il faut envisager des solutions de rechange qui obligent à aller au-delà des ajustements en cours. Car la vraie réponse aux défis de la pauvreté réside dans un nouveau mode de gouvernance et de redistribution des revenus à partir de la réhabilitation du travail en vue de l'insertion sociale des milliers d'hommes et de femmes. Là est l'avenir des sociétés qui aspirent à moins d'exclusion et à plus d'équité.

Depuis les années 80, l'Unicef a tiré la sonnette d'alarme sur la nécessité d'un ajustement à visage humain. Il s'agissait d'amener la Banque mondiale à développer un volet social à ses P.A.S. Avec les contributions du C.A.R.P.A.S et le colloque des ONG de Bruxelles, il ne manque plus de solution de rechange à partir des critiques des stratégies économiques des institutions financières internationales. Au moment où l'on fait de l'efficacité le slogan de l'économie de marché, le social risque d'apparaître comme un simple résidu dans les pays où le capitalisme s'avère incapable de résoudre les problèmes qu'il a créés.

Ne va-t-il pas restaurer la dictature pour imposer l'ordre libéral dans les sociétés où les révoltes du désespoir, les émeutes du F.M.I. et les luttes urbaines contre la réclusion sociale risquent de proliférer avec la croissance des inégalités? Il faut ici prendre en compte les déséquilibres actuels qui nous obligent à repenser le développement à partir des échecs manifestes de l'ajustement structurel. On le voit : à travers la problématique du développement social, le défi à relever est celui-ci : réformer profondément le F.M.I. ou en débarrasser le continent africain si l'on veut bien se mettre à l'écoute du mouvement social qui s'élève contre les politiques pour lesquelles comme le constate Émile Lebris «la logique du social n'a d'avenir que subordonné aux rapports marchands[21]».

Au moment où les programmes d'ajustement structurel sont le seul cadre de référence des programmes gouvernementaux d'aide au développement, il importe plus que jamais de relancer le débat sur le développement tel que le souhaitent les

---

21. *Le Nouvel État du Monde, Bilan de la décennie 1980-1990*, La Découverte, Paris, 1990.

pays d'Afrique. Si les différents groupes d'intervention impliqués dans la réduction de la pauvreté n'ont pas pour vocation de jouer le rôle assistancialiste ou compensatoire, il faut revoir la vision du développement du P.A.S. qui reposent sur l'ordre des priorités finance / économie / social. Autrement dit, dans un contexte où l'ajustement est en train de se substituer au développement, compte tenu du contrôle croissant que la Banque mondiale exerce sur les politiques de développement, le développement social est appelé à devenir un défi à la communauté scientifique, à partir des désillusions du progrès dont les millions d'hommes et de femmes font l'expérience dans les sociétés africaines où les ressources accumulées durant les années d'abondance ont été confisquées par les classes dirigeantes.

AU-DELÀ DE LA DÉBROUILLE

Ainsi, nous sommes confrontés à la nécessité de repenser le développement à partir d'un nouveau contrat à établir entre l'économie, l'État et la société compte tenu des impasses actuelles des Programmes d'ajustement structurel. Dans cette perspective, peut-être faudra-t-il faire retour sur l'acteur en assumant les apports d'une sociologie de l'innovation qui s'élabore à partir des stratégies de résistance et de lutte contre l'exclusion là où les recettes libérales s'avèrent incapables de réduire la pauvreté au sein des déséquilibres actuels de la société. La recherche des alternatives de développement conduit à prendre appui sur les formes de revanche de l'homme africain qui se déploient à travers les créativités populaires dont témoignent les organisations paysannes et les groupes de base qui prennent « l'autre sentier » dans les systèmes où les tracasseries administratives obligent les nouveaux entrepreneurs des quartiers urbains à se retirer dans la clandestinité. Ce n'est pas le lieu de proposer des recettes permettant de réaliser les tâches du développement social en milieu africain. Car, parler d'alternative après la faillite des modèles des 30 dernières années invite à adopter une attitude de mobilisation dans la modestie en reconnaissant aux populations locales la liberté d'inventer la forme et la voie de leur développement à partir des lieux de mémoire où l'imaginaire collectif procède à une réinterprétation globale des références traditionnelles, à la réactualisation des logiques et des savoirs en vue d'élaborer des ripostes à la crise et de réagir devant les effets pervers de l'ajustement structurel. Bien entendu, il s'agira de privilégier les réponses pertinentes que les pauvres apportent à leurs problèmes de pauvreté. En même temps, si l'on veut réellement investir dans l'homme pour préserver le potentiel futur du développement, il paraît difficile d'occulter l'importance des mouvements de prise de conscience et de contestation qui s'organisent autour des politiques d'ajustement structurel.

Comme on a pu le constater tout au long de cette étude, la pauvreté ne se définit pas dans l'absolu. Elle n'est perceptible qu'à travers le vécu des acteurs inscrits dans un système total où le politique, l'économique et le social s'interfèrent. En Afrique noire, peut-être devons-nous renouveler l'intelligence de la pauvreté en identifiant les figures sociales qui permettent de saisir la complexité de ce phénomène. Si l'on tient compte des inégalités à travers lesquelles nous avons reconnu l'interaction entre les positions de pouvoir et d'accumulation, il faut marquer les limites des approches purement descriptives et statistiques de la pauvreté. Ces approches ne rendent pas compte réellement des formes et processus de constitution des groupes sociaux qui apparaissent aujourd'hui comme les «naufragés de la société salariale». Ce qu'il faut bien comprendre, c'est la rupture des liens sociaux à partir des clivages qui font des pauvres des catégories sociales dont la capacité à participer à la vie de la société est bloquée par un modèle de production et d'organisation sociale et économique où «l'ordre de l'argent est le plus fort» et l'emporte sur «l'ordre de la vie». Nous entrons dans une sorte de jungle où l'ordre du marché règne sans scrupule. Comment recréer le «lien social» sans un nouveau contrat de générations permettant d'intégrer les jeunes par une économie du travail et de la vie?

Cette question est au centre des défis d'aujourd'hui et de demain dans les pays d'Afrique. En prenant en compte les frustrations des jeunes abandonnés à leur sort, on s'aperçoit des dimensions profondes des problèmes de la pauvreté et de l'exclusion qui ne peuvent être pleinement appréhendés que si on les replace dans la perspective du changement social. Face à l'épreuve du déclassement qui menace les individus et les groupes mis à l'écart des espaces de vie, ce qui est en jeu, ce sont les mutations qui remettent en cause l'universalité du modèle imposé par les milieux d'affaires à travers les programmes d'ajustement structurel. Pour échapper à l'enlisement auquel ces programmes condamnent l'Afrique on entrevoit la nécessité d'un vaste processus de mobilisation, de prise de conscience, de réveil social et d'organisation. Ce projet met à l'épreuve les capacités d'initiatives des jeunes et des femmes, des leaders d'opinion, des chercheurs, des milieux ruraux et urbains. Il met en jeu le dynamisme des acteurs sociaux. La « culture de la pauvreté » manifestée par les stratégies de survie contribue à renforcer la mise à l'écart des groupes sociaux démunis. C'est le resserrement des contraintes entretenant les mécanismes de pauvreté et d'exclusion qu'il faut revoir. Dès lors, la reconquête de l'initiative politique doit revenir au centre des recherches et des discussions sur les défis que la société africaine doit relever dans les prochaines années. La tâche à accomplir est immense. L'élimination de la pauvreté ne peut être imposée par un décret administratif. Elle n'est pas le résultat d'une action charitable consentie par les bailleurs de fonds. Il faut que les dépossédés prennent eux-mêmes leur avenir en main et exercent des pressions sur les forces dominantes pour les amener à faire droit à leurs revendications et aspirations. On pense ici à la résurgence de cette mémoire d'insoumission qui au cours des luttes anti-coloniales, a marqué l'histoire sociale de l'Afrique. Comment donner aux voix multiples des nouveaux pauvres du continent une chance de se faire entendre dans les lieux de débat et de décision où la recherche d'un nouveau contrat social est une demande politique ? Cette question ramène au cœur de l'actualité l'importance des mouvements sociaux dans les transformations actuelles de l'Afrique noire[23].

---

23. Sur l'importance de ces mouvements, voir le séminaire organisé par le CODESRIA sur « Mouvements sociaux, transformations sociales et démocratie en Afrique », Dakar, 1988.

4

POUR UNE NOUVELLE APPROCHE DE LA RURALITÉ AFRICAINE

Pour repérer les lieux où les sociétés africaines sont mises en demeure d'inventer les modes d'adaptation aux contraintes d'une crise durable, il est nécessaire de porter un nouveau regard sur le rural qui constitue l'espace d'ancrage des communautés villageoises. Le choix de ce sujet s'impose dans le cadre général de notre étude.

REVISITER LE VILLAGE

Plus que jamais, l'Afrique est appelée à se redécouvrir elle-même en retrouvant les forces qui l'habitent, les dynamiques qui la traversent, les acteurs qui orientent sa vie dans le monde d'aujourd'hui. Elle doit aussi chercher à se comprendre en profondeur en examinant les réponses que les individus et les groupes apportent aux questions qu'ils se posent à partir de la vie quotidienne. À cet égard, il nous faut apprendre à regarder de nouveau le village en Afrique subsaharienne. Nous trouvons là une « aire problématique » qui invite à remobiliser les ressources de l'intelligence afin de situer la ruralité dans une perspective pluridisciplinaire. La mise en œuvre de ce projet doit prendre en compte le regard des paysanneries africaines sur leur propre réalité, leur savoir et leurs pratiques sociales, la perception de leurs défis ainsi que les stratégies d'action qu'elles inventent. L'objectif à atteindre est de rejoindre les sociétés rurales dans les diverses modalités que prend leur historicité.

Dans cette optique, la question de départ qui habite la recherche est celle-ci : en Afrique noire, que se passe-t-il au village dans ce tournant précis de l'histoire du monde ? Comment les gens voient-ils cette situation concrète qui les concerne directement dans leur existence profonde ? Comment pensent-ils leur « aujourd'hui » dans le temps présent ? Ces questions invitent à découvrir l'intelligence que les gens ont de leurs temporalités plurielles et spécifiques dans la vie des sociétés humaines ; il est difficile d'éluder cette question fondamentale : comment les paysans d'Afrique vivent-ils ce temps-ci qui est le leur ? Comment le gèrent-ils ? Selon quelles stratégies ? Avec quels instruments ? À partir de quelles rationalités ? Quels sont les acteurs qui interviennent au sein des temporalités paysannes ? Quelles sont leurs mises en scène ?

Ces questions ouvrent un vaste champ d'analyse qu'il convient d'explorer en prenant comme point de départ l'articulation des rapports entre ruralité et temporalité dans les sociétés africaines. Une contribution déterminante à la connaissance de l'Afrique trouve ici un défi à relever. Pour mettre en valeur la fécondité et la pertinence de ce thème porteur, l'anthropologie de la quotidienneté paysanne constitue un axe de recherche qui doit s'inscrire dans les champs du savoir. Ce qui justifie cette approche, c'est la prise en compte du poids du présent dans la vie des Africains d'aujourd'hui. Pour les générations des indépendances africaines, les années 80 semblent avoir marqué une rupture avec les expériences vécues auparavant. Plus que jamais, le temps est devenu une expérience cruciale de la vie sociale. Non seulement les gens s'interrogent sur ce qui leur arrive et qu'ils cherchent à comprendre, mais ils se demandent comment sortir de la situation où ils se trouvent. La vie quotidienne est placée sous le signe de l'épreuve dans un environnement difficile où, à tout moment, face aux réalités primordiales de la vie, ils sont confrontés à la pénibilité. Rien n'est plus révélateur que les langages que la société invente pour se comprendre elle-même à partir de l'expérience vécue d'une temporalité spécifique. « Les temps sont amers » comme on entend dire dans de nombreux pays africains. Ces mots qui sont un véritable indicateur social mettent en lumière la somme des défis et des enjeux auxquels les gens doivent faire face en se rappelant que plus rien n'est comme avant : « Tout a changé ». Aussi, pour tenter de vivre, les gens se rendent compte que le temps n'est plus à la passivité ou à la résignation mais à l'affrontement, en sachant que « c'est dur ». Les gens qui reviennent du village répètent toujours quand on leur demande les nouvelles de l'arrière-pays : « c'est mal » ou encore : « nous gardons l'eau dans les feuilles de taro ». C'est ainsi que dans le sud du Cameroun, les paysans désignent ce temps-ci qui, pour eux, est plus dur que jamais. Mais comme ailleurs, principalement dans les villes où « la crise frappe fort » : « on se bat ». Compte tenu des ruptures temporelles dont les gens font l'expérience en marquant la césure entre le « temps de maintenant » et « le temps d'avant », on voit qu'il est difficile de comprendre « l'Afrique des villages[1] » sans intégrer l'aujourd'hui dans la recherche sur la ruralité. Autrement dit, il est temps de faire l'anthropologie du temps en Afrique dans la mesure où les sociétés rurales elles-mêmes ne peuvent être assimilées à ce monde d'avant l'histoire qui a longtemps nourri l'aventure ethnologique. La fin de l'exotisme colonial oblige à « restituer l'histoire aux sociétés africaines[2] ». D'où la nécessité d'assumer le travail du temps dans ces sociétés en examinant les formes de créativité sociale à travers lesquelles on peut découvrir les rythmes de changement, les ruptures ou les continuités, les relectures du passé et les modalités d'articulation entre le temps et la mémoire dans la dynamique des sociétés vivantes.

Mais le nouveau regard qu'il nous faut porter sur les villages d'Afrique à partir des temporalités ne peut être complet que si l'on s'interroge sur les rapports entre le rural et le spatial dans la vie sociale des paysanneries africaines.

---

1. J.-M. Ela, *L'Afrique des villages*, Paris, Karthala, 1982.
2. J.-M. Ela, *Restituer l'histoire aux sociétés africaines*, Paris, L'Harmattan, 1994.

Dans ce sens, il ne suffit plus de centrer la réflexion et l'analyse sur l'État, le pouvoir et la paysannerie comme nous l'avons tenté au cours des études antérieures[3]. Une approche globale des enjeux paysans nécessite une restructuration de la recherche autour des rapports entre « espaces et sociétés ». Au-delà des approches géographiques conventionnelles, ce qu'il convient d'examiner, c'est aussi « la production de l'espace » qui ne peut être le domaine réservé du sociologue préoccupé de comprendre comment le social se projette dans le spatial dans les seules limites de la vie urbaine comme le rappellent les travaux d'Henri Lefebvre[4].

En apprenant à relire le paysage en milieu rural, c'est une société qui se donne à voir à travers ce miroir offert à l'observation du chercheur. Ce qui doit guider l'attention, c'est le rapport de l'homme rural avec les êtres vivants qui habitent son paysage quotidien. On entrevoit le renouvellement des recherches qui se préoccupent de comprendre le rapport de l'homme à l'arbre compte tenu des multiples usages qu'il en fait dans le contexte foncier, économique, social ou politique où s'enracine la vie paysanne en Afrique. Le sociologue et l'anthropologue prennent conscience de l'importance et du rôle de ce monde du vivant qui ne peut être écarté des efforts de compréhension du social et du culturel dans la vie africaine. Bien plus, c'est la totalité de la relation homme/environnement qui doit devenir un champ spécifique d'analyse dont il importe de préciser les enjeux dans ces sociétés rurales où il n'y a plus de longue jachère comme autrefois. Car, dans les pays où le désert avance tandis que les forêts risquent de disparaître comme on le voit en Côte-d'Ivoire ou au Cameroun, le rapport au sol pose des problèmes critiques. Faut-il rappeler l'ampleur des défis écologiques dans les pays du Sahel où la gestion des ressources naturelles est au cœur des problèmes de société et de développement. S'il faut redécouvrir le village, c'est parce qu'il est le lieu par excel-

---

3. Voir spécialement J.-M. Ela, *L'Afrique des villages, op. cit.*; *Quand l'État pénètre en brousse, op. cit.*
4. H. Lefebvre, *La production de l'espace*, Paris, Anthropos, 1968.

lence où les sociétés africaines sont exposées en permanence aux risques écologiques. L'emprise des problèmes soulevés par la « banqueroute de l'environnement[5] » apparaît comme un révélateur dans la mesure où, au-delà des discours sur les sécheresses et la désertification, on découvre les « manières de faire » des paysans africains qui, au fil des ans, ont été contraints, pour leur survie, de tirer toujours plus de ressources de leurs forêts, de leurs sols et de leurs rivières. S'il convient de mesurer le poids de la faillite de l'environnement qui résulte de ces prélèvements en évaluant son impact dans l'imaginaire social et culturel, ce sont les mythes ancestraux, les croyances et les pratiques, les systèmes de référence, les rites et les symboles des sociétés africaines qui doivent être réexaminés à partir du « travail culturel » déclenché par la crise de l'arbre et de l'eau dans les villages d'Afrique. Il faut ressaisir la vie paysanne en tenant compte des effets de l'érosion des sols, des pénuries d'eau ou de la perte des pâturages dans le système social et culturel des populations locales. Il s'agit d'événements traumatiques qui provoquent les sociétés paysannes et les soumettent à une rude épreuve. Dans cette perspective, le retour au village exige une attention particulière sur la manière dont les paysanneries africaines s'y prennent pour mettre en valeur leurs ressources afin de résoudre les problèmes de l'agriculture et de l'alimentation.

En renonçant à la légende du fatalisme paysan, on voit la nécessité de regarder le village autrement. Pour ce faire, il importe de découvrir les technologies locales que les sociétés rurales mettent en œuvre dans leur rapport à la nature à partir d'un ensemble de connaissances dont on commence à faire l'inventaire[6]. Après les années où l'on a longtemps sous-estimé les capacités d'invention des paysans africains, tout, ou presque, reste à faire pour étudier les sociétés qui n'ont pas attendu les experts et les techniciens étrangers pour fonder « les civilisations agraires » comme celles que décrit Pélissier

---

5. Lloyd Timberlake, *L'Afrique en crise : La banqueroute de l'environnement*, Paris, L'Harmattan, 1985.
6. H. Dupriez, *Paysans d'Afrique Noire*, Paris, L'Harmattan, 1982.

dans un ouvrage stimulant[7]. La richesse de ces expériences traditionnelles oblige à reconsidérer tout le potentiel agro-écologique des paysans africains qui inventent les systèmes agraires adaptés à leur situation. Face aux problèmes liés à la dégradation de l'environnement, les « gens de la brousse » ne sont nullement ces primitifs qui n'existent que dans les rêves de ceux qui ne croient qu'aux découvertes de l'agronomie moderne. En réalité, dans ces villages éloignés des écoles agronomiques, on trouve toute une expertise locale servant de référence aux ruraux qui puisent dans leurs savoirs les techniques originales pour gérer leurs ressources naturelles. C'est sur la base de ces expériences qu'il faut renouveler la problématique des sociétés paysannes en situant les stratégies qu'elles élaborent dans un contexte socio-historique où comme nous l'avons vu, « les temps sont durs ».

Il faut redécouvrir le village au moment où la gestion de la temporalité et de la spatialité doit être intégrée dans le même effort d'analyse qui vise à comprendre les dynamiques sociales en milieu rural. Les domaines où le temps et l'espace investissent le social dans la vie des paysanneries constituent un lieu de créativité dont il faut préciser l'importance.

Cette tâche s'impose à la recherche compte tenu des nouvelles interrogations qui surgissent sur le travail rural et le rapport à la terre, notamment dans les zones de production agricole où malgré les perspectives ouvertes par la dévaluation, l'incertitude pèse sur l'avenir des cultures imposées par l'économie coloniale comme le cacao, le café ou le coton. À cet égard, tous les discours sur les villages africains doivent être réexaminés. Les catégories traditionnelles qui servent à penser les réalités paysannes font grève. Elles sont devenues inaptes à rendre compte de ce qui se vit au village à l'heure du marché.

Bien sûr, on peut toujours décrire la pauvreté rurale qui s'est aggravée avec les programmes d'ajustement structurel dont les incidences se manifestent dans les secteurs où, en dépit des apparences, l'intervention de l'État n'a jamais été efficace, comme le rappellent l'état des pistes, la misère des dispensaires

---

7. P. Pelissier, *Les paysans du Sénégal : les civilisations agraires du Cayor à la Casamance*, Saint-Yrieix, Imprimerie Fabregue, 1996.

implantés dans les zones rurales ou le taux d'analphabétisme des femmes paysannes, etc. Ce qui s'impose à l'examen, c'est ce que deviennent les sociétés rurales lorsque l'État s'est retiré de la brousse. Quand on mesure ce que fut depuis les années 60 l'emprise de l'État dans l'agriculture africaine, on voit qu'il s'agit là d'un tournant de l'histoire des campagnes africaines qui reste à écrire. Comment repenser le rapport à la terre à partir du désengagement de l'État dans un contexte où il n'est pas sûr que les villages puissent attendre quelque chose des classes dirigeantes plus préoccupées de se reproduire en rusant avec le F.M.I. et la Banque mondiale que de définir les politiques de développement au sein des régimes où les infrastructures routières, l'eau potable ou la santé n'ont jamais été les soucis majeurs des élites au pouvoir ? Peut-être doit-on se demander si, en raison même de la crise de l'État, les petits producteurs agricoles ne sont pas exposés à une surexploitation accrue de leur force de travail pour financer le service de la dette en s'investissant toujours davantage dans les cultures d'exportation encouragées par le F.M.I. et la Banque mondiale. Il faut enfin s'interroger sur les nouvelles formes de dépossession de la paysannerie par les élites urbaines et les dignitaires des régimes au pouvoir qui se ruent sur les terres en vue de créer de vastes plantations modernes où ils réduisent les ruraux désargentés à l'état de sous-prolétaires. Au cœur de la crise, on a vu naître une bourgeoisie rurale composée de ministres, de hauts fonctionnaires, des cadres de la police et de l'armée. Au Cameroun, le fonctionnaire Paul Biya devenu chef d'État s'est retrouvé, par la grâce du pouvoir, grand propriétaire de Mvomeka'a en arrachant les terres aux paysans de son village pour exploiter les riches plantations où il fait travailler une main-d'œuvre sous-payée afin de produire les ananas vendus sur le marché européen.

CRISE ET MÉTAMORPHOSES DE LA RURALITÉ

Manifestement, le village change. Le regard que l'on porte sur lui doit aussi changer. Pour ouvrir de nouvelles perspectives d'analyse sur les métamorphoses de la vie paysanne, de nouvelles approches s'imposent.

Depuis les années 80, la production paysanne nous est apparue comme un objet privilégié d'étude à partir des expériences de terrain. Derrière les programmes de développement rural, nous avons pu saisir les rapports de force en présence, les effets de domination, les phénomènes de pouvoir et l'ampleur des prélèvements opérés sur le monde rural par les classes dirigeantes. Au-delà des approches technocratiques imposées par le règne de l'économisme, il semblait nécessaire de mettre en lumière les contraintes socio-politiques occultées par les techniciens en montrant que le travail paysan est un enjeu de pouvoir qui permet de souligner le rôle de l'État et les mécanismes de sa pénétration au village en vue du contrôle systématique de la paysannerie. Bref, pour repenser le rapport à l'État en Afrique, il fallait revenir au village afin de saisir les conflits qui surgissent dans les sociétés africaines à partir des projets de développement agricole. Cette recherche a nécessité d'assumer la perspective du « monde d'en-bas » en rejoignant le regard des paysans face au pouvoir. Nous avons pu mesurer la fécondité de cette approche du rural dans la mesure même où le village n'a jamais été au centre des recherches menées par les politologues africanistes. Or, en constatant que la production agricole est un enjeu sociopolitique, l'on ne peut rien comprendre à l'hypertrophie du secteur public sans se rendre compte de l'importance que le secteur agricole revêt pour l'État en Afrique. Compte tenu des enjeux de ce secteur, on comprend tout le processus de structuration du monde rural autour des institutions contrôlées par l'État. Toute l'organisation de l'économie rurale s'inscrit dans le système des régimes qui font du clientélisme un mode de gestion du pouvoir dans un contexte où la redistribution des prébendes ne peut se faire sans le contrôle systématique des ressources produites par les agriculteurs. Il faut donc redécouvrir « l'État au ras du sol » pour comprendre les raisons qui le poussent à confisquer les productions agricoles. L'État au village veut s'approprier les bénéfices du travail paysan. Aussi, depuis les indépendances africaines, l'agriculture a servi de prétexte pour mettre en place un appareil public dont l'ampleur, au bout du compte, a été plus utile à l'extension du pouvoir qu'au développement du monde rural[8].

---

8. Sur tout ce qui précède, lire J.-M. Ela, *Quand l'État pénètre en brousse*, op. cit.

Dans cette perspective, non seulement le village est réintroduit dans les dynamiques historiques et économiques mais, à partir des rapports entre l'État, la paysannerie, le café, le cacao, le coton ou l'arachide, le rural ne peut se comprendre en profondeur que si on l'inscrit dans l'espace du politique. En même temps qu'il s'agit de comprendre l'État à partir du village où se trouve la base de son accumulation et de son alimentation, le village ne peut être perçu dans toutes ses dimensions qu'à travers les processus de dépossession et de contrôle dont il est l'objet au sein d'un ordre politique où l'urbanisation est inséparable des processus de désarticulation de l'espace économique accentués par les distorsions et les disparités sociales liées à l'avènement de l'État post-colonial. Il convient de garder à l'esprit cet arrière plan pour comprendre la condition paysanne en tenant compte du modèle d'urbanisation contrôlé par les classes dirigeantes qui s'approprient les fruits de la croissance de l'agriculture en exhibant les modes de consommation somptuaires qui sont une provocation à la misère des paysanneries laborieuses. Les analyses de l'État en Afrique ne l'ont pas assez souligné : la « politique du ventre » dont parlent les camerounais se fonde sur les stratégies d'accumulation inhérentes à la pénétration de l'État au village.

Pour masquer les effets de ces stratégies, il n'a pas suffi au pouvoir d'imposer un système politique où toute opposition est exclue. En plus des mécanismes de surveillance qui incitent les régimes répressifs à traquer l'insoumission jusque dans les villages de brousse, l'État tend à interdire toute organisation paysanne qui ne relève pas de son initiative. Les syndicats paysans sont impensables dans le système politique africain qui impose aux producteurs agricoles les coopératives de commercialisation placées sous le contrôle de l'administration. Les seules organisations syndicales qui existent sont les annexes du parti unique qui interdit toute revendication véritable. Par ailleurs, si l'État n'a rien à craindre des gens de la brousse dans la mesure où la dispersion de l'habitat et l'absence des routes praticables en toute saison ne favorisent pas les formes de mobilisation protestatrices, le pouvoir n'ignore pas les capacités des paysans à se mettre en colère. Il arrive que les militaires interviennent dans les villages pour écraser les révoltes paysannes comme on l'a vu au nord du Cameroun à l'époque d'Ahidjo. Compte tenu du potentiel critique que représente la masse des ruraux prolétarisés, les élites au pouvoir sont obligées de créer un ordre symbolique pour faire croire aux producteurs agricoles qu'ils sont les «seigneurs de la terre» dont l'État se soucie au plus haut point. L'État postcolonial a fabriqué ces mythes pour occulter les mécanismes de confiscation du surplus paysan au moment même où ceux qui le font vivre sont écartés de tout débat sur les problèmes agricoles et l'avenir du monde rural.

La reprise de parole qui a caractérisé le retour au multipartisme nécessite une révision des schémas d'analyse entre l'État et les paysans. Car ceux-ci sont devenus un enjeu de taille par leurs capacités à faire basculer les pouvoirs en place lorsqu'on se décide à organiser les élections qui ne soient pas une grande mascarade comme on le voit au Cameroun où Paul Biya a fait perdre à l'acte de voter toute valeur compte tenu des fraudes à répétitions qui le privent de toute légitimité populaire. L'essor du mouvement associatif en milieu rural pose désormais la question fondamentale des contre-pouvoirs dans les pays où l'on ne peut négliger l'importance des organisations paysannes susceptibles de contribuer au renforcement de la société civile qui se cherche dans un contexte où la ville reste le lieu du pouvoir[9].

En considérant les tendances de la recherche dont nous venons d'esquisser les lignes de force, l'analyse du rural ne peut-elle être autre chose qu'une sociologie des agriculteurs? Sans nullement méconnaître l'importance des enjeux politiques au cœur de la ruralité africaine, comment reprendre l'analyse du rural au-delà des débats sur la «paysannerie capturée»?

La réponse à ces questions requiert quelques précautions afin de mieux situer la réflexion sur l'identité rurale en milieu africain. Rappelons ici la frustration de jeunes touristes européens s'engageant sur les routes poussiéreuses pour découvrir

---

9. J.-M. Ela, *La ville en Afrique noire*, op. cit.

les pygmées de l'Est-Cameroun. Après leur aventure, ils font part de leur désenchantement. Au lieu d'un peuple coupé du monde et replié sur lui-même, ce qu'ils rencontrent, ce sont d'autres pygmées qui fument le Marlboro, boivent la « bière 33 » et écoutent Radio-France Internationale. Les villages d'Afrique sont loin d'être ce que l'on pense.

De nombreux paysans construisent désormais leurs maisons en ciment et les couvrent de tôles tout en les équipant avec un mobilier qui fait penser au mode d'habitat urbain. Bien avant l'électrification villageoise, certains planteurs ont rompu depuis des années avec la lampe à pétrole pour s'éclairer avec un groupe électrogène. Dans tel village de savane, l'on mange encore avec les mains assis sur la natte selon la coutume. Ailleurs, les cuillères et les plats en bois ont disparu de la vie domestique, de même que les marmites en terre cuite dont la fabrication était l'art des femmes spécialisées dans la poterie africaine. Ces objets ont été remplacés par les cuillères, les fourchettes et les casseroles importées dont l'utilisation se généralise dans les familles qui viennent s'asseoir à table pour manger ensemble. La femme elle-même a tendance à sortir de la cuisine pour vivre dans l'espace commun et partager le repas familial. Au cours de ce repas, le silence est rompu depuis longtemps contrairement à un rite de consommation dont se souvient l'enfant peul dans ce récit où Hampâté Bâ raconte son enfance[10]. Comment ignorer les transformations profondes qui affectent les habitudes alimentaires dans un contexte socio-culturel où manger est un phénomène social total[11]. Le pain de blé n'est plus un luxe réservé aux citadins. Il est consommé dans de nombreux villages africains où traditionnellement, le manioc et le plantain, le maïs et le mil n'ont pas disparu. Les bières et les alcools européens sont introduits au fond des villages matraqués par la publicité des brasseries dont les camions

---

10. Amadou Hampâté Bâ, Amkoullel, *L'enfant Peul*, Mémoire I, Actes Sud, Arles, 1991, pp. 249-250.
11. Sur les dimensions anthropologiques du fait alimentaire en Afrique, lire, J.-M. Ela, *L'Afrique des villages*, op. cit., pp. 142-144, pp. 59-61; D. Zahan, *La viande et la graine*, Paris, Présence Africaine, 1969; I. De Garine, *Alimentation et culture*, Paris, IEDES, 1974.

bravent l'état des pistes durant la saison sèche comme pendant la saison des pluies. Surprendre les jeunes et les adultes en train de fumer les marques de cigarettes dont on ne soupçonnait pas la pénétration dans les villages prouve bien que les ruraux ne vivent plus dans un monde clos. Le domaine des loisirs n'est pas à l'abri de ces changements. Alors que les danses au clair de lune disparaissent progressivement avec les contes et les chantefables, les énigmes et les devinettes qui s'inscrivaient dans un système d'éducation où l'oralité jouait un rôle capital, la musique des bars triomphe dans les villages de brousse dont certains ont leurs boîtes de nuit ou leurs dancings. La télévision elle-même fait son entrée dans les villages qui passent de la civilisation du tam-tam à la civilisation de l'audio-visuel. On n'a pas encore mesuré l'impact de ces transformations sur les mœurs, les représentations sociales et les systèmes de valeur.

Les indicateurs que l'on vient d'évoquer marquent les ruptures profondes au sein des paysanneries d'Afrique. La «civilisation du Coca-Cola» envahit les terroirs peuplés par les groupes humains qui ne sont plus les témoins d'une espèce en voie de disparition. Comme les jeunes pygmées rencontrés dans les forêts de l'Est-Cameroun, les ruraux africains sont bien de leur temps. Au fond des forêts tropicales, les jeunes filles à peine sorties de l'école, lisent «Nous deux », «Femme actuelle» ou «Amina». Certaines avortent. L'entrée en mariage est retardée pour beaucoup au moment où le coût élevé de la dot ne permet pas aux ruraux prolétarisés de célébrer leur union. Pendant les campagnes de sensibilisation sur le planning familial encouragées et financées par les organisations internationales comme le FNUAP, l'USAID et les ONG qui prolifèrent au Sénégal, au Burkina Faso ou au Cameroun, de nombreuses femmes en âge de procréer, dont la plupart sont analphabètes, ont accès à leurs rations de condoms. Est-il besoin d'ajouter qu'en plus des traditionnelles maladies sexuellement transmissibles, le sida se ruralise comme on le constate au Rwanda ou en Ouganda.

Tous ces phénomènes qu'on peut observer dans les villages de brousse donnent à penser. En Afrique noire le monde rural est entré dans un tournant de l'histoire où, selon le témoignage célèbre de Lévi-Strauss, les tropiques sont devenus tristes[12]. C'est ce que révèlent, dans un village de brousse, les traces de Coca-cola, de Marlboro ou de Nestlé. De toute évidence, l'univers des nouveaux objets que nous rencontrons dans les villages africains met en lumière l'emprise des modes de consommation à partir de l'intégration des société paysannes dans l'économie-monde. Il faut donc renoncer à considérer les villages de brousse comme un réservoir des traditions. Depuis l'irruption du capitalisme dans l'agriculture africaine, on assiste à la fin de l'exotisme. D'où la nécessité de renouveler notre regard sur la ruralité africaine. Afin de justifier cette tâche et son urgence, on est bien obligé de constater l'absence quasi totale d'une recherche fondamentale sur cette thématique majeure.

Malgré l'abondance et la variété d'une littérature sur l'agriculture et les paysans d'Afrique comme en témoigne la thématique des recherches consacrées à la sécurité alimentaire, à la vulgarisation, à l'économie du développement ou, plus récemment, à l'environnement et aux femmes paysannes, nous manquons d'une analyse critique du fait rural en milieu africain. Si les géographes nous font revivre les terroirs agraires dans les sociétés forestières, les savanes, les collines ou les plateaux dans la perspective des études régionales, leurs travaux ne permettent pas encore de définir la ruralité. Certes, on dispose de nombreuses études sur les activités agricoles et pastorales selon les milieux naturels au sein des populations d'un pays ou d'une région. D'autres recherches nous font connaître les systèmes agraires africains et les transformations qui les affectent. Par ailleurs, depuis la colonisation, d'importantes enquêtes portent sur les niveaux de vie des ruraux au moins pour certains pays et dans certaines zones de production agricole. Enfin, à partir des mouvements migratoires, les travaux se sont multipliés sur cette Afrique qui vit entre le village et la ville[13]. En dehors des monographies sur les villages ou les groupes ethniques localisés dans

---

12. Lévi-Strauss, *Tristes Tropiques*, Paris, Plon.
13. A. Franqueville, *Une Afrique entre le village et la ville : les migrations dans le sud du Cameroun*, Paris, Orstom, 1987.

une région selon la tradition de l'ethnologie coloniale, la plupart des recherches n'ont pas dépassé le cadre des études empiriques sur les relations campagnes-villes. Notons la place centrale de l'exode rural dans cette problématique dominante. Il s'agit d'ailleurs, à cet égard, du seul déplacement des hommes et des produits du village vers les centres urbains. Cette démarche s'est enrichie naguère par les enquêtes sur les migrations féminines.

Ces approches ne font que tourner autour de la ruralité sans en préciser la spécificité. De plus, elles permettent de situer les ruraux dans leur environnement sans toujours apporter l'éclairage nécessaire sur ce que signifie vivre au village. La dimension historique dont nous avons perçu les enjeux théoriques plus haut est généralement occultée. Tout se passe comme si les campagnes africaines n'avaient pas une histoire alors que rien ne peut se comprendre dans la vie de brousse sans la prise en compte du poids de l'histoire. On voit la nécessité d'une ouverture à la temporalité qui met en évidence les rapports entre les paysanneries et leur passé. La référence à ces rapports ne peut être négligée si l'on veut comprendre la ruralité en la situant au centre des structurations sociales accélérées par l'avènement de l'État postcolonial en Afrique noire. Tel est l'axe de recherche qui permet de comprendre la condition des ruraux à partir des tensions qui se manifestent dans les sociétés paysannes où, au-delà des contraintes administratives, l'impact de l'économie monétaire soumet le monde rural africain au système capitaliste, à son mode de production et de consommation. L'emprise de ce système se traduit par les restructurations du rapport de l'homme à la nature et oblige les producteurs agricoles à se redéfinir afin d'accéder aux symboles de prestige que sont la maison moderne et l'ensemble des objets qui font rêver l'indigène.

Dans cette perspective, la recherche sur la ruralité africaine impose la discussion sur le cadre d'analyse qui nous éclaire sur les phénomènes que le village offre à notre observation. Car, il n'est pas évident que la reprise mimétique du concept de la ruralité élaboré dans le contexte des sociétés industrielles nous permette de rendre compte de la spécificité de la ruralité en

Afrique. La naïveté avec laquelle la notion du rural est utilisée dans les études africaines peut surprendre. On parle du monde rural, de la société rurale, de l'économie rurale, du développement rural, des ruraux, etc., sans jamais soupçonner les débats théoriques que suggère ce concept. Comment reprendre à notre compte ce concept si, dès le départ, il renvoie toujours à la ville dans les sociétés occidentales. Voici ce que l'on trouve dans l'Encyclopédie britannique : « rural : voir urbanisation ». De même, les statistiques ne nous apprennent rien lorsqu'elles définissent comme rural tout ce qui n'est pas urbain. Comment appliquer ce concept à l'Afrique si l'on dit de l'espace rural qu' « à des degrés divers, il est pénétré par le monde urbain[14] » ? Par ailleurs, pour une compréhension de la ruralité africaine, quelle pertinence accorder aux approches des géographes et des sociologues[15] qui ne pensent le rural qu'en termes d'opposition avec l'urbain ? En Afrique, on sait que l'agriculture n'est pas le monopole des gens de la brousse. Sur le Campus de l'université de Yaoundé I, les femmes ont longtemps cultivé des champs d'arachide, de maïs ou de manioc tandis que les habitants des quartiers voisins venaient cueillir le vin de palme. Derrière la Présidence de la République, les femmes des militaires qui gardent le Chef de l'État entretiennent les plantations vivrières. Rappelons l'importance des cultures maraîchères dans une ville comme Kinshasa où les femmes jouent un rôle important[16]. Les travaux agricoles occupent la majorité des citadins de certains quartiers de Bujumbura. Si les troupeaux de boeufs traversent certaines capitales des pays sahéliens comme Niamey, à Dakar, les citadins élèvent des moutons dans leurs villas. Par ailleurs, les paysans africains confrontés aux rigueurs de l'ajustement structurel sont en train de donner la preuve que les innovations et les changements peuvent aussi naître à l'intérieur des sociétés indigènes à partir du dynamisme des acteurs locaux. Dans cette perspective, ce qui se fait dans de nombreux villages nous impose d'admettre

---

14. H. De Farcy, *L'espace rural*, Paris, PUF, 1980, p. 13.
15. M. Halbachs, *La mémoire collective*, Paris, A. Michel, 1997.
16. G. Mianda, *Femmes africaines et pouvoir. Les maraîchères de Kinshasa*, Paris, L'Harmattan, 1996.

que les capacités d'innovation sont au cœur d'une sociologie de la ruralité en Afrique noire.

Peut-être sommes-nous mieux placés pour cerner la ruralité en ces moments de crise où des transformations profondes sont à l'œuvre. S'il faut considérer les villages non plus simplement comme des lieux de perturbation et de destruction des traits spécifiques de la tradition africaine, mais des lieux d'innovation, il faut alors penser la société rurale en termes de production et de création. Ce processus peut servir de référence pour redéfinir les rapports entre le village et la ville.

Au moment où « De Lomé à Hararé, le fait urbain en Afrique[17] » transforme le paysage humain, l'agriculture demeure une pratique inhérente à la citadinité[18]. Cette imbrication du rural dans l'urbain nous oblige à remettre en question la tendance de la pensée occidentale que reprend Marx lorsqu'il considère l'opposition ville/campagne comme une structure de l'histoire de la civilisation jusqu'à nos jours. H. Lefebvre écrit lui aussi :

« Le rapport ville-campagne a profondément changé au cours du temps historique, selon les époques et les modes de production : tantôt profondément conflictuel, tantôt apaisé et proche d'une association. Aujourd'hui, la ville en expansion attaque la campagne, la corrode, la dissout. La vie urbaine pénètre la vie paysanne en la dépossédant d'éléments traditionnels : artisanat, petits centres qui dépérissent au profit des urbains. Les villages se ruralisent en perdant la spécificité paysanne[19] ».

Le processus décrit par le sociologue marxiste ne peut être assimilé au modèle d'urbanisation auquel sont confrontées les sociétés rurales africaines qui préservent leur identité sans rompre avec la ville. Les travaux anciens de Balandier sur la « Sociologie des Brazzavilles Noires[20] », ceux de J.-M. Gibbal

---

17. Ph. Gervais-Lambony, *De Lomé à Hararé, le fait urbain en Afrique*, Paris, Karthala, 1994.
18. Ch. Schilter, *L'agriculture urbaine à Lomé*, Paris, Karthala, 1991
19. H. Lefebvre, *Le droit à la ville*, Paris, Anthropos, 1968, pp. 75-76.
20. G. Balandier, *Sociologie des «Brazzavilles Noires»*, op. cit.

centrés sur «citadins et villageois dans la ville africaine[21]» mettent en lumière l'interaction constante entre le rural et l'urbain. Ce que nous avons dit au sujet des activités agricoles semble se reproduire au niveau des rapports sociaux, des croyances et des habitudes. Pensons à l'emprise du «monde de la nuit» tant dans l'univers villageois que dans les modes de vie qui se mettent en place malgré l'émergence d'une culture urbaine en gestation. Un fait est sûr : on ne peut admettre sans examen que le rural se définit par opposition à l'urbain. L'Afrique entretient un mode de rapport entre le rural et l'urbain qui lui est propre. Cette situation exige une rupture avec les grilles d'interprétation élaborées dans les sociétés où les paysanneries ont disparu tandis que les villes se caractérisent, comme le rappelle l'école de Chicago, par un mode de vie qui définit le type de civilisation. C'est pourquoi, s'il convient de prendre en compte les processus de changement qui s'opèrent à travers la croissance urbaine, on ne saurait oublier deux faits d'une importance capitales pour l'approche de la ruralité en milieu africain.

Plusieurs études ont mis en évidence l'importance des interactions entre les villes et les campagnes en Afrique noire. Devant l'ampleur des mouvements migratoires, on est tenté de séparer le monde rural et le monde urbain comme les zones de départ et les zones d'accueil, en oubliant le processus de «ruralisation de la ville» qui s'impose à l'investigation. Comme J.-M. Gibbal l'a bien montré, les nouveaux citadins sont nés et ont grandi dans un milieu villageois qui les a profondément marqués. En un sens, la société villageoise est présente au sein de l'existence quotidienne par les comportements, les pratiques sociales et les représentations qui témoignent de l'irruption des cultures du terroir dans l'espace urbain. On retrouve les villageois dans la ville non seulement au moment des visites qui marquent la dépendance des ruraux à l'égard des familles urbaines, mais en permanence à travers les systèmes de référence auxquels la majorité des citadins ont recours pour rendre compte des

---

21. J.-M. Gibbal, *Citadins et villageois dans la ville africaine, l'exemple d'Abidjan*, Paris, F. Maspero, 1974.

déboires de la vie urbaine. Face à la maladie, aux accidents, à la perte d'emploi ou à celle d'un procès en justice, les nouveaux citadins continuent de raisonner dans le cadre de l'univers villageois en termes de parenté ou de sorcellerie. Le village se perpétue en ville compte tenu du poids de l'imaginaire social à partir des systèmes d'interprétation et des stratégies d'insertion dans la vie urbaine. Comme le souligne l'importance des liens familiaux et des relations interethniques, les ruraux prolétarisés qui s'entassent dans les zones d'habitat spontané ne parviennent à survivre que grâce aux associations à base de solidarité rurale.

À l'ombre des buildings modernes, le rural s'affirme à travers les stratégies et les pratiques sociales qui permettent aux citadins de façonner l'espace urbain et d'y voir se déployer des modes et des styles de vie inédits. Tout donne à penser que de nombreux citadins africains sont des ruraux de cœur et d'esprit dans la mesure où le passage du village à la ville ne se traduit pas toujours par la rupture avec les manières de vivre et de penser héritées de la tradition. Ce qui retient aussi l'attention, c'est « l'urbanisation des campagnes » qui s'opère non seulement avec les influences liées aux échanges multiples et permanents entre les ruraux et les citadins, mais aussi avec la sédentarisation des catégories socioprofessionnelles qui s'installent dans leurs villages d'origine après avoir longtemps nomadisé dans les centres urbains à la suite des formes de mobilité spatiale inhérentes à la fonction publique. En dehors des migrations de retour[22] qui sont un phénomène récent et un véritable vecteur de changement social, pensons au prestige des retraités qui constituent un système de référence dans la prise des décisions et les choix qui engagent l'avenir d'une localité. Si l'on considère les interférences entre la ville, la campagne, et les processus d'acculturation en cours, le travail agraire et le village ne suffisent pas à définir la spécificité des sociétés paysannes. Une approche de la ruralité doit assumer le réseau

---

22. En plus des recherches de Chantal Guimapi, déjà citées, lire sur ce phénomène P. Gubry et al., *Le retour au village : une solution à la crise économique au Cameroun ?*, Paris, L'Harmattan, 1996.

des « facteurs systémiques » qui structurent les sociétés paysannes que l'on ne saurait confondre avec les sociétés figées, en marge des turbulences de l'histoire.

Il nous faut partir de la crise de la ruralité elle-même pour saisir la pertinence d'une approche des articulations du spatial et du social dans un contexte où l'objet dont s'occupe ici le sociologue n'est pas facile à définir. Pour tenter d'y voir clair, il convient de se situer au cœur d'une ruralité en question et de s'interroger sur la dynamique des rapports sociaux et des pratiques qui s'élaborent au sein des sociétés rurales en quête de leur identité. Dans cette perspective, rappelons la difficulté de réduire le « rural » au « traditionnel ». De toute évidence, le village africain d'aujourd'hui n'est plus celui d'autrefois. Il faut renoncer, une fois pour toutes, à faire de « l'Afrique des villages » le lieu de notre « authenticité » comme si les gens de la brousse avaient échappé au « péché mortel de la civilisation[23] ». Peut être assistons-nous à « une autre fin des paysans, ceux d'Afrique noire » comme le remarque J. Lombard dans une étude éclairante[24]. Cette affirmation peut surprendre quand on sait que l'esentiel des ressources de la plupart des pays africains est tiré à 70 % ou plus du secteur rural. Ne voit-on pas que de nombreux producteurs ont conservé leurs techniques ancestrales ? Leur agriculture n'a pas changé fondamentalement son caratère traditionnel,

> « mais partout où le changement et l'innovation sont intervenus, le paysannat africain a été atteint. Non pas que sous l'effet des transformations agricoles il se soit mué, comme dans les pays économiquement développés, en un corps de techniciens de l'agriculture partout à la recherche des meilleures variétés culturales ou de l'utilisation optimale des engrais, partout préoccupé de productivité ou de coût minimum. Si le paysannat a été atteint, c'est que les interventions extérieures (État, sociétés de développement, etc.) ont fait du paysan un

---

23. J.-M. Ela, *L'Afrique des villages*, Karthala, Paris, 1982, p. 12.
24. J. Lombard, « Une autre fin des paysans : ceux d'Afrique noire », *Revue Tiers-Monde*, Tome XXII, n° 85, 1981.

homme de moins en moins bien enraciné dans son terroir, fasciné souvent par d'autres genres de vie, par l'éventualité d'un salariat[25] ».

Face au rural en milieu africain, le sociologue est mis à l'épreuve par la crise d'une civilisation millénaire, celle des paysans noirs qui, avec leurs modes de vie, ne sont plus dans leurs villages que des producteurs agricoles soumis aux règles du marché. D'une certaine manière, la fin des paysans de l'Afrique est aussi la fin des illusions. Elle marque les limites du regard de l'autre qui, depuis la colonisation, n'a vu ici que des attardés scolaires, en marge des grands courants de la modernité. À partir des villages, nous sommes loin de « l'Afrique fantôme » ou même de « l'Afrique ambiguë » dont parlait Balandier. Pour revisiter l'Afrique des paysans, il faut la resituer dans les dynamiques historiques de la société globale. Cette dimension est nécessaire pour comprendre le rural à travers les conflits et les tensions, les ambiguïtés et les contradictions qui la traversent. Ce qu'il convient d'assumer dans le champ de l'analyse, c'est ce fait décisif : l'autarcie paysanne est désormais un mythe. Depuis l'implantation du capitalisme en Afrique noire, les villages africains, traumatisés par les transformations nées de la traite négrière et de la colonisation, ont été profondément touchés et modifiés par la pénétration de l'économie moderne occidentale. Ces processus sont aujourd'hui accélérés et aggravés par la crise de l'État postcolonial et l'ampleur des effets pervers des programmes d'ajustement structurel et de la dévaluation[26].

Dans ce contexte, insistons sur la désagrégation du système social qui affecte la ruralité en Afrique. Plus précisément, il y a lieu de mettre au jour le dysfonctionnement de tout le système de référence qui a marqué les sociétés rurales avec les modèles culturels dont la pertinence n'est plus établie dans les déséquilibres engendrés par le choc des systèmes ancestraux et de l'économie de marché[27].

---

25. *Ibidem*, p. 51.
26. Voir J.-M. Ela, *Afrique : l'irruption des pauvres, Société contre ingérence, pouvoir et argent*, L'Harmattan, 1994, Paris.
27. C. Coquery-Vidrovitch, « Les paysans africains : permanences et mutations », in *Les Sociétés paysannes du Tiers-Monde*, L'Harmattan, Paris, 1990, pp. 24-40.

En fait, les efforts d'analyse des sociétés rurales africaines ont généralement porté sur les formes de pathologie sociale qui s'accompagnent de mutations profondes provoquées par la violence coloniale et l'expansion des cultures de l'impôt[28]. Il faut bien mesurer les conséquences de la crise de la ruralité africaine compte tenu de l'impact de l'économie monétaire. Des changements profonds affectent le rapport à la terre à partir des modes de gestion des ressources naturelles, dans un système où les savoirs locaux et la perception des réalités primordiales de l'environnement sont remis en question par les nouvelles contraintes économiques et sociales.

Il est évident que la manière dont les ruraux vivent ces mutations ne se limite pas aux transformations des systèmes agraires. Les sociétés rurales se situent au carrefour des influences issues à la fois des forces internes et de l'impact des systèmes internationaux dominants qui agissent en profondeur au point de pousser les ruraux à procéder à une relecture de leurs croyances, de leurs coutumes et de leurs rites pour répondre aux défis qui les interpellent. C'est pourquoi, il faut se refuser à enfermer l'analyse de la ruralité dans une sorte d'entomologie sociale qui se bornerait à reconstituer les formes d'organisation, les modes de vie et d'habitat, les activités agricoles comme si tout le « champ paysan » n'était pas situé lui-même dans une dynamique globale des transformations. En réalité, c'est l'imaginaire social des paysans que l'analyse doit investir au moment où les mutations sont un défi majeur à l'intelligence des sociétés rurales africaines. C'est à partir de ces mutations qu'une autre ruralité émerge sous nos yeux. On peut le vérifier par les nouvelles différenciations et les stratégies qui résultent des pratiques et des expériences de développement mises en œuvre au cours des dernières décennies. On doit souligner les effets sociaux des tentatives de « modernisation rurale » induite du « centre national » dans les pays où s'est développée l'agriculture d'État en réactualisant l'héritage colonial centré sur les cultures d'exportation.

---

28. Sur les crises et les changements sociaux chez les Fang et les Ba-Kongo, voir G. Balandier. *Sociologie actuelle de l'Afrique Noire*, PUF, Paris, 1971.

À travers les projets divers se poursuit une véritable entreprise d'altérations et de changements qui obligent les sociétés locales à réagir aux interventions extérieures. On s'en rend compte aujourd'hui en évaluant les stratégies d'intervention qui n'ont pas toujours pris au sérieux les logiques paysannes[29]. Il est nécessaire de reconsidérer les sociétés rurales africaines par rapport au désengagement de l'État et aux projets de développement. Ces interventions provoquent tout le système social et le mettent en état de se redéfinir lui-même. C'est pourquoi il faut se situer au cœur du devenir des sociétés rurales africaines pour rendre compte des faits et des pratiques, des événements et des défis qui mettent à l'épreuve le « possible » de ces sociétés. D'où l'importance des études sur « la réceptivité » des ruraux à l'égard des projets de développement. Dans les villages où les révoltes paysannes sont une dimension de la mémoire collective, on a pu souligner l'ampleur des formes de refus et l'indocilité qui caractérisent l'attitude des paysans africains dont certains n'hésitent pas à recourir aux pratiques de la sorcellerie pour construire la rupture avec les forces sociales dominantes et organiser leur résistance[30]. Les rapports entre les « développeurs » et les sociétés rurales ont ouvert un nouveau champ d'analyse aux sciences sociales en Afrique noire. Les logiques et les stratégies des différents acteurs deviennent ici un objet d'étude qui permet aux sociologues de mettre à jour des « manières de faire » qui font partie de la quotidienneté en milieu rural.

C'est à travers ce jeu d'acteurs que se construit aujourd'hui la ruralité en Afrique. Dès lors, il ne suffit plus de s'en tenir à la seule évaluation des effets de la pénétration des systèmes extérieurs pour comprendre cette ruralité. Il faut rejoindre le rural à partir des acteurs qui le vivent du dedans.

---

29. Voir J.P. Dozon et G. Pontier, « Développement, sciences sociales et logiques paysannes en Afrique Noire » in P. Boiral, J. P Olivier de Sardan, *Paysans, experts et chercheurs en Afrique Noire. Sciences scociales et développement rural*, Karthala, Paris, 1990.
30. J.M. Ela, *Quand l'État pénètre en brousse. Les ripostes paysannes à la crise*, Karthala, Paris, 1990.

Au delà des structures et des institutions, les enjeux à identifier et les stratégies qui s'élaborent s'imposent à l'examen critique. Les dynamiques à l'œuvre dans les villages africains doivent être prises en compte. Car, c'est à travers ces dynamiques que le rural se crée et s'invente au quotidien. C'est ce qui se passe dans les villages en crise où les paysans élaborent les «ripostes» qui modifient leur système social et leur rapport à l'environnement[31].

UN LABORATOIRE DES CHANGEMENTS SOCIAUX

Soumises aux contraintes de production et de développement agricoles, les sociétés paysannes ne restent pas passives. Elles ont réagi naguère face aux interventions de l'État et des ONG. Comment les paysans répondent-ils aujourd'hui à la crise ? Et comment adaptent-ils leurs systèmes de production à la modification de l'environnement ? Quelles sont leurs attitudes face aux facteurs de crise ? Quelles sont les stratégies de production que les paysans mettent en œuvre dans la conjoncture actuelle ? La réponse à ces questions impose des recherches de terrain qui nous permettent d'observer les changements qui interviennent dans les systèmes de production, les relations entre les exploitants et les relations intrafamiliales. Elles concernent les différentes catégories d'exploitations et les différents membres de la famille elle-même.

À cet égard, on doit s'arrêter sur le village africain comme cadre de référence par excellence du débat sur le thème de l'innovation qui est au cœur de notre recherche dans le présent ouvrage. Si le village doit être réexaminé attentivement aujourd'hui, c'est parce qu'il est le lieu privilégié où il est possible de remettre en cause les théories élaborées à partir de l'idéologie occidentale du progrès. Toute la littérature qui s'est développée autour de cette idéologie ne cesse de répéter que s'il y a une innovation dans les sociétés africaines, elle ne peut avoir qu'une origine externe compte tenu de l'emprise des dynamiques du dehors. Dans ce sens, le véritable changement c'est l'innovation

---

31. G. Gosselin, *L'Afrique désenchantée, société et stratégies de transition en Afrique tropicale*, Vol. 1, Édition Anthropos, Paris, 1978.

elle-même. Et comme telle, elle échappe à l'initiative des sociétés dites de tradition. La préoccupation majeure des animateurs et des développeurs ruraux est marquée par ces a priori qui échappent le plus souvent aux intervenants qui n'en maîtrisent pas toujours les origines et les fondements théoriques et épistémologiques. On se demande dans cet esprit comment moderniser l'ordre éternel des champs dans le contexte africain où les structures sociales indigènes sont un obstacle à l'innovation et au changement. La ruralité africaine est d'autant plus dévalorisée que pour le prométhéisme occidental, le véritable fait nouveau pour l'Afrique, c'est le fait technique. Pour revenir au concret, dans les villages des savanes, en particulier, cela se traduit par la culture attelée dont la vulgarisation préoccupe les animateurs ruraux et les techniciens d'agriculture.

Dans cette perspective, tous les programmes de modernisation agricole et de transformation des conditions de vie se situent dans le contexte d'une sociologie de l'innovation et du changement dont les véritables acteurs sont les techniciens et les développeurs généralement étrangers au milieu rural africain. Si l'innovation n'est pas seulement technique mais aussi sociale, toute cette sociologie est à refaire en tenant compte des innovations qui trouvent leur origine dans la ruralité africaine elle-même à partir des initiatives des acteurs individuels et collectifs enracinés dans les terroirs indigènes. C'est vers cela que nous oriente aujourd'hui le nouveau regard sur le village africain à l'heure du marché.

Comme le remarque bien G. Gourade,

« la crise vient d'offrir aux sciences sociales, d'une certaine manière, le laboratoire expérimental qui leur fait généralement défaut. C'est qu'elle produit des situations inédites où l'on peut confronter avec la réalité observable les hypothèses qui concluent de nombreuses études. [...] L'observatoire devrait permettre de remettre sur le gril de nombreux schémas mentaux bien ancrés[32] ».

---

32. G. Gourade (Dir), *Le village camerounais à l'heure de l'ajustement*, op.cit. p. 158.

Il est évident que « les ripostes paysannes à la crise[33] » prennent les chemins totalement différents des politiques agricoles imposées à l'État en Afrique dans le cadre des P.A.S. Les comportements et les attitudes observées sur le terrain par les recherches sur la crise en milieu rural nous font découvrir des sociétés dynamiques. Depuis les années 80, des forces sociales sont à l'œuvre dans les villages pour éviter la régression économique et sociale. Face à l'échec de tant de projets, elles imaginent des voies de sortie du marasme paysan. Il ne s'agit pas simplement ici de se reproduire en recherchant un équilibre interne permettant à la société de rester la même c'est-à-dire de se conserver sans changer. On assiste à une remise en question profonde de la société par elle-même afin de trouver des solutions à des situations inédites. Sans doute, de nombreux paysans n'ont pas attendu la crise des années 80 pour faire des choses neuves et différentes des politiques officielles en matière de « développement rural ». Les dynamiques que l'on observe aujourd'hui sont enracinées dans un long passé de lutte et de résistance devant les épreuves du temps. Il faut se garder d'attribuer à la seule crise, telle qu'elle est perçue au village, un certain nombre de changements sociaux qui caractérisent, en vérité, l'inventivité des sociétés africaines. En ces temps qui « sont durs », les gens de la brousse saisissent les nouvelles opportunités pour réactiver cette inventivité enracinée dans leur mémoire. C'est en ce sens que ce temps-ci, où vivent les sociétés rurales, oblige les sciences sociales à réévaluer l'ensemble des cadres d'analyses, des outils de recherche, les méthodes d'approche.

La difficulté de l'approche du rural provient ici de la complexité des situations et de la différence de niveaux d'analyse où il convient de rejoindre une société en train de naître à travers les passages et les rythmes contrastés. Il n'est pas sûr que nous nous retrouvions dans la même ruralité d'un moment à l'autre de l'évolution de la société globale. Le

---

33. J.M. Ela, *Quand l'État pénètre en brousse : les ripostes paysannes à la crise*, op. cit.

visage que se donne le rural est soumis continuellement à la créativité des acteurs dont les initiatives et les organisations traduisent la capacité d'invention face aux défis du présent. Au moment où les associations paysannes se multiplient, il faut s'attendre à l'émergence d'un «pouvoir de brousse» dont on ne peut négliger le rôle dans la recomposition de la société politique. Tous ces réseaux associatifs qui se forment constituent à la fois des révélateurs et des vecteurs du changement social. Au cœur des turbulences consécutives aux impasses démocratiques en Afrique, il faut débusquer les nouveaux lieux du politique en identifiant le potentiel critique et les groupes de pression qui se constituent autour des organisations paysannes porteuses de multiples enjeux. En articulant «le rural et le politique» dans les mutations actuelles, on comprend qu'il soit indispensable de replacer les sociétés paysannes au cœur des formations sociales contemporaines en Afrique subsaharienne.

Dès lors, faire du rural un champ d'analyse sociologique, c'est se heurter à une Afrique qui ne ressemble plus du tout à celle imaginée par l'ethnologie coloniale. Les villages africains émergent des brumes d'un monde exotique qui tend à perdre sa force de séduction au fur et à mesure que les mutations introduites par les capacités créatives des sociétés rurales risquent d'alimenter la nostalgie de ceux qui ont figé «l'Afrique des villages» dans la «pureté» et l'«innocence» des sociétés primitives. Comme Gosselin l'a bien vu, «analyser les sociétés et les stratégies de transition en Afrique, c'est scruter le désenchantement des ruraux[34]». Construire une théorie de ces stratégies de transition et des pratiques qui les traduisent: tel est le défi à relever par une nouvelle approche de la ruralité africaine. Les réflexions qui précèdent ouvrent des pistes d'analyse et suggèrent des thèmes porteurs susceptibles d'élargir les champs du savoir en intégrant le rural dans les nouvelles «aires problématiques». En élaborant les nouvelles modèles d'intelligibilité des sociétés en

---

34. G. Gosselin, *op. cit.*

transition, la sociologie apporte une contribution décisive à la recherche d'une ruralité durable dans un contexte où la gestion des ressources naturelles est un défi aux sciences sociales.

5

SAVOIRS ENDOGÈNES, RISQUES TECHNOLOGIQUES ET SOCIÉTÉS

Depuis la Renaissance, le monde n'est plus l'Occident mais l'Occident domine le monde. Cette dynamique n'a pu se déployer à travers les siècles d'expansion et de conquête sans une extraordinaire mobilisation des ressources intellectuelles de production de connaissance et d'invention des techniques. En un sens, l'histoire du pouvoir est étroitement liée à l'histoire du savoir à travers les modalités de relations qui s'établissent entre le monde occidental et les autres sociétés humaines lorsque, après la Méditerranée, l'Océan Atlantique devient le point de départ des nouveaux échanges entre les peuples et les cultures.

RAISON ET VIOLENCE

L'Afrique s'incrit dans cette trajectoire de l'histoire par la traite négrière qui s'organise après le génocide des Indiens, dans un contexte économique où l'essor du mercantilisme occidental est alimenté par la soif de l'or et les appétits suscités par les richesses du Nouveau Monde. Dans le système des rapports de force qui se mettent en place, on observe une sorte de coexistence entre la raison, la violence et la folie. En effet, si les mutations économiques et politiques qui s'opèrent à la fin du Moyen-Âge sont le produit et le résultat d'une rationalité utilitaire et conquérante, tout ce qui diffère de cette rationalité est considéré comme relevant de l'irrationnel. Par le fait même, le monde étranger à la compréhension occidentale des choses et de la vie doit être placé sous le signe de la folie. Or, raison et folie sont incompatibles. D'où la menace qui, tout au long de l'histoire moderne, pèse sur les systèmes culturels et humains étrangers à la modernité occidentale en expansion. En fait, le massacre des Indiens d'Amérique ouvre, dans les Temps Modernes, l'histoire de la violence inhérente à la raison occidentale. Dans sa Très brève Relation de la destruction des Indes, Bartholomé de Las Casas se fait l'écho de cette terrible violence qui s'abat sur le Nouveau Monde. Dans ce combat inégal, le célèbre chroniqueur jette le lecteur sur le terrain du martyr des Indiens en évoquant les tueries et les cruautés étrangères aux indigènes. Dans une page du *Livre Noir* du génocide des Indiens, Las Casas décrit cette incroyable cruauté des Espagnols :

« ils entraient dans les villages, et il n'y avait ni enfants ni vieillards, ni femmes enceintes ou accouchées qu'ils n'éventrassent ou ne missent en morceaux, comme s'ils tuaient des agneaux dans la bergerie. Ils faisaient des paris pour savoir qui, d'un coup de sabre, fendrait un homme par le milieu, ou lui couperait la tête d'un simple coup de dague, ou lui ouvrirait les entrailles. Ils arrachaient les nouveau-nés du sein de leurs mères et, les prenant par les jambes, ils les jetaient la tête la première contre les rochers. Ou bien ils les poussaient à la renverse dans les rivières et, les voyant dans l'eau, ils s'exclamaient en riant et se moquant : « Tudieu, comme ils frétillent ! ». Ou bien ils les passaient au fil de l'épée, eux et leurs mères, ensemble, autant qu'ils en trouvaient sur leur chemin[1] ».

Des millions de Noirs arrachés à leur terre d'Afrique vont prendre la relève des peuples livrés à la violence extrême de l'Occident qui, durant toute la période de la traite, reste le fil conducteur de l'histoire africaine avec son cortège de guerres, de destructions et de pillages. À l'origine de

---

1. Cité par Y. Verbeek, *Histoire de l'esclavage, op. cit.*, Tome 2, p. 15.

cette violence, on retrouve bien l'esprit du capitalisme qui, dès sa naissance, s'approprie les progrès de la science et de la technique afin d'organiser la gestion des ressources de la terre pour le seul profit d'une minorité. Si l'on ne peut ignorer le rôle joué par l'argent de la traite négrière pour financer la révolution industrielle[2] comme le pense Marx qui présente le sang des Noirs en prémice à la sueur des prolétaires, il faut aussi reconnaître l'impact socio-historique des découvertes scientifiques et technologiques qui contribuent à l'essor de l'Europe négrière. N'oublions pas que les mécanismes d'accumulation du capital s'emparent de la dynamique de la traite des Noirs au moment où l'Occident devient maître et possesseur de la nature. Pour les gouvernements européens qui confient le monopole de la traite à de grandes compagnies, il faut imaginer l'intensité de la fabrique d'armes déversées sur le continent depuis le XVe siècle. On doit aussi relier à cette industrie de l'armement la multiplicité des centres textiles qui ravitaillent le commerce négrier. Rappelons également l'importance du vin et de l'alcool qui accompagnent les échanges entre les négriers et les intermédiaires autochtones. Parmi les objets-fétiches dont l'usage est particulièrement apprécié par les notables africains, mentionnons le miroir dont l'invention permet à l'homme africain de jouer avec l'image dans le nouveau mode de rapport entre le visible et l'invisible comme on peut l'observer chez les guérisseurs des régions côtières. Sans établir la liste complète des marchandises qui servirent à l'achat des esclaves au fil des siècles dans les différentes zones du trafic d'ébène, rappelons les principaux articles que l'on trouve

> « à bord des négriers en partance pour l'Afrique :
> - Étoffes : cotonnades des Indes ou imitations anglaises ; soieries orientales ou imitations lyonnaises ; toiles de lin et autres tissus de fabrication européenne ; vêtements et couvre-chefs de coupe médiocre, etc.

---

2. Sur ce sujet, voir la thèse de E. Williams, *Capitalisme et esclavage*, Paris, Présence Africaine, 1954 ; O. Pétré-Grenouilleau, *L'argent de la traite*, Paris, Aubier, 1996.

- Alcools : genièvres hollandais, eau-de-vie française, brandy anglais, rhum des Antilles, alcools qui étaient tous baptisés et poivrés avant embarquement.
- Tabac : déchets de très basse qualité enduits de mélasse pour la conservation ; on chiquait cette mixture plus souvent qu'on ne la fumait.
- Quincaillerie et ustensiles de ménage : couteaux, gobelets, cuvettes, vaisselle de faïence, flacons de grès, fil divers, etc.
- Verroterie : perles de verre colorées, petits miroirs, peignes armés de débris brillants, etc.
- Armes : essentiellement des fusils à canons très longs, avec les balles et la poudre correspondantes, mais aussi des pistolets et des armes blanches.
- Divers : barres de fer, bracelets de cuivre ou de laiton, cauris (petits coquillages de l'océan Indien qui ont longtemps servi de monnaie en Afrique noire).

Tels étaient les articles de traite les plus demandés, les étoffes, les alcools et le tabac l'emportant en général sur les autres, du moins dans les régions non islamisées[3] ».

Cette liste met en évidence les secteurs vitaux de l'industrie européenne. Elle montre que la traite fut l'un des moteurs importants de la production industrielle. Ce que suggère aussi la relecture de l'histoire économique qui s'ouvre au XVe siècle, c'est l'interaction entre les dynamiques de l'asservissement du continent africain et les transformations scientifiques et technologiques du monde occidental. On mesure l'ampleur des connaissances accumulées pour asseoir cette économie dont la marchandise fut l'homme africain. Des juristes, des penseurs, des écrivains et des théologiens sont intervenus dans les débats qui visent à justifier l'esclavage en plaçant l'Afrique au cœur de l'économie mondiale. Dans cette perspective, il faut reconsidérer l'essor et l'expansion du capitalisme à partir des préjugés racistes universellement acceptés par l'ensemble des nations négrières où la vie intellectuelle n'est pas restée à l'écart du commerce

---

3. Y. Verbeek, *Histoire de l'esclavage*, *op. cit.*, pp.50-51.

monstrueux qui a servi de stimulant à l'industrie européenne. Si l'histoire de la traite n'est pas indépendante de l'histoire politique et économique, il faut aussi réécrire l'histoire des sciences et des techniques en la resituant dans une histoire totale qui éclaire les rapports entre la rationalité occidentale et la violence. La théologie de la malédiction des fils de Cham et le Code noir attestent la responsabilité des milieux intellectuels qui ont participé à l'organisation de l'horreur qui sous-tend les rapports entre l'Occident et l'Afrique au fil des siècles de traite. Par un étrange paradoxe, les négriers n'hésitent pas à récupérer les grands symboles de la modernité comme le rappellent les noms de baptême des navires transportant les esclaves à travers l'Atlantique. En effet, on voit des Noirs embarqués sur les côtes d'Afrique à bord du *Voltaire*, du *Jean-Jacques* ou du *Contrat Social*. On trouve même un négrier nantais appelé la *Révolution*. Un phénomène qui a duré tant de siècles ne peut pas avoir été pensé de manière systématique et entretenu par l'ensemble des acteurs de la société dominante. Il s'enracine dans l'imaginaire culturel en devenant une structure fondamentale de toute une civilisation. On en retrouve l'actualité dans les préjugés, les stéréotypes et les formes de ségrégation hérités de l'esclavage.

À cet égard, ce que l'on sait aujourd'hui de la traite des Noirs nous ramène à une histoire de la violence qui s'organise par un système de terreur fondé sur le dogme selon lequel les droits de l'homme sont le monopole d'une fraction de l'humanité. On est tenté d'occulter la négativité du capitalisme en considérant les usines de mort édifiées par les nazis comme une invention du XXe siècle.

«Mais comment ne pas voir se profiler en contrepoint, à l'orée de ces camps (de concentration), les "bières flottantes", ces vaisseaux négriers et leurs cargaisons de captifs africains qui sillonnèrent l'Atlantique pendant plus de cinq siècles. Comment s'interdire d'évoquer toutes les formes d'extermination qu'inventèrent les planteurs esclavagistes espagnols et portugais, anglais, français, hollandais, danois et suédois, nord-américains et brésiliens dans l'espace clos de leurs domaines. Un luxe de châtiments allant de la torture exercée avec une cruauté impitoyable, inimaginable, aux nègres, hommes et femmes, jetés vivants au feu dans les fours de l'époque. L'Haïtien Pompée Valentin Vastey (1781-1820), conseiller du roi Henri, réfutant en 1814 les thèses esclavagistes du baron Pierre Victor Malouet, stigmatisa le comportement des colons français : "ont-ils comme vous, ces colons, ont-ils pendu des hommes la tête en bas, les ont-ils noyés, renfermés dans des sacs, crucifiés sur des planches, enterrés vivants, pilés dans des mortiers ? Les ont-ils contraints de manger des excréments humains ? Et, après avoir mis leurs corps en lambeaux sous le fouet, les ont-ils jetés dans des ruches de fourmis, ou attachés à des poteaux près des lagons pour être dévorés par les maringouins ? Les ont-ils précipités vivants dans des chaudières à sucre bouillantes ? Ont-ils fait mettre des hommes et des femmes dans des boucauts hérissés de clous, [...] roulés sur le sommet des montagnes, pour être ensuite précipités dans l'abîme avec les malheureuses victimes ? Ont-ils fait dévorer les malheureux par des chiens anthropophages, jusqu'à ce que ces dogues, repus de chair humaine, épouvantés d'horreur ou atteints de remords, se refusassent à servir d'instrument à la vengeance de ces bourreaux qui achevaient les victimes à demi dévorées à coup de poignard et de bayonnette ?"

Et que dire de ces propriétaires sucriers "ordonnant de brûler vives, dans les fours du moulin, des esclaves enceintes qui accouchaient dans la chaleur des flammes"[4]».

Ce texte rappelle une histoire tragique qui ne peut disparaître de la mémoire des peuples noirs. Mais, si l'on s'interdit de l'ignorer ici, c'est parce qu'il importe de souligner toutes les ambiguïtés de la modernité à laquelle les sociétés africaines sont confrontées lorqu'elles doivent se réexaminer en tenant compte de la pénétration de la technologie occidentale dans le continent. Au moment où l'on s'interroge sur

---

4. Oruno D. Lara, *Résistances et luttes*, Diogène n° 179, Route et traces des esclaves, Gallimard, Juillet-Septembre 1997, pp. 184-185.

les crimes du communisme[5], il n'est pas inutile de lever le voile sur la condition des Noirs assimilés aux bêtes de somme et exploités dans les plantations et les mines d'or du Nouveau Monde pendant plus de trois siècles. Si l'abolition de la traite marque au XIXe siècle un temps de pause, la colonisation montre que pour les Européens, l'Afrique n'était pas faite pour la liberté et la dignité. En fait, la situation coloniale est une nouvelle forme d'esclavage où le Noir n'est plus utilisé dans les plantations d'Amérique, mais dans son propre pays[6] dans un système politique et économique où l'on perçoit mal que la résistance à l'oppression soit un droit naturel. L'ethnocide hante l'Afrique dans ses rapports avec l'Occident[7]. On se souvient du bilan célèbre où Aimé Césaire récapitule cette histoire de la violence et du mépris.

«On me parle de progrès, de "réalisations", de maladies guéries, de niveaux de vie élevés au dessus d'eux-mêmes. Moi, je parle de sociétés vidées d'elles-mêmes, de cultures piétinées, d'institutions minées, de terres confisquées, de religions assassinées, de magnificences artistiques, d'extraordinaires possibilités supprimées.

On me lance à la tête des faits, des statistiques, des kilométrages de routes, de canaux, de chemins de fer.

Moi, je parle de milliers d'hommes sacrifiés au Congo-Océan. Je parle de ceux qui, à l'heure où j'écris, sont en train de creuser à la main le port d'Abidjan. Je parle de millions d'hommes arrachés à leurs dieux, à leur terre, à leurs habitudes, à leur vie, à la vie, à la danse, à la sagesse. Je parle de millions d'hommes à qui on a inculqué savamment la peur, le complexe d'infériorité, le tremblement, l'agenouillement, le désespoir, le larbinisme.

On m'en donne plein la vue de tonnage de coton ou de cacao exporté, d'hectares d'oliviers ou de vignes plantés.

Moi, je parle d'économies naturelles, d'économies harmo-

---

5. Lire «Le communisme et nous», *Le Monde*, 5 décembre 1997, p. 1 et 18.
6. Au sujet de l'annihilation et de la paupérisation anthropologique des Noirs, voir les analyses de E. Mveng, *L'Afrique dans l'Eglise : Paroles d'un croyant*, Paris, L'Harmattan, 1987, pp. 203-209.
7. Sur ce sujet, lire R. Jaulien, *La paix blanche*, Paris, Seuil, 1980 ; R. Bureau, *Péril blanc*, Paris, L'Hamattan, 1978, p. 73.

nieuses et viables, d'économies à la mesure de l'homme indigène désorganisées, de cultures vivrières détruites, de sous-alimentation installée, de développement agricole orienté selon le seul bénéfice des métropoles, de rafles de produits, de rafles de matières premières [...]. On me parle de civilisation, je parle de prolétarisation et de mystification[8]».

Ainsi, les routes, les chemins de fer, les dispensaires et les hôpitaux, les écoles et les églises sont les masques d'une aliénation qui menace les Africains à travers les formes de rationalité occidentale profondément inscrite dans ce que Balandier appelle la « situation coloniale » définie comme un système de domination où, précisément, on retrouve le conflit des savoirs et des cultures au cœur des dynamiques historiques. Car,

« La domination imposée par une minorité étrangère » implique « la mise en rapports des civilisations hétérogènes : une civilisation à machinisme, à économie puissante [...] s'imposant à des civilisations sans techniques complexes [...]. Le caractère antagoniste des relations intervenant entre les deux sociétés qui s'explique par le rôle d'instrument auquel est condamnée la société dominée ; la nécessité, pour maintenir la domination de recourir non seulement à la "force" mais encore à un ensemble de pseudo-justifications et comportements stéréotypés[9] ».

En ce sens, il est difficile de dissocier l'intoduction des techniques européennes en Afrique avec les formes de violence liées à la traite des Noirs et à la colonisation. Toute l'expérience historique de l'Afrique le rappelle : aucune science n'est neutre. Elle libère ou elle opprime. En fait, l'école de Vienne, comme le rappellent les travaux de Marcuse et d'Habermas, a mis à nu les masques de la domination que dissimule la rationalité technologique qui tend à absorber tous les espaces de la

---

8. A. Césaire, *Discours sur le colonialisme*, Paris, Présence Africaine, 1955, pp. 19-21.
9. G. Balandier, *Sociologie actuelle de l'Afrique noire*, Paris, PUF, 1971, pp. 34-35.

vie dans les sociétés contemporaines[10]. Pour mesurer les enjeux du savoir, il faut appréhender «la science et la technique comme idéologie[11]» compte tenu de l'emprise des pouvoirs qui les contrôlent et les utilisent. À travers l'apparente innocence des paradigmes de l'efficacité technologique, on doit toujours reconnaître un système de domination qui se dissimule derrière «la face cachée» des inventions scientifiques. Lorsque l'Europe des Lumières invente la légende du sauvage, le mythe des peuples sans culture est un appareil idéologique destiné à justifier la soumission des indigènes aux intérêts d'une économie de profit qui investit les secteurs de la production intellectuelle et occupe les espaces de décision au niveau des systèmes politiques. La production de l'image du Noir s'opère dans cette phase d'expansion du capitalisme au moment où, face à la raison triomphante qui incarne les Lumières, l'Afrique est «le continent des Ténèbres». Hegel reprend cette image en affirmant que l'Afrique est «le continent de la Nuit[12]». Le poids de ces représentations collectives a longtemps marqué l'anthropologie, cette science de l'Autre qui, pendant longtemps, est restée l'instrument de l'impérialisme européen[13]. Toute évaluation des pratiques sociales et des connaissances traditionnelles doit être replacée dans ce système de représentation qui s'est imposé dans la rencontre de l'Afrique avec la rationalité occidentale. Comment parler de science et de technique au fond des savanes et des forêts vierges au cours des années de mépris où, selon les mots de J.-P. Sartre, «l'homme blanc éclairait la création comme une torche, dévoilait l'essence secrète des êtres[14]».

Ces prétentions expliquent la difficulté de nombreux experts et techniciens à admettre que des savoirs dignes de ce nom puissent se construire en dehors des laboratoires et des

---

10. H. Marcuse, *L'homme unidimensionnel*, Paris, Éditions de Minuit, 1968.
11. Titre de l'ouvrage de Habermas.
12. Hegel, *La Raison dans l'histoire, op. cit.*
13. Voir G. Leclerc, *Anthropologie et colonialisme*, Paris, A. Fayard, 1972 ; J. Copans, *Anthropologie et impérialisme*, Paris, Maspero, 1974 ; J.-M. Ela, *Restituer l'histoire aux sociétés africaines, op. cit.*
14. J.-P. Sartre, *Orphée noir, Situations III*, Paris, Gallimard, 1949, pp. 229-230.

universités qui sont les seuls lieux institutionnels de production de la vérité scientifique. En dehors de ces lieux, il ne peut être question que de mythe et de magie. En oubliant les mythes fondateurs qui sont à l'origine de la science moderne elle-même, on se refuse à toute réévaluation féconde et nécessaire qui peut conduire à l'émergence d'une nouvelle rationalité consciente de ses limites et soucieuse de boire à d'autres sources. Le débat sur le rôle des connaissances dans le processus des innovations en Afrique s'impose dans le contexte global où l'on prend conscience des impasses de la modernité occidentale. La revanche de l'irrationel au cœur de cette modernité révèle les failles entrouvertes dans les sociétés où les nouvelles religions en expansion constituent les labotatoires du futur où s'inventent les industries de l'âme qui répondent à la quête de sens devenue obsessionnelle après l'effondrement des grands récits et la perte de crédibilité des repères traditionnels. Cette situation intéresse les Africains au plus haut point. Elle leur fait découvrir « les désillusions du progrès » dont parlait R. Aron. L'angoisse devant le vide qui travaille en profondeur les sociétés marquées par deux siècles d'économisme doit nous avertir sur les risques de la rationalité instrumentale dans les pays africains en quête de réponse aux problèmes de la quotidienneté.

Nous nous rendons compte des effets pervers de cette rationalité dès lors que nous tentons de relire l'histoire de la pauvreté et de la dégradation de l'environnement en Afrique subsaharienne. Depuis la colonisation, l'imposition des technologies occidentales n'a guère suscité une véritable dynamique de développement dans le continent. Elle fut plutôt un outil de domination dont nous avons relevé les effets plus haut. En portant le soupçon sur ce que l'on appelle le « transfert des technologies », des études pertinentes ne tardent pas à dégager la vérité de ce phénomène :

« l'apparente neutralité des transferts technologiques constitue une illusion et même une mystification[15] ».

---

15. *Politique Africaine : Gaspillages technologiques*, Paris, Karthala, n°18, Juin 1985.

Au terme d'une analyse rigoureuse, Gauthier de Villers écrit justement :
« Les transferts de technologie sont bien le véhicule des rapports de domination, mais cette domination s'exerce sur des sociétés autonomes, dont les classes dirigeantes s'approprient, sinon la réelle maîtrise des technologies importées, du moins celle de ressources, symboliques et matérielles, auxquelles la possession de ces technologies et le processus de leur acquisition donnent accès[16] ».

VERS L'ÉCONOMIE POLITIQUE DE L'ÉROSION

Nous n'insisterons pas sur ce sujet qui nous a frappé depuis 1982 lorsque nous travaillions sur « l'Afrique des villages[17] ». Une recherche plus poussée nous a permis de mettre à jour les pièges de ces transferts de technologies dans une analyse globale des rapports entre « technologie et domination[18] ». La question qui renouvelle la réflexion sur l'impact de « l'ingérence technologique » de l'Occident, c'est le sort réservé au milieu naturel depuis la pénétration du capitalisme au cœur des rapports de l'homme à la terre. Les conséquences de cette ingérence sont visibles dans toutes les zones de production où les contraintes de l'économie de traite fondée sur la monoculture d'exportation ont non seulement marginalisé les cultures vivrières paysannes mais aussi amorcé un processus de dégradation des ressources naturelles dont on n'a pas encore suffisamment évalué les coûts compte tenu de la permanence du modèle de croissance et de développement hérité de l'État colonial. Il faut bien se rendre compte de l'emprise du pouvoir dans la relation de l'homme à la terre pour comprendre la dimension politique de la dégradation des sols en Afrique noire. Les phénomènes d'érosion se situent dans l'axe des rapports entre l'État et la paysannerie à l'intérieur d'un système économique où le poids de la fiscalité contraint le paysan noir à

---
16. Gauthier De Villers, « Domination de la technnique et techniques de la domination : Transferts de Technologie et développement » in *Politique Africaine*, n°18, *op. cit.*, p. 15.
17. J.-M. Ela, *L'Afrique des villages*, *op. cit.*, Chapitre 6 : « Modernisation agricole et domination ».
18. J.-M. Ela dans *Afrique, l'irruption des pauvres*, *op. cit.*, chapitre 6, pp. 222-251.

travailler toujours davantage la terre pour produire plus d'arachide, de coton, de café et de cacao qui sont restés fondamentalement les cultures de l'impôt. Au moment où l'agriculture vivrière est négligée par les politiques économiques en vigueur, les producteurs indigènes sont transformés, sous l'empire de la rareté et des contraintes administratives, en véritables prédateurs des écosystèmes tropicaux. Bref, pour alimenter les industries occidentales, l'Afrique doit intensifier les défrichements incontrôlés de la savane et de la forêt. Ses populations sont maintenues dans un état d'insécurité matérielle qui les place en quête de nouvelles terres à exploiter. Dans les régions de savane, l'État colonial a freiné la mobilité des éleveurs en les « parquant » dans les territoires délimités par les frontières généralement artificielles. Pour les peuples jadis perpétuellement en quête de pâturage au-delà de leur pays d'origine, le contrôle de l'espace est un enjeu capital qui se manifeste par les tensions saisonnières entre les éleveurs et les agriculteurs. Obligés de se fixer dans les espaces réduits, les éleveurs qui, eux aussi, sont soumis aux contraintes de l'impôt, n'ont plus tous les moyens pour répondre aux exigences de leurs activités. Le blocage de leur mobilité aggrave la surcharge des pâturages que ne peuvent plus supporter les milieux naturels. Il en résulte une accélération de la destruction du couvert végétal. Les pressions qui s'exercent sur les sols et les pâturages interviennent dans un contexte où, après la ponction démographique qui a marqué l'histoire douloureuse de la traite atlantique, l'Afrique entre dans une période d'accélération de la population.

Dans cette perspective, loin d'être à l'origine de la dégradation de l'environnement, la croissance démographique coïncide avec l'épuisement des sols qui a commencé avec l'imposition de l'agriculture d'exportation. Les logiques de profit qui commandent le travail agricole des paysanneries africaines imposent un mode de production pour lequel la protection des forêts n'est pas une priorité. Au contraire, il faut toujours défricher plus les terres à exploiter. Les paysans doivent parfois sortir de leurs villages pour s'enfoncer le plus loin possible dans les forêts denses afin de créer de nouvelles plantations. Le financement de l'assujettissement dont nous avons parlé a ses effets sur l'essor et le développement des monocultures dévastatrices. L'érosion des sols, la désertification et la déforestation s'inscrivent dans cette économie de la violence qui est la structure fondamentale où s'enracinent les facteurs qui empêchent les sociétés paysannes de retrouver les équilibres entre l'homme et la nature qu'ils avaient réussi à instaurer avant la colonisation. Toute l'histoire des statistiques agricoles est à refaire pour montrer les connexions internes entre les impératifs de productivité et de rendement et l'accélération de la dégradation de l'environnement. On ne peut ignorer ce fait dans les régions cacaoyères et caféières où les populations laborieuses ont dû abandonner leurs pratiques ancestrales, comme les longues jachères ou les cultures associées, pour se soumettre aux nouvelles techniques d'intensification qui ont contribué à épuiser les sols et à provoquer la crise alimentaire. Dans les pays du Sahel, la diminution des rendements céréaliers s'explique profondément par l'économie politique de l'érosion dont nous tentons d'esquisser ici les jalons. En Afrique centrale, l'ampleur des dégats écologiques provoqués par l'économie caféière est particulièrement manifeste dans les Hauts-plateaux de l'Ouest-Cameroun. Dans ces bocages où les familles vivent au milieu de leurs plantations, les forêts ont entièrement disparu dans un contexte socio-économique où l'utilisation incontrôlée des engrais et des pesticides aggrave les pollutions et se fait sentir dans l'alimentation. Les plantains et les tomates produits en pays bamiléké ont perdu ce goût que l'on retrouve encore dans les aliments produits par les paysans qui n'utilisent pas les engrais chimiques dans les cultures vivrières. Pris au piège de la rentabilité économique, le producteur agricole bamiléké est d'autant plus poussé à participer à la dégradation de son environnement qu'il ne voit pas comment il peut se passer de l'agriculture chimique et polluante, dans la mesure où, en dehors des migrations, la pression du nombre est particulièrement forte sur les écosystèmes fragilisés depuis l'invasion du café. Dans ces conditions, il n'a pas d'autre choix que d'associer dans la même plantation les cultures commerciales et les cultures vivrières dans un système de production qui l'oblige à consommer toujours davantage d'engrais. Le résultat de ce système, c'est que le café et le plantain, le maïs et le haricot sont nourris par un sol où l'on dépose en permanence les engrais qu'ailleurs les paysans du Sud appellent le «poison». Car, si l'on réserve celui-ci pour les cultures cacaoyères qui ont leurs plantations, il est impensable qu'on utilise les produits chimiques dans les champs de manioc ou d'arachide dont la production reste soumise aux logiques familiales et aux méthodes culturales ancestrales.

Ces analyses permettent de comprendre les défis auxquels les sociétés africaines doivent faire face au moment où la techno-science a tendance à anéantir la capacité des autres sociétés et cultures à proposer d'autres expériences dans les domaines de la production et de l'économie. Voici des siècles que l'Occident, maître et possesseur des sciences et des techniques, s'est lancé à la conquête du monde. En décrétant sa puissance et l'universalité de ses savoirs, il n'a cessé d'exercer la tyrannie sur tous les espaces de la vie en société. Son expansion dans les sociétés différentes provoque les chocs qui, au-delà des conflits de représentation et d'interprétation de la réalité, se traduisent par les mécanismes d'appauvrissement des groupes humains et la destruction de leurs écosystèmes. Depuis l'esclavage dont on retrouve les traces dans ces lieux de mémoire que sont l'Île de Gorée, au Sénégal, ou la Route des Esclaves à Ouidah, au Bénin, le contact de l'Afrique avec la technologie occidentale s'est traduit par les conflits au cours des conquêtes coloniales où les peuples Noirs subirent l'agression des sociétés guerrières qui ont déployé leurs technologies militaires pour assurer le contrôle des richesses du continent[19]. Aujourd'hui, c'est sous la forme de risques écologiques que se manifeste la violence technologique dont on voit des conséquences graves au travers des problèmes de santé et d'environnement soulevés

---

19. On ne doit pas oublier que les nations européennes font la guerre depuis le Moyen-Âge : ces nations ont passé des siècles à accumuler les techniques de la torture et de la mort. Elles ont expérimenté les différentes manières de tuer. Elles vont adapter leurs technologies militaires au terrain africain.

par les grands barrages[20] dans les régions éprouvées par les sécheresses et les famines où la gestion de l'eau est un problème politique[21]. Au moment où l'on prend conscience des incidences des risques technologiques sur l'environnement[22], la question du rapport de l'Afrique à la rationalité occidentale doit revenir au centre des préoccupations. À l'heure de l'ajustement structurel, il convient de réfléchir sur les conditions de l'acceptabilité des innovations technologiques qui sont la projection de la culture prométhéenne qui a érigé l'« Homo oeconomicus » comme « centre de la création » et conquérant de son milieu naturel. Confrontés à la crise du monde rural et des systèmes de production dans un contexte où l'environnement se dégrade, il nous faut être attentif aux enjeux de la modernisation et de la vulgarisation agricole qui s'impose dans le système où s'expriment les croyances spécifiques de l'Occident qui les répand à travers son mode de production et d'accumulation, le système des rapports sociaux, et les relations entre l'économie et l'environnement. Il importe de renoncer à l'angélisme technologique afin de s'interroger sur les choix d'innovation en prenant en compte leur impact sur le système social et l'écosystème. Cette recherche s'impose si l'on veut bien constater qu'aucune technologie n'est innocente. Le redéploiement du néolibéralisme doit ramener nos regards sur les terroirs africains qui risquent de devenir, dans les années qui viennent, le lieu d'une nouvelle stratégie d'expansion où l'environnement est surexploité pour financer la reprise économique en dépit des discours sur le « développement durable ».

Dans cette perspective, nous devons reconsidérer les forces sociales à l'œuvre dans les projets d'innovation qui, en marginalisant les savoirs endogènes, poursuivent cette lo-

---

20. Sur les effets des grands barrages sur la dégradation de l'environnement, voir le livre collectif intitulé *Les barrages de la controverse. Le cas de la vallée du fleuve Sénégal*, Paris, L'Harmattan, 1995.
21. G. Conac et al., *Les politiques de l'eau en Afrique : développement agricole et participation paysanne*, Paris, Economica, 1990.
22. D. Simonnet, *L'écologisme*, Paris, PUF, 1979 ; lire surtout D. Duclos, *La peur et le savoir : la société face à la science, la technique et leurs dangers*, Paris, La découverte, 1986.

gique de l'extraversion qui brise toute volonté d'autonomie scientifique et aggravent les processus d'exclusion à l'heure de la mondialisation des connaissances. Pour éclairer le débat, il faut reprendre en compte l'importance des savoirs traditionnels et les conflits qui s'ouvrent dans la rencontre entre les développeurs et les développés.

L'ÉCOUTE DE L'AUTRE

Si aucun peuple n'a le monopole de la raison, les modèles d'innovation proposés par les experts doivent être repensées dans la perspective de la rencontre entre les sociétés et les cultures différentes. Cette démarche s'impose si l'on veut admettre que l'Afrique n'est pas un désert intellectuel, scientifique et technique. Dans cette vieille terre des hommes et des femmes, des savoirs multiples se sont construits dans tous les domaines[23]. On ne peut les ignorer pour intervenir dans un domaine aussi important que l'agriculture qui constitue le fondement des économies des pays africains. En tirant les leçons de l'échec des projets de développement conçus de l'extérieur, on s'interroge aujourd'hui, avec raison, sur la nécessité de revenir à la base afin de s'appuyer sur les populations qui ont leurs logiques et leurs rationalités propres[24]. On reconnaît volontiers qu'il n'est plus possible de concevoir un projet de développement sans se préoccuper de savoir ce qui se passe dans la tête des gens. L'écoute de l'autre devient alors une condition de réussite de ce que l'on veut entreprendre en suscitant la participation des intéressés. De nombreuses études permettent de dégager les nouvelles tendances de la recherche sur les problèmes du développement en Afrique subsaharienne.

Revenant sur son expérience de terrain, G. Belloncle résume ces nouvelles orientations :

« La première – et la plus importante –, c'est qu'il ne faut rien entreprendre sans se référer d'abord aux premiers intéressés, c'est-à-dire les paysans eux-mêmes. Il faut

---

23. Voir P. Houtondji (dir), *Les Savoirs endogènes : pistes pour une recherche*, Dakar, CODESRIA, 1994.
24. P. Boiral et al., *Paysans, experts et chercheurs en Afrique noire : sciences sociales et développement rural*, Paris, Karthala, 1985.

d'abord savoir comment eux-mêmes analysent leurs problèmes, suivant quelles priorités ils les classent, quelles solutions ils pensent possibles, ou, s'ils n'en voient pas, quels obstacles les rendent selon eux impossibles[25] ».

Ce qui frappe dans cette approche, c'est le retour en force sur le paradigme de l'acteur. Cette reconversion a eu lieu dans un tournant de la pensée moderne après les décennies au cours desquelles le concept de « structure » a joué un rôle tyrannique dans les recherches en sciences sociales. La redécouverte des acteurs n'est pas autre chose que la réhabilitation de la subjectivité dont l'étude est un défi à la sociologie et à l'anthropologie contemporaines. Notons l'importance de cette problématique qui émerge dans les nouvelles tendances de la recherche. P. Rey écrit à ce sujet :

« Il est temps de revenir à une anthropologie délibérément subjectiviste, qui étudie les sujets collectifs (et aussi individuels et leurs relations aux sujets collectifs) et non pas les structures. Ou plutôt qui n'envisage les structures que pour ce qu'elles sont : les effets des réussites, toujours provisoires et en reconstruction permanente, des stratégies des sujets[26] ».

Comme on le constate, tout l'héritage de Lévi-Strauss est ici remis en question. « Le retour du sujet » rend la vie à l'homme dont le structuralisme avait décrété « la mort » dans le champ des sciences sociales[27]. En ce qui nous concerne, retenons ce fait : l'indigène en tant qu'Autre est un véritable sujet dont il convient d'examiner attentivement les attitudes et les comportements. Nous avons souligné la pertinence de cette approche en reconsidérant les sociétés africaines face à la crise et à l'ajustement structurel. Toutes les recherches récentes sur ces sociétés se concentrent sur l'analyse des réactions et des stratégies des acteurs face aux rigueurs du présent. H. Gérard soulignait récemment la fécondité d'une « démographie de l'acteur » qui prend en compte les attitudes et les comporte-

---

25. G. Belloncle, *Anthropologie appliquée et développement associatif. Trente années d'expérimentation sociale en Afrique sahélienne*, Paris, L'Harmattan, 1993, p. 43.
26. P.-P. Rey ,« Le retour du sujet », in *Risques, instabilités, incertitudes en Afrique*, Cahier du GEMDEV, n°19, Paris, février 1993, p. 77.
27. Voir M. Foucault, *Les Mots et les Choses*, Paris, Gallimard, 1966.

ments face à la procréation ou à la nuptialité dans un contexte de crise et de changement[28]. Ce sur quoi nous devons attirer l'attention dans le cadre de cette étude, c'est la redécouverte des paysans africains auxquels on reconnaît les capacités d'analyse et d'action. Comme le rappelle G. Belloncle, ce qui surprend l'observateur,

« c'est l'extrême lucidité des paysans dans l'analyse de leurs problèmes et ceci qu'il s'agisse de problèmes de production, de commercialisation, de santé, d'éducation. C'est aussi leur étonnante capacité de réflexion collective[29] ».

Ainsi, la rencontre avec les sociétés paysannes pose le problème d'une véritable pédagogie du regard : il s'agit d'apprendre à voir en profondeur en allant au-delà de l'apparence pour accéder à ce qui, dans ces sociétés, est caché afin d'en dévoiler les rapports de force en vue de les assumer dans une problématique de développement et de changement. Cet effort exige une capacité d'attention sur ce qui peut paraître anodin, insignifiant, banal et sans importance. Bien plus, à partir des défis et des « conditions provocatrices de déchirures » qui constituent un excellent révélateur social, il faut s'entraîner à appréhender l'univers que les gens portent à travers les gestes et les pratiques de la vie quotidienne. Bref, il s'agit de se mettre à l'écoute de l'Autre et de prendre en compte le système de sens qui sous-tend toutes les dimensions de son existence concrète, ses paroles, ses attitudes et ses comportements et, en définitive, ce que Pascal appelle « les idées de derrière la tête ». Pour retrouver ce monde réel derrière les apparences qui le dissimulent, il faut réévaluer les savoirs dont la reconnaissance préoccupe les recherches en sciences sociales depuis le début des années 1970. Nous pensons ici aux études de Paolo Freire[30], au colloque international sur le thème « indigenous knowledge systems and

---

28. Voir H. Gérard, V. Piché (dir), *La Sociologie des populations*, Les presses de l'Université de Montréal / AUPELF / VREF, p. 517.
29. G. Belloncle, *op. cit.*, pp. 43-44.
30. P. Freire, *La pédagogie des opprimés*, Paris, Maspéro.

development[31]» ou aux travaux publiés par Dupré[32] sur les savoirs paysans.

Par savoirs populaires, il faut entendre comme le rappelle De Sardan,

« un ensemble de connaissances opérationnelles pour les producteurs ruraux, dans tous les domaines de la pratique sociale : de la gestation à la pédagogie, de la climatologie à la santé, etc. Il n'est aucun domaine où, quand une opération de développement veut diffuser un nouveau savoir technico-scientifique, il n'existe déjà un savoir technique populaire en place, qui règle les pratiques concernées [...]. Les rationalités qui sous-tendent ces savoirs ont souvent été mises en évidence : beaucoup de systèmes de production paysans se sont ainsi révélés être des modèles d'adaptation aux contraintes du milieu[33] ».

Constatons l'omniprésence de ces savoirs dans la totalité des champs de la vie africaine : aucun secteur de la réalité n'échappe à leur emprise. De plus, la diversité de ces savoirs doit être soulignée. Car chaque domaine de la pratique sociale nécessite l'intervention des savoirs et des techniques appropriés. Que l'on se souvienne en particulier des expériences accumulées dans les domaines de la médecine et de la pharmacologie. On est frappé aussi par la richesse et la variété des technologies alimentaires par lesquelles les femmes témoignent de leur incontestable capacité d'inventivité dont les applications prennent les formes qui débouchent dans la fabrication des menus ou des boissons qu'on retrouve sur les marchés locaux. Toute l'architecture des savanes présuppose une manière d'habiter le monde où la maison est un fait social total, construite selon les modèles qui s'inscrivent dans l'espace et résument l'esprit d'une civilisation comme le rappellent la case Mousgoum ou celle du chef Bandjoun en pays Bamiléké au Cameroun. On ne peut pas non plus sous-estimer les

---

31. Brokenska, A., Warrend, M et Wernner. O. (eds), *Indigenous knowledge systems and development*, Lanham New-York-London, University Press of America, 1980.
32. G.Dupre (dir), *Savoirs paysans et dévelopement*, Paris, Karthala, 1991.
33. O. De Sardan et E. Paquot (dir.), *D'un savoir à l'Autre : les agents de développement comme médiateurs*, Paris, Gret, 1991, p. 21.

techniques de chasse et de pêche qui se sont développées dans les sociétés forestières et autour des civilisations de l'eau. Retenons les méthodes de gestion de l'environnement qui méritent toute l'attention au moment où se cherchent des programmes d'action en vue de la protection de la nature et de la gestion des ressources naturelles. Les différents terroirs du continent constituent de véritables laboratoires des savoirs endogènes.

Il ne s'agit pas de simples techniques dans la mesure où ces savoirs se réduiraient à des outils prolongeant la main qui, selon Aristote, est « l'instrument des instruments ». Dans le contexte africain, les savoirs populaires font partie d'un système global. Leur portée ne peut être saisie en dehors d'un ordre symbolique et d'une organisation sociale qui participe à l'ensemble d'une culture. Il faut donc mettre en évidence les liens entre les technologies indigènes et l'univers des signes par lesquels les membres d'une société s'expriment et communiquent entre eux. En examinant par exemple tout le potentiel de sens et la charge symbolique que représente la calebasse dans les sociétés sahéliennes. Ici, la calebasse n'est pas un outil qui n'aurait qu'une pure fonction instrumentale et utilitaire : elle est un monde où l'on retrouve le rapport de l'homme à l'eau et l'expression des rapports sociaux. Elle est associée au rituel d'accueil et d'hospitalité dans les zones arides comme on le voit dans les Massifs du Nord-Cameroun où l'on est toujours reçu par le geste de la calebasse d'eau. Avec le sel, les cauris et le tabac, la calebasse est l'un des supports symboliques des cadeaux de mariage. La calebasse n'est pas seulement un ustensile de la femme, mais l'image de la matrice, le monde étant sorti d'une calebasse dont les moitiés symbolisent la terre et le ciel[34]. C'est la calebasse qui signale la tombe d'une femme chez les Kirdis du Nord-Cameroun[35]. Dans ces sociétés où la bière de mil fabriquée par les femmes est au centre de la vie religieuse et sociale, boire dans la même calebasse est un signe de communion et d'amitié : tout un langage qui devient impossible avec le verre

---

34. M. Griaule, *Dieu d'eau*, Paris, Fayard, 1966.
35. Sur « le champ symbolique négro-africain », lire J.-M. Ela, *Ma foi d'Africain*, Paris, Karthala, 1985, pp. 59-68.

fabriqué dans les usines où l'objet technique n'a plus qu'une valeur marchande. L'exemple de la calebasse souligne l'intérêt d'une anthropologie des savoirs africains dans la mesure où ces savoirs sont en même temps la mise en scène d'une symbolique vivante et d'un système d'interprétation, de pratiques chargées d'un potentiel de sens qui leur confèrent une place centrale dans la vie sociale. Dans cette perspective, on ne voit pas comment on peut prétendre réussir une entreprise de développement sans avoir les éléments de base d'une anthropologie permettant de comprendre que ce que la société a à développer est une totalité où rien n'est isolé. Tout a une importance puisque chaque élément fait partie de l'ensemble du système social et culturel qui, avec ses normes de référence et ses modèles, exerce son emprise dans la vie concrète sur les décisions et les conduites des individus et des groupes qui s'y réfèrent. Un fait est sûr : les savoirs endogènes qui, comme nous l'avons vu, sont des systèmes de sens, doivent en même temps être perçus comme les arts de vivre selon une logique interne qui unit étroitement dans une sorte de trinité le savoir, le faire et l'être.

S'il y a une méprise grave dans l'histoire du développement des dernières décenies, c'est l'ignorance invincible de nombreux agents de développement, de techniciens et d'experts que rien n'a préparés dans les nombreuses agences internationales et les organismes de coopération, à s'ouvrir à la complexité des terrains où les « dynamiques du dehors » font irruption dans des univers qu'elles maîtrisent mal et dont elles ne soupçonnent ni les fondements, ni les significations complexes. En milieu rural, précisément, les savoirs endogènes sont toutes ces manières de faire méconnues, sous-estimées ou méprisées par les agronomes dans les opérations de modernisation agricole. Si l'on veut tirer des leçons du passé, peut-on reprendre « le chemin des villages[36] » en occultant le poids de sens des systèmes de pensée, des normes de référence et d'interprétation, les valeurs et les principes de base qui déterminent les comportements des producteurs agri-

---

36. G. Belloncle, *Le chemin des villages*, Paris, L'Harmattan, 1979.

coles ? Comment passer « d'un savoir à l'autre[37] » sans maîtriser la langue et les langages des acteurs avec lesquels il faut bien apprendre à communiquer ? Comment construire une action de développement sur un fond d'imaginaire sans provoquer des rejets ni des traumatismes en procédant à une confrontation féconde entre les savoirs technico-scientifiques et les savoirs populaires ? Dans les sociétés rurales où les techniciens de l'agriculture ont tendance à transférer ce que les indigènes appellent « les manières des blancs », seules les réponses crédibles aux questions que nous venons de poser peuvent renouveler l'analyse des relations entre les savoirs, les innovations technologiques et les sociétés locales. À partir d'une étude de cas, il importe d'approfondir la réflexion sur les enjeux du savoir dans les opérations de développement en Afrique au sud du Sahara.

L'EMPIRE DU COTON

On peut étudier ce rôle des connaissances à partir des défis des agriculteurs et des éleveurs du Nord-Cameroun. Cette région est la porte du Sahel et, de ce fait, constitue un cadre de référence privilégié où se vérifie la fécondité des recherches sur les rapports entre les savoirs indigènes et les problèmes d'innovation technologique, dans un contexte où, les problèmes de développement rural sont inséparables des problèmes de gestion et de préservation des ressources naturelles. Par ailleurs, au moment où les politiques d'ajustement structurel restent dominées par une approche exclusivement monétariste, on doit s'interroger sur l'efficacité des opérations de modernisation agricole et leur impact sur les milieux où les dynamiques démographiques sont des défis à relever si l'on veut articuler la production alimentaire et l'équilibre écologique[38].

Si cette région aride nous intéresse particulièrement, c'est aussi parce qu'elle est l'empire du coton conquis par le capitalisme français qui, en plus des pays comme le Mali, le Niger, le

---

37. O. De Sardan et al., *op. cit.*
38. S. D. Yana, J.-M. Wautelet, S. Kelodjoue, « Pression démographique et production alimentaire : L'exemple de trois régions du Cameroun », in F. Gendreau et al., *Le spectre de Malthus*, Paris, Orstom, 1991.

Burkina-Faso, le Sud du Tchad et la RCA, contrôle pratiquement toute l'économie régionale à travers l'ensemble des programmes d'innovation technologique initiés par la Compagnie française des textiles (CFDT) dans le cadre de l'expansion des firmes multinationales du coton. Autrement dit, dans son rapport à la terre, le producteur agricole est intégré dans un méga-système où d'énormes intérêts commerciaux, technologiques et géopolitiques sont en jeu. C'est dans ce sens qu'il faut situer les opérations de modernisation agricole. Or, depuis les années 60, on entend par « développement », notamment en milieu rural,

« l'ensemble des opérations volontaristes de transformation des sociétés rurales, opérées à l'initiative d'institutions extérieures à celles-ci[39] ».

Dès le départ, la définition proposée se caractérise par un ethnocentrisme conceptuel et théorique qui surprend de la part d'un sociologue et d'un ethnologue qui, paradoxalement, tentent une « approche "désenchantée" des développeurs et des chercheurs[40] ». Alors qu'on reconnaît les nombreux échecs des « projets, opérations, plans de développement qui se sont multipliés depuis les indépendances[41] », on peut se demander si l'intérêt porté aux « réactions du milieu » à développer n'a pour rôle que de maintenir les experts dans cette mission prométhéenne des sociétés occidentales qui, par leur dynamisme interne, sont les seuls acteurs aptes à susciter les changements dans les sociétés autres. Tout se passe comme si les paysans dont on découvre les logiques et les rationalités n'étaient que les récepteurs passifs des « transformations » de leurs sociétés. Certes, un fait s'impose comme

« une évidence : les sociétés africaines comme toutes les sociétés humaines, sont capables de changements et d'adaptations ; les réactions aux opérations de développement

---

39. P. Boiral et O. De Sardan, in *Paysans, experts et chercheurs en Afrique noire*, op. cit., p. 7.
40. O. De Sardan, « Sciences Sociales, africanistes et faits de développement », in *Paysans, experts ...*, op. cit., p. 29.
41. J.-P. Dozon et G. Pontier, « Développement, sciences sociales et logiques paysannes en Afrique noire », in *Paysans, experts et chercheurs en Afrique noire*, op. cit, p. 67.

l'ont montré, les chercheurs en sciences sociales le savent depuis longtemps. Cela ne veut évidemment pas dire qu'ils s'adapteront dans le sens et au rythme voulu par les développeurs [...] développeurs et développés n'avancent pas nécessairement du même pas[42] ».

Par ailleurs, écrivent justement J.-P. Dozon et G. Pontier, « Les sociétés africaines ne se nourrissent pas que de symbolisme et de religieux, elles s'intéressent aussi aux biens matériels, et les individus et les groupes qui les constituent sont tout à fait capables de percevoir l'intérêt économique qu'ils peuvent attendre d'une opération de développement[43] ».

En fait, des études de terrain reconnaissent désormais « l'existence de rationalités proprement économiques au sein des campagnes africaines[44] ».

Dès lors que l'on s'interdit tout esprit de soupçon sur l'aptitude des logiques économiques néo-libérales à satisfaire les demandes des rationalités économiques de ces campagnes, toute la question est de savoir si la recherche sur les comportements des populations confrontées aux projets de développement ne vise pas à masquer les effets de domination liés à l'introduction des paquets technologiques. Dans cette perspective, le chercheur en sciences sociales justifierait sa présence et sa légitimité dans « les opérations volontaristes de transformation des sociétés rurales » en rappelant aux experts les réactions, les attitudes et les stratégies des paysans dont il faut tenir compte pour la réussite des programmes d'intervention fondés sur le modèle de l'homo oeconomicus des sociétés occidentales. Bref, l'expert en développement devrait veiller à mieux contrôler les rationalités qui offrent des résistances à l'émergence des entrepreneurs agricoles de type néo-libéral dans les sociétés rurales africaines. On ne voit pas comment le développement conçu, défini et initié par des « institutions extérieures » aux paysanneries africaines peut être autre chose que la projection et l'expansion d'un système économique étranger aux campagnes africaines.

---

42. *Ibidem*, p. 75.
43. *Ibidem*.
44. P. Boiral et O. De Sardan, *op. cit.*, p. 37.

En Afrique noire, les projets de développement se sont multipliés pour ainsi dire comme la vérole. On retrouve presque toujours la même logique d'intervention selon laquelle les études préalables, les procédures d'élaboration, de mise en valeur et d'évaluation ne posent ni le problème du modèle de développement, ni celui des enjeux stratégiques des acteurs en présence et correspondant à la diversité des sociétés agraires. On tend à surestimer l'efficacité des technologies importées et les moyens financiers engagés dans les projets confiés à des organismes et des institutions étatiques ou para-étatiques. En revanche, si l'on sous-estime les capacités de réactions et les attitudes des individus et des groupes concernés par les interventions extérieures aux sociétés rurales, les experts nationaux ou étrangers ne considèrent nullement les bénéficiaires de leurs interventions comme de véritables acteurs dont les savoirs sont une source d'innovation et un facteur interne des transformations socio-économiques. Ici, tout ne peut venir que de l'extérieur :
- les experts et les chercheurs ;
- les projets et les programmes ;
- les bailleurs de fonds et les différentes sources de financements ;
- les savoirs technico-scientifiques ;
- les méthodes et agents de vulgarisation de ces savoirs ;
- le matériel ;
- les équipements ;
- le calendrier des activités ;
- les critères d'évaluation ;
- les évaluateurs ;
- les assurances ;
- les comptes bancaires ;
- etc.

Il arrive que seuls les chauffeurs et le personnel domestique des encadreurs ou les services de gardiennage soient d'origine autochtone. De plus, les lieux de résidence des experts et techniciens engagés dans les opérations de développement s'efforcent de recréer le cadre de vie, les modes de consommation et les formes de loisir qui, sous les Tropiques, rappellent l'environnement des sociétés occidentales. Une petite ethnologie des projets de développement met en lumière la diversité des pays et des organismes impliqués dans ces opérations compte tenu des traditions d'échange et de coopération avec les pays d'accueil. On constate aussi une spécialisation dans les secteurs d'intervention et leur géographie définie en fonction des choix idéologiques et des enjeux géopolitiques que représentent les groupes ethniques resitués dans les trajectoires de l'histoire économique et politique d'une région ou d'un pays. Il arrive que les projets de développement se concentrent dans une région qui constitue une sorte de fief ou de monopole pour une ancienne métropole. Les « nouveaux venus » de la coopération internationale se heurtent alors aux intérêts des anciens maîtres qui se réorganisent et se mobilisent pour affirmer leur présence dans un contexte où les rivalités sourdes, les stratégies de sabotage et d'éviction reproduisent au sein des brousses africaines l'esprit de la jungle qui est au cœur du capitalisme occidental.

Comme le rappelle l'histoire des différents projets de modernisation depuis la SEMNORD (Section de Modernisation du Nord), les casiers de colonisation, la CFDT (Compagnie Française des Textiles), la Sodecoton (Société de développement du coton), la SEMRY (Section de modernisation dela riziculture de Yagoua) et le projet Nord-Est-Bénoué[45], la création des sociétés de développement se nourrit de cette vision. Elle renvoie toujours à un centre de décision et à la capacité moderniste des organisations bureaucratiques considérées comme l'unique moteur des changements économiques en milieu rural. D'où la nécessité d'un encadrement très poussé des populations à partir des structures d'intervention dont les techniciens de l'agriculture et de l'élévage constituent les relais dans les terroirs où doivent s'appliquer les savoirs venus d'ailleurs. À cet égard, relevons la présence significative des Belges dans l'Extrême-Nord à partir des expériences de soins de santé primaires en milieu urbain. Si l'USAID est très actif dans

---

45. Sur l'évolution de ces projets, voir J. Boutrais et al., *Le nord du Cameroun. Les hommes, une région*, Paris, Orstom, 1984.

l'Adamaoua, les Canadiens et les Hollandais interviennent efficacement dans les nouvelles générations avec des projets de développement qui intègrent les préoccupations environnementales. Par contre, l'emprise des technologies françaises n'a cessé de se renforcer depuis la colonisation compte tenu de l'extension du coton qui s'est taillé un véritable empire puisqu'avec le Projet Nord-Est-Bénoué, la culture cotonnière n'est plus concentrée dans les plaines de Mora et du Diamaré. À partir de la Sodecoton qui est, en réalité, un État dans l'État, le monde rural est désormais sous le contrôle des savoirs exogènes. La SEMRY de Yagoua n'échappe pas à cette règle dans ce projet financé par le FAC (Fond d'Aide et de Coopération) où, naturellement, les réalisations techniques proviennent de l'ancienne métropole coloniale. La Sodeblé qui fut un échec dans l'Adamaoua porte aussi la marque des mêmes origines des grands projets de modernisation du Nord-Cameroun. Si les huileries de Maroua, les brasseries et les entreprises textiles (Cicam) de Garoua et la Cimencam de Figuil ont des effets pervers sur l'environnement, en plus des incidences écologiques et sanitaires des barrages de Lagdo et de Maga, toute l'économie rurale du Cameroun septentrionale met en évidence le lien entre la dégradation des ressources naturelles et les innovations technologiques. Le cadre humain où s'appliquent ces technologies est caractérisé non seulement par la sous-scolarisation des ethnies majoritaires de la région mais aussi par la pauvreté des petis paysans embrigadés dans les zones d'occupation du coton-roi. C'est dans ce contexte global qu'il convient de situer l'ensemble des projets de développement rural au Nord-Cameroun.

En dépit des défis alimentaires qui nécessitent une redéfinition des opérations de développement tenant compte de l'évolution des systèmes agraires dans ces zones de forte densité de population, seule l'efficacité des techniques de productivité et de rendement a toujours préoccupé les recherches soumises aux logiques de marché à partir de la monoculture cotonnière. Dans cette perspective, tout ce qui ne relève pas des sciences agronomiques et de l'économie cotonnière semble de peu d'importance. Si quelques études sont « demandées » à des chercheurs en sciences sociales, c'est tout au plus, pour connaître l'état des populations sans que, en fin de compte, les résultats de ces monographies soient réellement intégrés dans les processus de mise en œuvre des projets de modernisation. L'examen des groupes sociaux touchés par les faits de développement, la compréhension de leurs pratiques et de leurs représentations n'ont qu'une faible incidence sur les programmes dont la réalisation repose sur l'efficacité des techniques imposées par les « développeurs ».

D'une manière générale, c'est à peine si l'on se préoccupe d'interroger les bénéficiaires des projets, de considérer leurs modes d'organisations, les priorités qu'ils établissent eux-mêmes, l'analyse qu'ils font de leurs besoins réels, l'image qu'ils ont de leur propre condition et de leur avenir. On peut douter de la réussite des interventions concues sans les paysans et les éleveurs confrontés à des pratiques différentes mises en œuvre en dehors de toute référence à leur univers de pensée et de croyances. C'est le « hors-jeu » de cet univers qui doit retenir l'attention de tous ceux qui ont inscrit le développement au cœur de leurs préoccupations.

Tel qu'il est concu et se réalise dans le cadre de la planification régionale, le développement répond à un choix de modernité. En clair, il s'agit de faire passer l'agriculteur et l'éleveur de « l'archaïsme » au « progrès ». Dès lors, l'ensemble de la région tend à devenir le cadre privilégié pour les actions de modernisation rurale à partir de l'intervention des groupes d'intérêts qui, par des organismes officiels, opèrent dans un contexte où, en dépit des pénuries et des famines qui hantent l'imaginaire des sociétés paysannes[46]. L'agriculture vivrière est sacrifiée à ce que l'on considère comme une panacée : l'extension des cultures commerciales en tant que source exclusive de profit et moyen d'intégration dans le système économique mondial. Hier, c'était l'arachide dont le développement obéissait aux contraintes imposées par l'administration coloniale.

Comme le rappelle Roupsard,

« Avant le véritable démarrage de la culture cotonnière au Nord-Cameroun, en 1951, l'arachide est apparue comme

---

46. En ce qui concerne les famines dans l'histoire du Nord-Cameroun, lire A. Beauvilain, *Nord-Cameroun : Crises et peuplement*, T.l.

la plante la mieux adaptée aux conditions du milieu pour permettre une orientation commerciale, sur le modèle de ce qui s'était déjà fait dans d'autres régions similaires d'Afrique de l'Ouest, principalement au Sénégal et au Nigéria. Le retard pris ici dans l'application d'un tel choix trouve son explication dans les lenteurs et les difficultés de la prise de contrôle des populations rurales par l'administration coloniale.

L'organisation de la culture arachidière commence à faire sentir ses effets seulement en 1928 avec l'exportation de 334 tonnes par le port de Garoua, au lieu de quelques tonnes les années précédentes. La production est rendue pratiquement obligatoire par les pressions de la hiérarchie administrative relayée par les autorités coutumières, les opérations de vente étant liées à la levée de l'impôt de capitation. Les circuits de commercialisation sont sous contrôle de la société "R.W.King" par le canal de quelques intermédiaires transporteurs[47]».

Depuis les années 50, la culture du coton n'a pas échappé à cette logique de la violence coloniale[48] dans la mesure où elle est restée obligatoire surtout chez les montagnards dont la descente en plaine est liée, en dehors des contraintes internes, aux politiques de population définies en vue d'un rééquilibrage démographique et des obligations fiscales dans une région où les zones favorables à l'agriculture restent sous-peuplées. Car la descente en plaine des Kirdi des monts Mandara s'inscrit dans les processus de développement de la culture cotonnière dont l'essor est compromis par les faibles densités de population des plaines occupées par les Peuls depuis leur infiltration au Nord-Cameroun[49]. En dépit des apparences, c'est bien autour du coton que se joue le rapport à la terre dans les projets de développement agricole. Autrement dit, le développement est perçu à partir des choix économiques qui réactualisent une vision de l'agriculture

---

47. I. Rouspard, *Nord-Cameroun, ouverture et développement*, 1987, p. 226.
48. Cf. J. M. Ela, *L'Afrique des villages*, Paris, Karthala, 1982, pp. 21-43.
49. Sur ce sujet, voir J. M. Ela, *Structures sociales traditionnelles et changements économiques chez les montagnards du Nord-Cameroun*, Thèse de Doctorat de 3ᵉ cycle, Paris-Sorbonne, 1978.

imposée par l'histoire coloniale. L'économie rurale du Nord-Cameroun est définie en dehors des sociétés où le mil et la vache constituent les repères fondamentaux autour desquels s'élaborent les savoirs paysans.

Pour les planificateurs, les sociétés rurales doivent s'écarter de ces repères pour s'intégrer aux réseaux d'échanges commerciaux du monde extérieur à partir des cultures qui n'ont pas de place dans leur imaginaire. Ce principe reste l'axiome de base du développement régional. Le problème est de savoir si l'on doit faire fi des spécificités de ces sociétés. Comment éviter l'échec de tout modèle uniformisateur qui n'accorde aucune importance à l'environnement social et aux dynamiques démographiques, à l'histoire et à la persistance des structures socio-politiques héritées du passé ? Plus précisément, ne faut-il pas s'interdire de soustraire les agriculteurs et les éleveurs de leur société globale et de refuser de voir la logique de leur comportement de producteurs dans les rapports qu'ils entretiennent avec la terre et l'espace l'herbe, l'eau et l'arbre ? Il semble difficile de continuer à sous estimer les pratiques et les connaissances qui expriment les manières de s'enraciner dans l'espace, les modes de perception de celui-ci, sa gestion déterminée par une identité culturelle, les techniques collectives inscrites dans le temps long des sociétés et des cultures. Dès lors, il s'agit de voir l'agriculture et l'élevage avec les yeux des populations du Nord-Cameroun, compte tenu de leur mémoire et de leur savoir.

Il y a là une sorte de prolégomène à toute expérience de développement qui veut pénétrer en profondeur les hommes et leur région.

Systèmes agraires et aménagement de l'espace

On revient ici aux tâches indispensables des chercheurs en sciences sociales qui inscrivent les faits de développement dans leur champ d'analyse. Ce que l'on veut tenter ici, pour reconsidérer les enjeux de l'innovation technologique, c'est de se placer du point de vue des hommes et de leurs sociétés propres. La reconstitution des rationalités paysannes est un défi à relever. Il s'agit d'observer les systèmes d'acteurs, les opérations et les références à partir desquelles les acteurs s'organisent autour des enjeux à découvrir. Bref, ce qui s'impose à la recherche, ce sont les logiques d'action, les principes de base qui structurent les comportements. Cette approche conditionne une meilleure prise en compte des « tactiques », des stratégies et des capacités de réaction et de réinterprétation des projets de développement par les paysans eux-mêmes. Cet effort exige un travail de terrain, une écoute des agriculteurs et des éleveurs, une étude de leurs langages, un examen attentif des rapports sociaux villageois dans un contexte économique où l'agro-système est lui-même un élément du système culturel et politique. Car, si les outils et les techniques qui jouent un rôle capital dans la sphère de la production sont des «œuvres de civilisation» propres à un groupe humain, leur utilisation est liée à des rapports de pouvoir compte tenu de la relation à la terre vécue dans le cadre du système lamidal hérité de la conquête du Nord-Cameroun par les Peuls.

Pour approfondir notre objet d'étude, c'est bien le rôle du savoir et du pouvoir qu'il faudrait élucider à partir des enjeux définis autour des activités agricoles et pastorales dans les sociétés où l'on se demande si les transformations socio-économique ne supposent pas une redistribution des rapports au pouvoir.

On devine l'ampleur de la tâche à entreprendre. Il existe peu d'études sur les rationalités internes à l'agriculture et à l'élevage au Nord-Cameroun. Pour amorcer la réflexion dans ce sens, nous nous contenterons de quelques observations concrètes regroupées au terme d'un long séjour parmi les paysans kirdi, peul et mandara.

À cet égard, si la vache et le mil sont au centre de l'univers des éleveurs et des agriculteurs de cette région dont il n'est plus nécessaire de souligner les contrastes sur le plan géographique, ethnique et démographique[50], il faut considérer les savoirs élaborés sur ces réalités primordiales comme une totalité significative. Nous retrouvons les manifestations de ces savoirs dans les paysages, les espaces ruraux et les systèmes agraires où se

---

50. Sur la diversité ethnique du nord-Cameroun, voir J. Boulet et al., *Le Nord du Cameroun. Bilan de dix ans de recherche*, Onarst, Yaounde, Onarest, 1978.

lit la créativité des sociétés locales. Ces phénomènes dans leur ensemble doivent être appréhendés comme un produit social. La reconstitution des rationalités paysannes nécessite donc une analyse approfondie du rapport de l'homme à l'espace à partir des réponses qu'il invente face aux défis de son environnement. Car depuis le peuplement de ces zones de savane, un « travail culturel » soumet les différents acteurs sociaux (les cadets et les aînés, les hommes et les femmes les autorités et les notabilités, les descendants et leurs ancêtres) à l'effort permanent de réajustement, d'adaptation et de production des savoirs et des techniques nécessaires à l'aménagement de l'espace. Ici comme ailleurs, l'homme s'organise pour habiter le monde en inventant les réponses aux sollicitations de son milieu naturel.

Pour le rejoindre et le saisir dans son effort d'invention, il faut revenir à l'axe des rapports entre les savoirs et les sociétés dans un contexte écologique où les sécheresses et les famines, la quête des pâturages et les problèmes d'eau, l'accès à la terre, la survie alimentaire et la sécurité physique et sociale obligent en permanence à mettre en valeur les ressources de l'intelligence et de l'imagination. C'est sous cet angle qu'il convient de saisir l'importance des systèmes agraires que la géographie rurale n'a cessé de décrire au cours des dernières décennies. Qu'il suffise de rappeler les travaux de A. Hallaire sur les monts Mandara[51], les études de J. Boulet et de Boutrais sur les Matakam[52] ou les recherches de J.F Vincent sur les « Mofou[53] ». En observant les terroirs agraires à Magoumaz, à Douvangar, dans les massifs Mada, zoulgo ou chez les Ouldémé et les Kapsiki, on est en présence de groupes ethniques qui ont été soumis à des pressions internes et externes auxquelles ils ont riposté en édifiant ce qu'Hallaire appelle une « civilisation montagnarde[54] ».

---

51. A. Hallaire, *Les monts du Mandara au nord de Mokolo et de la plaine de mora*, Orstom, Yaounde, 1965 ; Hodogway (Nord-Cameroun), *Un village en bordure de plaine*, Paris, Orstom, 1971.
52. J. Boulet, Magoumaz, *Étude d'un terroir de montagne en Pays Mafa*, Orstom, Yaounde, 1971 ; J. Boutrais, *La colonisation des plaines par les montagnards du Nord-Cameroun*, Paris, Orstom, 1973.
53. J. F. Vincent, *Les princes montagnards du Nord-Cameroun*, Paris, L'Harmattan, 1992.
54. A. Hallaire, *op. cit.*

Celle-ci suppose une extraordinaire capacité d'observation, une aptitude à identifier les différentes espèces végétales, une classification des plantes et bien évidemment la mise au point des techniques de gestion des sols, de leur conservation et de leur fertilité. Dans cette perspective, le rapport à la terre s'inscrit dans le cadre des règles précises d'appropriation foncière qui relèvent des systèmes juridiques spécifiques à chaque groupe d'appartenance. Le travail agraire fait de la végétation un objet de savoirs et d'expériences diverses. Par exemple, le paysan kirdi attache une importance considérable à certains arbres comme le Faidherbia dont la présence dans son champ est particulièrement bienfaisante compte tenu de ses vertus fertilisantes. Autrement dit, on ne s'intéresse pas aux arbres uniquement pour des raisons liées à la construction des habitations ou aux besoins de loisirs, comme le rappelle la valeur reconnue au baobab comme lieu de sociabilité et de la palabre ou des cérémonies sacrificielles. La flore est intégrée à l'ensemble des liens qui unissent l'homme à son milieu à partir des préoccupations agro-forestières qui demeurent un souci primordial dans ces régions présahéliennes où l'eau conditionne la mise au travail des populations laborieuses. Considérons l'importance des feuilles à sauce dans l'alimentation saisonière.

Le Kirdi a intégré l'arbre à sa culture dans tous les sens du terme dans un contexte où, comme le rappelle bien Hallaire, « le social, l'agraire et le religieux sont étroitement liés[55] ». Les densités de population et la gestion de l'espace permettent aussi de comprendre les habitudes de ces paysans enracinés dans la vie de la montagne. Les agriculteurs Kirdi savent tirer parti d'un milieu naturel difficile et sont parvenus à survivre et à conserver la fertilité des sols grâce à des techniques culturales intensives.

C'est ici le lieu de relever la pertinence des savoirs qui se déploient à travers les systèmes agraires caractérisés par l'originalité des terrasses jusqu'aux sommets des massifs où aucune place n'est inutilisée puisque tous les recoins de la terre doivent être en permanence mis en culture. Le spectacle ne laisse pas

---

55. A. Hallaire, *Paysans montagnards du Nord-Cameroun. Les monts Mandara*, Paris, Orstom, 1992.

l'observateur indifférent et les agronomes reconnaissent eux-mêmes qu'aucune technique venue de l'étranger ne peut atteindre la perfection à laquelle sont parvenus ces « paysans dits ignorants ». Nous sommes en présence d'un paysage qui témoigne de l'ingéniosité des agriculteurs kirdi. Seignobos écrit avec raison :

> « les montagnards sont des bâtisseurs de terrasses. Présentes partout, les terrasses sont régulièrement entretenues au moment de la préparation des champs et particulièrement soignées aux abords de la ferme. Le manque de terre conduit parfois (Mbokou, Mofou, Méri) à la reconstitution de terrasses sur de grandes plaques rocheuses. Ce travail est en quelque sorte rentabilisé par la disparition des Jachères qui servent de fortes densités de peuplement. Ce type d'agriculture est rendu possible par la mise au point de cultures bien adaptées, en particulier les tchergué[56] ».

Comme l'observe aussi Froelich,

> « les montagnes sont couvertes, de la base au sommet, par un système sans fin de terrasses soutenues par des murs de pierres sèches. Il est impossible de donner autre chose qu'une évaluation grossière de la longueur totale de ces terrasses ; mais, sur la petite surface du pays, elle est de l'ordre de 20 000 miles. Ces murs de terrasses ont été construits soigneusement à la façon des vieux murs de pierres sèches du nord de l'Angleterre et le travail n'est, en rien, inférieur à celui de ces derniers. La hauteur de ces terrasses individuelles varie de quelques centimètres – une seule ligne à 3 mètres. Les habitants actuels disent que leurs ancêtres trouvèrent ce système de terrasses lors de leur arrivée dans le pays, et il est évident que des siècles de travail ont été nécessaires pour porter le système à son état actuel de perfection. Il est toutefois impossible de fixer la date de leur création, mais un reste de l'industrie humaine du paléolithique supérieur ou du néolithique inférieur a été rencontré par l'auteur sur des terrasses dans la partie nord-est de l'éperon ; aucun autre vestige n'a été trouvé à présent.

---

56. C. Seignobos, *Nord-Cameroun : montagnes et hautes terres*, Paris, Éd. Parenthèses, 1982, p. 28.

C'est un spectacle remarquable de voir ces "kilomètres" de terrasses dans le sud du district, suivant chaque vallée et s'étendant verticalement sur 750 mètres. Les sommets des montagnes sont entourés par le mur des terrasses supérieures et le terrain remblayé donne des espaces plans de dimensions variables[57]».

On imagine le rude effort permanent exigé pour cet aménagement de l'espace :

« Sur la montagne, on prend grand soin des murs de pierres. Avant le début des pluies, chaque fermier se livre à une inspection soignée de tous les dommages causés par les pierres déplacées qui sont soigneusement replacées, et tous les trous ouverts sur la terre des terrasses sont comblés, fréquemment par l'expédient de cailloux écrasés ou de granit décomposé pour former un gravier grossier. Les surfaces très endommagées sont réparées en appelant tous les jeunes du village au travail et en les régalant, après l'exécution du travail, avec la bière offerte par le propriétaire des terrasses réparées. Pendant la saison des pluies, nul ne peut quitter le sentier pour marcher sur la terrasse, à l'exception du propriétaire, de peur qu'une pierre déplacée par un pied inattentif n'ouvre la voie, à l'averse suivante, aux effets de l'érosion[58]».

Pour mener cette lutte, il a fallu trouver un outillage adapté qui, depuis des générations, reste la houe dont la fabrication est l'œuvre des forgerons occupant une place spéciale dans certains groupes comme on le voit chez les Mafa. De plus, chez ces agriculteurs qui ne négligent point l'élevage du petit bétail étroitement associé à la vie religieuse, il est courant de répandre sur les champs, les cendres domestiques en même temps que les déjections animales auxquelles s'ajoutent les herbes qu'on laisse pourrir pour fertiliser la terre.

Les excréments humains sont aussi utilisés dans les zones de culture où les populations ont tendance à se décharger à même le sol faute de latrines construites autour des habitations en pierres :

---

57. J. C. Froelich, *Les montagnards paléonigritiques*, Paris, Orstom, 1968, p. 147.
58. *Ibidem*, p. 148.

« Avant les semailles, les fumures animales et humaines accumulées sont reprises et placées en petits tas sur les terrasses, tandis que les chaumes de sorgho et les vies, les couvertures de case sont brûlées en tas. Après le semis et le début de la levée, ces tas sont soigneusement répandus autour des jeunes plants. [...] pendant la croissance, les mauvaises herbes sont sarclées et mises en tas pour former des composts que le fermier prend bien soin d'incorporer au 801 l'année suivante[59] ».

LE POIDS DE L'HISTOIRE

Si nous évoquons ces techniques agraires, c'est parce qu'elles témoignent des efforts des populations dont l'agriculture est l'activité principale. Mais, tout comme l'architecture qui porte l'empreinte ethnique bien soulignée par Seignobos[60], la construction de l'espace agraire, grâce à un système de production éprouvé, obéit aux impératifs de défense dans la mesure où

« les civilisations paléonégritiques constituent une réponse à des stimuli géographiques et historiques particuliers[61] ».

Insistons sur ce caractère de la vie agricole chez les montagnards du Nord-Cameroun. Depuis des siecles, les Kirdi sont sur le qui-vive, compte tenu des ambitions hégémoniques des empires voisins. C'est dans cet environnement hostile qu'ils ont élaboré une « économie rurale » où se concentrent les savoirs des sociétés non-musulmanes des monts Mandara. Car, en dépit des particularités culturelles très prononcées qui demeurent au sein d'un pays où l'ouverture au monde occidental a créé une grave crise d'identité due au déracinement des populations des régions côtières et forestières, ces sociétés sont loin d'être figées, en marge des soubresauts et des turbulences de l'histoire. En réalité, elles portent en elles la marque des événements qui ont bouleversé la vie des peuples confrontés aux grands empires de l'Ouest africain.

---

59. *Ibidem*, p. 149.
60. C. Seignobos, *op. cit.*, p. 35.
61. J. C. Froelich, *op. cit.*, p. 243.

Les systèmes agraires, les structures de l'habitat et le type d'économie de montagne portent les traces des interventions extérieures dont l'impact se laisse deviner jusque dans les réflexes, les mentalités et les traditions orales des hommes du rocher. Ainsi, ce que nous offrent les terrasses de culture dans les monts Mandara, c'est un véritable «lieu de mémoire» qui met en lumière une «économie d'assiégés». Pour comprendre en profondeur l'enjeu des terroirs agraires, il faut les resituer au cœur des dynamiques socio-historiques des populations du Nord-Cameroun. Ce que représentent ces terroirs, c'est une somme d'efforts et d'inventivité, des formes de ripostes et de réactions à des forces sociales hostiles. En d'autres termes, l'invention des traditions agraires est inséparable des processus de résistance dans ces massifs surpeuplés où les hommes du rocher ne peuvent rien improviser s'ils veulent survivre. Pour prendre un exemple bien connu,

« les Matakam ont répondu aux défis de l'histoire en se réfugiant dans leurs massifs; ils ont survécu dans ces massifs pauvres en terre et rétifs à l'exploitation en construisant des terrasses et en élaborant une véritable agriculture de jardin; ils ont édifié une organisation sociale basée sur les communautés villageoises de structure segmentaire, de grande plasticité d'accueil et assurant l'autonomie des différentes unités; ils ont résisté pendant près d'un siècle à la pression conquérante des Foulbé. [...] en paraphrasant Engels, nous pourrions dire : l'histoire hante les Matakam[62]».

Certes, les Kirdi des monts dits Mandara ne représentent pas les seuls agriculteurs du Nord-Cameroun. Parmi les non-islamisés, on ne peut ignorer les techniques mises en œuvre par les Dourou dont l'économie à base d'igname est particulièrement développée dans les villages situés sur la route Ngaoundéré-Garoua. Comme le rappelle Rouspard,

« les techniques de culture sont mises au point de longue date. L'utilisation d'un outillage traditionnel bien adapté, fabriqué localement par des forgerons réputés, facilite l'exécution des travaux qui exigent une main-d'œuvre

---

62. J. Y. Martin, Les Matakam du Nord-Cameroun, Paris, Orstom, 1970, pp. 11-12.

abondante. Le champ d'ignames est préparé sur un sol nouvellement défriché ou reposé après une longue jachaire. Au début de la saison sèche, le calendrier cultural commence par la confection de grands billons hauts de 50 à 60 centimètres et écartés de 1,5 à 2 mètres (de crête à crête); quand le champ est en pente, des levées transversales coupent les interbillons tous les 4 ou 5 mètres pour empêcher le ruissellement. Ce travail long et pénible est facilité depuis 1975 par la pratique d'un labour profond, en louant les services d'un tracteur de la Mission Protestante de Mbé.

L'igname est plantée en mars-avril au moment des premières pluies. Les semenceaux mis en terre au sommet des billons sont couverts de petits cônes de paille qui protègent les germes; ils sont espacés en général de 90 cm. À la levée, des tuteurs sont disposés à raison d'un pour deux tiges; pour cet usage, on utilise des branchages d'environ un mètre de long coupés en brousse. Selon l'écartement des billons, la densité de la plantation varie entre 5 000 et 7 000 pieds à l'hectare, nécessitant 2 500 à 3 500 tuteurs. L'entretien du champ consiste en deux ou trois sarclages avant la récolte qui peut commencer début septembre et se prolonger jusqu'en novembre. Les tubercules sont extraits par les côtés des billons. Avec les variétés les plus précoces, une repousse fournit des ignames de taille plus petite, gardées pour la consommation familiale ou pour faire les semenceaux de la campagne suivante[63]».

On trouve des villages entiers qui, au pied de la falaise de l'Adamaoua, se spécialisent dans la culture de l'igname selon les techniques bien élaborées qui témoignent de la capacité des paysans à investir les savoirs. Soulignons l'ouverture de nombreux groupes ethniques aux cultures nouvelles auxquelles ils se consacrent en s'adaptant aux apports extérieurs. Nous pensons surtout à la pomme de terre, au taro et à la patate douce qui connaissent une diffusion remarquable dans l'ensemble du Nord-Cameroun.

---

63. Rouspard, op. cit., p. 237.

« La patate douce cultivée dans l'Adamaoua, principalement dans le Mayo-Banyo et dans la Vina qui sont les départements de cette province les moins tournés vers le manioc, sur les monts Mandara et de façon plus diffuse dans le bassin de la Bénoué. Le taro a une aire d'extension plus limitée, localisée sur les hautes terres des monts Mandara et dans le massif de poli. Une plante proche du taro, le macabo (Xanthosoma Sagitifolium), très répandu dans les régions forestières du Sud-Cameroun, progresse dans l'Adamaoua, en culture de fonds de vallée et commence à gagner les plateaux des monts Mandara[64] ».

Observons aussi le développement de la culture de l'oignon dans les zones de culture traditionnellement dominées par le mil. Au bord des cours d'eau issus des monts Mandara, surtout chez les Mafa, la production d'oignons ne cesse de s'intensifier depuis des années dans un contexte où les islamisés eux-mêmes se tournent vers l'agriculture en recourant, il est vrai, à une main d'œuvre salariée formée de travailleurs saisonniers parmi les jeunes montagnards qui descendent en plaine pendant la « saison morte ».

Au moment où les cultures maraîchères prennent leur essor comme on peut l'observer dans le village de Meskine près de Maroua, les éleveurs arabes-choa commencent aussi à cultiver le Niébé dont la production est surtout destinée à la vente au Nigéria et au Tchad.

On le voit : l'agriculture ne peut plus être considérée comme la spécificité des populations non-musulmanes.

« L'image du Peul, pasteur traditionnel, peu enclin au travail agricole et même au travail tout court, est solidement ancrée dans les esprits. Elle ne semble pas refléter la réalité. Beaucoup de Foulbé n'ayant plus la possibilité du travail servile et pas les moyens financiers d'utiliser une main-d'œuvre salariée, travaillent eux-mêmes la terre et se révèlent des paysans de valeur ; parfois comme à Maroua, Meskine, Mogon et Dounrou, des maraîchers avisés. Le Peul de brousse est souvent un cultivateur courageux et compétent. Lorsque ses moyens financiers sont

---

64. *Ibidem*, p. 237.

suffisants, il se révèle ouvert au progrès, utilise la culture attelée, cultive des superficies importantes en faisant appel à une main d'œuvre salariée (Mofou et Mafa à l'ouest de Maroua, Toupouri et Massa à l'est) permanente parfois, saisonnière le plus souvent, travaille à sa façon avec charrue et sa charrette et prend alors des allures de véritable entrepreneur agricole.

Autre grand propriétaire terrien, le Mandara ou Wandala, a su, grâce à la proximité d'une main-d'œuvre montagnarde abondante, développer la culture commerciale du coton qui lui assure des revenus substantiels. Le Mandara, traditionnellement sédentaire, est devenu, grâce à l'appropriation foncière, une sorte de "gentleman farmer". On peut dire la même chose d'une partie des Bornouan et des Camergou voisins, avec chez ceux-ci une proportion importante de petits paysans cultivant eux-mêmes leurs champs[65]».

Chez les Peuls et les Mandara, la conversion à l'agriculture met en évidence un processus de changement qui se traduit par l'adaptation des maîtres d'hier à un système économique au sein duquel le statut social ne dépend plus exclusivement des positions de pouvoir, mais des mécanismes d'accumulation qui réhabilitent le travail agricole comme source de richesse dans une région où l'introduction de la culture cotonnière a bouleversé les facteurs de stratification sociale. J. Boutrais a bien observé cette evolution :

«Fait entièrement nouveau, une forme de promotion sociale devient possible à partir du travail de la terre. Des modifications dans la position sociale des cultivateurs entreprenants tendent à prouver que la richesse n'est plus un privilège de l'entourage du chef. Là réside sans doute la mutation profonde de la société musulmane[66]».

Cette mutation s'inscrit dans les dynamiques des sociétés où les razzias et l'esclavage sont restés longtemps les véritables sources d'enrichissement des chefs coutumiers et de leur

---

65. J. Boutrais, *Le Nord-Cameroun, Bilan de 10 ans de recherche*, Vol. II, p. 130.
66. *Ibidem*, p. 334.

entourage. À travers une histoire de conflits et de violences, l'économie des foulbé a été fondée sur l'exploitation de la force de travail des Kirdi capturés sur les massifs au cours des expéditions qui ont aggravé l'insécurité dans les monts Mandara. Pour se livrer à cette capture nécessaire à la mise en œuvre des terres les plus riches de la plaine, les Foulbé ont dû abandonner la garde de leurs troupeaux pour donner une orientation plus agricole à leur économie afin de renforcer leur puissance militaire. La sédentarisation des Foulbé s'opère dans une histoire économique et militaire où le travail des Kirdi devient, avec l'introduction des nouvelles cultures, l'un des piliers de l'accumulation des richesses.

Il est difficile de vérifier la pertinence des savoirs dont témoignent les éleveurs sédentarisés mettant en valeur les meilleurs terres qu'ils contrôlent en utilisant une main d'œuvre Kirdi qui a une véritable tradition agricole. Aussi, pour approfondir l'examen des rationalités paysannes, il faut se tourner vers ces travailleurs de la terre qui, en passant de la montagne à la plaine, sont confrontés à une grave crise de société et de culture. Si le Kirdi représente l'agriculteur du Nord-Cameroun, c'est à partir de son expérience qu'il semble nécessaire de procéder à une réévaluation des pratiques agraires dans les processus d'innovation en cours.

CONFLITS OU RENCONTRE DES SAVOIRS?

Face aux projets de modernisation rurale, celui qui, jadis, travaillait sur les terrasses dans les massifs doit se faire une autre image du monde et s'adapter à un nouveau milieu naturel. En effet, si pour le Kirdi, la montagne est réellement sa vie, en même temps qu'elle demeure le lieu des sacrifices et le cimetière où reposent les ancêtres, descendre en plaine n'est pas seulement faire un déplacement dans l'espace, c'est aussi affronter l'autre, aller ailleurs, hors de chez soi sans être sûr de retrouver ses manières de vivre et de croire. Cela exige une réappropriation critique d'un espace longtemps étranger sinon hostile et dangereux. La plaine n'est-elle pas la terre de l'Islam et le lieu où s'organisait jadis la chasse à l'esclave dans un système de référence où, comme le rapportent les mythes Mada et

Zoulgo, le cheval est un animal associé au cortège des violences et des expéditions esclavagistes ? Soulignons la spécificité de l'espace Kirdi par rapport à l'espace non-Kirdi. Comme le suggère Seignobos, « la stabilité des autels et lieux sacrés chez les montagnards est en accord avec celle du terroir et de l'habitat, et marque ainsi la différence avec la plaine, où les sacrifices familiaux sont très mobiles. Cet enracinement explique le désarroi religieux des montagnards qui, émigrés en plaine, ne peuvent plus se référer à leurs sacrifices qu'en retournant sur le rocher. La plaine s'offre à eux non seulement comme un environnement différent pour bâtir et pour cultiver, mais aussi comme un lieu religieusement vide[67] ».

Tel est le lieu où se situe le conflit des savoirs lorsque l'agriculteur kirdi est confronté à une autre agriculture que les décideurs considèrent comme le seul moteur du développement rural.

Il faut bien saisir les tensions profondes qui traversent les sociétés où les groupes humains longtemps perchés dans les massifs-forteresses ont aménagé des amas de terre granitiques en terrasses pour y cultiver le mil, sous la pression des invasions, des razzias, des empires et des États. Avec la descente en plaine, les pressions démographiques et l'épuisement des sols, un monde s'effondre dès lors que les hommes du mil se heurtent à la culture du coton. Pour mesurer l'ampleur des conflits qui surgissent, nous devons reconsidérer le modèle de développement destiné à ouvrir les nouveaux agriculteurs aux savoirs manifestement en rupture avec l'univers culturel des montagnards.

Depuis la colonisation, les techniciens de l'agriculture s'efforcent de promouvoir les expériences de modernisation à travers un encadrement très poussé des paysans du Nord-Cameroun. Ici, le passage de l'« archaïsme » à la « modernité » exige l'adoption des techniques nouvelles liées à la culture intensive. Retenons pour l'essentiel, parmi les méthodes vulgarisées par les moniteurs agricoles :

- le semis en lignes

---

67. C. Seignobos, op. cit., p. 31-32.

- le sarclage
- le regroupement des champs individuels en grandes parcelles,
- le respect d'un calendrier agricole très précis,
- l'utilisation des engrais et des pesticides,
- la motorisation portant sur le labour et le buttage

Après la C.F.D.T, la Sodecoton diffuse ces nouveaux messages dans le cadre des grands projets qui, comme on le voit dans le Nord-Est-Bénoué, nécessitent de gros financements supportés par des organismes extérieurs. Il n'est pas inutile d'évaluer l'importance de ces interventions massives dans la mesure où, en dehors de la dépendance technologique et financière, la mise en œuvre des projets de développement rural s'accompagne de contraintes et de discipline dont la majorité des agriculteurs ne sont pas disposés à assumer les coûts. Car, si les prix des engrais, de l'attelage et de sa location sont souvent élevés pour l'ensemble des producteurs aux revenus modestes, il convient de prendre également en compte la surmortalité des bovins et surtout les pannes fréquentes dans les villages où les pièces de rechange et les ateliers de réparation sont rares. Par ailleurs, tout effort de travail communautaire de type coopératif semble particulièrement difficile chez les Kirdis marqués par un individualisme enraciné dans les traditions des terroirs montagnards. Il nous est arrivé de vérifier cette difficulté durant un long séjour au Nord du Cameroun dans des projets d'animation globale visant à susciter la promotion des groupements paysans particulièrement douloureuse dès lors qu'on cherche à instituer des pratiques de travail communautaire qui s'écartent des traditions d'entraide observées dans les sociétés segmentaires. G. Courade a bien souligné ce fait lorsqu'il écrit :

« Paradoxalement, le Nord-Cameroun souvent célèbre pour ses "paysanneries négritiques" enracinées dans les monts Mandara, les plaines du Diamaré ou les Yaéré du Logone n'a pas été un terroir propice aux initiatives coopératives ou tontinières spontanée[68]. Rouspard note aussi

---

68. G. Courade, *Organisations paysannes, sociétés rurales, État et développement au Cameroun (1960-1980)*, Colloque sur l'Économie politique du Cameroun, Perspectives historiques, t. 1, African Studies, (Enter Leiden), 1989, p. 75.

"l'absence d'initiatives venues de la base" pour susciter des organisations communautaires autonomes ne relevant pas de la coutume. Ce sont les sociétés de développement (SODECOTON ou SEMRY) qui organisent les producteurs qu'elles encadrent. L'organisation des sociétés païennes, la domination Foulbé, une administration très directive du développement et aux interventions multiples, une mobilité géographique de faible ampleur dans le cadre régional, le modeste développement de l'alphabétisation des adultes (77 % sans formation scolaire contre 40 % dans le sud) expliquent sans doute l'invisibilité de cette région dans le domaine de l'auto-organisation des paysans[69]».

Si la situation change avec l'émergence des groupements paysans, relevons aussi les limites des choix de modernisation à partir d'un modèle de développement agricole centré sur la monoculture d'exportation qui mobilise les meilleures temps des travaux agricoles, les ressources matérielles. Ces choix s'écartent des logiques paysannes associant de manière quasi rituelle travail de la terre, alimentation domestique et cultes ancestraux.

Dans les milieux officiels, en dehors de la SEMRY de Yagoua représentant une réussite sur le plan technique qui se confond difficilement avec une réussite économique et financière, à l'exception aussi de la Sodeblé (Société de Développement du Blé) qui fut un vrai gâchis et un échec dans l'Adamaoua[70], quand on dit « développement agricole » au Nord-Cameroun, il s'agit presque toujours du coton « Au cœur des problèmes du développement rural : le coton », ce titre de Rouspard qui consacre près de 100 pages à la seule culture cotonnière se passe de tout commentaire. Depuis 1974, la Sodecoton, comme le rappelle le Vème plan, a d'abord

« été créé pour promouvoir le développement de la culture du coton en assurant l'encadrement de la production, la collecte, la transformation et la commercialisation des

---

69. Rouspard, *op. cit.*, pp. 434 ss.
70. Rouspard, *op. cit.*, pp. 314-317.

produits (fibres, huile et tourteaux). Dans un deuxième temps, elle a aussi été conduite à encadrer la production des cultures en rotation avec le coton (sorgho, arachide, riz pluvial et maïs) dans certaines zones en se voyant confier l'exécution du projet Sud-Est-Bénoué[71] ».

En fait, pour ce que les paysans appellent les « boys-coton », la culture des céréales qui sont la base de l'alimentation des camerounais du Nord reste un souci mineur. Aucun plan quinquennal n'a élaboré un « projet-mil » dans les zones sous-peuplées où les foyers d'immigration transformeraient des espaces entiers en terroirs agraires analogues à ce que l'on peut observer sur les massifs escarpés. Tout se passe comme si la culture du coton était conçue comme le centre de gravité et le moteur exclusif du seul système agricole adapté à la plaine. Or ce système parait fragile en raison de l'instabilité des cours mondiaux et des aléas climatiques qui, en cas de sécheresse et de pénuries alimentaires obligent les paysans à redonner sa place à la culture du mil. Dès lors, malgré l'expansion du coton, la relance de cette culture se heurte en permanence aux difficultés inscrites dans les crises climatiques inhérentes aux régions sahéliennes. Bien plus, l'accès à la modernité par l'extension de la culture cotonnière semble hypothéqué par la permanence des attitudes et des réflexes qui poussent l'agriculteur kirdi à opposer une résistance occulte lorsque les apports extérieurs doivent passer par les structures de pouvoir qui incarnent la domination peule.

Il faut bien observer ce paradoxe : en dépit des apparences, les agriculteurs kirdi ne sont pas aussi conservateurs qu'on le dit. Nous savons qu'ils n'ont cessé de s'adapter aux interventions extérieures en édifiant une véritable civilisation agraire. Mais les groupes qui ont fait preuve d'un dynamisme extraordinaire sur les terrasses de culture ont tendance à se méfier de toute innovation ressentie comme une menace pour leur équilibre interne et leur identité surtout lorsque cette innovation est introduite par la médiation d'un système de commandement auquel ils ont toujours opposé une vive résistance. Cette

---

71. V^e plan, Secteur agricole, Ministère de l'agriculture, Direction des études et projets, avril 1981, p. 153.

structure de comportement s'applique à l'attitude des Kirdi face à l'école et aux mots d'ordre des agents d'hygiène et de perception des impôts et des vulgarisateurs agricoles qui viennent dans les villages auréolés du prestige de l'État et des auxiliaires locaux de l'administration centrale.

Comme on peut le constater, toute explication des conditions de pauvreté et d'ignorance qui fait référence aux seules caractéristiques socio-culturelles de ces populations nous paraît insuffisante. Il faut retrouver le poids de l'histoire dans les attitudes de repli et de méfiance qui s'expliquent par les relations conflictuelles entre les sociétés différentes. Face à l'innovation, on retrouve ces mêmes attitudes chez les Arabes choa qui ont été longtemps assujettis aux sultans Kotokos favorisés par la colonisation française. Dans une étude éclairante, Hagenbucher a bien montré qu'on ne peut négliger le poids de ce passé pour rendre compte des réticences actuelles des Arabes du Logone et Chari à l'égard de toute tentative de changement socio-économique[72]. De la même manière, les sociétés perturbées par un siècle d'insécurité et de peur ont tendance à se fermer à toute intervention venue de l'extérieur. Par réflexe et tradition le Kirdi est porté à dire non à toutes les consignes transmises par l'intermédiaire du commandant coutumier auquel la Sodecoton distribue des primes en fonction des rendements agricoles des territoires soumis à son contrôle. Sans doute ces résistances ne se manifestent pas uniformément dans toutes les ethnies. Si les nouveaux savoirs introduits par la culture du coton ont été difficilement acceptés là où les efforts d'encadrement ont fait de cette culture une obligation, on doit reconnaître que de nombreux groupes assument les techniques nouvelles lorsque les contraintes sont desserrées et que la sécurité alimentaire est assurée.

Les Guiziza et les Moundang semblent avoir été plus souples et ouverts aux efforts de modernisation qui se traduisent chez eux par une plus grande adaptation à la culture attelée. En fait, « les innovations sont acceptées si elles ne contrarient pas les intérêts vitaux du groupe ou si elles montrent

---

72. Hagenbucher, *Les Arabes dits « Suwa » du Nord-Cameroun*, Paris, Orstom, 1973.

rapidement leur utilité[73] ». Il faut renoncer à parler uniformément de « réaction de conservatisme et de résistance » comme si toutes les populations rurales subissaient passivement et de la même manière les incitations et les directives officielles. En réalité, il y a une réapropriation critique et différentielle de l'innovation agricole à partir des centres d'intérêt, des « calculs », des « ruses » et des stratégies minutieusement pensées selon les groupes ethniques, les priorités et les forces sociales en présence. Le paysan adopte d'autant plus les techniques nouvelles qu'il dispose des moyens financiers suffisants et que les revenus monétaires sont un stimulant pour la relance d'une culture spéculative. Mais nous savons aussi que les Kirdi ne tirent pas un grand profit des marchés de coton où les peseurs et les acheteurs n'ont cessé de les ponctionner. Le petit paysan est d'autant moins disposé à s'ouvrir aux innovations et à améliorer ses techniques de production qu'il n'est jamais assuré de conserver son champ dans cette partie du pays où le système lamidal contrôle les ressources foncières. Toute révolution agricole reste donc paralysée. On comprend la réticence à investir pour une culture exigeante dont les techniques n'ont rien de commun avec les repères socio-culturels liés aux systèmes agraires traditionnels.

Dans ces sociétés où le grenier à mil est au centre de l'habitat qui constitue une sorte de paroisse où les ancêtres veillent sur les récoltes et ont droit aux sacrifices familiaux, comment se soumettre sans heurts, à une agriculture qui échappe totalement au contrôle des ancêtres ?

Pour les sociétés rurales dont la fête par excellence est celle de la « bière de Dieu » comme disent les Mada et les Zoulgo, il semble difficile d'assumer la modernité dans le rapport à la terre en pratiquant des cultures où n'existe aucun rite agraire qui accompagne les grands moments de la culture du mil chez les Kirdi du Nord-Cameroun. L'agriculteur qui se consacre aux cultures de l'impôt doit renoncer à son identité définie autour de cette « religion du mil » qui constitue, sans doute, le lieu d'élaboration des savoirs et des techniques dans

---

73. Rouspard, *op. cit*, p. 168.

les sociétés kirdi où le poids des traditions et les impératifs socio-culturels influencent les modalités de mise en valeur des ressources et toute relation entre écologie et développement. Dès lors, demander aux paysans Kirdi de suivre des méthodes exogènes, c'est les obliger à remplacer les structures anciennes par les structures nouvelles. Aucune mutation technologique ne peut se faire ici sans une modification de la vision du monde et une transformation des rapports sociaux. Car, derrière les problèmes de « modernisation rurale », il ne s'agit pas simplement d'une affaire de recettes, de productivité, de variétés nouvelles ou de système de production. L'enjeu que dissimule l'encadrement paysan au Nord-Cameroun, c'est le poids de l'imaginaire et son épaisseur sur les paysages, les terroirs et les systèmes agraires. C'est cet enjeu que nous retrouvons aussi dans le rapport de l'homme à la vache au cœur des projets de modernisation de l'élevage qui se mettent en place au Nord du Cameroun.

VACHE, CULTURE ET SOCIÉTÉ

Pour varier les prises de vue et les champs d'analyse sur le rôle du savoir dans les changements économiques, on ne peut négliger ce secteur dans les sociétés pastorales. Sans insister sur l'économie de l'élevage dont le nord du pays est l'un des grands centres[74], il nous suffit d'observer quelques aspects sociologiques d'une activité qui marque la vie du Cameroun septentrional. En dehors des villes dont l'essor exige une demande accrue de viande ou de poison, en même temps que les produits vivriers qui trouvent ici un marché potentiel, on ne peut ignorer que les troupeaux de bétail font partie des paysages du Logone et Chari, du Diamaré et de la Bénoué et bien sûr des Hauts plateaux de l'Adamaoua. On pourrait même se demander si ce spectacle quotidien ne relève pas des genres de vie, ou mieux, d'une manière de vivre propre à certains groupes ethniques de la région.

En un sens, il n'y a pas de société au nord du Cameroun qui ne pratique l'élevage.

---

74. Voir H. Frechou, *L'élevage et le commerce du bétail dans le Nord-Cameroun*, Orstom, 1966 ; Rouspard, *op. cit.*

« Tous les Kirdi disposent de chèvres et de moutons. Ces bêtes et le gros bétail sont gardés dans les huttes, la nuit et pendant toute la saison des pluies. Tout ce bétail est alimenté, abreuvé, pourvu de litière que l'on va chercher parfois très loin. Les déjections sont soigneusement recueillies et utilisées. Après la récolte, toutes les bêtes, à l'exception de celles destinées aux sacrifices triennaux, sont autorisées à errer sur les terrasses, ne retournant dans leur case que la nuit, et il est étonnant de voir les vaches accomplissant d'habiles escalades, tandis que chèvres et moutons semblent avoir des ailes[75] ».

Jadis, avoir 30 à 60 chèvres était considéré pour un Zoulgo ou un Mada comme un signe de richesse. Chez les Mass et les Toupouri, la possession du bétail est une préoccupation dominante compte tenu de la place des boeufs dans les transactions matrimoniales[76]. Ceci suggère la diversité des types d'éleveurs et la nécessité d'une approche différentielle qui mette en lumière les aspects sociologiques de l'élevage. En effet, il ne suffit pas de relever les différents types d'élevage pratiqués au Nord-Cameroun, pour comprendre l'impact des activités pastorales dans les rapports de l'homme à l'espace, les formes d'organisation sociale, ou les modalités de rapports entre les éleveurs et les cultivateurs. Au-delà des problèmes de commercialisation qui situent l'élevage au premier plan des moyens d'accumulation et des échanges nationaux et internationaux à partir des grands marchés de bétail[77], ce qui retient l'attention, c'est le lien étroit ou la convivialité entre la vache et l'homme dans certaines sociétés du Nord-Cameroun.

On sait que les Foulbé n'ont pas renoncé à l'élevage en se sédentarisant puisqu'ils associent élevage et agriculture comme on peut l'observer dans le Diamaré et la Bénoué. Les Arabes du Logone et Chari sont aussi des éleveurs qui tout en pratiquant la transhumance, pratiquent un semi-nomadisme.

---

75. J. C. Froelich, *op. cit.*, p. 148.
76. I. de Garine, Les Massa du Cameroun ; *Vie économique et sociale*, Paris, P.U.F. 1964.
77. H. Fréchou, *op. cit.*

Il leur arrive de s'adonner à des activités agricoles là où ils se fixent. Tandis que les Peuls diversifient leurs activités et s'orientent dans les centres urbains vers le commerce, l'artisanat et l'administration, les Mbororo sont «intégralement éleveurs». Ils représentent les seuls véritables pasteurs nomades du Nord-Cameroun. Aussi, le type d'élevage qu'ils pratiquent est une référence significative pour une intelligence des problèmes que pose la modernisation de cet important secteur de l'économie régionale. Nous sommes en présence de groupes d'éleveurs qui sont restés tels que tous les Foulbé l'étaient il y a quelques siècles, vivant en petits groupes familiaux et se déplaçant d'un pâturage à l'autre avec leurs troupeaux. C'est chez eux que le rapport bétail/hommes est, de loin, le plus élevé. Par ailleurs, les produits de l'élevage sont les seules ressources de ces pasteurs et l'instabilité est une caractéristique de leur vie. Plus que chez les agriculteurs-éleveurs, le nomadisme est ici une sorte de «fait social» au sens que Durkheim donnait à cette réalité, c'est-à-dire

«une manière d'agir, de penser, et de sentir extérieure à l'individu et qui est douée d'un pouvoir de coercition en vertu duquel elle s'impose à lui[78]».

Dans une région où les formes d'élevage sont variées et constituent un ensemble complexe, le seul type nettement défini est celui des nomades Mbororo. Il s'agit d'une «manière de vivre» qui définit l'identité propre d'un groupe ethnique. Nomadiser fait partie intégrante d'un style de vie selon lequel le rapport au bétail et à l'herbe est l'élément d'une culture. Il semble difficile de voir le Mbororo ailleurs que dans une quête permanente d'herbe et d'eau pour son troupeau. On entrevoit les problèmes que soulève tout projet de changement dans les sociétés pastorales où certains types d'élevage sont un trait spécifique de groupes entiers.

Quel programme de développement peut se réaliser pour un peuple «nomade dans l'âme[79]»? Si l'on ne peut réserver les efforts de modernisation de l'élevage à quelques notables,

---

78. E. Durkheim, *Les règles de la méthode sociologique*, Paris, P.U.F., 1987, p. 5.
79. H. Bocquene, *Moi, un Mbororo, Ndoudi, Oumrou, Peul nomade du Cameroun*, Paris, Karthala, 1986, p. 101.

commerçants ou élites locales, qui se lancent dans le ranching privé comme on peut l'observer dans l'Adamaoua, comment résoudre les problèmes de santé et d'alimentation du bétail dans la mesure où pour de nombreux pasteurs, vivre c'est «partir[80]»? Comme le disait Ndoudi Oumarou, «parcourir la brousse à la recherche de pâturages toujours meilleurs, c'est notre vie à nous, Mbororo. Cela fait partie de notre héritage, que cela, certains jours, nous plaise ou non. Pas question de quitter ce genre de vie et de construire des maisons comme les villageois. C'est en cela que nous sommes différents des Foulbé. Nous savons tous, du plus jeune au plus vieux, que nous ne sommes pas comme les autres. Nous sommes des Mbororo, c'est-à-dire des broussards. Nous ne nous en plaignons pas. Nous acceptons cette condition et nous l'aimons[81]».

Ainsi, adopter un autre type d'élevage en se donnant un point de repère fixe dans l'espace, c'est passer de la «brousse» au «village» ou si l'on préfère, de la nature à la culture. Plus précisément, c'est devenir l'autre, en renonçant à un style de vie qui a marqué des générations d'éleveurs dont les croyances, les rites, les formes de loisir, les contes et les devinettes expriment les manières de faire et de parler où l'on retrouve tout ce qui a trait à l'élevage transhumant. Ce qui nous frappe ici, c'est un mode de gestion de l'espace en rapport avec des pratiques pastorales où l'homme et la femme exercent des rôles spécifiques selon des techniques soigneusement établies:

«Chez nous, c'est l'homme qui trait. Voici comment il procède. Comme je viens de vous le dire, il commence par détacher le veau en prononçant le nom de la mère: "Eh! la Rousse!". La vache répond par un léger beuglement et se lève pour venir vers son petit. Le veau, de son côté, part la rejoindre en courant. On le laisse téter quelques gorgées. On attend que la mousse lui apparaisse autour du mufle, puis le trayeur prend sa place, accroupi sur ses talons, une calebasse serrée entre les genoux. Mais le veau n'est jamais d'accord. On l'attache à la patte

---

80. H. Bocquene, *op. cit.*
81. H. Bocquene, *id.*, p. 104.

droite de sa mère, ou on lui passe une cordelette autour du cou en fixant l'autre extrémité à un arbre, une souche ou même une grosse touffe d'herbe. Le plus souvent, c'est à un garçon ou à une fille qu'est confié le soin de tenir le gêneur à l'écart[82] ».

Il faut aussi rappeler la perception du bétail et la place de la vache dans l'imaginaire des éleveurs nomades. Nous trouvons chez les Mbororo un rapport spécifique de l'homme à l'animal qui, manifestement, est un fait de culture. Écoutons encore Ndoudi parler des Peuls nomades du Nord-Cameroun :

« Les Mbororo, qui ont si peu des choses à dire sur leurs propres origines, deviennent intarissables quand il s'agit de celles de leurs vaches. Elles sont tout pour eux. Il y a un fait qu'on ne peut nier : autrefois, les Mbororo attachaient plus d'importance à une vache qu'à un humain ; pour eux, la vie d'une vache avait plus de valeur que celle d'un enfant. Mis en demeure de choisir, aucune hésitation n'était possible. Exagération ? Peut-être, mais il est certain que de tels cas se sont produits. Aujourd'hui encore, on peut entendre un Mbororo dire, en parlant de sa vache préférée, qu'il aimerait mieux mourir plutôt que de la voir disparaître. Ce qu'il importe de bien comprendre, c'est que, pour un Mbororo qui ne connaît rien au commerce, rien à l'agriculture, la vache est son moyen de vivre, la vache est sa vie[83] ».

Les techniciens de l'élevage risquent de ne rien comprendre aux tâches qui s'imposent dans ce contexte s'ils ne se donnent pas la peine de rentrer dans la logique des pasteurs nomades. Les actions de développement visant « la mise en pratique des programmes rationnels des gestion des troupeaux », sont vouées à l'échec si l'on ne prend pas réellement conscience des aspects socio-culturels de l'élevage au Nord-Cameroun. Curieusement, un problème aussi crucial ne figure pas dans l'analyse des difficultés auxquelles est liée l'amélioration des conditions de production animale. D'autres problèmes sont retenus parmi les obstacles à surmonter par les programmes

---

82. H. Bocquene, *ibidem*, p. 40.
83. H. Bocquene, *ibidem*, p. 145.

d'amélioration de la production bovine. voici l'inventaire de ces problèmes dans le IIIe plan :

« - Manque d'eau pendant la saison sèche dans la zone au nord de l'Adamaoua ;
- Compétition pour l'utilisation des terres entre agriculteurs et éleveurs (nord de l'Adamaoua, grassfield) entraînant une diminution progressive des surfaces pâturables ;
- Dégradation des pâturages dans certaines zones de l'Adamaoua par suite du développement d'une végétation arbustive, favorisant par ailleurs l'expansion des glossines ;
- Ceci entraîne dans un premier stade, la diminution de la charge à l'hectare puis l'abandon pur et simple de de la zone ;
- Difficulté à l'heure actuelle d'entreprendre l'amélioration des pâturages, aucun éleveur ne pouvant prendre soin d'un parcours ouvert à tous ;
- Protection sanitaire du cheptel non encore satisfaisante à cause de l'insuffisance de l'infrastructure sanitaire et de l'encadrement d'une part, de la réticence de certains éleveurs à soumettre leur bétail aux traitements, d'autre part ;
- Perte de poids importante en saison sèche (20 % chez les animaux adultes, 30 à 40 % chez les jeunes), aggravée par les parasitoses internes chez les veaux dont la mortalité atteint parfois le taux de 40 % ;
- Mentalité conservatrice de la majorité des éleveurs pour lesquels l'élevage extensif nomade est plus un mode de vie qu'une activité économique ;
- Le système de commercialisation archaïque :
Insuffisance des marchés de bétail dans les zones de production,
Vente de bétail au jugé et non au poids,
Acheminement à pied du bétail vers les lieux de consommation sur des distances importantes (d'où perte de poids de 10 à 15 %),
Inorganisation et incompétence des professionnels,

Insuffisance et utilisation irrationnelle des circuits et installations de distribution[84]».

Au-delà des obstacles naturels liés aux défis écologiques et aux maladies de l'environnement, il faut redonner toute son importance à ce que les planificateurs appellent
«la mentalité conservatrice de la majorité des éleveurs pour lesquels l'élevage extensif nomade est plus un mode de vie qu'une activité économique[85]».

Cette observation ne vient qu'au terme de l'analyse des freins au développement de l'élevage comme si elle était secondaire. Le fond du problème est bien là : les planificateurs et les éleveurs ne parlent pas le même langage et il n'est pas évident que les solutions proposées par les experts soient adaptées à la vraie question qui est à peine perçue dans les programmes de modernisation mis en œuvre. S'il faut repenser les politiques de l'eau pendant la saison sèche dans les savanes arides où la dégradation des pâturages s'est accélérée avec les sécheresses consécutives des dernières années, on doit bien identifier le défi qui demeure : quelle stratégie mettre en place pour permettre aux éleveurs de rentrer dans une autre loqique pour laquelle l'élevage peut être à la fois un mode de vie et une activité économique ? Plus précisément, dans quelle mesure la productivité de l'élevage s'articule-t-elle avec les techniques de modernisation adaptées aux logiques internes des sociétés pour lesquelles l'élevage n'est pas d'abord la recherche du profit, mais l'histoire d'une vie, d'une société, d'une culture ? Au nord du Cameroun, cette question se pose d'autant plus que l'élevage a un caractère plutôt social qu'économique. La plupart des éleveurs de l'ancienne province du nord possèdent du bétail moins pour en consommer les produits que pour faire face à des obligations sociales. Fréchou insiste abondamment sur le rôle extra-économique de l'élevage pour qu'il soit nécessaire de revenir sur ce sujet[86]. On remarque d'ailleurs que ce caractère n'est pas limité à certains groupes : chez les Massa, les bovins sont destinés à procurer des

---
84. IIIe Plan, 1971-1976, p. 166.
85. *Ibidem.*
86. H. Fréchou, *op. cit.*, pp. 50-54.

épouses ; les utiliser à des fins alimentaires apparaîtrait comme un gaspillage monstrueux[87]. Pour les montagnards kirdi, le boeuf de case est ce taureau engraissé pour être sacrifié à l'occasion de la fête du Maray. Chez les Foulbé, il n'est pas rare que l'élevage soit considéré comme une source de prestige social : ce qui comble le désir du pasteur peul c'est de voir passer son troupeau devant lui. Quant au Mbororo, face au bétail, ce n'est pas d'abord la viande à consommer qui lui vient à l'esprit :

> « c'est toujours au lait qu'on pense. Le lait, n'est-ce pas toute la vie du Mbororo ? Il y a recours à toute heure du jour[88] ».

Ces logiques heurtent les rationalités économiques. Les ignorer pour faire perdre aux éleveurs de « mauvaises habitudes » en les soumettant aux règles d'élevage imposées par les services officiels, c'est renoncer à affronter le vrai problème pastoral au Nord-Cameroun. Si un encadrement technique serré et une forte discipline que les éleveurs doivent accepter s'ils veulent améliorer leur bétail sont nécessaires, il semble encore plus important de dépasser les approches technocratiques et sectorielles des problèmes du développement de l'élevage pour prendre en compte les aspects sociologiques qui s'imposent à la mise en œuvre des programmes visant à toucher « l'âme d'un peuple » d'éleveurs. On ne peut réussir cette tâche en affichant un mépris de type colonial à l'égard de ce que l'on considère comme « mentalité conservatrice ». Il est trop facile de traiter les ruraux du Nord-Cameroun, surtout ceux qui s'occupent principalement d'élevage, comme des ignorants et des illettrés, comme si, depuis plus d'un siècle, ils vivaient dans une sorte de désert intellectuel. Comment affirmer avec tant d'arrogance que

> « l'ignorance, la pauvreté, souvent la négligence des éleveurs font que, d'une manière générale, les besoins du bétail sont mal satisfaits. Même les membres des "peuples-éleveurs", le fait est connu, s'occupent mal de leurs troupeaux, et ne semblent pas enclins à mieux faire, parce qu'ils

---

87. I. de Garine, *op. cit.*
88. H. Bocquene, *op. cit.*, p.40.

pensent moins à la quantité et à la qualité des produits qu'ils pourraient en tirer grâce à une exploitation rationnellement organisée, qu'à la satisfaction que leur procure le nombre et la beauté de leurs animaux[89] ».

Abdoulaye Maïkano est plus catégorique : « L'élevage n'est pas un métier [...] les notables (gros propriétaires) ne savent rien de leur troupeau[90] ».

Nous pouvons nous permettre de croire que la rationalité est l'apanage des docteurs vétérinaires formés à l'école des blancs. Chez les peuples pour lesquels la vache est toute leur vie, comment ne pas admettre l'existence d'un autre savoir qui devrait servir de point d'appui dans un projet de développement enraciné dans les systèmes pastoraux indigènes ? On voit mal comment traiter d'ignorants les peuls qui, au Sénégal, en Guinée, au Burkina Faso, au Nigéria, au Cameroun et jusqu'en République Centrafricaine, sont connus comme spécialistes de l'élevage et dont la compétence pastorale résulte d'un apprentissage qui commence dès le plus jeune âge. Bien plus, dans toute les régions d'Afrique où ces peuples exercent leur activité, nous sommes en présence d'une culture où l'enfant s'approprie très tôt un vaste savoir botanique qui s'élabore à partir d'une perception aiguë de l'environnement dans la mesure où la connaissance des espèces végétales s'acquiert à travers les pratiques spatiales liées à l'élevage qui s'inscrit dans un réseau de relations entre les modes de vie, l'organisation sociale et les écosystèmes.

Un fait est certain : la situation créée par les années de sécheresse n'a cessé de pousser les éleveurs peuls à plus de mobilité. Partir à la recherche des pâturages est une réponse à la crise des sociétés dans un contexte grave où il faut s'adapter à un autre environnement. Le problème est de savoir comment survivre dans une situation d'insécurité, de pénurie et d'incertitude où les stratégies de mobilité face à la sécheresse s'imposent comme une technique pour ne pas disparaître. Comment sédentariser les éleveurs sans une politique de l'eau à grande échelle ? Comment réussir cette sédentarisation dans

---

89. H. Bocquene, *op. cit.*, p. 34.
90. Cité par Fréchou, note 1, p. 34.

les plaines et les plateaux du Cameroun septentrional où les terroirs agricoles occupent de plus en plus de place ? Suffit-il d'organiser des parcours pastoraux ? En définitive, le développement de l'agriculture à travers les grands projets élaborés depuis une décennie n'aggrave-t-il pas la crise de l'élevage au Nord-Cameroun ? Rouspard écrit à ce sujet :

« Dans les plaines de l'Extrême-Nord, l'activité pastorale se trouve confrontée à des contraintes nettement plus rigoureuses que dans l'Adamaoua. L'extension des surfaces cultivées et en même temps la croissance du cheptel réduisent peu à peu les capacités des pâturages en saison des pluies[91] ».

Par ailleurs, là où existent des zones de décrue, « les réalisations des grands projets rizicoles de la SEMRY en changent l'affectation sur des surfaces importantes au détriment de l'élevage[92] ».

Si l'élevage reste l'un des fondements de l'économie du Nord-Cameroun, il faut donc s'interroger sur la crise qui s'amorce et risque d'aggraver les tensions entre éleveurs et agriculteurs dans les plaines où l'on ne peut ignorer ni l'un ni l'autre. C'est dire que la recherche d'une association de l'élevage et l'agriculture est, plus qu'une solution technique d'avenir, un choix de société dans un tournant où, en dépit de l'emprise des villes, « l'avenir de l'économie régionale repose encore essentiellement sur l'évolution et le développement du monde rural[93] ».

LES NOUVELLES PISTES DE LA RECHERCHE AGRICOLE

Au terme de ces réflexions, une conclusion s'impose. Depuis des décennies, les projets de développement tentent de normaliser les comportements des agriculteurs et des éleveurs suivant les règles de l'organisation du travail et des modèles structurels de l'Occident. Ces modèles reposent sur les postulats sociologiques qui supposent une rationalité universelle et l'adhésion des individus aux objectifs de cette

---

91. Rouspard, *op. cit.*, p. 202.
92. *Ibidem.*
93. *Ibidem.*

organisation. La compréhension des phénomènes socioculturels et leur interaction dans un projet de développement rural pose des problèmes d'autant plus complexes que les responsables des décisions ne prennent pas en compte l'univers spécifique dans lequel ces décisions doivent être appliquées.

Aujourd'hui, le discours technocratique sur la modernisation rurale est en crise du fait de son incapacité à déboucher sur des modèles opératoires pouvant prendre en charge les conceptions locales du mieux-être. Malgré les injections considérables de capitaux et de bonne volonté, les réussites sont rares. Ces échecs méritent d'être analysés sous l'angle d'une sociologie et d'une anthropologie de l'innovation qui assument les dynamiques culturelles des sociétés africaines dans les pratiques de développement.

Nous avons essayé de montrer qu'on ne peut plus oublier que les valeurs supposées conduire à la modernité agissent sur un univers différent marqué par le poids des traditions et de l'histoire. Croire que le passage à l'économie de profit doit s'effectuer par la destruction d'une altérité, le mépris de ce qui structure la société et lui confère son «style», relève de la violence. Il faut renoncer à penser que les sociétés en essai de développement n'y parviendraient qu'à condition d'éliminer leur *ethos* et tout ce qui rappelle les vestiges du passé, les systèmes de référence et les structures propres des sociétés locales. En examinant les projets de développement mis en place au Nord du Cameroun, nous avons constaté une tendance générale à marginaliser les techniques et les savoirs qui n'ont pas été élaborés dans les centres d'agronomie et les instituts d'agriculture et d'élevage.

Si la mentalité qui imprègne de nombreux projets de développement porte en elle-même les germes de l'échec, il convient de s'interroger sur les conditions d'efficacité à partir du «possible» des sociétés indigènes. Dans les milieux où les hommes et les femmes n'ont cessé de réagir activement aux défis de leur environnement, comment ne pas accorder plus d'attention aux savoirs dont les applications s'incarnent dans les systèmes agraires ?

Ce qu'une « anthropologie du quotidien » nous apprend, c'est que les agriculteurs et les éleveurs savent assumer leur crise en imaginant des « ripostes » sans toujours attendre les interventions formelles et extérieures. Non seulement ils s'arrangent pour s'occuper des enfants, produire et gérer leur habitat, mais ils s'organisent pour leur travail et déploient des activités économiques situées dans le secteur domestique ou sur le marché. L'esquisse de cette anthropologie du quotidien que tente notre étude met en évidence l'existence d'un ensemble de techniques et de connaissances par lesquelles les agriculteurs et les éleveurs ont su, selon leurs spécificités culturelles et historiques, gérer leur rapport à l'espace. Ne faut-il pas libérer cette efficacité potentielle afin qu'elle serve d'appui à un autre développement qui s'enracine dans les pratiques du terroir ?

Car le paradigme du développement constitue l'axe de relations interculturelles. Il met en présence, de gré ou de force, des univers culturels différents par le mouvement de transferts de toutes sortes : capitaux, technologies, valeurs, experts, etc. Il s'agit, en réalité, d'une rencontre, ou mieux, de conflit des savoirs. Le drame d'une modernité venue d'ailleurs est que ses effets contribuent davantage à la désorganisation du tissu social endogène, à l'expropriation et au « bannissement » des savoirs locaux qui résultent des effets pervers des discours dominants. Vouloir faire accéder les agriculteurs et les éleveurs à plus d'efficacité grâce à un niveau scientifique et technique élevé tout en écartant leurs systèmes de production, leurs formes d'aménagement agricole, leur gestion de l'espace, c'est risquer de provoquer le rejet de toute intervention moderniste. Il faut s'attendre à cette réaction dans les sociétés où des siècles d'insécurité et de violence ont développé une véritable « culture de la méfiance et de la résistance » : cette culture constitue « la dimension cachée » et l'infrastructure des comportements et des attitudes face aux opérations d'innovation. Dans cette perspective, les conflits plus ou moins ouverts entre les individus et les groupes aux intérêts divergents, les disparités socio-économiques, les positions de pouvoir dans les systèmes politiques et les structures sociales déterminent l'attitude à l'égard des projets d'innovation. Dans ces sociétés qui sont loin d'être homogènes, les paysans et les éleveurs adoptent des stratégies différentes selon leur capacité de « capturer » les bénéfices des opérations de modernisation. Un approfondissement des connaissances sur le rôle du savoir dans le développement nous amène à souligner l'importance des logiques paysannes dont la prise en compte conditionne les réactions des milieux ruraux aux apports des connaissances scientifiques et des innovations technologiques.

C'est pourquoi, si l'on veut mettre en œuvre autre chose en fonction des besoins et des priorités des agriculteurs et des éleveurs africains, il faut soupçonner le conditionnement culturel des méthodes et des techniques diffusées par les agents de vulgarisation et d'encadrement agricole et pastoral. La valeur de ces apports, leurs conditions d'efficacité doivent être situées dans un contexte socio-culturel et historique. On ne peut masquer le fait que ces productions scientifiques et technologiques sont la pratique des ethnies occidentales. Personne ne peut douter qu'il y a une manière américaine et européenne de faire l'agriculture et l'élevage. Aussi, faut-il revenir aux sociétés d'où viennent les recettes et les messages proposés par les encadreurs. Bref, il s'agit de mettre à jour tout le contexte économique et politique dans lequel sont produites les sciences et les techniques elles-mêmes. Les conditions de possibilité et la naissance de ces productions ont une dimension et un enracinement culturels. Dès lors, la prise de conscience de l'impact des rationalités autochtones pose des problèmes qui se révèlent d'une importance centrale. Précisément, la tâche du sociologue et de l'anthropologue est de mettre en lumière les présupposés des bâtisseurs actuels de la modernité unidimensionnelle dans nos sociétés et de rompre avec le cercle vicieux des usages établis afin de définir les élements d'une nouvelle pédagogie des relations interculturelles au sein des projets d'innovation.

Cet effort permet de montrer les erreurs d'aiguillage et d'indiquer les directions susceptibles de redonner aux sociétés locales la possibilité d'une nouvelle aventure humaine largement déterminée par les choix qui restaurent le sens de leur identité et réhabilitent leurs créativités et leurs dynamismes internes.

Pour inventer les stratégies pertinentes de développement rural, l'apport spécifique des praticiens des sciences sociales est un défi et une urgence. Devant les échecs des pratiques qui ne prennent pas en compte les facteurs socio-culturels, les représentations et les perceptions, les modèles matrimoniaux et le statut de la femme dans la société, les attitudes envers le corps et la sexualité, le rapport de l'homme à l'espace, les enjeux et les conflits de pouvoir, les historiens, les sociologues, les anthropologues et les démographes, les politistes et pas seulement les économistes, les statisticiens, les ingénieurs et les techniciens retrouvent leur place dans l'élaboration des stratégies d'intervention et des décisions en matière de production et d'alimentation, de population et d'environnement, de famille et de santé, d'agriculture et d'élevage.

Au moment où les paysans d'Afrique tentent de s'adapter à l'économie monétaire à partir des cultures vivrières et commerciales qui réhabilitent le travail agricole comme une source de richesse, ne convient-il pas de promouvoir les recherches qui mettent en lumière les aspects socio-culturels et politiques des problèmes de développement ? Pour mesurer l'importance de cette question, rappelons ce que disait naguère le directeur général de l'UNESCO Frédérico Mayor à la conférence des Nations Unies sur les pays les moins avancés :

« L'avancement des sciences sociales doit être considéré comme la condition d'une évaluation permanente de la pertinence et de l'efficacité des actions de développement entreprises. On peut penser que beaucoup d'erreurs auraient pu être évitées dans les stratégies nationales et internationales du développement si les décideurs avaient pris en considération le point de vue des sciences sociales au moment opportun ».

Dans ce sens, l'étude de cas que nous avons tenté de mener ouvre la réflexion sur le problème central de l'acceptation sociale des choix technologiques. Si l'on tient compte des risques écologiques des technologies qui sont loin d'être propres, il convient de s'interroger sur l'impact des projets de modernisation que les populations autochtones considèrent non seulement comme une menace grave pour leur identité, mais aussi pour l'équilibre de leur milieu naturel. L'intérêt des recherches sur ces questions ne peut être négligé dans les zones de production où les programmes d'irrigation et les transferts de technologie qui les accompagnent ont des incidences sur les écosystèmes des terroirs agraires. À cet égard, la mise en œuvre des opérations modernistes nécessite un débat public, une vaste campagne de sensibilisation et de formation qui contribue à la meilleure intégration des innovations technologiques en fonction des systèmes d'évaluation de ces innovations par les groupes concernés qui ont leurs systèmes de sens et d'interprétation des rapports entre l'homme et la nature. L'introduction des technologies nouvelles dans les systèmes agraires comporte trop de risques pour que l'avis des populations locales ne soit pas entendu dans les négociations où, trop souvent encore, les experts ont droit de parole comme si les communautés locales ne devaient pas être considérées comme les acteurs privilégiés de la gestion de leurs ressources naturelles. Il ne suffit donc pas de reconnaître l'existence des savoirs paysans.

Une étude approfondie de ces savoirs doit mettre en lumière les critères d'évaluation ou de réappropriation des innovations technologiques à partir des « habitus » d'une société. En outre, si, comme nous l'avons vu, aucune technologie n'est neutre, il faut examiner les conditions d'acceptation sociale des choix d'innovation en fonction de la nécessaire participation des collectivités locales au débat public concernant l'impact du transfert des technologies dans ces régions d'Afrique à écologie fragile. C'est dire que la réussite des projets de modernisation n'est pas qu'une affaire de technologie. En réalité, l'introduction des innovations technologiques pose un problème politique. Ce problème est au centre des défis à relever dans les sociétés rurales où la gestion des ressources naturelles tend à devenir un prétexte pour le redéploiement du néolibéralisme dans les secteurs d'intervention où les bailleurs de fonds internationaux ont tendance à gérer les forêts et les projets agrohydrauliques en réduisant les populations locales en spectateurs muets des transformations qui contribuent au pillage de leurs ressources naturelles.

Si l'on tient compte des divergences d'intérêts représentés par les forces sociales en présence, on entrevoit tous les enjeux économiques et politiques liés aux opérations de modernisation. Les impératifs d'efficacité des innovations technologiques ne doivent pas occulter les conflits majeurs entre les rationalités paysannes et les logiques marchandes. L'inégal accès aux lieux de décision rappelle les conflits profonds dans les domaines stratégiques où les bailleurs de fonds, les experts, les techniciens et les représentants des États risquent d'aggraver l'appauvrissement et l'exclusion des paysanneries africaines. Aussi, le contrôle des initiatives technologiques, la prise de parole et la participation aux initiatives novatrices sont une partie intégrante des processus de discussion et de négociation entre les acteurs locaux internes et les agents externes des innovations technologiques qui interviennent dans les projets d'aménagement des ressources naturelles en Afrique.

Plus qu'un problème d'adhésion aux projets de développement, la mise en œuvre des opérations d'innovation met en lumière les clivages, les inégalités d'accès aux nouveaux facteurs de productivité et de rendement, les contradictions entre les objectifs de rentabilité, et les demandes économiques et politiques des paysanneries locales font de la rencontre ou du conflit entre les savoirs endogènes et les savoirs scientifico-technologiques un champ de luttes et un espace du changement social en Afrique. Si la recherche agricole veut se libérer du poids de l'héritage colonial qu'elle traîne encore dans de nombreux centres, les instituts et les écoles de formation et de vulgarisation, elle doit désormais assumer les défis que nous venons d'identifier. Il ne suffit plus de s'interroger sur le passage « d'un savoir à l'autre » ; il s'agit désormais d'ouvrir une nouvelle page de l'histoire des connaissances en examinant comment sortir les savoirs endogènes de la marginalisation à partir de la diversité des systèmes agraires et des systèmes de production à travers la variété des sociétés rurales en vue d'engager l'agriculture africaine dans un vaste processus de transformation profonde. Si, pour la science, la recherche n'est jamais terminée, mais demeure une « quête sans fin » comme dirait K. Popper, les chercheurs africains doivent se réapproprier l'initiative scientifique en assumant les « savoirs endogènes » afin de les approfondir, de les réexaminer systématiquement et de réévaluer leurs modes d'emploi dans un contexte nouveau où les pressions démographiques, les enjeux alimentaires et fonciers, l'aggravation des inégalités socio-économiques, obligent les sociétés africaines à se redéfinir et à créer un espace de vie pour l'ensemble de leurs membres. Comment intégrer ces savoirs indigènes dans la dynamique de la recherche vivante ? Telle est la question fondamentale qui doit mobiliser les intelligences du continent.

TROISIÈME PARTIE

Population, globalisation et politique

6
GESTION ADMINISTRATIVE, RÉSEAUX MAFIEUX ET POUVOIR

«"La corruption est un cancer." Avec ce slogan, le Fonds monétaire international et la Banque mondiale conditionnent désormais leurs prêts à l'action du pays emprunteur contre la corruption. En été, ils ont ainsi suspendu des prêts au Kenya. Mais en matière de corruption, la séparation entre économie et politique est floue. Pendant longtemps, le FMI et la Banque mondiale invoquaient la non-ingérence. Or, le président de la Banque mondiale estime maintenant que "réduire la corruption va réduire la pauvreté, ce qui est notre mission". Cette déclaration est aussi vraie aujourd'hui qu'elle l'aurait été du temps du régime de Mobutu auquel les deux institutions ont prêté de l'argent. Pour expliquer leur départ en guerre, le FMI et la Banque mondiale évoquent une augmentation de la corruption. Transparency international ajoute que face à la baisse de l'aide au développement, ces organisations veulent prêter là où elles peuvent être performantes. "Reste à savoir si le FMI et la Banque sont sérieux", s'interroge un fondateur du mouvement. À suivre notamment : la Banque mondiale et le FMI viseront-ils les géants rongés par la corruption que sont la Chine et la Russie ? Ces institutions pèseront-elles sur les entreprises qui jouent des pots-de-vin ?[1] ».

---

1. Africa international, n° 309, novembre 1997, p. 4.

En ce qui concerne l'Afrique, la question que nous sommes tentés de nous poser est plus simple : s'agit-il d'une vaste blague organisée par les institutions financières internationales en mal de crédibilité, au moment même où elles enfoncent les Africains dans le marasme économique en créant des situations de pénurie qui poussent les régimes en place à réactiver les stratégies d'appropriation des ressources devenues de plus en plus rares ? Comment réduire la pauvreté en appuyant financièrement ces régimes qui savent exploiter les ressources de leur imagination pour ruser avec le FMI et la Banque mondiale dont la prétention de réduire la corruption peut faire sourire ? Ce phénomène n'est pas nouveau. On en parle depuis trois décennies dans les pays d'Afrique où le détournement des fonds publics est un lieu commun qui n'a cessé d'alimenter les conversations dans les milieux populaires. De plus, comment s'attaquer à ce mal sans remettre en question la nature de l'État en Afrique ? Si la corruption est un élément central du fonctionnement de l'État, la détruire, c'est ébranler tout le système politique fondé sur un mode d'accumulation des richesses hors de tout processus productif. Pour les dirigeants qui ont besoin de stabilité en vue de se maintenir au pouvoir, la lutte contre la corruption ne peut être que suicidaire. En tenant compte des liens obscurs qui se tissent entre l'argent et le pouvoir, la réflexion sur les mœurs de l'État nécessite un nouvel examen des enjeux socio-politiques du changement institutionnel en Afrique noire.

Pour saisir la portée de ces enjeux, on doit prendre en considération la complexité et l'ampleur de la gangrène qui ronge les États africains dont les comportements s'inscrivent à l'intérieur de vastes réseaux d'intérêt qui ont des connexions internationales. La complexité de ces réseaux met en évidence les dimensions réelles des problèmes qu'il faut identifier pour mieux saisir les défis du changement au sud du Sahara. Dans ce sens, au sein des sociétés africaines, tout semble se jouer autour des modes d'insertion des groupes sociaux dominants dans l'économie internationale à partir des alliances qui s'organisent pour assurer le contrôle des ressources stratégiques qui font du continent africain un enjeu de puissance.

Dès lors, on voit l'intérêt de la réflexion sur ces sujets dans le cadre de notre étude. Tous les efforts entrepris par les groupes de base et les nouveaux acteurs socio-économiques risquent d'être anéantis si la gestion de l'espace commun ruine toute l'inventivité dont les sociétés africaines sont capables. Si l'administration est au centre des rapports entre l'État et la société, il convient d'examiner tout le système de régulation sociale au sein des régimes politiques caractérisés par des manières de gouverner qui sont un obstacle majeur à l'émergence des conditions de bien-être. On ne peut masquer la gravité des pratiques prédatrices qui accentuent la crise des économies déjà fragiles. Comme le reconnaît Keba Mbaye :

« Les plus grands criminels ne sont pas ceux qui commettent un homicide sous la poussée de la passion mais ceux qui enlèvent de la bouche des millions d'hommes ce qui est nécessaire à la survie et à la paix sociale dans la collectivité[2] ».

SYNDROME BUREAUCRATIQUE ET COMMANDEMENT

Aussi, ce qui se passe dans les services publics doit retenir l'attention. Car, dans la mesure où ces lieux ont tendance à devenir des véritables « sites de prébendes », ils nous obligent à repenser la démocratie au quotidien en vue de la fondation d'un ordre politique favorable à la créativité sociale. Au-delà des discours technocratiques qui se bornent à imposer la réduction des effectifs de la fonction publique dans le cadre des programmes d'ajustement structurel, ne faut-il pas tenter une anthropologie des entreprises administratives en Afrique noire ? Plus précisément, comment l'homme africain se situe-t-il par rapport à ce phénomène, dans un contexte socio-culturel où le rapport au pouvoir est vécu en fonction du principe de la réciprocité sociale ? À la limite, si l'attribution d'une charge est un service rendu à des alliés, les fonctions administratives ne risquent-elles pas d'être soumises aux exigences de la distribution à partir desquelles le rapport à l'État

---

2. Kéba Mbaye, *Le Soleil*, 31 décembre 1979.

dissimule des appétits exhorbitants ? Bref, le pouvoir étant insatiable, les services publics ne risquent-ils pas d'être transformés en un champ de prébendes au sein des régimes africains où la corruption apparaît comme un « fait social total » ? Ces questions suggèrent l'articulation étroite entre ce que nous appelons l'anthropologie des entreprises administratives et l'anthropologie de la corruption.

Pour examiner ces questions, il s'agira de voir comment le pouvoir s'organise pour s'inscrire dans la sphère des affaires au point de transformer les détenteurs d'autorité en entrepreneurs économiques. Soulignons l'urgence de la réflexion qui s'impose sur ce sujet compte tenu des inquiétudes que les administrations et les services publics essentiels suscitent auprès des entrepreneurs étrangers qui sont tentés d'investir en Afrique noire[3]. Depuis la colonisations, les sociétés africaines sont confrontées à la civilisation du bureau. Il n'est pas nécessaire d'insister sur la fascination que ce phénomène exerce sur les élites indigènes : « Ah le bureau ! Ah la cravate ! » s'écriait jadis Mongo Beti en évoquant la mythologie née autour de ce nouveau lieu d'activités et des relations sociales. Sans reprendre les discours sur la paperasse qui paralyse la vie des administrations africaines, ce qui importe de cerner, c'est la perception que l'on se fait du phénomène bureaucratique en milieu africain. Si l'on se réfère au poids de l'héritage colonial, il semble bien que le bureau représente d'abord le lieu par excellence où l'indigène reproduit l'image du Blanc. Dans les colonies, on n'a vu nulle part les Européens travailler manuellement. Même lorsqu'ils ont des plantations et vivent en pleine brousse, ce sont les indigènes qui triment comme manœuvres agricoles. En régime colonial, le travail manuel fait partie de la condition du Noir. L'Européen n'intrevient dans ce domaine que pour donner des ordres et soumettre les colonisés à un rythme de vie correspondant à sa conception du travail et du temps, comme le remarque Fanon :

---

3. Sur ces inquiétudes, lire Y. Marchand, « Une urgence : l'afro-réalisme. Pour une nouvelle politique de l'entreprise en Afrique subsaharienne », Rapport au premier ministre, Paris, avril 1995 ; voir aussi l'enquête : « Où investir en Afrique de l'Ouest ? », dans *Jeune Afrique*, n° 1858-1859, 14-27 août 1996, p. 51.

« Le colon n'a cessé d'affirmer que l'indigène est lent. Aujourd'hui, dans certains pays indépendants, on entend des cadres reprendre cette condamnation. En vérité, le colon voulait que l'esclave fût enthousiate. Il voulait, par une sorte de mystification qui constitue l'aliénation la plus sublime, persuader l'esclave que la terre qu'il travaille est à lui, que les mines où il perd sa santé sont sa propriété. Le colon oubliait singulièrement qu'il s'enrichissait de l'agonie de l'esclave. Pratiquement le colon disait au colonisé : "Crève mais que je m'enrichisse"[4] ».

Profondément marqués par l'expérience du travail servile accompli dans les conditions de mépris, d'humiliation et de pauvreté imposées par le système colonial, les jeunes Africains qui ont la possibilité de s'instruire et d'acquérir les nouveaux savoirs n'ont qu'une hantise : sortir de la brousse pour participer à la vie urbaine par l'insertion dans le monde du travail salarié dans un contexte socio-économique où l'administration est la principale industrie des États d'Afrique noire. Dans cette perspective, s'asseoir dans un bureau demeure le grand rêve des jeunes diplômés qui peuvent, enfin, échapper au sort de leurs pères qui ont accepté de mourir en eux en courant le risque de les envoyer à l'école nouvelle[5].

Si le système scolaire hérité de la colonisation ne développe guère l'enseignement technique et professionnel, c'est parce qu'il est calqué sur un modèle d'organisation sociale où les paysans, les manœuvres et les techniciens ne constituent nullement une référence dans les nouvelles hiérarchies qui se mettent en place. Le système de valeur que le colonisateur impose aux indigènes repose sur un modèle de société où la véritable image de la modernité n'est incarnée ni par le planteur, ni par le commerçant et l'entrepreneur, mais par « le commandant ». Celui-ci est au centre du nouveau monde qui se construit depuis la pénétration de l'Occident dans la vie africaine. C'est pourquoi la socialisation par l'école et le travail se fait à partir du mythe du commandant dont la vie est un appel

---

4. F. Fanon, *Les Damnés de la terre*, op. cit., pp. 236-237.
5. Sur ce thème, lire le roman de Cheikh Hamidou Kane, *L'aventure ambiguë*, Paris, 10/18, 1961.

à la modernité symbolisée par le Blanc en Afrique. À travers l'école, le transfert de modèle enracine dans l'imaginaire des jeunes Africains le désir de devenir des «Ngomna[6]». En laissant les étrangers prendre dans leurs enfants toute la place qu'ils ont laissée libre, la majorité des Africains qui ont assumé l'inévitable ne soupçonnaient pas que l'école nouvelle allait créer un type d'homme dont on se demande aujourd'hui s'il ne constitue pas une catastrophe pour le continent comme on peut l'observer dans la république des fonctionnaires[7]. Tout se passe comme si l'on assistait à une colonisation du frère par le frère. Sans insister sur les rituels du commandement et la symbolique vestimentaie qui reproduisent les traditions coloniales, on retrouve les mêmes logiques de pouvoir fondées sur les mécanismes d'enrichissement par les prélèvements des surplus paysans[8]. Les travailleurs agricoles crèvent pendant que les dirigeants accumulent les fortunes immenses dans la mesure où, comme le constate avec amertume Aimé Césaire,

« ces nègres [...] croient que la révolution, ça consiste à prendre la place des blancs et continuer, en lieu et place, je veux dire sur le dos des nègres, à faire le blanc[9] ».

Alors que les administrateurs coloniaux veillaient aux intérêts de la métropole, les générations africaines qui ont pris leur relève ne se soucient le plus souvent que de leur promotion. Bien plus, le sens du travail n'est pas l'apanage de ces cadres indigènes qui occupent les bureaux climatisés dans les bâtiments publics dont les investissements ont exigé des coûts élevés sans aucune correspondance avec l'improductivité de la majorité des agents de l'État. Des infrastructures modernes sont abandonnées entre les mains de dirigeants incapables de les maintenir en bon état. Les ordinateurs et autres appareils de bureau tombent en panne après quelques semaines de livraison quand ils ne sont pas détournés par les patrons qui les

---

6. Mot signifiant « ceux qui gouvernent ».
7. Sur l'improductivité et les gâchis des administrations africaines, lire T. Diakité, L'Afrique malade d'elle-même, Paris, Karthala, 1986, p. 67.
8. J.-M. Ela, L'Afrique des villages, op. cit.
9. A. Césaire, La Tragédie du Roi Christophe, Paris, Présence Africaine, 1963, p. 84.

revendent aux commerçants dans les sous-quartiers. Les téléphones installés dans les bureaux des directeurs de service servent à entretenir leurs relations avec de nombreuses maîtresses disséminées dans la villes, à travers de longues conversations qui soumettent les usagers des services publics à une épreuve d'attente et de patience. On fait comprendre au public que «le patron est empêché» pendant qu'il s'occupe des ses affaires au quartier ou consomme du whisky en compagnie de jeunes filles superbes.

Le passage dans les Écoles d'administration ne semble pas donner la preuve que la greffe a réussi dans la majorité des services publics[10] où les responsables administratifs ne témoignent pas d'une grande aptitude à la négociation et au dialogue avec les populations pour lesquelles ils sont payés[11]. L'esprit qui domine dans les administrations publiques résiste aux exigences d'une société en mutation où la gestion du temps et les préoccupations de l'intérêt général doivent se traduire par les nouveaux rapports entre les services publics et leurs bénéficiaires. Sur le terrain, l'écart ne cesse de s'élargir entre l'idéal et la réalité. En Afrique noire, les services publics ne se définissent pas d'abord par le culte de l'excellence, le sens de la communication et de la créativité, le souci de l'efficacité et du rendement. Par ailleurs, si l'on tient compte de l'ethnicisation rampante des carrières administratives, rien ne prouve que les nominations et les promotions aux postes de responsabilité obéissent aux critères de compétence permettant de gérer les affaires publiques en mettant en valeur la diversité des ressources humaines dont dispose le pays. Dans ces États où l'ordre et la sécurité demeurent l'obsession des dirigeants africains, l'administration n'a guère été conçue comme une organisation dont la gestion exige une culture spécifique qui intègre le concept de bien commun dans les pratiques les plus courantes. Ce que l'on inculque dans l'esprit des nouveaux cadres qui s'installent dans les lieux de décision par lesquels l'État contrôle le

---

10. B. Badie, *L'État importé. L'occidentalisation de l'ordre politique*, Paris, Fayard, 1992.
11. M. Emagna, *Boom démographique et boom administratif, hier, aujourd'hui et ... peut-être encore demain : des étranges similitudes*, CIDEP, notes et documents, Louvain-La-Neuve, février 1995.

territoire, c'est la culture du commandement, c'est-à-dire un mode d'exercice du pouvoir qui fait du moindre responsable d'une unité administrative le représentant personnel du chef de l'État.

Dans ces conditions, ce qui importe, ce n'est pas le service à rendre aux populations, mais la tendance à exhiber la moindre parcelle d'autorité que l'on a sur ces populations dans un système global où, après l'armée et la police, l'administration est l'un des grands appareils de l'État. Il faut insister sur cette culture du pouvoir qui, dans les rapports avec le public, oriente et détermine les attitudes et les comportements de ceux qui ont pris la place des commandants dans la société postcoloniale. On retrouve ici « les fils des blancs » dont parlent les paysans africains. Car il n'est pas évident que l'esprit des fonctionnaires indigènes ait rompu radicalement avec l'autoritarisme qui rappelle la tradition administrative de l'État colonial. En fait, les régimes de partis uniques imposés au lendemain des indépendances ont renforcé cette tradition dans les espaces du pouvoir où le public n'est guère reçu avec courtoisie. En Afrique, le bénéficiaire des services est loin d'être considéré comme un client digne de respect, alors que tout l'édifice public ne peut fonctionner que par le travail de ses mains et la sueur de son front.

Gouverner, c'est manger

Dans le contexte de crise socio-économique actuel, le problème est de savoir si le bureau n'est plus seulement le lieu de commandement, mais un marché politique et économique investi par les acteurs qui peuvent tout se permettre dans la mesure où ils appartiennent à un système hégémonique qui choisit ses alliés afin de leur attribuer une place privilégiée dans le réseau de distribution où se partagent les dépouilles de l'État. Les indications dont on dispose sur le phénomène bureaucratique nous obligent à reconsidérer l'administration dans cette perspective. Ce qui est en jeu, c'est l'usage que les groupes d'intérêt font de l'État et des services publics dans leur ensemble. À cet égard, des révélations troublantes sèment le doute sur les régimes politiques dont les dirigeants n'hésitent pas à considérer les aides étrangères elles-mêmes comme leur argent de poche ou une aubaine inespérée pour les courses, les projets ou les associations de leurs femmes.

Jeune Afrique a publié une lettre étrange qui en dit long sur les appétits féroces que suscitent, dans les lieux d'intimité et parfois au cours des scènes de ménage dans les palais présidentiels, les dons destinés aux populations démunies. Ces dons sont l'objet d'une véritable « spéculation » qui explique la force des pressions morales et politiques ainsi que le harcèlement économique dont peuvent être victimes les responsables gouvernementaux chargés de gérer les fonds ou le matériel reçus de l'étranger pour la réalisation des projets de développement local. Mme Rosine Soglo, connue sous le nom célèbre de « ton pied mon pied », en sa qualité de « Première dame du Bénin » comme elle se présente elle-même, écrit au ministre du Développement rural, cette lettre dont le contenu à lui seul révèle l'idée que l'on se fait des biens publics dans les lieux de décision en Afrique noire :

« Je vous rappelle notre communication téléphonique d'hier. De retour à la maison, j'en ai discuté avec M. Le Président de la République en l'informant de ma demande de deux motoculteurs. Il m'a fait remarquer que c'était peu. Il pense que je peux réclamer pour mon association Vidolé-Bénin, une dizaine de motoculteurs. Je tenais à vous en faire part dès aujourd'hui. Vous voudrez bien, M. Le Ministre, mettre à la disposition de mon association une dizaine sur les trente motoculteurs que la république de Corée du Sud vient de nous envoyer. [...] je vous attends donc[12] ».

On ne peut résister à l'envie de relire cette lettre. Elle lève le voile non seulement sur le genre de discussion entre une première dame et un chef d'État mais aussi sur les formes d'ingérence des réseaux familiaux dans les affaires publiques. Ce qui se dégage des ordres que doit exécuter un ministre soumis aux contraintes de l'épouse de son patron, c'est la violence autour des biens destinés à la collectivité compte tenu des appâts et

---

12. Lettre publiée dans *Jeune Afrique*, n° 1841, 17-23 avril 1996.

des convoitises qui s'expriment avec brutalité au sein d'un système politique où le fait d'être la première dame d'un pays justifie la mainmise sur les facteurs de développement du monde rural. L'intolérance de la famille présidentielle à l'égard des paysans auxquels on ne reconnaît aucun droit aux conditions de bien-être, caractérise les systèmes d'inégalité et de domination où le rapport à l'État fonde les logiques d'appropriation et d'accaparement des ressources publiques. Bien plus, au moment où les ONG qui prolifèrent peuvent être utilisées comme une véritable mangeoire, il est intéressant de constater la manipulation dont les groupes défavorisés sont l'objet dans la mesure où ils deviennent une sorte d'alibi à des stratégies d'accumulation servant à asseoir le prestige et la puissance des groupes d'intérêt qui vivent de l'État en Afrique. Dans ce sens, la lettre de la Première dame du Bénin sous le régime de Soglo, met en évidence les limites des tentatives de démocratisation qui n'ont guère réussi à ébranler les fondements de l'État rentier. Dans un pays qui s'est rendu célèbre en prenant l'initiative des conférences nationales pour fonder les nouveaux rapports entre l'État et la société dans le contexte africain de la palabre thérapeutique[13], il est intéressant de voir comment l'usage des biens publics nous ramène au centre du débat démocratique en Afrique noire. Car, pour Mme Soglo qui, semble-t-il, est une juriste de formation, les paysans béninois n'ont pas droit à la parole dans les affaires qui les concernent. Par ailleurs, le fait de confisquer une dizaine de motoculteurs d'intérêt public pour une association privée sans que cela relève du vol, révèle toutes les confusions qui existent en Afrique entre l'éxécutif et le judiciaire. Les dimensions d'une lettre que l'on serait tenté de négliger apparaissent en toute clarté : on découvre dans quelle mesure l'État est, finalement, contre le développement rural. En effet, il faut examiner ce que signifie gouverner les pauvres dans les régimes politiques où la fraude et la corruption deviennent un élément du système basé sur le patrimonalisme. Plus précisément, cette question doit être replacée dans le contexte de crise économique et d'ajustement

---

13. F. Eboussi Boulaga, *Les conférences nationales en Afrique noire. Une affaire à suivre*, Paris, Karthala, 1993.

structurel dont les effets sont subis par la majorité des populations qui sont les laissés-pour-compte des régimes au pouvoir. Si les coûts sociaux de ces contraintes macro-économiques ne sont pas partagés avec équité par l'ensemble des couches sociales, on doit mesurer l'aggravation des mécanismes d'appauvrissement en reconsidérant les effets de la corruption qui se développe au cœur de la crise dont souffre l'Afrique. Dans un pays aussi pauvre que la R.C.A, malgré ses diamants dont les revenus n'ont servi ni à désenclaver des régions entières, ni à améliorer les conditions d'alimentation, de santé et d'éducation, comment ne pas être surpris qu'après la mystification de Bokassa et les gouvernements qui l'ont suivi, on continue de considérer le commandement comme au lendemain des indépendances ? Telle est la question qui s'est posée après l'arrivée au pouvoir de Ange-Félix Patassé dans un contexte socio-économique où l'on s'aperçoit qu'en dépit des apparences, « gouverner signifie avant tout partager le gâteau[14] ». Le cas centrafricain n'est pas unique. On voit rarement les leaders politiques africains s'affronter autour d'un projet de société. Seul le souci d'avoir sa part de gâteau l'emporte dans les régimes où la compétition est féroce au sein des coalitions qui se disputent les places disponibles dans les rouages de l'État. Le pays des hommes intègres n'échappe pas au syndrome qui guette les classes politiques en Afrique noire. Voici, dans ce sens, un texte révélateur :

« Dans bon nombre de pays africains, la politique ressemble à un râtelier ou une mangeoire publics où la chose publique est servie. Naturellement, toutes les mains – qu'elles soient propres ou sales, immaculées ou tachées, innocentes ou coupables, douteuses ou honnêtes... – peuvent y plonger même sans y être conviées. L'accès à la table n'est pas subordonnée à un laisser-passer. Ou, si ! La seule condition sine qua non demeure le saupoudrage politique. Bien souvent, ces auto-convives sont guidés dans leurs élans par la seule voracité. Qu'importe à leur auguste appétit que le couvert soit suffisamment étoffé, la table assez garnie pour les

---

14. *Africa International*, n° 284-285-286, juin/juil./août 1995, p. 20.

invités; pourvu que leurs susceptibilités gastronomiques soient satisfaites ! En tout cas, le souci majeur – d'ailleurs unanimement partagé – du premier à plonger la main est qu'elle touche le fond de la gamelle commune et en ressorte toute débordante. Les miettes aux retardataires. Naturellement aussi, ceux qui n'auront pas un pied dans la danse ne pourront que la contempler à distance [...]. Malheureusement, l'exception ne semble pas non plus venir du pays des hommes intègres : Le Burkina Faso[15]».

Ce tableau résume parfaitement toute «la politique du ventre» qui constitue l'obsession majeure de ceux qui gouvernent en Afrique noire. Dans les pays du continent où «voler l'État n'est pas voler», le mépris affiché pour l'intérêt général et le triomphe des appétits individuels se traduit par la production d'un système social où les origines des nouvelles notabilités se constituent à l'ombre du pouvoir. En d'autres termes, toute richesse est, en rigueur, liée à l'appartenance à un petit cercle d'initiés créé autour du souverain. Celui-ci apparaît, de ce point de vue, comme l'arbitre principal des élites en compétition autour des ressources convoitées que le «Père de la Nation» gère comme un bien de famille en sélectionnant avec soin les hommes qui doivent veiller avec vigilance et fidélité au maintien et à la reproduction d'un système hégémonique. Dans cette perspective, la stabilité de ce système est liée à la capacité des élites cooptées d'enraciner dans leurs régions d'origine l'ordre politique dont elles sont les principaux bénéficiaires et d'empêcher que soit rompu le consentement à cet ordre quel que soit le degré d'impopularité à laquelle ne peuvent échapper les régimes politiques fondés sur la prédation. À cet égard, pensons à la «Galaxie Bongo» dont parle Isabelle Verdier dans son ouvrage sur *Le Gabon: cent hommes de pouvoir*. Sur une population dont l'évaluation semble avoir été imposée par des choix politiques, il s'agit d'une classe sociale créée sur les bases de l'ethnicité.

«Avec les retombées de la rente pétrolière, Bongo reste au centre d'une toile d'araignée dont le cocon est sa famille

---

15. Sidwaya, 28 août 1991, p. 2.

proche [...] et qu'il a progressivement étendu aux ressortissants de son fief du pays Batéké dans le Haut-Ogoué[16]».

Ainsi, les « Cent Hommes » qui comptent dans la République gabonaise sont les créatures de celui qui gère l'argent du pétrole non pour construire les routes dans les régions cacaoyères comme celles du Woleu-Ntem, ni pour développer les cultures vivrières mais pour entretenir la machine électorale dont il a besoin pour perpétuer son pouvoir dans un système politique où les leaders de l'opposition dénoncent « le retour au parti unique[17] ».

FRAUDE ET DICTATURE
SOUS LE PATRONAGE DE L'ÉLYSÉE

Des manœuvres obscures et des scandales répétés témoignent de la grande liberté que se donnent les hauts cadres des États africains à l'égard des ressources publiques. Il n'est pas nécessaire de refaire la chronique de tous les détournements de fonds organisés par les élites du pouvoir. Il suffit d'observer l'ampleur des formes de corruption qui se sont multipliées depuis trois décennies. P. Péan a montré dans un livre célèbre les conséquences de ces pratiques qui sont l'un des facteurs du sous-développement en Afrique noire[18]. Ce qui est grave, c'est l'étendue des filières organisées par les réseaux mafieux qui ont des connexions établies dans les anciennes métropoles coloniales. Car les détournements des fonds publics avec les transferts financiers s'opèrent avec la complicité des « parrains stratégiques » intégrés au système des rapports entre les « États-patrons » et les « États-clients » dont parle B. Badie[19].

Depuis des années, les analyses centrées sur l'État en Afrique ont mis l'accent sur les acteurs internes dont le rôle ne peut être négligé dans la mesure où une kleptocratie s'est

---

16. I. Verdier, *Gabon: Cent Hommes de Pouvoir*, Paris, Indigo Publication, 1997, texte cité par *Jeune Afrique*, 21 Janvier 1997.
17. *Jeune Afrique*, art. cit.
18. P. Péan, *L'argent noir, corruption et sous-développement*, Paris, Arthème-Fayard, 1988.
19. B. Badie, *L'État importé. L'occidentalisation de l'ordre politique*, Paris, A. Fayard, 1997, p.23.

emparée du pouvoir pour amasser des fortunes placées à l'étranger. Il s'agit d'un noyau de responsables dont la seule issue consiste à se replier sur des réseaux de type mafieux. Précisément,

« Ces hommes qui pillent l'Afrique sont haut placés mais n'ont aucun scrupule. En utilisant les moyens les plus répréhensibles, ils ruinent l'économie et s'en mettent plein les poches[20] ».

Cette bande de pillards s'appuient généralement sur les gardes-présidentielles, les milices populaires ou clandestines qui fonctionnent comme de véritables « escadrons de la mort ». La perversion du processus démocratique couvre ces réseaux. Les constitutions remaniées en fonction des logiques de pouvoir destinées à pérenniser le désordre établi servent de façade à l'ensemble du système mis en place par les entrepreneurs politiques décidés à contrôler toutes les ressources du pays. Dans un texte prémonitoire, A. Mbembe écrivait naguère :

« Une fraction de l'élite au pouvoir confisque l'appareil d'État et s'allie à l'armée. Regroupée autour d'un noyau ethnique, bénéficiant de solides appuis intérieurs et disposant du contrôle absolu des organes de répression (brigade présidentielle, police secrète, unité d'élite de l'armée, paras-commandos et organisations paramilitaires), elle s'appuie, en outre, sur d'importants réseaux extérieurs et sur des connexions tissées à la faveur des privatisations et au détour de ses propres participations aux réseaux internationaux de la "finance informelle" (contrebande, trafic de pierres précieuses, émeraudes, diamants, d'armes, d'ivoire ou de drogue). Puis, à partir de cette position avantageuse, elle tente d'imposer, par la violence, un multipartisme administratif qui consiste à agréger des formations politiques, tout en maintenant [...] la répression [...] intimidation, harcèlement permanent, voire arrestation d'opposants [...] corruption à grande échelle et aggravation des pratiques clientélistes, criminalisation des interventions de l'État contre la société[21] ».

---

20. *Jeune Afrique Économique*, 19 mai 1997, n° 241, p. 50.
21. A. Mbembe, « Afrique des comptoirs ou Afrique du développement ? », *Le Monde Diplomatique*, janvier 1992.

Comme le politologue le suggère, il est difficile de rendre compte des déséquilibres et des blocages dans les sociétés africaines en occultant la puissance des réseaux ou des lobbies étrangers[22]. Ce phénomène est si étendu que son poids doit être souligné compte tenu du verrouillage des positions acquises dans les anciennes colonies françaises. Toute la Françafrique est soumise à l'influence de ces réseaux :
« Le pré-carré a de tout temps été sérieusement quadrillé. Après l'administration directe de la colonisation et le départ officiel des gouverneurs, les Africains "indépendants" chargés de gérer leur pays [...] étaient sévèrement sélectionnés. Une toile d'araignée invisible les liait aux barons blancs du continent noir. Ils étaient tenus, financièrement, sinon mentalement.
Sous De Gaulle, les fils remontaient tous à l'Élysée. Dans l'autre sens, politiques et hommes d'affaires intéressés au continent ou présents en Afrique étaient dûment répertoriés, et leurs activités discrètement controlées. On ne pouvait pas bien travailler sans être "parrainé". [...]
Dans les années 70, le maillage s'est un peu desseré et les réseaux d'État ont laissé quelques noeuds privés secondaires prendre leur autonomie. Ces réseaux privés sont devenus dominants et l'État n'a plus servi que de couverture[23] ».

On s'est demandé naguère si l'avènement de Jacques Chirac au pouvoir n'avait pas marqué le « retour à la case Foccart[24] ». Ce qui nous intéresse ici, c'est de rappeler l'importance des réseaux qui s'inscrivent dans les structures fondamentales de la politique africaine de la France[25]. De toute évidence, ces réseaux ne peuvent être tenus à l'écart des processus de criminalisation de l'État qui se manifestent dans un contexte historique où

---

22. Sur cette question, lire A. Glasser et S. Smith, *Ces messieurs Afrique. Le Paris-Village du Continent noir*, Paris, Calmann-Lévy, 1992.
23. A. Glasser et S. Smith, *L'Afrique sans Africains*, Stock, 1994, p. 112.
24. *Jacques Chirac et la Françafrique : Le retour à la case Foccart?*, Agir ici - Survie, Paris, L'Harmattan, 1995.
25. Cf. *Les liaisons mafieuses de la Françafrique*, Les « Dossiers Noirs de la Politique Africaine de la France », n°2, Paris, L'Harmattan.

« l'insertion de l'Afrique dans l'économie mondiale par le biais de sa criminalisation est flagrante au vu de la part croissante qu'elle prend dans le trafic des narcotiques et de façon moins évidente dans les circuits de blanchissement de l'argent sale[26] ».

Ce qui devient de plus en plus grave dans les pays d'Afrique, ce ne sont plus seulement les modes de redistribution clientéliste qui ont longtemps caractérisé les mécanismes de régulation politique de l'État rentier[27] mais c'est de banditisation de l'État qu'il est désormais question. Nous sommes en face d'États mafieux qui prolifèrent à travers les formes d'escroquerie financière et de commerce frauduleux qui fondent une véritable économie du crime en Afrique subsaharienne. Si l'exploitation, par les groupes sociaux dominants de « rentes » traditionnelles n'a pas disparu comme le montre la mainmise des dirigeants sur les cultures d'exploitation, le pétrole et la gestion des financements extérieurs et de l'aide, de nombreux exemples soulignent l'extraordinaire développement des activités délictueuses. Tel est le cas de la « drogue qui gagne l'Afrique[28] ». En effet, le continent noir est devenu depuis une décennie une plaque tournante du commerce des drogues provenant d'Asie et d'Amérique Latine. Des grandes villes et ports africains comme Lagos, Accra, Dakar et Douala sont les lieux de transit des drogues qui circulent sur le marché. Or ce commerce prospère est souvent soutenu et entretenu par la complicité des autorités politiques, militaires et douanières qui en retirent des bénéfices juteux. Il arrive que des hommes d'affaires célèbres et les membres des familles présidentielles soient impliqués dans les trafics de drogue. Achille Mbembe, Yao Assogba et Célestin Monga notent à ce sujet :

« La corruption a atteint un point tel qu'on peut désormais parler d'un processus de criminalisation de l'État qui va de pair avec celle de l'économie [...].

---

26. J.-F. Bayart, *La criminalisation de l'État en Afrique Subsaharienne*, cité dans *France-Cameroun: croisement dangereux!*, Agir ici - Survie, Paris, L'Harmattan, 1996, pp.28-29.
27. J.-F. Bayart, *L'État en Afrique. La politique du ventre*, Paris, Fayard, 1989.
28. *L'Autre Afrique*, n° 3, 4-10 Juin 1997, pp. 9-18.

Aujourd'hui, le Cameroun est un centre de transit des réseaux d'exportation de la drogue et de blanchiment de l'argent sale, ainsi que l'atteste la prolifération des casinos et des salles de jeu – activités que contrôlent de hauts responsables de l'armée et des responsables politiques et de la police, par ailleurs membres des deux plus importants groupes mystiques qui dominent les institutions de l'État (la Rose-Croix et la Franc-Maçonnerie)[29]».

Ce qui doit aussi retenir notre attention, en plus de ces marchés de la drogue et des mécanismes de blanchissement de l'argent sale, c'est l'ampleur des évasions fiscales qui vont de pair avec les processus de criminalisation de l'économie. Des milliards de dollars détournés par les dirigeants d'Afrique prennent chaque année les chemins de l'Occident. Ces capitaux en fuite se retrouvent dans les banques de pays comme les États-Unis, la Suisse, la France, la Belgique, l'Autriche, etc. Au moment où les jeunes Africains sont acculés à toutes les humiliations et les brimades pour obtenir un visa d'entrée dans les pays du Nord, les avoirs de leurs dirigeants sont soigneusement protégés dans les banques de ces pays. Ceux-ci les capitalisent et les reprêtent selon un processus pervers qui pénalise les populations frappées par les autoritarismes africains, les négriers des Temps Modernes et les trafiquants de la faim. Dans leur mémorandum du 15 Mars 1990 au Maréchal Mobutu, les Évêques du Zaïre ont dénoncé cette situation avec vigueur :

«Le fonctionnement de nos institutions est bien connu et encouragé par les partenaires étrangers du Zaïre. En effet, ils savent bien avec qui ils ont signé des contrats et où est logé l'argent qu'ils ont donné en crédit au Zaïre. Il est, dès lors, anormal et injuste que ceux-là mêmes qui ont mis en place un système financier recyclant à leur avantage des capitaux détournés – qu'ils prêtent à intérêt à ce même peuple qui en a été spolié – exigent, pour le remboursement, des restrictions budgétaires ayant pour conséquence l'appauvrissement sans cesse croissant des

---

29. Mémorandum au sujet des menaces de mort à l'encontre du professeur Jean-Marc Ela et de son départ forcé du Cameroun, 30/8/95.

populations obligées à subir le poids des crédits non reçus et qui fructifient pour d'autres. Ces populations sont ainsi *doublement victimes* du système usurier international, soutenu par des pays par ailleurs promoteurs de la justice sociale et des droits de l'homme. Cette injustice est d'autant plus criante que cet argent placé et recyclé n'est jamais récupéré par le peuple du pays d'origine après la mort des détenteurs de comptes "secrets"[30].

Notons cette étrange contribution des pauvres au financement des pays riches qui, en plus des prélèvements organisés sur les prix des matières premières, bénéficient des détournements opérés par ces kleptomanes que l'on reçoit avec tous les honneurs dignes de leur rang dans les chancelleries occidentales. Les analystes qui ont tendance à masquer les facteurs externes d'appauvrissement des pays d'Afrique doivent reconnaître ces faits que rapportent les Évêques du Cameroun dans leur lettre sur la crise économique dont souffre le pays :

« La fuite des capitaux vient aggraver une situation déjà catastrophique. Le pays saigné à blanc, voit ainsi bloquée sa vie économique, politique, sociale et culturelle. On avance des chiffres effarants : près de 150 milliards de francs CFA fuiraient ainsi du Cameroun chaque année ! Parmi les raisons que l'on donne à cette fuite des capitaux, on déplore surtout l'égoïsme et la cupidité des grands et des riches. Plusieurs entreprises opèrent parfois comme de véritables sangsues installées sur les veines économiques et financières du pays. Le résultat, c'est que nos capitaux vont ainsi enrichir les pays riches, précipitant nos propres pays de la pauvreté à la misère[31] ».

De nombreuses études n'ont cessé de fournir les informations sur la fuite des capitaux vers les paradis fiscaux qui leur offrent une garantie et un secret. S'agissant de l'Afrique subsaharienne, les capitaux en quête d'un pays refuge sont loin d'être le fruit d'un travail régulier. Il s'agit, le plus souvent,

---

30. « Mémorandum des Évêques du Zaïre », cité par *Jeune Afrique*, n° 1527, 9 avril 1990.
31. Lettre pastorale de la Conférence Épiscopale du Cameroun sur la crise économique dont souffre le pays, Pentecôte, 1990.

de l'argent de la fraude, des bénéfices criminels et, surtout des fortunes acquises par le pillage des ressources publiques, dans les pays où la censure et la violence du pouvoir interdisent tout contrôle de la gestion des présidents à vie. L'incertitude des lendemains et les turbulences provoquées par les colères de la rue ont accéléré cette quête de sécurité pour les fortunes d'origine douteuse. Des milliards s'envolent d'autant plus vers les centres financiers étrangers que la situation socio-politique n'est plus sûre dans la mesure où, d'un moment à l'autre, on peut être évincé du pouvoir par un seigneur de la guerre ou par tout autre leader susceptible de bouleverser le paysage politique d'un pays avec le concours ou les complicités des gouvernements de la sous-région. Dans ce sens, la fuite des capitaux s'intensifie d'autant plus qu'en Afrique, rares sont les dirigeants qui jouissent d'une véritable crédibilité populaire compte tenu des conditions dans lesquelles ils se maintiennent au pouvoir et des méthodes de gouvernement qu'ils utilisent en bloquant toute perspective d'alternance politique véritable et l'instauration d'un climat favorable au respect des droits de l'homme.

En Afrique noire, il ne suffit plus aux pays du Nord de vendre les armes aux pays étranglés par le service de la dette en provoquant l'augmentation des dépenses militaires. Il faut aussi soutenir les régimes politiques qui ne survivent que par la violence brute afin de garder le contrôle de l'appropriation des ressources nationales en renonçant à toute volonté de trouver des solutions aux problèmes prioritaires de l'éducation, de la santé et du bien-être de la majorité des populations. Or les mécanismes de prédation et de criminalisation sont liés à la manière de gouverner dans cette Afrique francophone dont Paris demeure la capitale comme Mongo Beti le rappelle dans son ouvrage récent[32]. Aussi, convient-il de situer la fraude et les dictatures africaines dans l'axe des rapports entre la France et ses anciens territoires d'Outre-Mer. «Silence, on coopère». Telle a été la consigne de l'Élysée au cours des trente-sept dernières années de relations avec l'Afrique francophone. Depuis

---

32. Mongo Beti, *La France contre l'Afrique, Retour au Cameroun*, Paris, La Découverte, 1993.

le Général De Gaulle, cette Afrique est manifestement fille de la politique extérieure de la France. Pour s'en rendre compte, il suffit de relire les Mémoires de J. Foccart qui révèle les véritables dessous de la coopération française au sud du Sahara[33]. Grâce à un ensemble de réseaux mafieux et de relations personnalisées[34], le système mis en place par le gaullisme n'a subi aucune mutation profonde en dépit des discontinuités des gouvernements de la Ve République[35]. Placés sous le contrôle de l'Élysée, les États africains sont gérés comme des comptoirs français. Peu importent les rêves d'Africains et d'Africaines pour plus de dignité et de respect de leurs droits élémentaires dans ces pays où la décolonisation des années 60 n'a guère posé les conditions d'un ordre politique favorable à la culture démocratique. Pensons à toute la législation liberticide qui fournit les armes légales pour réprimer toute tentative de protestation populaire et de revendication du pluralisme. Pour les dirigeants français habités par des rêves de grandeur,

« Le pré-carré de notre action, c'est l'Afrique francophone[36] ».

Le poids de l'Afrique est énorme dans le débat de la France avec elle-même et l'histoire. Comme le reconnaît Louis De Guiringaud :

« L'Afrique est le seul continent qui soit encore à la mesure de la France, à la portée de ses moyens, le seul où elle peut encore, avec cent hommes, changer le cours de l'histoire[37] ».

Ph. De Vivier est revenu récemment sur cette vieille obsession :

---

33. *Foccart parle. Entretiens avec Philippe Gaillard*, Paris, Fayard, 1997 ; Ph. Gaillard, « Révélations : Le Fantôme de l'Élysée », in *Jeune Afrique*, n° 1892, 9-15 avril 1997, pp. 66-73 ; « Révélations sur l'Afrique de 1969 à 1996 », n° 1893.
34. J.-F. Médard, « La Patrimonialisation des relations franco-africaines : Échanges politiques, économiques et sociales », in Y. Meny et D. Dellaporta (dir.), *La corruption dans les régimes pluralistes*, Paris, Actes Sud, 1995.
35. J.-M Ela et Yao Assogba, « La politique africaine de la France sous F. Mitterand : précarité des ruptures et continuité du néocolonialisme français en Afrique noire », *Le Devoir*, 27 et 28 Janvier 1996.
36. F. Mitterand cité par D. Bach, *La politique française en Afrique après le 10 mai 1981, L'année africaine 1981*, Paris, Pédone, 1983, pp. 240-241.
37. *L'Express*, 22 décembre 1979.

« La France est une grande puissance africaine. Si elle perd ses relations avec le continent, elle perd de son poids en Europe et dans le monde[38] ».

On retrouve tout le messianisme dont se nourrit l'imaginaire politique français. L'Afrique occupe une place centrale dans cet imaginaire. Fidèle à lui-même, F. Mitterand est resté habité par ce rêve au cours de son long règne : « Sans l'Afrique, la France ne sera plus une grande puissance en l'an 2000[39] ».

L'enjeu est clair : pour la France « Il y va de son rang[40] » sur la scène internationale. Dans cette perspective, on découvre les fondements réels de la politique française en Afrique. Car la coopération est conçue pour « conserver d'abord à la France une zone d'influence en Afrique, ensuite, pour accroître son rayonnement culturel et renforcer ses parts de marché[41] ».

Ainsi, la politique africaine de la France n'a pas fondamentalement rompu avec l'esprit de l'Union Française et de la Communauté. Les ministères des colonies et de la France d'Outre-Mer sont devenus le ministère de la Coopération. Bien plus, les évolués dociles qui occupent souvent les anciens palais des gouverneurs de la France d'Outre-Mer traitent directement avec l'Élysée. Dans la mesure où l'Afrique demeure un « domaine réservé » du chef de l'État français, les dirigeants africains exercent un pouvoir délégué dans les limites précises que doivent respecter « les chiens de garde » des intérêts de la métropole. Sous-couvert d'accord de défense, une sorte de militarisme français se déploie en Afrique francophone. À partir des armées d'occupation implantées dans les zones stratégiques[42], la France s'érige en garant de la sécurité de sa clientèle politique. Comme on l'a vu au Gabon, en République centrafricaine ou au Zaïre, en l'absence de tout conflit militaire avec des agresseurs extérieurs, les soldats français deviennent les

---

38. Cité par *Jeune Afrique*, n° 1783, 18 avril 1995, p. 34.
39. Cité par *Politique africaine*, n° 58, juin 1995.
40. F. Mitterand, in *Le Monde*, 3 janvier 1987.
41. J. Adda, M. G. Smouts, *La France au Sud. Le miroir brisé*, Paris, Karthala, 1989, p. 317.
42. Sur ce thème, lire *Politique Africaine*, n° 5, février 1982 ; n° 6, mars 1982.

gendarmes des chefs d'États africains dont les régimes sont ébranlés par des secousses internes. Pour le seul État européen qui dispose d'une force armée en Afrique au sud du Sahara, ces interventions ont pour objectif d'entretenir le rêve de grandeur de la France. À court terme, elles visent à mettre hors d'état de nuire les indigènes tentés de porter atteinte à la sécurité des « amis de la France » et aux membres privilégiés de la famille présidentielle sur lesquels veille la Mère-Patrie. Les sociétés africaines doivent donc se tenir tranquilles et renoncer à toute illusion dangereuse. La Ve République se charge de défendre les pouvoirs qui chancellent dans les zones stratégiques du continent que l'Élysée considère comme sa « chasse gardée ». Compte tenu des enjeux socio-politiques et économiques énormes, il n'existe sur ce point sensible et vital ni gauche, ni droite en France. Quand les marchés français sont en cause et que les élites indigènes chargées de protéger les intérêts de la métropole sont menacés, le salut de la République impose le « consensus tricolore[43] ». Tel est le sens des interventions militaires par lesquelles tous les gouvernements de la Ve République ont su affirmer la continuité de la politique africaine de la France[44]. Comme le souligne bien A. Bourgi,

« Les évènements de Centrafrique offrent un condensé de l'histoire coloniale française en Afrique. Tout est réuni pour rappeler que l'ancienne métropole n'avait rien perdu de ses droits régaliens sur le Continent et singulièrement dans un pays qui a toujours fait figure de champ de manœuvres des intérêts et des intrigues entourant la politique africaine de la France. [...]
Même si la personnalité et l'itinéraire sinueux du chef de l'État centrafricain suscitent quelques interrogations à Paris, Jacques Chirac a, semble-t-il, choisi de soutenir le pouvoir en place [...]

---

43. Cf. A. Glasser, S. Smith, *L'Afrique sans les Africains. Le rêve blanc du continent noir*, Paris, Stock, 1994, p. 231.
44. G. Martin, « Continuité et changement dans les relations franco-africaines », in *Afrique 2000*, n° 26, 1997, pp.7-18 ; E. Wanyu, « Les héritages africains de Jacques Chirac. Permanences et ruptures de la politique africaine de la France », id., p. 19 ss.

En revenant une fois encore au registre de la force et en s'octroyant le rôle exclusif de gendarme, la France a dénaturé la portée politique de son intervention. [...] Le souci de défendre la légalité démocratique dans le cas de la Centrafrique aurait fait preuve d'une égale détermination ailleurs sur le continent. Les faut-semblants utilisés au Niger après la mascarade électorale mise en scène par Ibrahim Baré Maïnassara, la reconnaissance de la légitimité usurpée de Lansana Comté en Guinée et la bienveillance affichée à l'égard de Patassé, l'intervention française a pris l'allure d'une mise au pas des Centrafricains. [...] D'une manière plus générale, le dispositif militaire français en Afrique apparaît plus que jamais comme le symbole d'une politique impériale qui n'a plus de sens dans la période de l'après-guerre froide[45]».

L'allègement de ce dispositif dont il est question aujourd'hui risque de masquer la tentation impériale qui demeure. Rappelons la position stratégique des quatre points d'appui que l'armée française tient à conserver sur le continent :

« Dakar, tourné vers la façade atlantique et susceptible d'être, le cas échéant, réorienté vers l'Afrique équatoriale et centrale ; Djibouti, moins destiné, désormais, à protéger l'indépendance du territoire qu'à lancer d'éventuelles opérations de l'océan Indien ; N'Djamena enfin, sorte de relais multidirectionnel, au centre du dispositif[46]».

Au moment où la France envisage de réduire ses effectifs militaires en Afrique sous la pression des contraintes budgétaires, le retrait de quelques centaines d'hommes de Bouar ne saurait donc nous faire oublier les bases stratégiques dont personne ne parle comme celles de Dakar et de Djibouti. En réalité, la refonte du dispositif militaire français en Afrique noire ne semble nullement marquer la rupture avec la volonté de défendre les intérêts de la France dans le continent :

---

45. A. Bourgi, « Centrafrique : La tentation impériale », in *Jeune Afrique*, n° 1880, 15-21 janvier 1997, p. 15
46. Paul-Marie De La Gorce, « La deuxième mort de Jacques Foccart », in *Jeune Afrique*, n°s 1910-1911, 13-26 août 1997, p. 42.

«Même reprofilé, son dispositif militaire conserve un relent colonial, comme en témoigne son maillage reliant le Sénégal, la Côte-d'Ivoire, le Gabon et le Tchad, autant de pays clés pour la pérennisation de l'influence politique, économique et stratégique de la France sur le continent[48]».

Pour le moment, on est loin «d'une véritable décolonisation des rapports franco-africains[49]». Sans la révision des Accords de défense signés dans les années 60, le système de coopération avec l'Afrique reste dominé par la nécessité de s'appuyer sur une présence militaire qui sert à la fois d'instrument principal de la défense des intérêts français en Afrique et de la protection des régimes en place:

«Les Accords de défense contribuent à dissuader la déstabilisation des régimes africains[50]».

Même réduits, les effectifs militaires rappellent que la France a opté une fois pour toute pour le statu quo. Ce choix se confirme dans un contexte où ses principaux alliés se trouvent, les uns après les autres, confrontés au même type de crise que ce que l'on a observé naguère en République centrafricaine. Aider les gouvernements africains à mieux contrôler leurs forces armées constitue dès lors, une préoccupation majeure pour l'Élysée, la France n'ayant pas encore prouvé qu'elle renonçait définitivement à servir de parade contre les coups d'État qui risquent de chasser du pouvoir les hommes avec lesquels elle entend poursuivre son rêve de domination au sud du Sahara.

En tenant compte du poids de l'héritage colonial, on comprend toutes les magouilles autour de la politique de coopération de la France qui, comme le note Toulabour, «a fait de la défense des régimes autoritaires et corrompus africains sa religion[51]». Quelques universitaires et chercheurs commencent à prendre conscience de l'archaïsme de cette politique qui, de toute évidence, va à contre-courant de l'évolution du monde[52].

---

48. A. Bourgi, «La fin de l'épopée coloniale?», *Jeune Afrique*, n° 1910-1911, p. 43.
49. *Ibidem*.
50. Malick Rokhy Ba, *art. cit*, p. 11.
51. *Politique Africaine*, n° 44, décembre 1991 p.143.
52. Sur ce sujet, voir l'initiative prometteuse des membres fondateurs de l'observatoire permanent de la coopération française; lire Rapport 1995 et Rapport 1996, Paris, Desclée De Brouwer.

Cet archaïsme se traduit aujourd'hui par la politique des gouvernements français engagés, de près ou de loin, dans toutes les entreprises obscures qui renforcent les pouvoirs autoritaires, les circuits de pillage et les traditions de corruption dans les États d'Afrique noire. À l'heure où les groupes d'intérêt français sont hantés par la perspective de perdre leurs positions sur le continent noir[53], on doit mesurer toutes les conséquences d'un modèle de présence rétrograde entretenu par l'aveuglement dans lequel, en succombant à «l'erreur de Narcisse», la France tend à perdre toute crédibilité sur la scène africaine et mondiale tant qu'elle refuse de se désolidariser avec le banditisme d'État inscrit dans les structures du pouvoir par les Biya et autres Eyadéma qui comptent sur le poids des réseaux politico-affairistes de l'ancienne métropole pour détruire massivement le potentiel humain, intellectuel et économique de leur pays.

Au-delà des discours qui ne remettent nullement en cause le système des relations portant l'empreinte d'une politique impériale, il faut s'interroger sur les turpitudes des régimes français qui font de la protection des coopérants français un prétexte et un alibi humanitaire pour s'octroyer le rôle de policier et de gendarme des dirigeants africains qui vident systématiquement les caisses des États dont ils contrôlent les appareils. Comme l'annonce «le fiasco français dans les Grands Lacs[54]», il faut s'attendre au brouillage et au discrédit accentué de Paris tant que n'émergera pas une culture citoyenne qui oblige le système français à se transformer profondément pour assumer la fin de la parenthèse coloniale. Précisons le sens des défis qui s'imposent à la réflexion dans la mesure où, comme nous l'avons observé plus haut, l'imaginaire politique français puise invariablement dans l'idée mittérandienne selon laquelle Paris demeure le centre de gravité du monde africain :

«Sans l'Afrique, la France n'a pas d'histoire au XXIe siècle. La France reste celle qui conduit, celle dont on a besoin,

---

53. M. Duteil, «La France va-t-elle perdre l'Afrique?», in *Le Point*, n° 1297, 26 juillet 1997, pp.40-46.
54. J.-F. Bayart, *Le Nouvel Observateur*, 15-20 mai 1997, pp. 35-37.

celle à laquelle on se rattache. Il ne pourra y avoir d'histoire authentique de l'Afrique si la France en est absente[55]».

Devenu Président de la République, l'ancien ministre de la France d'Outre-Mer a retrouvé tout ce qui a construit son imaginaire africain. Si les mots changent à peine, la même vision demeure. Mitterand est resté fidèle au «point fixe» qu'il s'est donné et qui a orienté ses deux septenats. La décennie Mitterand fut dominée par une vision impériale des relations avec l'Afrique noire. Ce témoignage le confirme :
«Je suis porteur de plus qu'une tradition, d'intérêts légitimes, de grands intérêts. Je ne peux pas signer – je m'y refuserai – la disparition de la France de la surface du globe, en dehors de son pré-carré [...]. Je le dis solennellement devant vous : la France doit maintenir sa route et refuser de réduire son ambition africaine. La France ne serait plus tout à fait elle-même aux yeux du monde si elle renonçait à être présente en Afrique[56]».

Au cœur du drame colonial, F. Mitterand a tracé la voie que suivront les gouvernements de la IVe et de la Ve République[57]. Dès le début de son premier septenat, il rappelle à Jean-Pierre Cot, Ministre de la coopération : «La politique africaine, c'est moi». On peut se demander si l'Élysée assume aussi tous les scandales, les compromissions et les «liaisons mafieuses de la FrançAfrique». Un fait paraît indiscutable : on constate en France des choix arbitraires en faveur des chefs d'États autoritaires pour des motifs inavoués[58] rien ne prouve que l'héritage mitterandien soit renié par son successeur. Au cours de son voyage en Afrique noire,
«[Chirac précise à Dakar]: "J'ai voulu en venant très vite en Afrique et en y consacrant mon premier voyage extérieur, marquer une certaine continuité de la politique française". Neuf ans plus tôt, prenant la tête du gouvernement de cohabitation, Jacques Chirac affirmait déjà

---

55. F. Mitterand, *Présence française et abandon*, Paris, Plon, 1958, pp. 84-86.
56. Cité dans *Politique africaine*, n° 58 juin 1995 : «F. Mitterand et l'Afrique».
57. J.-F.Bayart, *La politique africaine de F. Mitterand*, Paris, A. Fayard, 1984.
58. F. Hauter, «France-Afrique : une crise de cooopération», *Études*, Janvier, 1994, p. 47 ; J.-M. Kalfèche, «De l'abus du domaine réservé», in *L'Express*, 4 novembre 1988.

qu'il n'y avait "aucune divergences de vues" et qu'il n'imaginait pas de conflit sur l'Afrique avec le Président Mitterand : nous partageons une conviction commune [...] sur les problèmes de développement et notamment sur les problèmes africains [...] On eût aimé que le candidat du "changement" affiche un peu plus de distance d'avec le chapitre le plus sombre de l'ère mitterandienne[59] ».

Au lieu de renier ce qui est considéré comme un héritage national, « Chirac l'Africain » a montré, dès son accession au pouvoir, sa volonté de le faire revivre en lui redonnant toute son actualité. J. Godfrain, le nouveau ministre de la coopération est un fils spirituel de Foccart qui, durant toute sa vie, incarne le néocolonialisme français[60]. On retrouve la même idée de l'Afrique et de la France. On retrouve aussi le même type de relations personnelles et affectives avec les dirigeants africains. À Libreville, en portant un toast au Président Bongo, Chirac déclare :

« Mon cher Omar, ma chère Edith ... Trente et un ans d'estime, de confiance, d'affection, trente et un ans que nous nous tutoyons[61] ».

Tout se passe donc comme si les relations entre la France et l'Afrique étaient une affaire de famille. Par ailleurs, on constate la même ambiguïté envers le processus de démocratisation en Afrique[62]. S'il reconnaît la nécessaire « adaptation progressive », Chirac affirmait récemment : « La France n'a pas droit à l'erreur[63] ». En effet, rompre avec les méthodes d'une coopération qui s'est dévoyée en protégeant les dirigeants impopulaires et corrompus, c'est compromettre les intérêts de la France qui ne peut garder son rang qu'en s'appuyant sur les dictatures qui veillent sur ces intérêts. Aussi, pour l'Élysée, encourager ses partenaires africains à « renforcer l'État de droit et la bonne gouvernance[64] » reste un vœu pieux. En fait, pour Chirac,

---

59. *Jacques Chirac et la FrançAfrique, op. cit.*, p. 15.
60. Sur ce fils spirituel de Foccart, lire *Africa*, n° 284 à 286, août 1995, p. 13.
61. « Le rêve africain de Chirac », in dans *Jeune Afrique*, n° 1855, 24-30 juillet 1996, p. 6.
62. G. Martin, « Francophone Africa in the contexte of Franco-African relations », in J. Harbeson & D. Rothchild (dir.), *Africa in World Politics : Post cold War challenges*, Boulder, Westview Press, 1995, pp. 179-182.
63. Voir le Figaro, 28 août 1997.
64. *Le Figaro, art. cit.*

« chacun doit selon sa culture, son histoire, sa tradition, conduire le mouvement vers la démocratie à son rythme et à sa façon[65] ».

Ces principes masquent les interventions de la France piégée à Bangui en renforçant le pouvoir de Patassé. En même temps, on a vu Paris aider ailleurs au trucage des élections au profit des tyrans sanguinaires. Au Tchad où un décret de l'État autorise le pouvoir Déby à entretenir à son profit la culture de la violence en procédant à l'élimination physique de tout suspect menaçant l'ordre public[66], le soutien de l'Hexagone au régime de N'Djamena est incompréhensible au moment où l'armée tchadienne se livre à la chasse à l'homme comme le rappellent les massacres récents survenus à Moundou[67].

Depuis le « Rapport Hessel[68] », nul n'ignore l'étendue des violations des Droits humains en Afrique francophone. Bien avant J.-F. Bayart, de nombreux intellectuels, journalistes, écrivains et artistes africains ont risqué leur vie en dénonçant avec vigueur les pratiques politiques et mafieuses que l'on découvre aujourd'hui sur le continent[69]. Ni le Zaïre de Mobutu, ni le Togo d'Eyadéma n'ont jamais été des États de droit brillant par leur « bonne gouvernance ». Les liens entretenus par la France et le Président Biya au Cameroun nous confirment sur la permanence d'une politique de coopération qui s'accomode parfaitement avec la corruption, le pillage des ressources nationales et le bourrage des urnes. Voici <u>un véritable voyou au pouvoir qui bénéficie d'un soutien constant de l'Élysée depuis 1982</u>. Lors de sa visite officielle à Yaoundé en 1984, « Mitterand l'Africain[70] » s'adressait au successeur d'Ahidjo en déclarant : « La France se sent à l'aise avec vous ».

Au cœur de la crise provoquée par le régime Biya qui a conduit le pays à la déchéance, comme le rappelle le Rapport

---

65. Allocution prononcée à Libreville le 22 juillet 1996.
66. Le Nouvel Afrique-Asie, n° 89, février 1997.
67. « Tchad, Coup de flamme sur Moundou », in Africa, n° 310, décembre-janvier 1998, pp. 28-29.
68. Lire ce rapport dans A. Bourgi et Ch, Casteran, Le Printemps de l'Afrique, Paris, Hachette, 1991.
69. J. F. Bayart, S. Ellis et B. Hibou, La Criminalisation de l'État en Afrique, Paris, Éditions Complexe, 1997.
70. Ph. Marchesim, « Mitterand l'Africain », in Politique africaine, n° 58, juin 1995.

de la Banque mondiale sur la pauvreté au Cameroun, le «vacancier au pouvoir» à Yaoundé[71] n'hésite pas à se définir lui-même comme «le meilleur élève de F. Mitterand». La tentation impériale de l'Ancien chef d'État français que nous avons rappelée plus haut apporte un éclairage sur les relations privilégiées entre le maître et l'élève. Compte tenu de sa position géostratégique et politique au fond du Golfe de Guinée, le pays de Biya ne peut laisser la France indifférente. En 1983, Mitterand évoquait cette position stratégique : «Si le Niger et le Cameroun craquent, c'en est fini de l'influence française en Afrique[72]».

On découvre la place du Cameroun dans les enjeux français sur le continent. C'est cela qui explique la sollicitude constante de Paris à l'égard de Yaoundé. Malgré toutes les ruses du régime Biya face aux contraintes imposées par le FMI et la Banque mondiale, celui que l'opnion internationale considère de plus en plus comme un petit dictateur a toujours bénéficié de l'aide prioritaire de la Caisse Française de Développement. Au moment des discussions sur le sort réservé au dossier Cameroun par le FMI, P. Biya fit un bref séjour en France pour demander l'appui de ses réseaux. La rue Monsieur le rassura de la «tradition de soutien de la France chaque fois que le Cameroun envoie des signaux de détresse».

Ces signaux ne sont pas autre chose que l'incapacité des autorités de Yaoundé à respecter leurs engagements parmi lesquels figure l'obligation de produire les comptes sur le pétrole dont la gestion est restée un secret d'État depuis Ahidjo. En dépit des contraintes des institutions financières internationales qui menaçaient le Cameroun de ne pas lui accorder les avoirs établis par le 3e Accord de Confirmation avec le FMI, la France sauva «le meilleur élève» de Mitterand tenaillé par le déficit des finances publiques :

«Paris couronne la banqueroute camerounaise. Ceux qui avaient la certitude de l'exclusion cette fois du Cameroun doivent déchanter. Les intérêts néo-coloniaux l'emporteront toujours puisque la mise en accusation du pays au

---

71. Lire «Un vacancier au pouvoir», in *Libération*, 16 février 1995.
72. Voir J.-M. Ela et Yao Assogba, *art. cit.*

Tribunal du FMI n'est qu'une mise en scène à laquelle il faut se familiariser. Nous sommes les dindons de la farce des emmerdeurs : le FMI et le régime en place »,
écrit *Génération*, l'Hebdomadaire d'Enquêtes et d'Analyses publié par l'économiste Ombe Ndzana[73].

Comment croire sur parole les responsables français qui « s'interdisent toute ingérence » dans les affaires africaines[74] lorsque « l'arrivée de Godfrain entraîne le départ de Fochivé, celle de Toubon a carrément suscité un remaniement ministériel. Ainsi, quand un ministre français passe, les gouvernements camerounais trépassent. Est-ce bien une coïncidence ? Sutout que officiellement, le ministre français avait séjourné au Cameroun pour ... affaire[75] ».

De fait, précise Eyoum Ngangue, la visite effectuée par J. Toubon, les 18 et 19 septembre 1996, portait sur l'état d'avancement du

« Traité pour l'harmonisation de droit des affaires en Afrique ainsi que des différents aspects de la coopération franco-camerounaise en matière juridique et judiciaire [...]. Il s'est donc agi pour Jacques Toubon de veiller à ce que le Cameroun adhère à ce cadre juridique qui facilitera la tâche de surveillance de la métropole sur ses colonies. Rien n'a été laissé au hasard, d'autant plus que l'arrivée de Toubon a été précédée par une série de mesures prises par les autorités camerounaises pour restructurer le secteur financier de notre pays.

À travers tous ces traités, la France veut donner une législation des affaires unique pour que le contrôle de ses firmes qui ont des filiales en Afrique soit plus aisé[76] ».

On mesure l'importance de ces mesures dans un contexte économique où la France, selon un vieux dessein, tient à garder son rang en Afrique francophone.

« À Dakar, à Lomé, d'Abidjan à Brazzaville et de Yaoundé à Libreville, les entreprises françaises réalisent des hyper-

---

73. *Génération*, n° 16, 6 décembre 1994, p. 4.
74. Voir J. Chirac, *Le Figaro*, art. cit.
75. *Le Messager*, n° 545, 23 septembre 1996, p. 9
76. *Ibidem*.

bénéfices dans le bois, les jeux de hasard, le secteur bancaire et des assurances. Il est donc question de pérenniser cet état de choses[77] ».

Au Cameroun, le régime au pouvoir entretient des liens étroits avec les réseaux mafieux dont l'existence est bien connue. Ainsi, « La montée de Charles Pasqua au créneau françafricain » qui contrôle « l'empire des jeux[78] » est un exemple de ces réseaux. Rappelons aussi,

« Le réseau Mitterand a vu sa position confortée au Cameroun par la nomination de Gilles Vidal, l'ancien compère de Jean-Christophe à la cellule africaine de l'Élysée, comme ambassadeur de France à Yaoundé en remplacement d'Yvon Omnès. Lequel, se retirant au Cameroun dans le "conseil" à la Présidence, aurait obtenu une concession de bois pour survivre[79] ».

Ces réseaux sont nombreux dans les régimes africains où les intérêts économiques de la France sont protégés par les élites indigènes qui ont pris la relève des gouverneurs de l'empire à travers un système de relations personnelles d'amitié et de fidélité qui s'accomode parfaitement avec « la criminalisation de l'État en Afrique ». On s'en est rendu compte au VIIe sommet de la Francophonie. En réponse à l'initiative canadienne de mettre en place « un dispositif permettant de sanctionner les reculs de la démocratie et de l'État de droit », la France s'est refusée à souscrire à une telle proposition. Jacques Chirac a exprimé clairement le refus d'envisager de telles mesures au cours de la conférence de presse finale du sommet d'Hanoï :

« La sanction n'est pas dans la tradition de l'espace francophone. C'est du ressort des Nations-Unies. La France n'est pas disposée à ce que la francophonie soit le support à quelque sanction que ce soit. Nous voulons convaincre pas contraindre[80] ».

---

77. *Le Messager*, op. cit.
78. *Les Dossiers noirs de la politique africaine de la France*, n° 7, *France-Cameroun, croisement dangereux!*, Agir ici-survie, Paris, L'Harmattan, 1996, p. 41.
79. *Ibidem*, p. 43.
80. Cf. *Le Devoir*, 17 novembre 1997.

Ces options ne surprennent personne de la part d'un pays dont les armées installées sur le continent n'ont pas hésité depuis des années à intervenir non pour « convaincre » mais pour « contraindre » les sociétés africaines à subir les régimes répressifs que l'on prend soin de renforcer en laissant aux Nations-Unies la responsabilité de veiller au respect des règles élémentaires de la démocratie dans l'espace francophone. M. Chirac est parfaitement fidèle à son histoire qui est celle d'une « tradition » de domination et de protection des hommes placés au pouvoir pour veiller sur les intérêts français dans les « pays du champ ».

Pour les jeunes Africains condamnés à la misère et exposés à la violence des policiers qui s'acharnent sur les « sans-papiers » qui sont les victimes des roitelets pillant leurs pays, il n'y a rien à attendre des dirigeants français en matière de démocratisation du continent. J. Chirac, encore premier ministre, a déclaré un jour à Abidjan que la démocratie est un « luxe » pour les pays africains. Par une sorte de contradiction qui n'est qu'un jeu politique, le Président gaulliste a dû se mettre dans l'air du temps en affirmant naguère qu'il faut « tout changer » et en finir avec les « Chefs d'État prévaricateurs, corrompus et autocrates[81] ». Commentant ces déclarations, Marie-Roger Biloa s'interroge :

« De quels dictateurs parle donc Jacques Chirac ? S'il met dans le lot tous ceux qui ont instauré le sacro-saint multipartisme, organisé des élections et se sont fait (ré)élire dans des conditions controversées, alors il n'y a guère, parmi les "pays du champ", que trois ou quatre à trouver désormais grâce à ses yeux... Triple jet de douche froide. Même Jospin-la-vertu ne serait pas allé si loin. En effet, tous ceux qui ont "souffert pour instaurer la démocratie", au pas de charge et de prescription médicale, ne se voyaient déjà plus dans la catégorie "dictateurs corrompus" ... Quelle déception d'entendre leur "allié" utiliser une terminologie éculée qui, à leurs yeux, est responsable de "l'affaiblissement du

---

81. Cité par M. R. Biloa, « Dictateurs Corrompus », in *Africa*, n⁰ˢ 284/285/286, juin-août 1995.

pouvoir de l'État", de la "déstabilisation au profit de tiers" et du "mépris pour l'Afrique noire"[82]».

Ce qu'il convient de constater ici, c'est la parfaite lucidité d'un dirigeant européen sur la gravité des défis auxquels sont confrontés les pays d'Afrique qui doivent subir des dictatures corrompues. Or le drame du continent résulte du soutien constant de ces « chefs d'État prévaricateurs, corrompus et autocrates » avec lesquels sont nouées des alliances sans failles entretenues par les Nations qui ne supporteraient pas un seul été les pratiques de prévarication qui prennent des proportions insoupçonnées sous les Tropiques. Comment s'interdire d'examiner les origines profondes de la pauvreté et du chômage en Afrique en occultant les ravages provoqués par les alliances entre les dictatures africaines et les pays du Nord qui, manifestement, ont leurs complicité avec les dinosaures. Il faut bien revenir sur les fortunes scandaleuses de ceux qui gouvernent l'Afrique pour comprendre la situation des générations nouvelles qui doivent affronter la précarité. Rappelons le cas célèbre de Mobutu dont la fortune « est inconnue et le restera pour des raisons liées à son "système", le pillage collectif à des fins d'ostentation, de fidélisation clientéliste et de redistribution au sein d'une classe dirigeante, à bien des égards comparable à une société secrète dont les membres se tiennent par le crime[83] ».

On peut faire les mêmes constats au Cameroun, au Gabon, au Congo, en Côte d'Ivoire, etc. Ce qui donne à penser, c'est de voir que les richesses d'un dirigeant sont supérieures au budget d'un État dont les caisses se retrouvent subitement vides. Pour être concret, comment comprendre que Biya, Eyadéma, Bongo, Sassou Nguesso, soient à eux seuls plus riches que l'ensemble des hommes et des femmes de leurs pays respectifs? Pour répondre à cette question, il suffit d'examiner les stratégies de confiscation des ressources

---

82. M. R. Biloa, art. cit, p. 3.
83. L'Autre Afrique, n° 3, 4-10 juin 1997, p. 33. Sur les kleptocrates africains qui sont les disciples de Wangrin, le héros d'un livre admirable d'Amadou Hampaté Bâ, lire l'enquête de P. Girard sur « La fortune cachée des dictateurs africains », L'Événement du jeudi, 22-28 mai 1997, pp. 60-64.

publiques. On découvre alors les terribles effets de la criminalisation qui constitue la principale source d'accumulation économique dans les régimes politiques où les pouvoirs délégitimés bénéficient de l'appui de réseaux multiples, parmi lesquels on trouve aussi bien des puissants groupes d'intérêt que des sectes mystico-politiques comme la Franc-maçonnerie et la Rose-Croix. Bref, c'est bien sous le patronage de l'Élysée que l'État malfaiteur exerce le monopole de la violence en coopération avec les acteurs officieux ou clandestins qui poursuivent leurs activités au nom de la France dans les pays d'Afrique où la rente des matières premières, du pétrole et de la banane, des forêts et des jeux de casino, est une source de profits immenses pour l'ancienne métropole. Paris ne peut lâcher les partenaires africains qui l'aident, à partir des ressources du continent, à asseoir les fondements de sa puissance dans le monde. D'où, comme nous l'avons observé plus haut, le soutien inconditionnel aux régimes décriés pour leurs pratiques du pouvoir, les activités illicites, le commerce frauduleux et les détournements de fonds publics. En s'acoquinant avec ces régimes,

« La France s'est ainsi révélée incapable de prendre la mesure des aspirations des populations africaines à des changements politiques en profondeur. Au lieu de promouvoir et d'accompagner des processus pluralistes qui sont littéralement portés par les nouvelles générations, [...] le gouvernement français a systématiquement joué la peur de l'immobilisme. Il s'est arc-bouté sur l'argument de stabilité pour conforter des régimes usés jusqu'à la corde [...] pour cautionner toutes sortes de manipulations électorales, ou encore pour feindre d'ignorer les difficultés qu'éprouvent les partis politiques d'opposition à faire simplement vivre le pluralisme[84] ».

Dans ce contexte, comment comprendre qu'au lieu d'assumer les enjeux de la modernité au sein des mutations du siècle qui s'achève, les Français acceptent de s'appuyer sur les béquilles de l'Afrique en entretenant les lobbies militaro-affairistes et mystiques qui agissent dans un chaos ravageur en portant à

---

84. A. Bourgi, *Jeune Afrique*, n° 1873, 27 novembre-3 décembre 1996, pp. 96-97.

bout de bras les dictatures africaines ? Bien plus, comment expliquer que la France soit en retard d'une époque si l'on reconnaît que les mutations radicales imposées par les réformes économiques du continent ne peuvent se faire sans le renversement des autoritarismes africains qui miment le pluralisme politique sous la pression des revendications démocratiques contrôlées ? Ces questions prennent tout leur sens à la lumière d'évènements récents. Nous pensons à ce qui s'est passé naguère lorsque Mobutu est resté, pour la diplomatie française, le seul « homme incontournable » au moment même où l'Occident l'avait lâché. Personne n'ignore que le pouvoir de Mobutu fut marqué dès son origine par l'assassinat de Patrice Lumumba. Né dans le sang, ce pouvoir rappelle les massacres des étudiants de Lumumbashi. Pour J. Chirac, cet homme qui a ruiné son pays était « le mieux à même de représenter le Zaïre ». F. Pagès décrit ce choix politique avec humour et ironie :

> « Étrange retour en grâce d'un personnage que les gouvernements américain et belge évitaient de fréquenter – au moins officiellement – depuis 1991. Que s'est-il passé ? Divine surprise ! L'arrivée en 1994 des réfugiés Rwandais à l'Est du Zaïre [...]. Le fait que l'Opération "turquoise" ait choisi d'opérer dans le Zaïre fait de Mobutu la clef de la stabilisation de la région [...]. Pour tenter de sauver l'unité du Zaïre de trente et un ans de système Mobutu, Chirac n'a rien de mieux en magasin que Mobutu lui-même. Une façon de rester fidèle aux valeurs du Gaullisme africain ?[85] ».

Les compromissions de la France avec un régime en état d'agonie mettent en lumière la connexion intime entre la coopération, les dictatures africaines et la corruption. L'Élysée ne s'embarrasse d'aucun scrupule pour défendre les intérêts du capitalisme français sur le continent noir[86]. Pour cela, elle doit veiller au maintien au pouvoir des hommes qui sont ses alliés

---

85. F. Pagès, « Mobutu : qui t'a fait Zaïrois ? », in *Le Canard enchaîné*, 27 novembre 1996, p.7.
86. Sur les intérêts économiques et commerciaux de la France en Afrique, lire « La France et l'Afrique », in *Marché tropicaux et méditerranéens*, 2041, 21 décembre 1984, pp. 3115-3186 ; J. Marseille, *Empire colonial et capitalisme français : histoire d'un divorce*, Paris, A. Michel, 1984.

stratégiques. Dans ces conditions, on comprend l'étrange longévité des régimes pourris et répressifs d'Afrique francophone. Ces régimes durent aussi longtemps que Paris n'a pas trouvé de solution de rechange avec les leaders qui l'arrangent. Dans tous les cas, les accords de coopération supposent « une stratégie de collaboration entre princes du Sud et princes du Nord[87] ».

J. F. Bayart résume bien cette situation lorsqu'il décrit la politique schizophrénique de la France en Afrique noire :

« La France reste fidèle au rôle de stabilisation politique et militaire qu'elle avait assumé dans le contexte de la guerre froide en acceptant de soutenir des régimes autoritaires sans trop s'interroger sur leur honorabilité ou sur leurs performances économiques. Elle s'accommode du maintien au pouvoir de M. Biya au Cameroun, de M. Bongo au Gabon, de M. Eyadéma au Togo [...]; elle laisse M. Konan Bedie en Côte d'Ivoire, renouer avec les pratiques coercitives et prébendières de l'ancien régime de parti unique[88] ».

« Une solide amitié lie Chirac à Bongo, et le pétrole gabonais représente 16 % de la production d'Elf[89] ».

Soutenus par l'Élysée, les dirigeants africains et leurs alliés qui s'efforcent de s'intégrer dans l'économie mondiale par le pillage et criminalisation peuvent donc justifier leur prétention à se pérenniser au pouvoir. Ils sont sûrs que rien ne viendra les ébranler. Car, en tirant les leçons des mutineries de Bangui, le premier souci des autorités françaises, désormais,

« est d'aider les gouvernements africains à mieux contrôler leurs forces armées. [...] La hantise de Jacques Chirac est que les difficultés économiques entraînent une déstabilisation de l'Afrique centrale et occidentale. Comme la France n'a pas les moyens d'agir sur plusieurs fronts simultanément, il est indispensable qu'elle mette au point un mécanisme efficace de prévention des conflits. Tel est l'objectif que le Président de la République

---

87. B. Badie, *L'État Importé. L'Occidentalisation de l'ordre politique*, Paris, Fayard, 1995, p. 23.
88. J. F. Bayart, « Réflexions sur la politique africaine de la France », in *Politique africaine*, n° 58, juin 1994, p. 48.
89. « À qui le tour en Afrique ? », dans *Le Canard enchaîné*, 2 juillet 1997, p. 3 ; Sur ces liens, voir le discours de la visite officielle de J. Chirac à Libreville.

a fixé aux responsables de la politique africaine de la France[90]».
La coopération ne peut atteindre ses buts que dans les États stables. Pendant que le calme et la sécurité règnent, les réseaux mafieux qui contrôlent les appareils de l'État et détiennent le monopole de la violence peuvent opérer en toute quiétude. Pour approfondir les analyses qui précèdent, arrêtons-nous sur la loi du silence qui triomphe dans les États africains où la corruption fait système avec l'ensemble des méthodes de gouvernement.

LE RÈGNE DE L'IMPUNITÉ

Dans un contexte de crise et de précarité, l'appartenance aux réseaux constitués à l'ombre du pouvoir fonde l'espoir d'une retraite paisible. L'avènement du multipartisme accentue les tensions qui explosent dans les sociétés africaines où les contraintes imposées par le FMI et la Banque mondiale remettent en cause les modèles d'accumulation à partir desquels sont nées les nouvelles classes sociales en Afrique noire. Dans ce nouveau climat de luttes et de compétitions sociales, l'accès aux appareils d'État permet de faire face à l'incertitude des lendemains. Comme on l'observe au Gabon,
« Le marché politique est devenu un marché tout court et les entrepreneurs politiques sont en train de devenir des entrepreneurs tout court. Beaucoup ont compris aujourd'hui que le métier le plus valorisant financièrement est la carrière politique. Le fonctionnaire de catégorie A1 ne gagne pas plus de 50 000 francs CFA, alors que le député a un revenu mensuel net de 2 millions. Une autre raison est le prolongement de la précédente et liée à la retraite. Selon le code général de la fonction publique, il faut avoir exercé au moins 15 ans pour prétendre à la retraite, alors que pour les députés, un mandat de cinq ans suffit à garantir une retraite confortable.[91]»

---

90. J.-P. Pigasse, « Centrafrique : des leçons pour la France », in *Jeune Afrique*, n° 1851-21 Juin-2 Juillet 1996, p. 8.
91. *Africa International*, n° 298, octobre 1996, p. 15.

Dans cette perspective, le système électoral perd toute valeur. On va jusqu'à vendre des consciences comme le montre cette demande qui constitue une vraie négociation du marchandage électoral : «Les gens vont voir les candidats et leur disent : "achète-moi, je vaux tant"[92]».

Ce trafic des consciences laisse entrevoir les nouveaux marchés de la démocratie, dans les pays dont les dirigeants sont plongés dans les affres de la contestation populaire. Pourtant, la vente des consciences ne trouble nullement l'âme du patron du Gabon qui, par contre, ne cache pas son inquiétude devant l'afflux des réfugiés à ses frontières ou leur infiltration dans le territoire national d'où il les réexpédie dans leurs pays d'origine où leurs vies sont menacées.

En Afrique de l'Ouest, les évènements récents ramènent la Côte-d'Ivoire au centre des questions qui nous préoccupent : «La fraude va-t-elle chasser les investisseurs ?», s'interroge-t-on à Abidjan. En effet, rapporte Ouattara Andzo :

«L'économie ivoirienne est sérieusement menacée par la fraude. La montée spectaculaire du commerce illicite dans ce pays trouble le sommeil des autorités ivoiriennes. C'est que les industriels victimes de cette gangrène annoncent les couleurs : "Si rien n'est fait pour contenir la fraude, nous serons contraints de fermer et nous partirons" [...]. De l'avis de l'opinion publique nationale et de certains opérateurs économiques, la question fondamentale reste posée : en Côte-d'Ivoire, a-t-on affaire à des professionnels de la fraude ou s'agit-il d'une complicité collective entre fraudeurs et certains hauts fonctionnaires de l'État ?[93]».

On ne peut expliquer l'ampleur du trafic de marchandises frauduleuses en supposant que ce phénomène échappe au contrôle des autorités politiques. Dans ce pays où, après la disparition du «Vieux», les intellectuels du régime Bedié ont inventé le concept d'«ivoirité» dont on retrouve l'impact dans les discours officiels du chef de l'État,

---

92. *Jeune Afrique*, op. cit., p. 34.
93. Ouattara Andzo «Côte-d'Ivoire : la fraude va-t-elle chasser les investisseurs ?», in *Africa International*, n° 303, avril 1997, p. 46.

« L'opinion publique nationale soupçonne des richissimes proches du PDCI, parti au pouvoir, d'être les véritables acteurs de ce commerce illicite. Ce qui expliquerait l'hésitation des autorités compétentes à prendre des mesures rigoureuses afin d'inquiéter les fraudeurs[94] ».

Si l'on tient compte de la perméabilité des frontières ivoiriennes, policiers, gendarmes et douaniers échappent difficilement aux soupçons populaires. De fait, « un agent des douanes [...] accuse pour sa part les hauts responsables des douanes et de la police d'être les vrais auteurs du commerce illicite. Il estime que les agents de sécurité n'ont pas le choix. "Si vous jouez la carte de la rigueur avec les fraudeurs, vous risquez de vous faire déshabiller par les autorités hiérarchiques. Alors pourquoi hypothéquer sa carrière ?" Ainsi, les corrompus ne veulent pas déroger à la règle. Tout simplement, parce que des hauts dignitaires des douanes et agents de sécurité auraient des protégés parmi les fraudeurs[95] ».

Ce débat sur la complicité collective mérite d'être souligné : il renvoie aux logiques sociales qui rendent compte ici, comme dans d'autres domaines, des comportements économiques. Bien plus, nous sommes en présence d'un modèle de fonctionnement de la vie en société. Les acteurs économiques malhonnêtes sont de leur temps et participent à la mentalité de leur milieu culturel.

« À Abidjan, l'expression "être dans le contexte" court les rues. Tout le monde s'aligne sur cette logique : "graisse-moi la patte, je te laisse filer". Un contexte qui fossoie l'économie ivoirienne[96] ».

« Le contexte » impose des stratégies d'adaptation. Il faut être « atypique » pour vivre autrement. Face aux hommes d'affaires étrangers qui contrôlent les secteurs vitaux de l'économie, les acteurs indigènes semblent organiser la revanche en investissant les secteurs d'activités qui s'emparent de la fraude pour en faire une arme visant à détruire les monopoles établis.

---

94. *Ibidem*.
95. *Ibidem*, p. 47.
96. *Ibidem*, 1995, p. 53.

Ce phénomène n'est pas une simple stratégie de survie. Il faut y voir une remise en question globale de la domination économique dont a parlé Samir Amin dans son ouvrage célèbre sur le «développement du capitalisme en Côte-d'Ivoire». Le milieu des commerçants et des industriels fait face à une sorte de concurrence par le bas dans un système socio-politique où «les hauts responsables des douanes et de la police» laissent faire les opérateurs économiques qui opèrent dans les marges compte tenu des ressources dont ils sont les bénéficiaires. En définitive, «être dans le contexte», c'est se soumettre aux règles de jeu d'un système total qui n'est pas étranger aux mécanismes du pouvoir en place. Si le soupçon qui pèse sur «des richissimes proches du PDCI» était vérifié, on comprendrait alors que le commerce illicite est inscrit dans les mécanismes de gouvernement. Loin d'être un phénomène marginal, la fraude peut être considérée comme un mode de redistribution de la rente dans un contexte de pénurie et de rareté. Dans cette perspective, il faut revenir au rôle central de l'État dans dans la régulation sociale. Bien qu'affaibli par les contraintes du FMI et de la Banque mondiale, l'État demeure un enjeu primordial dans la mesure où il représente le gisement des ressources qui peuvent être captées par les forces sociales qui contrôlent les réseaux de distribution et les circuits commerciaux. La faiblesse des structures douanières ou le relâchement des services de sécurité peuvent masquer le jeu des acteurs qui fondent les pratiques frauduleuses sur la puissance publique et politique. Nous verrons bientôt le rôle de la loi du silence dont le but est d'assurer la protection des groupes d'intérêt dont sont redevables les dirigeants qui, «en contre partie d'un devoir de redistribution[97]», doivent fermer les yeux sur ceux qui les ont investis de pouvoir. Nous sommes au cœur de la mafia où l'appel à l'allégeance est inséparable du recours à la violence, dans la mesure où les auteurs de crimes savent compter sur le pouvoir de leurs parrains pour échapper à toute sanction.

---

97. A. Morice, «Corruption, loi et société : quelques propositions», in *Revue Tiers-Monde*, XXXVI, n° 141, janvier-mars 1995, p. 53.

À cet égard, l'État au Cameroun constitue, ici encore, un cas exemplaire nous permettant de découvrir les racines du mal africain. Dans ce domaine, on n'échappe pas à l'exceptionnalité de ce pays d'Afrique noire «où la corruption fleurit à tous les échelons de l'administration et du pouvoir[98]». Cela se passe dans un pays gangréné de l'intérieur où Biya, en dépit des secousses dont il parvient toujours à gérer les effets, semble résister mieux que d'autres à toutes les menaces d'implosion. Pour comprendre les ressorts de cette résistance, ne faut-il pas revenir au style de gouvernement qui permet au chef de l'État camerounais de «tenir en main» son monde auquel il sait redistribuer les ressources afin de rester tranquille. Alors que l'immobilisme caractérise son régime, Biya semble avoir fait de la «manducation» l'arme efficace qui assure sa reproduction au pouvoir dans un système politique et économique où ses adversaires n'offrent rien d'équivalent. Biya peut se désintéresser totalement de ce qui se passe au Cameroun en sachant que le pays est gouverné «d'une main ferme» par les hommes qu'il a placés aux lieux stratégiques où ses collaborateurs soigneusement identifiés et sélectionnés trouvent des profits énormes là où personne ne leur exige aucun compte. Comme le rappellent les promotions dans les universités, chacun des responsables intégré aux appareils d'État sait qu'il gère un secteur qui lui a été confié comme un domaine privilégié devant assurer sa prospérité. Ce domaine est considéré comme un «don» de la part de Paul Biya à celui qu'il considère comme son frère ou son ami fidèle. C'est en ces termes que l'ancien recteur de l'université de Yaoundé justifiait naguère toutes les escroqueries qu'il pouvait se permettre en sachant qu'il avait tous les appuis du palais présidentiel : «c'est ma part que Paul m'a donné» aimait à répéter le Docteur Obounou. C'est bien ainsi qu'il nous faut aborder le problème de la fraude et de la corruption en les considérant comme «un phénomène social total» au sens de M. Mauss.

C'est de Yaoundé qu'est venue la métaphore du «ventre» qui a fait fortune dans la littérature africaniste à partir des

---

98. *Le Canard enchaîné*, 2 juillet 1997, p. 3.

langages populaires qui plongent dans une culture où, comme dit un proverbe Béti, « la chèvre broute là où elle est attachée ». Les dirigeants camerounais ont mis en place un système de fraude et de corruption dont l'ampleur, l'efficacité et l'ingéniosité déroutent les meilleurs experts des institutions internationales. Dans certains services publics traitant avec ces experts, il est difficile pour celui qui voit les choses du dehors, de saisir la complexité d'un monde mystérieux qui gangrène l'ensemble des institutions nationales. Ce qui se donne à voir n'est rien par rapport à cet univers occulte dont les pilliers, les ressorts et les réseaux ne sont accessibles qu'à de rares initiés. Le visage de la fraude et de la corruption que l'on découvre dans les structures de la vie quotidienne ne constitue qu'un pan d'une réalité plus vaste.

L'observateur de la vie au Cameroun est frappé par le règne du faux, de l'arbitraire, des trafics et des « arrangements » qui, à tous les niveaux, sont devenus une routine. On dirait que les différents acteurs de la vie publique ont déployé une extraordinaire capacité d'ingéniosité pour produire un monde à l'envers en banalisant toute l'horreur des formes de corruption. Ce qui est troublant, c'est que l'informalité s'inscrit dans les rouages de l'État lui-même dans la mesure où la capacité de tout détourner, y compris la loi, atteint dans ce pays des proportions inédites. La situation est telle que, depuis l'avènement de Biya au pouvoir, le Cameroun semble échapper à toute catégorie de l'entendement. Car ce qui arrive à ce pays relève de « l'inimaginable », de « l'incroyable » et de « l'impossible ». Tout se passe, en définitive, comme si, sous le règne de M. Paul Biya, le Cameroun tout entier avait basculé dans le « hors-norme », la « déraison » ou la « folie ». Ce n'est pas le lieu d'approfondir la réflexion sur les rapports entre la folie, la violence et le pouvoir dans ce pays. Il nous suffit d'attirer l'attention sur ce phénomène de société qui rappelle les contraintes de la vie quotidienne dans un contexte socio-politique où l'on n'est sûr de rien. Personne ne peut dire s'il est capable de se tirer d'affaire dans le rapport à l'État même lorsqu'il est en pleine possession des éléments qui, selon la norme des choses, devraient garantir ses droits.

Gestion administrative, réseaux mafieux et pouvoir

Le cas du Cameroun nous intéresse aussi dans le cadre de cette étude pour une raison profonde. Ce que révèle la tragédie de ce pays gouverné par un fils de catéchiste, c'est l'extraordinaire capacité de destruction des hommes et des biens dont le régime Biya fait preuve. Ce phénomène se vérifie à travers « les milieux du crime, de la fraude et des trafics[99] ». Une tradition de violence qui remonte à l'époque coloniale s'est enracinée au cœur de l'État et de l'ensemble des réseaux d'affaires contrôlés par les groupes d'intérêt qui se sont coalisés autour du pouvoir.

Ces lobbies créés par Biya à travers les « mafias » autour des gouverneurs de province, des préfets et des sous-préfets, des chefs de la police et de l'armée, des responsables du parti au pouvoir, des directeurs de sociétés publiques, des recteurs des universités, des doyens de facultés et des directeurs de départements de différents instituts de l'enseignement supérieur, forment une véritable clique qui transcende les régions et les ethnies. Cette vaste « machine » jouit de puissants soutiens. « Elle s'enkyste au sein de l'appareil d'État et gère la coercition et la prédation[100] ». C'est cette clique qui contrôle les différents sites d'accumulation à partir des liens qui l'insèrent dans les mécanismes de fonctionnement de ce qui apparaît réellement comme « l'institutionnalisation de l'État mafieux[101] ». Pour se rendre compte de la force de nuisance et de délinquance économique dont le régime Biya est capable, il suffit d'évoquer la faillite des banques où, comme le rappellent les révélations du banquier Messi Messi refugié aujourd'hui au Canada, Paul Biya et son ancienne épouse furent directement impliqués[102]. Analysant les entreprises publiques au Cameroun, P. J.-M. Tedga met en lumière la « faillite d'un système[103] » perpétué par les

---
99. A. Mbembe, « Crise de légitimité, restauration autoritaire et déliquescence de l'État », in P. Geschiere et P. Konings, *Itinéraires d'accumulation au Cameroun*, Paris, Karthala, 1993, p. 371.
100. A. Mbembe, « Crise de légitimité, restauration autoritaire et délisquescence de l'État », in P. Geschiere et P. Konings, *Itinéraires d'accumulation au Cameroun*, Paris, Karthala, 1993, p. 373.
101. J. F. Bayart, in P. Geschiere et P. Konings, *op. cit.*
102. Sur l'Affaire Messi Messi, lire : « Ainsi a été pillée la SCB », in *Jeune Afrique Économique*, n° 150, 1992, pp. 107-132.
103. P. J.-M. Tedga, *Entreprises Publiques, État et Crise au Cameroun, Faillite d'un système*, Paris, L'Harmattan, 1990.

directeurs des sociétés publiques contrôlées par les dignitaires du régime appartenant à des lobbies proches de M. Biya.

Si le cas du Cameroun retient enfin notre attention, c'est parce que la privatisation de l'État et des services publics atteint des proportions telles que, dans ce pays, il suffit d'appartenir aux bandes qui contrôlent « non seulement des forces de répression, mais aussi de la circulation des prébendes et des libéralités[104]» pour échapper à toute poursuite judiciaire. Parlant des «jouisseurs impénitents» qui sont à l'origine du drame que vit le Cameroun, Pius Njawe écrit :

> «l'émergence d'individus énigmatiques aux compétences douteuses tant dans la haute hiérarchie administrative et politique qu'à la tête des sociétés d'État. Conséquences néfastes : destruction éhontée du tissu industriel par un pillage systématique des ressources diverses, par la braderie sans vergogne du patrimoine économique national, par une gestion à l'emporte-caisse du denier public, etc. À la faveur de l'impunité qui constitue sous le Renouveau l'une des caractéristiques majeures du mode de gestion de la chose publique[105]».

Cette situation grave n'échappe à personne. Il suffit de se mettre à l'écoute des gens au fond des quartiers, dans les taxis, sur les trottoirs ou dans les villages de brousse pour s'en rendre compte.

L'impopularité du régime Biya est telle que son parti RDPC (Rassemblement Démocratique du Peuple Camerounais) est souvent traduit par «Rassemblement des Pilleurs du Cameroun». En écoutant l'indicatif qui ouvre les informations à la Radio-Yaoundé et qui chante l'éloge de Biya depuis le 6 novembre 1982, les Camerounais reprennent les paroles de cet indicatif en fonction des réalités quotidiennes : «Paul Biya, mange ta part, laisse-nous». Il suffit aussi de relire les caricatures qui fleurissent dans la presse camerounaise pour se rendre compte de la perception que l'homme de la rue a de l'État au Cameroun : «Les gens souffrent, les gens souffrent pendant que Paul Biya mange l'argent», rapporte Tobias dans

---

104. A. Mbembe, *op. cit.*
105. P. Njawe, «Jouisseurs impénitents», in *Le messager*, n° 34, 4 octobre 1995, p. 2.

Challenge Hebdo[106]. Or ce système de corruption et de fraude s'insère dans l'espace des relations entre la France et le Cameroun. Comme le rappelle justement A. Mbembe, «Ses connexions internationales ne doivent pas être perdues de vue, ni les soutiens dont il jouit de la part des milieux (politico-affairistes) tant de la droite que de la gauche française[107]».

Il importe de situer ici «l'institutionnalisation de l'impunité[108]» au Cameroun dans un contexte où fonctionne «l'économie de l'ombre» qui se construit sur la culture du vol et du brigandage. Pendant longtemps, Paul Biya traita toutes les informations relatives aux détournements des fonds publics comme relevant de «la rumeur» qui, selon son expression, «vient d'en bas». Faute d'une information officielle «venue d'en haut» par les médias d'État soumis à la censure, tous les délinquants considérés comme les auteurs de cette privatisation des ressources nationales furent absous par un dogmatique : «il n'y a pas de preuve», prononcé non par un tribunal, mais par le président de la République au cours d'une interview célèbre à la télévision nationale. Le Cameroun, une fois de plus, est un cas exemplaire dans la mesure où, en dépit des mascarades organisées par la condamnation de Titus Edzoa, l'ancien tout-puissant Secrétaire général de la présidence de la République[109], est l'un des pays où la majorité de «ces hommes qui pillent le Continent[110]» sont, en permanence gratifiés par des promotions au sein des hautes instances du régime. Examinons attentivement ce phénomène.

---

106. Tobias : «Quand le peuple s'éveille», in *Challenge Hebdo*, n° 29, mai 1991 ; pour une étude de la caricature, lire A. Mbembe, «La "chose" et ses doubles dans la caricature camerounaise», in *Cahiers d'Études Africaines*, 141-142, XXXVI-1-2, 1996, pp. 143-170.
107. A. Mbembe, in P. Geschire et P. Konings, *op. cit.* p. 373.
108. A. G. Azebaze, *Le messager*, n° 545, *op. cit.*
109. Lire *Africa International*, n° 294, mai 1996.
110. *Jeune Afrique Économie*, n° 241, 19 mai 1997.

L'HÉRITAGE DU PARTI UNIQUE

L'analyse des textes fondateurs et des procédures qui régissent la fonction publique au Cameroun témoigne d'un fait d'évidence : il n'y a pas lieu de parler dans ce domaine d'un vide juridique concernant la gestion administrative[111]. Mais cette situation est loin de repondre aux attentes des usagers qui se heurtent en permanence aux dysfonctions et aux déséquilibres qui mettent en cause la crédibilité et l'efficacité de l'administration camerounaise. À cet égard, après plus de trente ans de fonction publique au Cameroun, n'est-il pas urgent de faire le point en procedant à l'évaluation globale d'un secteur vital de la vie nationale ? Des questions qui engagent l'avenir paraissent incontournables : avons nous réellement une fonction publique ou bien assistons-nous depuis trois décennies à une privatisation de la fonction publique ? À la limite, comment rendre compte de la rupture permanente entre les textes juridiques qui fondent la pratique administrative et leur application dans les secteurs essentiels où la relation de la société à l'État est inévitable ? Quels facteurs permettent d'élucider cet éloignement de l'éthique du management dans la pratique administrative ? Bref, dans quelle mesure l'administration peut-elle être considérée comme un miroir de la société ? Afin de répondre à ces questions un constat s'impose.

« Patou, à bas le tribalisme, à bas la corruption et l'injustice sociale.

Nous avons beaucoup de problèmes : on prend une ou deux semaines pour signer un papier.

Chez nous, tout le monde est patron.

Chacun se dit grand.

Qui est donc petit ? »

Cette cassette bien connue du jeune musicien « Prince Eyango » met parfaitement en lumière l'état d'esprit qui règne dans l'administration camerounaise. Pour rappeler les pratiques qui se généralisent dans la plupart des services

---

111. En ce qui concerne les textes juridiques essentiels, voir le décret n° 94/199 du 7 octobre 1994 portant sur le statut général de la fonction publique de l'État, in *Cameroon Tribune*, n° 5697 du 10 octobre 1994.

publics, il suffit d'évoquer quelques faits significatifs. Dans le domaine de l'enseignement, pensons au tableau peu reluisant de ce département que brossait récemment le ministre de l'éducation nationale après les examens officiels dominés, comme de coutume, par la fraude. Une enquête récente de la Banque mondiale sur l'évaluation participative de la pauvreté au Cameroun a mis à jour le regard que les citadins portent sur le fonctionnement des services publics (école, santé, etc., dans un contexte où l'escroquerie tend à devenir une pratique institutionnalisée à tous les niveaux. Ce qui est particulièrement grave et significatif, c'est la banalisation de la corruption au Cameroun. À partir des observations de terrain faites par un chercheur de l'ORSTOM, Bernard Hours, sur la santé publique, on arrive à penser que la société est confrontée à « l'État sorcier » à travers les services publics dont le dysfonctionnement, le gaspillage, la faible efficience et l'immoralité sont les principales caractéristiques. À s'en remettre à l'expérience des usagers sur la fonction publique au Cameroun, on se heurte à un État gestionnaire d'une chaîne d'accusations en forme de procès rendus impossibles par toutes les tracasseries administratives et les brimades aveugles dont le public est victime.

À partir des bureaux des différents services publics, il est désormais possible de reconstruire l'univers de la fraude et de la corruption en identifiant ses acteurs et ses stratégies, les principales filières et les réseaux de complicité. Cet univers a son langage et ses pratiques qui font partie de la vie quotidienne. Depuis les années 80, on sait que l'on ne peut rien obtenir dans l'administration au Cameroun sans « godasses » ni « parapluie » comme l'a rappelé Moctoy dans « l'homme bien de là-bas ». Avec ses innombrables « brebis galeuses » lâchées sur les routes du pays, la police entretient ses « mange-milles ». Au ministère des Finances, des puissances occultes ont institué officiellement leur « 30 % » pour toute opération financière. Le moindre agent de l'État exige la « motivation » pour tout service. Parfois, c'est le « gazoil » qui est réclamé à la clientèle : « est-ce-que tu crois que la voiture marche sans essence ? » Dans cette fonction publique où « chacun est roi dans son bureau », tout usager doit comprendre que « la chèvre broute là où elle est attachée ». « Tu crois que je vais faire comment ? », n'hésite-t-on pas à demander pour débloquer une situation en « donnant à manger » à toutes ces chèvres qui ont l'art de faire traîner l'étude et l'avancement de n'importe quel dossier. Il n'est pas inutile d'insister sur l'ampleur des pratiques irrationnelles qui s'installent dans l'administration camerounaise qui est « tatillonne » et semble avoir devant elle toute l'éternité. Dans un dossier qu'*Africa* lui a consacré, des postulants à un marché ou à un emploi qui sont obligés de parcourir plus de milles kilomètres pour atteindre Yaoundé reçoivent cette réponse rituelle : « Le Chef de l'État est saisi de l'Affaire ». Tout dossier devant aller à la Présidence, *Africa* croit pouvoir affirmer que : « toute décision, aussi minime soit-elle, ne peut émaner que du seul cabinet du Président de la République ». Aussi, des hauts fonctionnaires n'acceptent-ils aucune responsabilité, persuadés qu'une telle attitude est « le meilleur gage de leur maintien dans les lieux ». Ils se servent de cette méthode comme d'« un bouclier pour justifier l'inertie de leurs services, diluer leur incompétence ou masquer leurs coups tordus ».

Après les « Marchés tropicaux » qui ont procédé à un examen critique de l'administration camerounaise, le dossier d'*Africa* rejoint parfaitement le regard que les médias locaux n'ont cessé de porter sur les services publics au Cameroun. Relisons ici « le billet de la quinzaine » de *l'Effort Camerounais* de décembre 1986 :

« L'administration camerounaise n'a pas fini de nous étonner. Vous est-il déjà arrivé comme à moi, de savourer l'ineffable joie qu'on découvre en faisant la ronde de nos ministère et de leurs annexes – pour raison de service, bien sûr –? En tout cas, le coup d'oeil en vaut la peine. Généralement entassés : trois, quatre cinq, six, sept, huit agents dans le même bureau – dossiers déposés pêle-mêle – l'ambiance de l'heure est aux ragots du quartier. Les bureaux de police ne font pas exception à la règle. Ici, chaque client peut suivre de bout en bout la déposition de l'autre et l'indiscrétion semble être la règle ! Outre cette exiguïté et cette promiscuité dont tout le monde s'accomode, on note sans une certaine surprise que ces braves personnes qu'on rencontre tous les jours et qui disent effectivement occuper tel emploi dans tel ministère sont plus préoccupées par "les petits-à-côtés" plus rentables de leurs services (commerces de pagnes, de robes, de chaussures, de cravates... tricots, broderie, crochet) que par le travail pour lequel elles ont été recrutées.

Las d'attendre indéfiniment devant les portes de bureaux et un peu à bout de nerfs et de patience, j'ai posé directement là où j'ai pu, ces questions aux agents : Pensez-vous que votre soi-disant présence à vos lieux de service puisse être un facteur de développement du sort économique pour notre pays ? Le projet de développement communautaire signifie-t-il chacun pour soi ou l'individualisme institutionnalisé ? Est-ce normal que je perde quatre heures pour payer ma quitance téléphonique parce que la caissière, la seule ici, est, comme vous dites "permissionnaire" ? À toutes ces questions et à bien d'autres, on m'a répondu : "allez dire..." Expression consacrée, ambiguë et récupérée qui, dans ce contexte, signifie sans doute : refus systématique de tout changement, de toute remise en question, et maintien inconditionnel du statu quo... on a toujours fait comme ça, moi j'y trouve mon compte, pourquoi changer ? »

Toutes les pratiques que l'on déplore aujourd'hui ne constituent pas un phénomène récent. En mars 1982, Ahmadou Ahidjo devait bien admettre au cours de la 5e Session de l'École des cadres de l'UNC que les services publics ne brillaient pas par leurs vertus civiques :

« J'en appelle donc à tous les agents de l'administration, qui ont la charge de traduire en actes concrets les options du parti et les décisions du gouvernement afin qu'imbus des exigences de rigueur et d'efficacité de la croissance économique et pénétrés du sens profond de la justice sociale, ils témoignent mieux que par le passé, d'une conscience professionnelle toujours exemplaire, toujours entraînante au service du développement national.

À cet égard, l'absentéisme, le laxisme, la démobilisation, la lenteur administrative, l'improductivité, la malhonnêteté, sont injustifiées, condamnables, et par conséquent, inadmissibles ![112]».

Cette situation s'est aggravée au cours de la dernière décennie : les « jeunes cadres du Renouveau » dont on parlait en 1985 sont devenus des oiseaux rares. S'il est impossible de « mettre un policier derrière chaque fonctionnaire » comme le déclarait Biya au cours d'une conférence de presse, ne faut-il pas s'inquiéter de l'effondrement des valeurs dans un système administratif où l'impunité est érigée en norme de référence tandis que le vice ou l'incompétence risquent de devenir des facteurs de promotion et des critères de récompense ? Il faut bien reconnaître ces faits notoires de la vie quotidienne :

« De nombreux observateurs s'accordent à déplorer le fonctionnement médiocre de la machine administrative : les procédures sont lentes, tatillonnes et confuses ; les textes ne sont pas toujours appliqués ; la corruption. l'incurie, l'inertie sont monnaie courante ; la gestion des services publics est souvent déplorable et quasi inexistante ; la programmation de leur activité, de leurs commandes et de leurs dépenses ; la hiérarchisation du processus de prise de décision n'est pas toujours respectée, et d'une façon générale, l'appareil administratif n'a guère prise sur la réalité[113] ».

Pour comprendre la faillite de l'administration au Cameroun, il est nécessaire de resituer la gestion des services publics dans son environnement socio-culturel. Comme le rappelle bien Conac, les administrations publiques sont les produits de l'histoire et entretiennent avec leur environnement politique, social et économique, des relations qui ne sont jamais à sens unique[114]. Si l'administration, la culture et

---

112. *Cameroon Tribune*, n° 2329, 19 mars 1982.
113. J. F. Bayart, *L'État au Cameroun*, Paris, Presses de la Fondation Nationale des Sciences Politiques, 1979, p. 225.
114. G. Conac (sous la direction de), « Les grands services publics dans les États francophones d'Afrique noire », Paris, *Économica*, 1984, p . XII.

la société sont trois éléments inséparables d'un système total, il faut identifier les blocages, les désajustements et les incohérences de l'administration qui résultent d'un réseau de facteurs systémiques que l'on doit prendre en compte pour évaluer le poids des modèles socio-culturels sur la gestion des services publics en milieu africain.

Cette approche s'impose si, au-delà des apports des sciences juridiques et administratives, on veut procéder à une analyse globale qui nécessite le recours indispensable à cette pluridisciplinarité qui tend à devenir la loi fondamentale de la recherche en sciences sociales. Dans cette perspective, il convient de retrouver l'impact du « social » dans la gestion des services publics non seulement au niveau du recrutement du personnel et de l'utilisation des ressources humaines, mais aussi dans la mise en valeur des moyens techniques et financiers, le style des relations humaines au sein des organisations administratives. Il n'est pas jusqu'à la façon de monter l'ascenseur, d'utiliser le téléphone et de tenir les toilettes dans un ministère ou un bureau administratif qui ne subissent d'une manière ou d'une autre, l'influence du milieu socio-culturel qui marque profondément les mentalités, les comportements et les traditions spécifiques des agents de l'État. En élargissant le champ d'analyse, le sociologue retrouve ici une sorte de réciprocité d'échanges entre le fonctionnaire, son bureau et les pratiques sociales enracinées dans les cultures du terroir.

Pour aller à l'essentiel, comment ne pas constater la réappropriation du modèle administratif hérité des sociétés occidentales par des acteurs indigènes qui sont loin d'avoir rompu avec les logiques de parenté qui ne relèvent pas nécessairement des logiques de l'État dans le contexte précis où l'on impose aujourd'hui aux fonctionnaires l'obligation de servir et de se consacrer au service. Il faut ici mettre à jour les techniques de « camouflage » destinées à donner à l'État et à son administration les apparences de la modernité à travers le formalisme des textes et des structures qui ne correspondent en rien à la réalité vécue. Le « mimétisme administratif » dont parle Bugnicourt ne tarde pas à dévoiler sa déraison lorsque les pratiques sociales rendent compte de l'inefficacité de la gestion publique et imposent les déviations aux modèles reçus.

La force des règles et des procédures juridiques semble céder toujours devant les contraintes sociales auxquelles de nombreux agents des services publics ne peuvent se soustraire dans la mesure où les pratiques administratives sont enchâssées dans le système des obligations de parenté qui demeurent la norme de référence des attitudes et des conduites dans l'ensemble des rapports sociaux en Afrique noire.

Pour s'en rendre compte, il suffit de constater que le premier ou le mieux servi dans un bureau n'est pas nécessairement le premier venu, mais le mieux connu compte tenu de sa place dans le réseau de relations ou des systèmes familiaux en vigueur dans le contexte africain. Ici, les interférences entre les relations et les structures de lignage, les modes d'organisation sociale correspondant aux sociétés ancestrales et le nouvel espace social créé par l'avènement de l'État, caractérisent la complexité de l'univers bureaucratique où il n'est pas évident que le concept de la chose publique et du service public ait été intériorisé par la plupart des agents de l'État dont l'imaginaire reste sous le contrôle des manières de penser, d'agir et de sentir imposés par les processus de socialisation qui enracinent les fonctionnaires dans l'espace du village ou de l'ethnie. Ainsi, les ministres amènent avec eux les agents ayant la même origine ethnique ou régionale. Il n'est plus nécessaire de rappeler que le clientélisme, le relais et les pouvoirs occultes sont au cœur des pratiques courantes où la relation au pouvoir est gérée selon le modèle néo-patrimonial.

Dans cette perspective, soulignons l'importance des relations informelles dans les services publics. L'irruption de l'informalité dans le système constitutionnel et admninistratif tend à échapper à toute forme de réglementation dans la mesure où le pouvoir bureaucratique investit les secteurs soumis à des codes et prescriptions juridiques des services publics aux contraintes et aux impératifs du clientélisme. On assiste ici à un véritable travail culturel qui consiste à se réapproprier les instruments de l'appareil administratif en marge du modèle idéal de type wébérien caractérisé par :

1) L'objectivité des normes,
2) La prévalence absolue des rôles sociaux sur les personnes,
3) La rationalité des décisions,
4) L'absence d'entraves à l'exercice par l'administration de sa fonction d'exécution des politiques gouvernementales.

Bref, les services publics apparaissent comme les lieux où, par toutes sortes de détours, s'opère la mise en scène à travers les jeux et les techniques par lesquels se donne en spectacle le mime d'une administration héritée de la métropole coloniale par un fonctionnariat soumis à l'intensité des relations interpersonnelles (familles, clans, amis, clients, autorités reconnues, « deuxièmes bureaux », etc.).

Ces pratiques ne peuvent survivre et se développer que si, au-delà des logiques de lignage, elles s'inscrivent en même temps dans les logiques de pouvoir au profit d'un système hégémonique qui cherche à se reproduire en s'appuyant sur les personnalités du terroirs selon un modèle soigneusement établi par Ahidjo dans l'État au Cameroun.

Quand on observe la permanence des pratiques administratives qui reposent davantage sur des comportements particularistes et des relations privilégiées et personnalisées, on est tenté de se demander si les risques de privatisation du pouvoir bureaucratique ne relèvent pas d'un système d'impunité dans un contexte de reproduction sociale où l'essentiel est d'abord le maintien d'un ordre établi. La confusion du public et du privé comme les formes de néo-patrimonialisme s'inscrivent dans un processus de personnalisation du pouvoir au sein duquel l'administration du territoire doit jouer un rôle politique précis : par la promotion d'un cadre à un poste élevé, il s'agit d'enraciner les structures du pouvoir dans les structures du quotidien en intégrant les groupes dans l'espace de la domination politique. Il faut bien se rendre compte de la difficulté d'une administration de service public dans un contexte où la politisation et l'ethnicisation des recrutements et l'exercice de la fonction administrative sont non seulement une voie d'accès à la politique, mais font de l'administration

elle-même dans son ensemble un instrument du pouvoir et un moyen de contrôle de la société par l'État. J.-F. Bayart a bien montré cette tendance à faire de la fonction publique une administration du parti au pouvoir :
> « D'une façon générale, l'émergence de la fonction publique comme principale force sociale du pays et de la position bureaucratique comme position politique privilégiée constitue le trait saillant de l'histoire et du fonctionnement du régime.Nous avons déjà vu la part prépondérante que prend l'administration dans l'exercice du pouvoir central : elle constitue la première structure d'élaboration des décisions. Il en est de même pour ce qui est de leur application, où sa prééminence est reconnue, y compris par l'aile dure du parti : la fonction publique dispose seule des moyens juridiques, intellectuels et matériels d'actualiser une politique avec un minimum d'efficacité.
> En particulier, le vrai pouvoir politique local est entre les mains de l'administration territoriale[114] ».

Il convient d'insister sur cette prééminence de l'administration si le contrôle d'une fraction des « cadets sociaux » doit passer entre les mains de la fonction publique « dans une société où l'autorité, fortement valorisée, se manifeste par un gain d'influence sociale[115] ».

« Les fonctionnaires se trouvent automatiquement gratifiés d'un ascendant considérable sur leur entourage, et même ceux d'entre eux qui ne le souhaitent pas sont soumis à une forte pression les invitant à utiliser cette emprise pour constituer un clientage et affirmer leur prééminence personnelle sur leur famille, leur village ou leur région. Ainsi, nombreux sont les fonctionnaires qui sont à la tête de véritables petites principautés économiques, plus ou moins hétéroclites et qui emploient leur parentèle dans l'exploitation de taxis, de plantations, de commerces, d'établissements de boisson. Dans l'état actuel des choses, il est difficile de définir le

---

114. J.-F. Bayart, op. cit., pp. 216-217.
115. Ibidem, p. 223.

rapport de ces positions de pouvoir et de prestige à l'enrichissement, de distinguer la part du profit personnel et celle de la redistribution : bien évidemment, rares sont ceux qui ne cherchent pas à user des ressources économiques et idéologiques du capitalisme pour avantager en priorité leur famille conjugale et singulièrement leur descendance directe, mais encore plus rares sont ceux qui parviennent à se dégager totalement des attentes insistantes et des exigences de leur communauté d'origine[116]».

Tout le système politique de Biya repose sur cet héritage. La bureaucratisation du contrôle des « cadets sociaux » fait des hauts cadres de l'administration une force politique indispensable au fonctionnement du régime en place. C'est pourquoi la bureaucratie dispose d'atouts puissants : la permanence, la capacité de soutenir et de nuire, celle d'endosser les mesures impopulaires. Dans la mesure où l'administration est un instrument du pouvoir et un moyen de contrôle de la société par l'État, le style de cette administration revêt aussi un caractère politique que l'on retrouve à travers les stratégies de persuasion et de mobilisation. On retrouve ces caractères dans les discours officiels où les autorités administratives ont tendance à s'adresser aux populations comme si elles avaient affaire à un peuple d'enfants. Ce qui est enfin remarquable, c'est la tradition de mépris et d'arrogance à laquelle les usagers de la fonction publique sont confrontés dans les bureaux où tout le monde est patron. Il faut observer comment le corps lui-même est intégré dans les appareils de suggestion politique où le regard et le ton de la voix du moindre détenteur d'une parcelle de pouvoir sont le reflet de l'autoritarisme général. C'est toujours avec crainte et tremblement que le paysan de brousse ou les gens « sans importance » des centres urbains abordent celui qui exerce le commandement dans ces bureaux inaccessibles où l'on sollicite un service. Tout se passe comme si la position du corps était enveloppée par les phénomènes de domination qui sont au centre de la vie sociale.

---

116. *Ibidem.*

À travers la posture physique, s'imposent aux yeux de l'observateur les lignes de la hiérarchie sociale.

« Ainsi l'humilité qu'affichent les usagers des administrations – bustes inclinés, voix différentes auxquelles répond le ton bourru, voire arrogant des fonctionnaires – frappe l'observateur étranger dès ses premières démarches dans les services publics[117] ».

En dépit des apparences, il n'est pas évident que nous ayons liquidé l'héritage d'un régime de parti unique si au-delà du visage officiel que présentent les structures administratives, nous nous efforçons de mettre à jour les formes occultes qui se dissimulent à travers un système inédit de domination qui tend à se reproduire dans les rapports entre l'administration et le public.

Un fait est sûr : l'osmose entre pouvoir politique et administration s'opère dans un système où les fonctions intermédiaires risquent de disparaître. Les processus de décision se focalisent à un niveau hiérarchique élevé tant dans les rapports entre services centraux et services extérieurs qu'à l'intérieur des services centraux eux-mêmes. Ce fait aboutit à vider de leur contenu les fonctions intermédiaires dans la pyramide administrative et provoque un sentiment de sous-utilisation et d'irresponsabilité. Coincés par le goulot d'étranglement que constitue la prééminence de la présidence de la République dans tous les actes administratifs, les usagers sont confrontés au ponce-pilatisme des agents subalternes qui gèrent leurs frustrations dans un système social où les disparités sont grandes entre les hauts cadres et les fonctionnaires subalternes. On devine les tribulations des usagers de la fonction publique dans ces bureaux transformés en cases à palabre, en restaurants clandestins ou en lieux de tontine et de marchandage par les agents de l'État pour lesquels « le travail du Ngomna ne finit pas ».

Soulignons aussi la crise des relations qui s'aggrave entre l'administration et son public dans un contexte où de nombreux usagers sont victimes de la misère des fonctionnaires qui n'hésitent plus à se faire corrompre pour assurer

---

117. J.-F. Bayart, *op. cit.*, p. 237.

leur pitance. Au moment où le mythe du fonctionnaire s'effondre avec les célèbres « 3V », il faut mesurer la crise des services publics dans les bureaux où tout manque : bics, imprimés, cachets, etc. Dans ces conditions, la clientèle de la fonction publique risque encore d'être frustrée dans ses attentes par les fonctionnaires qui n'ont d'autre stratégie de survie que l'escroquerie. Compte tenu des effets des programmes d'ajustement structurel dans la République des fonctionnaires, l'administration s'installe avec la crise des salaires des agents publics qui ont fait du retard ou de la pratique de la chaise vide une forme occulte de la résistance. On comprend ici l'impuissance du pouvoir à remobiliser ses agents dans la mesure où les discours sur le civisme ne suffisent pas à motiver l'ensemble du personnel de l'État que l'on veut désormais définir par le poste de travail sous la pression des institutions financières internationales.

CULTURE DE LA GESTION ET CULTURE DÉMOCRATIQUE

Ce qui doit retenir l'attention, c'est cette impuissance de l'État à assainir l'administration en prenant des mesures qui justifient non seulement les récompenses mais aussi les sanctions exigées par les règles établies. L'État lui-même se serait-il aussi éloigné du droit dans une société qui s'enracine dans une culture de l'anomie où disparaît tout modèle de référence ? Bref, comment rendre compte de l'impunité notoire dont jouissent les responsables qui ont fait de la « politique du ventre » une question de vie ou de mort ? Pour répondre à cette question, on ne peut écarter l'hypothèse suivante : les détourneurs publics constituent un véritable lobby au sein de l'administration où les puissances tutélaires les ont placés à jamais au dessus de la loi. Précisément, compte tenu des tâches de contrôle qu'elles exercent au sein du système qui les a cooptées, tout le problème est de savoir si cette classe d'élites intouchables ne fait pas partie de la reproduction d'un système hégémonique.

Au bout de cette démarche et de ce questionnement radical, il faut s'interroger sur les conditions qui redonneraient à l'administration sa crédibilité et sa pertinence. En

Afrique noire, au moment où un nouveau statut de la fonction publique de l'État est appelé à régir les services publics, comment passer d'une gestion administrative longtemps soumise à l'archaïsme des modèles socio-culturels fondés sur les logiques lignagères et clientélistes à une culture de l'organisation administrative où l'éthique et le management s'articulent dans les pratiques quotidiennes au sein des services publics ? Plus profondément, comment faire de la fonction publique une ressource humaine dont la gestion est un atout stratégique sans l'émergence d'une nouvelle catégorie socio-professionnelle qui ne serait plus payée par les contribuables écrasés par le poids de la fiscalité pour son inefficacité, son improductivité et sa fainéantise ? Face à ce défi, une sorte de « réarmement moral » s'impose comme un réveil salutaire. Mais, on ne voit pas encore comment ce sursaut peut se faire si l'État ne réexamine pas sa politique des salaires des fonctionnaires en reconsidérant particulièrement la condition précaire des petits fonctionnaires et des cadres moyens sur lesquels le poids de la fiscalité et les réductions des salaires est particulièrement lourd et démobilisateur.

Depuis les vieux sages, tout le monde sait qu'un minimum de bien-être est nécessaire à la pratique de la vertu. On insiste aujourd'hui sur l'importance des relations humaines dans toute entreprise moderne et la satisfaction des aspirations des employés quel que soit le poste de travail qu'ils occupent. Si l'on ne veut pas précipiter l'effondrement du système administratif, il faut donc réhabiliter les agents de l'État qui ne veulent pas laisser à leurs familles le souvenir des fonctionnaires qui se seront illustrés par des trafics honteux et des scandales spectaculaires.

En définitive, comment réconcilier l'éthique et le management sans restaurer cette culture de la gestion administrative qui nous paraît inséparable d'une culture démocratique véritable ? Comme nous avons essayé de le montrer, si, en un sens, le mal africain est d'abord le mal des cadres dans un système social où l'administration occupe une place centrale, tout assainissement de l'administration se situe dans la perspective du changement social. La privatisation de la chose publique n'est pas une simple manifestation de la pathologie politique. Elle est, en dernière analyse, une partie intégrante de la recherche hégémonique, c'est-à-dire un élément du mécanisme de reproduction sociale. Comme principale industrie, la gestion des institutions publiques est un indicateur du mode de fonctionnement de l'État et un produit de ses déséquilibres structurels propres. Autrement dit, c'est la nature de l'État qui reste en cause dès lors que les services publics ont tendance à échapper à toute légalité pour s'enfermer dans l'informel, le parallèle et le clandestin. C'est à cela précisément que conduit toute rupture entre l'éthique et le management dans la mesure où les logiques du privé l'emportent sur les logiques du public. Pour sortir de la crise actuelle, il faut ressaisir l'ensemble des défis qui font de la culture de la gestion administrative un phénomène total au cœur d'un réseau complexe de relations entre le pouvoir et la société. Car il paraît difficile de rompre avec l'héritage du parti unique sans une revanche de la société qui retrouve ses droits face à l'État dont l'administration est restée longtemps un instrument au service de la reproduction des élites étrangères à toute exigence de rentabilité des services publics créés pour le bien des collectivités. Comment la réforme administrative peut-elle réussir sans l'émergence des contre-pouvoirs capables de faire pression sur les agents publics en vue d'une meilleure gestion des services communs dont le fonctionnement est assuré par l'impôt des contribuables ? Nous allons répondre à cette question dans les pages qui vont suivre.

7

RIRE, DANSE ET DISSIDENCE

Si les lois et les décrets ne peuvent assainir les administrations pourries qui sont devenues des hauts lieux de la fraude et de la spéculation, la suppression des abus intolérables est un défi quotidien aux acteurs socio-politiques impliqués dans les processus de changements institutionnels en Afrique. Au moment où l'on assiste au retour en force des dictatures avec la militarisation croissante du pouvoir[1] et la faillite des démocraties du FMI et de la Banque mondiale[2], peut-être l'Afrique va-t-elle revenir à cette époque où la rue s'est mise à l'assaut du pouvoir pour redonner aux Africains l'initiative politique confisquée par les partis uniques. Les lieux de parole, les groupes de pression, et les balbutiements du pluralisme que l'on trouve aujourd'hui dans de nombreux pays n'ont pu exister sans la colère des hommes et des femmes qui ont affronté la violence du « despotisme obscur ». Célestin Monga a bien compris la nécessité de repenser l'Afrique contemporaine en redonnant toute l'importance à la banalité afin de poser les bases d'une « véritable anthropologie de la quotidienneté[3] ». De fait, « l'Afrique en colère

---

1. « Le retour des régimes militaires en Afrique ? », in *Le Nouvel Afrique Asie*, n° 78, mars 1997.
2. « Niger, Congo, Ex-Zaïre, Nigéria... La faillite des démocraties », in *Jeune Afrique*, n° 1923, 11-23 Novembre 1997.
3. C. Monga, *Anthropologie de la colère : société civile et démocratie en Afrique noire*, Paris, L'Harmattan, 1994, p. 10.

offre aux politologues de nouveaux champs de réflexion[4]». Les mouvements populaires qui ont marqué l'explosion de la colère observée dans les rues des villes africaines au cours des années 90, ont ouvert un espace de recherche et d'analyse aux sciences sociales en Afrique noire. Il reste à comprendre la capacité de mobilisation des acteurs dont les stratégies d'action, les repères symboliques, les motivations et les langages sont à l'origine de l'effondrement des mythes fondateurs de l'État post-colonial.

Au-delà des analyses qui se concentrent sur «les transitions démocratiques africaines[5]», ne faut-il pas investir l'Afrique du présent en explorant les nouveaux espaces du politique qui se manifestent à travers les tendances lourdes que l'on observe au sein des mutations en cours ? En dépit des apparences, de nouvelles grammaires du politique obligent la recherche africaine à revoir ses cadres d'analyse et ses champs d'investigation. De toute évidence, les rues ne sont plus en colère. Et, ce qui semble grave, on assiste à l'affaiblissement des mouvements contestataires et à leur limitation dans le continent malgré l'effervescence de certains campus universitaires comme le rappellent les grèves sporadiques des étudiants de Dakar, de Yaoundé, de Ouagadougou ou d'Abidjan. Tout se passe comme si l'avortement des processus démocratiques avait inauguré le temps du désenchantement. Si les mouvements d'opposition n'ont pas disparu, ils tendent à perdre leur violence et leur capacité de mobilisation. Le charisme de leurs leaders est en crise. Les querelles de leadership au sein des coalitions protestataires font perdre la cohésion nécessaire à l'élaboration des stratégies pertinentes. La créativité née des années de lutte et d'affrontement s'émousse. Le renouvellement de la pensée conditionne l'efficacité des actions à entreprendre pour enraciner les projets d'alternance dans un vaste mouvement social. Or ce mouvement existe : il investit les espaces de la banalité. Car, c'est là aussi qu'il faut retrouver le politique en repérant les nouveaux «sites» où il s'énonce et dont les leaders ne semblent pas soupçonner la richesse et la pertinence dans

---
4. *Ibidem*, p. 11.
5. J.-P. Daloz et P. Cantin, Paris, Karthala, 1997.

les stratégies de mobilisation populaire et les processus du changement social.

ÉCOUTER «LES RIEN-DU TOUT»

La découverte de ces «sites» n'est pas très facile. Si l'on s'en tient au climat général de morosité et de désillusion qui prévaut après l'avortement de la démocratisation en Afrique noire, tout se passe comme si les acteurs qui ont marqué les manifestations populaires des années 90 avaient baissé les bras. Bien des voix se sont tues. Le football reprend ses droits dans la vie des citadins qui gèrent leur amertume dans les bars ou les jeux de hasard, les alcools indigènes, le sexe et la drogue. Plus rien ne semble mobiliser les forces sociales. Comme les roses, les passions politiques d'hier n'auraient donc vécu que l'espace d'un matin. Certains ne veulent plus en entendre parler. «Biya nous a tous dépassés», reconnaissait naguère un intellectuel camerounais. Cet aveu grave traduit le sentiment de lassitude des groupes de pression qui ont cru avec naïveté que la rue, en quelques semaines ou en quelques mois, allait prendre d'assaut le pouvoir. Celui-ci ne cesse de se renforcer. Telle est la réalité brutale que l'on observe dans les pays où l'on assiste au retour de la dictature. Au Togo, Toulabor fait ce constat :

« l'enthousiasme est dramatiquement tombé, et se font de plus en plus rares les mots et les gestes qui avaient énoncé la redécouverte démocratique dont les frontières n'ont cessé de reculer. En mai et juin 1996, on a constaté, incrusté dans le paysage physique et moral de la ville, les dégâts causés par la restauration autoritaire que des techniques d'inspiration démocratique, comme des élections frauduleuses, sont en train de parachever. Aussi, par rapport à 1991, les mots et les gestes sont-ils fatigués, et traduisent-ils un désenchantement et un découragement général qui affectent la capacité inventive des togolais quant à l'énonciation de la démocratisation qui, pour eux, est "zombifié"[6] ».

---

6. C.M. Toulabar, «Les mots sont fatigués ou la désillusion démocratique au Togo», in *Politique africaine*, n° 64, décembre 1996, p. 62.

Face à la farce démocratique qui se joue dans les régimes où les élections sont devenues une véritable mascarade comme on le voit au Cameroun, relevons la difficulté de nombreux leaders de l'opposition à se maintenir sur un « point fixe ». S'ils interviennent dans l'espace public, c'est comme s'ils voulaient bien se faire voir par le pouvoir qui distribue les cartes d'invitation au grand festin où se partage le gâteau national. En ces temps de pénurie et de disette, le réalisme impose le devoir de la négociation qui met fin à l'insécurité matérielle dans laquelle on ne peut tenir trop longtemps. En Afrique noire, si le radicalisme dérange, il marginalise à long terme. En tournant sur elle-même, en l'absence de tout projet mobilisateur, l'opposition fatigue et appauvrit. D'où la tentation de céder à la ruse du pouvoir qui guette toutes les opportunités quand il ne les crée pas, pour « mettre l'os à la bouche » des adversaires potentiels en leur aménageant un espace alimentaire dans le système dominant où il les intègre pour mieux les contrôler et les museler : « Mange et reste tranquille ». Certains leaders d'opposition sont prêts à s'accrocher au serpent, pourvu qu'ils soient associés au réseau qui partage le pouvoir. D'autres se livrent à tous les marchandages qu'illustre cette page pleine d'humour :

« Mon petit doigt me dit quelqu'un veut rentrer dans gouvernement au Cameroun. Son nom : B. B. Façon il explique il cherche négociation et non débauchage, qu'on doit lui tendre la main, etc., moi, j'ai compris ! Il est fatigué attendre comme ça dans opposition depuis longtemps. Mais Biya est sourd-muet-aveugle avec lui, exprès. Ça fait mal ! Donc, B. B. joue pied et coude pour que l'autre l'entend. C'est vraiment vrai que nombreux opposants, ici en Afrique, veut seulement bouffer maintenant. B. B., c'est ancien Premier ministre. Donc, pas habitué souffrir longtemps. Quand chômage dure trop, c'est comme maladie. Ça peut tuer ! Je crois que c'est même maladie qui dérange ancien ministre d'État D. K. au Sénégal. Chômage, c'est plus pire que sida !

Donc, quand opposant politicien nous dit : ville morte ! pied mort ! pays mort !, ainsi de suite, lui, dans sa tête, c'est tout droit dans gouvernement il veut aller. Et quand ça marche, nous, les rien du tout, même plus bonjour ni merci. Peuple mort[7] ».

Au milieu des reniements, des « retournements de veste » et des mensonges qui pervertissent les oppositions africaines et les fragilisent, ne convient-il pas d'écouter les « les riens-du-tout ». Pour eux, le ralliement n'est pas pour demain. Leurs revendications demeurent. En dépit de l'essoufflement général, ces forces critiques déplacent les terrains de contestation vers les centres d'intérêt et les thèmes porteurs qui rejoignent le vécu populaire marqué par l'ampleur des ressentiments contre les pouvoirs issus des élections truquées. Il faut prendre en compte le poids des discours dont les formes incarnent la dissidence et la rupture avec les consensus institués par les régimes corrompus. Engagés dans les conflits où ils n'ont rien à perdre, les laissés-pour-compte résistent à la tentation de la résignation et de la fatalité. Pour eux, la lutte est quotidienne : « Rien à perdre pour nous. cabri mort n'a pas peur du couteau[8] ».

Contrairement à ceux qui « sont fatigués de rester toujours dans l'opposition[9] », ils sont prêts à aller jusqu'au bout de cette lutte : « on s'en fout de ceux qui veulent ministères[10] ». Il faut donc revenir à la vie de tous les jours pour mesurer la distance qui sépare l'État et la société dans un contexte où, face à la persistance des dictatures soutenues de l'extérieur, gronde la révolte du « monde d'en-bas ». Autrement dit, si certains « mots sont fatigués », on a tout à apprendre en décryptant les « paroles du silence » qui bruissent au cœur de l'imaginaire social.

SEXE, VENTRE ET MEURTRE

Il convient d'explorer l'empire des signes et des gestes dont on ne soupçonne pas la charge symbolique dans les espaces publics où les discours et les poings levés des leaders n'impressionnent plus les foules. On n'a pas encore

---

7. Yodé, dans *L'Autre Afrique*, 3-9 décembre 1997, p. 98.
8. *Ibidem*.
9. *Ibidem*.
10. *Ibidem*.

suffisamment analysé l'imaginaire politique africain dans la diversité de ses champs, de ses formes, de ses structures et de ses dynamiques. C'est précisément au niveau de ce fond d'imaginaire qu'il faut investir pour mettre à jour les nouvelles figures de la subjectivité qui font irruption dans l'espace politique de la quotidienneté. Qu'il nous suffise d'entrevoir les fonctions critiques du rire dans un contexte d'appauvrissement où la violence de l'argent et du pouvoir s'acharne à briser les ressorts de la vie dans les campus, les quartiers populaires ou les villages d'Afrique noire. Face aux rigueurs du présent, au resserrement des contraintes et à l'ampleur de l'arbitraire, les sociétés africaines retrouvent leurs forces de résistance et de lutte en puisant dans la puissance du rire qui purifie et libère. Au cours d'un travail de terrain à Douala, A. Mbembe a relevé ces paroles lourdes de sens : « Moi, quand quelque chose me dépasse, je ris seulement ». Ce rire est celui de l'homme même qui ne peut faire l'expérience de ses capacités qu'en se mesurant à l'épreuve qui le remet en question et provoque sa puissance d'action et de dynamisme. On peut se demander si toute la « culture de la débrouille » qui ne peut se réduire à sa dimension économique, n'est pas fille du rire de l'homme africain confronté à l'adversité qui l'oblige à remobiliser tout son potentiel de créativité et d'inventivité pour tenter de vivre. Dans ce sens, il y a lieu de procéder à une nouvelle intelligence des sociétés africaines et de leur capacité d'innovation en repérant tous les parcours et les cheminements par lesquels elles nous font assister au passage du cri au rire de l'homme africain.

Ce qui nous frappe, c'est l'extraordinaire lucidité dont font preuve les gens qui, dans leur lieu de vie et de lutte, s'interrogent sur leurs conditions et la profondeur du marasme dans lequel ils sont plongés. Il suffit de relire les caricatures qui, dans la presse privée, font peur à l'État parce qu'elles suscitent le grand rire du Noir en mettant le prince à nu face au grand public qui découvre sa laideur, ses faiblesses et ses vices.

Que l'on ré-entende l'histoire du « biberon de papa » racontée par le jeune humoriste Antonio au Cameroun.

«— Bon, Petty Jojo : le corps de l'homme est divisé en trois grandes parties. Quelles sont-elles ?
— Non, c'est le corps de la femme qui est divisé en trois grandes parties : la tête, le tronc avec les quatre membres. Le corps de l'homme est divisé en quatre grandes parties : la tête, le tronc, les quatre membres hmm... avec le biberon.
— À propos du biberon, Petty Jojo va nous en parler, il s'y connait très bien :
— Maman en a deux biberons ici. Les biberons de maman en a le lait. Quand bébé pleure, il mange le biberon de maman. Le biberon de maman est bon. Mais papa en a un biberon. Seulement, le biberon de papa en a les cheveux.
— Rires.
— Si vous riez encore, j'arrête.
— Arrêt.
Et si vous ne riez plus, j'arrête
— Nooon, n'arrête pas, Petty Jojo.
— Le biberon de papa en a encore le yaourt avec le Koulou Koulou. Le biberon de papa n'est pas bon. Et papa est chiche, il donne seulement le biberon à maman. Après, maman est contente»

Dans le lexique des jeunes étudiants, collégiens et lycéens du Cameroun, le «Koulou Koulou» désigne le sperme. À une fille qui arrive en retard au cours, ses camarades lui demandent pour se moquer d'elle si elle a bu le «Koulou Koulou». D'autres murmurent dans la salle en posant des interrogations insidieuses : «même le matin ? Qu'est ce que tu attendais la nuit ?»

Il faut replacer cette histoire dans le contexte politique où, un ministre proche de Biya connu sous le nom de Jojo s'est rendu célèbre par les danses du bas-ventre tandis que la prostitution connait un essor prodigieux et semble entretenue dans les milieux officiels où circulent les histoires les plus invraissemblables. Dans l'ère viciée du régime Biya où pour la classe dominante, l'essentiel c'est le sexe et la bouffe, l'humoriste Antonio évoque le trafic des femmes organisé par les dignitaires du régime lors des grandes rencontres internationales à Yaoundé. « Petty Jojo » reproduit cette ambiance où l'on trouve le « sexe à gogo ». En fait, l'histoire relatée par « Petty Jojo » sert d'introduction à une conférence de presse où un journaliste interroge le Président Biya sur les raisons de son absence au sommet franco-africain de Ouagadougou :

> «– Tous les présidents étaient au dernier sommet franco-africain de Ouagadougou sauf vous. Pourquoi est-ce que vous n'êtes pas parti à Ouagadougou en tant que président en exercice de l'organisation des nullités africaines ?
> – Biya : hum ! Le biberon de papa est hum ! Le biberon de papa s'est cassé juste au moment où j'étais en train de partir. C'est ce qui m'a poussé à ne pas bouger. J'espère tout de même être là la prochaine fois ».

Ainsi, pour Biya, sa véritable obsession c'est le coït. Avec une jeune femme de vingt-six ans, le sexagénaire au pouvoir au Cameroun mobilise son existence pour cette prime. Sa préoccupation majeure au Palais de l'Unité, c'est de « casser le biberon ». On comprend ici que le « papa » de l'histoire du « Petty Jojo » n'est autre que Paul Biya qui, dans une interview à la CRTV, n'a pas hésité à reprendre à son compte la figure du « Père de la nation ». Dans ces conditions, l'histoire du biberon met en lumière les liens entre le sexe et le pouvoir dans un système politique où l'on sait aujourd'hui que M. Biya

> « se désintéresse de ce qui se passe chez lui. Plusieurs de ses ministres ne l'ont pas rencontré depuis longtemps, et il ne réunit son gouvernement que très rarement, une fois par an. Certains ministres ont alors déjà quitté leurs postes[11] ».

Si les affaires de l'État ne le préoccupent pas, les relations internationales ne sont guère pour lui une préoccupation majeure. Dans un point de presse qui fait rire le public, le professeur Kontchou, ministre d'État chargé de la communication et porte-parole du gouvernement est formel lorsqu'il répond au journaliste qui l'interroge :

---

11. « À qui le tour en Afrique ? », in *Le Canard enchaîné, op. cit.*

«– Il y a eu un incident diplomatique tel que le jour où le Président Nelson Mandela arrive au Cameroun, à 8 h 30 le matin, Paul Biya ne va pas l'acceuillir, qu'en penses-tu ?
– (Le Ministre) Oui, vous savez tous n'est-ce pas que le Président Mandela est arrivé au Cameroun très tôt le matin entre 4 heures et 4 heures et demie. [...]. Où est le rapport ? Où est le rapport ? Que ce fut à 4 heures et demi ou à 8 heures et demie, toujours est-il que c'était très tôt le matin n'est-ce pas ? Et à cette heure là, le Chef de l'État était en train de servir le café à la Première Dame et il ne pouvait pas laisser ce travail pour aller faire autre chose, je crois que c'est clair».

Le palais présidentiel manquerait-il de personnel domestique pour «servir le café à la Première Dame»? De plus, quel est donc ce café que M. Biya sert lui-même à 4 heures du matin ? Pour répondre à ces questions, il faut revenir aux mœurs des dignitaires du régime pour lesquels la soif du sexe n'est jamais assouvie et occupe le temps que l'on devrait consacrer au travail et à l'exercice de ses responsabilités publiques et nationales. Que représente Mandela aux yeux de Paul Biya lorsque sa priorité est de «servir le café à Madame»? On a vu tantôt que le déplacement de Biya pour le sommet franco-africain ne valait pas la peine, le Chef de l'État étant préoccupé à casser son «biberon».

Son passage à la tête de l'OUA ne fut guère brillant dans un environnement où l'immobilisme de la diplomatie camerounaise gérée par le romancier Oyono Ferdinand que l'on appelle à Yaoundé «Le vieux nègre sans médaille», surprend d'autant plus que le pays de Um Nyobe ne manque pas d'atouts compte tenu de son héritage historique et culturel, de son potentiel humain et économique, de ses ressources intellectuelles et artistiques et surtout de sa position géostratégique en Afrique centrale. C'est aussi, faut-il le rappeler, le seul État bilingue du continent africain situé au carrefour des civilisations de la savane et de la forêt.

«Le biberon de papa» fait découvrir au grand public, la vulgarité et l'obscénité qui caractérisent les mœurs d'un chef d'État mal élu qui s'est donné pour règle de vie de briller par son absence dans les lieux de débat où l'avenir de millions d'hommes est en jeu. « L'Afrique en sang, Biya à la plage » écrivait récemment *Le Messager* en évoquant l'absence du Président en exercice de l'OUA à la Conférence de Hararé où il devait présenter le bilan de son exercice à la tête de l'Organisation de l'Unité Africaine. Les vrais problèmes de Biya tournent autour du sexe et de la magie. À Yaoundé, la rue sait qu'« il mange les restes » avec une ancienne prostituée connue des quartiers populaires de la capitale. Écoutons la musique où Lapiro de Mbanga chante la femme « très belle, très bête » :

« Dans toutes les villes, on ne parle que de toi. Tu es vraiment très belle, mais très bête [...]. Tu as tout dans les fesses, rien dans la tête [...]. Parmi les belles femmes, tu n'es pas un modèle [...] ».

Personne ne se trompe sur la femme décrite par le musicien. Il s'agit pour l'opinion publique de la Première Dame du Cameroun auprès de laquelle Biya a trouvé son paradis.

Coupé des réalités du pays, le président de la République se déresponsabilise totalement de tout ce qui concerne son peuple pour investir son temps en donnant « le biberon à maman ». Telle est la comédie du pouvoir qui sevit au travers de cette histoire de « Petty Jojo » où l'humour a un nom : « Antonio ». Le rire éclate sur fond de malheur qui frappe la société globale. Un autre musicien camerounais le montre bien à travers l'*Essani* où il chante la mort qui sévit au Cameroun depuis l'ère Biya :

« Ô mort, conduis-moi là où la vie est belle.
Ô mort, viens vite. La politique a tué le pays.
Ô mort, viens vite, prends-moi ».

Les chefs de file qui mènent la danse funèbre sont ici Owona Joseph et le général Semengue, « roi de l'Essani ». Ces personnages jouent un rôle central dans la vie politique du Cameroun. Ce sont deux fidèles de Paul Biya. Le professeur Owona occupe d'importants postes ministériels dans le régime au pouvoir depuis 1982. Quant au général Semengue, il est à la fois pour Biya un ancien condisciple du lycée Leclerc de Yaoundé et celui qui lui a remis le pouvoir après le putsch du 6 avril 1984. À ce titre, il incarne l'armée, c'est-à-dire la violence et le crime dont les exécutions sommaires qui ont endeuillé le Nord-Cameroun, les victimes des villes mortes du littoral, de l'ouest et du nord-ouest, la répression des étudiants de Yaoundé, les assassinats des missionnaires de l'Adamaoua, du centre et du Sud, les massacres des élites intellectuelles des provinces du Centre et du Sud, l'exil forcé de nombreux intellectuels, d'étudiants, d'artistes et de journalistes, sont la manifestation macabre. Pour le musicien Bisso' Solo, l'ère Biya est vécue comme un deuil. D'où la danse de l'Essani qui, précisément, est le grand rite béti célébré lors des funérailles d'un personnage qui mérite tous les honneurs de son clan[12].

Observons le courage et les risques graves auxquels s'exposent les artistes au moment où ils inscrivent la dissidence dans les structures de la quotidienneté compte tenu du potentiel critique qui assume la symbolique du mal à partir des repères culturels enracinés dans l'imaginaire social. Chanter la mort dans les bars, les taxis et les taudis où l'on écoute la musique de Bisso'Solo, c'est inviter le public à récapituler l'histoire des victimes du régime Biya et à pousser la société à rompre avec cette «culture de la mort» dont a parlé Jean-Baptiste Baskouda après le passage de Jean-Paul II au Cameroun.[13]. Le jeune musicien fait prendre conscience de ce qui a conduit le pays dans l'état où il se trouve aujourd'hui :

«Les voleurs ont fini de voler le pays.
Le vol a tué.
Les assassins ont tué.
Ntondobe[14], viens»

La relecture du politique s'opère à travers les registres du vol et du meurtre qui sont au cœur de l'ordre politique institué par Paul Biya au Cameroun depuis 1982. Une telle vision des choses ne peut laisser personne dans la résignation et la passivité. Dans un système où la société est sous l'emprise du sexe, du sang, du vol et du ventre par lequel se définit l'ère Biya, l'artiste semble inviter la société à réinventer cette incapacité

---

12. Sur ce rite, voir Théodore Tsala, *Moeurs et les coutumes des Ewondo*, Études camerounaises, 1956; P.H. Laburthe-Tolra, *Les Seigneurs de la forêt*, Paris, Karthala, 1981.
13. Voir l'interview accordée au *Messager*, 2 oct. 1995, p. 67.
14. *Ntondobe*: nom qui désigne le Dieu créateur chez les Béti du Cameroun.

d'indignation, de refus et d'insurrection qui marque sa mémoire. Tout le message de Lapiro de Mbanga va dans ce sens. Le musicien qui a incarné naguère l'univers des sauveteurs de Douala et de Yaoundé revient avec force dans l'espace politique dans ce tube célèbre où il remet en question la culture de l'impunité développée par le régime Biya. Au milieu des souffrances où le musicien Bisso'Solo se nomme «Monsieur Galère, Tonton Misère», Lapiro de Mbanga radicalise le débat sur le drame camerounais. Pour lui, il s'agit de partir d'un constat : le pays est soumis à la dictature des «vampires». Il rejoint ici le *Messager* qui écrivait naguère : «donnez votre sang aux vampires[15]». Le regard de l'artiste sur la société fait apparaître un monde de «galérés» qu'il invite à bouger :

«– Bougez les rues.
– Tout le monde bougez les rues.
– Pompez gestion.
– Tout le monde gestion.
– Tout le monde ambiance.
– Tous les galérés ambiance.
– Ambiancez et bougez.
– Dansez.»

Il ne suffit plus d'investir l'empire des signes, des figures, des dessins et des caricatures qui font rire. De même, Lapiro ne se contente pas de l'arme de l'humour pour banaliser le pouvoir qui tue. Au-delà de la remise en question du système par la dénonciation des nouveaux rituels du sexe et de sa sacralisation, Lapiro ne passe pas par le détour de la danse de l'Essani : il convoque les victimes du bringadage du régime Biya à ébranler les fondements du système de corruption par un vaste mouvement populaire :«bougez, dansez, bougez», chante le musicien. Autrement dit, la société doit se mettre debout pour renverser ceux qui, par leur mauvaise gestion, ont conduit le pays à la mort en se nourrissant du sang des autres comme les vampires. On le voit : l'enjeu est grave :

«Laissez comme ça, ça suffit.
Nous vous disons : laissez comme ça».

---

15. *Le Messager*, n° 313, juin 1993.

Ainsi crie le musicien en rendant la parole à toutes les provinces du pays :
« Vous pouvez laisser comme ça !
Nous vous disons de laisser comme ça !
Douala dit ça suffit !
Bafoussam dit ça suffit !
Bamenda dit laissez comme ça !
Maroua dit laisse comme ça !
Garoua dit ça suffit !
Ngaoundéré dit il en a assez !
Nkongsamba dit ils sont fatigués !
Laissez comme ça !
Laissez comme ça !
Laissez comme ça.. ! »
On retrouve toute la colère des années 90. En même temps, ce qui s'esquisse, c'est « l'irruption des pauvres » dans le mouvement qui ouvre la perspective des changements à travers la prise en compte des exigences des « galérés ». Plus précisément, ce dont il s'agit pour Lapiro, c'est l'entrée dans la danse de tous les acteurs décidés à mettre fin aux années de galère. Car il n'y a plus rien à attendre des élites au pouvoir. Elles ont épuisé les limites de leur impuissance à créer des espaces de vie au Cameroun :
« À vrai dire, après 15 ans de gabégie, est-ce que quelque chose peut encore changer ? Donc, comment l'équipe nationale de longs crayons peut encore réussir ? Que peut encore un gouvernement qui n'arrange rien ? Pourquoi ne pas laisser les sans-diplômes essayer ? Ainsi, vous voyez non, et les professeurs agrégés, et les Docteurs d'État, et les ingénieurs en cravates avec bureaux climatisés, avec tous les autres dipômés, vous pouvez laisser comme ça. Laissez comme ça. Laissez comme ça. Ça suffit ! »
Pour renverser la situation, l'artiste invite la société à descendre dans la rue :
« Bougez Bongo, bougez.
Bougez les rues, bougez.
Tout le monde, bougez les rues ».

Cela exige d'abord que les gens exercent leur citoyenneté en prenant la parole et leurs responsabilités sur la manière dont leurs biens sont gérés :

> « Au fait, je me demande, tous ces crédits que nous payons chaque jour, le montant c'est combien ? Nous devons payer combien et nous avons combien ? Personne n'en sait rien. Allez-y donc savoir si le peuple a le droit de regard quant à la manière donc on dépense notre argent [...]. Comment peut-on payer les dettes en ignorant même la balance et les mécanismes macroéconomiques [...] ».

L'art se réapproprie ici les formes de la culture citoyenne que les groupes de pression, les partis politiques ou les églises ont tendance à sous-estimer. Pour Lapiro, le droit de regard sur la gestion des affaires publiques est l'une des conditions de la transformation du système politique en milieu africain. L'évaluation critique des régimes au pouvoir doit se traduire par le refus d'accorder toute crédibilité à la classe gouvernante dans un pays où

> « Libéralisme communautaire tourne pour le libéralisme de la corruption [...]. Le régime de la corruption va avec l'institutionalisation du faux [...]. Juste manger, manger, [...].
> – Trésorier-payeurs, percepteurs, fondés de pouvoir agissent avec des coups de signature de 30 %.
> – Médecins, infirmiers, aides soignant attendent les patients avec le principe pas d'argent, pas de soins.
> Dans la même ligne :
> – gansters et anti-gangs : c'est la cohabitation pacifique ».

En fin de compte, ce que la rue réclame, c'est le procès et la condamnation des « vampires ». Parmi les coupables, Lapiro identifie ces

> « Chefs de gang de Yaoundé, ces "Catica" qui cachent l'argent, détournent au vu et au su de tous, ignorant avec mépris, arrogance et insolence les droits du peuple ».

Pour le musicien, ce procès ne peut se limiter à un seul dignitaire du régime que l'on serait tenter de sacrifier comme pour donner l'exemple et se donner bonne conscience devant l'opinion internationale. Lapiro pointe les cadres dirigeants qui, dans les quartiers résidentiels, « construisent les

châteaux face à face » avec l'argent détourné et « les aides extérieures confisquées en hypothéquant ainsi pour toujours l'avenir de nombreux jeunes ». Bref, le procès concerne les
« – mauvais gérants,
mauvais gestionnaires »
sans épargner celui que le musicien appelle le « plus grand escroc avec tous les ministres ». Le verdict de ce procès se résume par une sorte de leitmotiv qui rythme la danse des révoltés : « tout le monde à Kondengui ». Il réclame avec insistance :
« – Envoyez tout le monde à Kondengui.
– Tout le monde à Kondengui.
– Mauvais gérants, Kondengui.
– Mauvais gestionnaire, Kondengui.
– Le bigger cheeter, Kondengui.
– PDG, Kondengui.
– Tous les ministres, Kondengui.
– Papa Lapiro, Kondengui [...]. Je vais marcher droit à Kondengui ».

L'artiste est parfaitement conscient de ce qui peut l'attendre compte tenu de la charge explosive de sa création musicale. Il sait que son message blesse et dérange. Tout peut lui arriver d'un moment à l'autre, et il s'y attend même à cause de son engagement dans un pays où les dirigeants ont le monopole de la violence meurtrière :
« Je vais marcher en prison. À la prison tout droit, à cause de la vérité ».

Mais pour lui, le pays ne peut guérir du mal mystérieux dont il souffre
« S'agit-il du Sida ?
S'agit-il de l'Ebola-bola ?
Personne n'en sait rien »
sans la condamnation des vampires. L'économie retrouvera sa bonne santé si « dorénavant, tous ceux qui volent seront enfermés à Kondengui ».

La révolte en chanson

Obliger Biya à rendre compte de la gestion des ressources du pays est l'une des requêtes majeures des artistes camerounais. Celui qui fut considéré jadis comme « l'élu et l'envoyé de Dieu » est soumis à un procès en bonne et due forme par les chanteurs de Bikutsi qui s'insurgent contre le régime Biya. Dans une étude publiée récemment, un jeune chercheur montre comment dans leur Bikutsi, les femmes

« s'adressent directement au pouvoir, non plus par allusion, mais de manière claire. Elles revendiquent leurs droits, disent leurs déceptions pour sauver l'avenir de leurs enfants et changer une société corrompue. La chanson est le cadre d'expression publique et distractive de la danse. La population brave publiquement et impunément l'ordre établi, consacrant ainsi le caractère démocratique de la société[16] ».

Que l'on mesure la force explosive que dégagent les voix de ces femmes du Cameroun qui mettent à nu le chef de l'État camerounais en le sommant de s'expliquer sur sa manière de gouverner :

« Paul Biya où est l'argent ? Mais où est donc allé l'argent ? Le macabo se brade. Le sel vaut de l'or. Se brade le manioc alors que la viande de boeuf est intouchable. La banane se vend mal, la ville de Yaoundé est chère. Paul Biya où est l'argent ? Mais où est donc allé l'argent ? Qu'as-tu donc fait de l'argent[17] ».

Venant de ces villages de la périphérie de Yaoundé en agonie, ces questions lancinantes traduisent les frustrations et la révolte d'une génération qui souffre des exactions du pouvoir et remet en cause le silence du régime devant l'intolérable :

« Les impôts trop élevés qui, chères sœurs, inhibent le bien-être.

La douane qui, papa Paul, frappe les produits.

Les contrôles de police qui empêchent la circulation des transporteurs.

---

16. L.-M. Essono Onguene, « Démocratie en chansons : Les bikut-si au Cameroun », in *Politique africaine*, n° 64, décembre 1996, p. 54
17. *Ibidem*, p.57.

Et qui enrichissent non l'État, pitié de nous, mais policiers et gendarmes.
Sais-tu, ah Biya Paul que les infirmières tricotent et causent à l'hôpital
Quand meurent couchés à même le sol de l'hôpital, les malades sans soins ?[18] ».

Sans détour, ces femmes expriment l'amertume et les revendications d'un peuple que Biya laisse mourir. On retrouve ici le bilan du Renouveau qui a enfermé le Cameroun dans un monde désargenté. Dans ce sens, l'une des plus grandes réussites de Biya, c'est d'avoir poussé de nombreux Camerounais à regretter le régime Ahidjo. En dénonçant la complicité du pouvoir avec les malversations et les injustices dont les gens sont victimes, les femmes Beti prennent le risque de s'exprimer avec ironie et liberté pour porter la contestation sur la place publique. À travers le rythme des Bikut-Si, les gestes du corps, les éclats de rire sonore et la violence des paroles, les femmes font irruption dans l'espace public à partir de mots très simples qui mettent en lumière les problèmes cruciaux du pays. Or ces femmes qui chantent leur révolte sont bien du centre et du sud du Cameroun. Leur critique du régime Biya rappelle que tous les Beti ne peuvent être considérés comme les privilégiés de ce régime. De plus, la capacité d'indignation que les femmes incarnent à travers leurs danses montre l'absence de toute crédibilité de la classe domination en pays Beti. L'indifférence du Chef de l'État aux misères de sa région d'origine provoque le scandale et l'amertume des femmes qui dans un État de droit ne donneraient jamais leurs voix, lors des compétitions électorales à un homme qui a déçu leurs attentes et souillé l'image des « seigneurs de la forêt ». Si l'on tient compte des déceptions profondes qui viennent du Dja et Lobo, de la Lékié, de la Grande Mefou, du Nyong et Mfoumou et du Mfoundi, on comprend que le prétendu soutien des Beti au Président Biya est une vaste mystification. Ce soutien ne peut être que le résultat d'une manipulation organisée par les élites coupées

---

18. *Ibidem*, p. 58.

de leur peuple pour maintenir leur position de pouvoir et d'enrichissement. Ces élites participent activement à toutes les manœuvres de fraudes électorales en vue de la reproduction des mécanismes d'un pouvoir qui les nourrit et laisse la majorité de la population dans la précarité et le dénuement.

> « Paul Biya, où vis-tu ?
> Faut-il attendre un étranger pour embellir le chez toi ? »

Cette question montre la dissidence des gens d'en-bas dont on retrouve la voix à travers le florilège des chants rebelles qui témoignent de la dimension politique de la créativité culturelle des femmes africaines. Pour ces femmes qui, comme des cadavres, n'ont plus peur de la mort, c'est bien la révolte et la rupture qui s'expriment en chansons.

On rencontre ailleurs ces langages produits dans les espaces critiques où le politique investit l'imaginaire. Qu'il suffise de rappeler la danse du Zouglou en Côte-d'Ivoire. Dans une analyse pertinente de ce phénomène, Biaya et Bahi retrouvent la critique de la société urbaine par les jeunes abidjanais. Resitué dans son contexte d'énonciation, le Zouglou apparaît ici comme

> « lieu du discours pour le changement [...]. L'étudiant, à travers le Zouglou, revendique un nouveau profil sociopolitique par ses mouvements de grève et ses marches de protestation. Il marque par là son implication effective dans la quête du renouvellement de l'économie et des institutions nationales. Son apport a été déterminant dans le changement démocratique [...]. Toutes les manifestations de protestations estudiantines subséquentes se sont effectuées au pas de danse Zouglou. Cette danse-musique s'est alors transformée en un espace politique. Sa rhétorique et son idéologie de contestation de l'ordre de crise ont élaboré un langage codifié de changement[19] ».

Le Zouglou est le langage des jeunes voués à une culture de la marge dans une société où le pouvoir est tenté de laisser

---

19. P. Bahi et T. K. Biaya, « Danse et idéologie de la marge. Le Zouglou et la transformation socio-politique des jeunes d'Abidjan », in *Sociétés Africaines*, n° 3, sept. 1996, pp. 105-120.

l'université à l'abandon dans la mesure où il la considère comme le foyer de l'opposition et de la contestation politique. Dans ce contexte, les jeunes s'emparent du vieux mythe Bété du changement pour créer un espace de vie et de parole en renversant les valeurs de la société dominante[20]. Soulignons l'intérêt de ce nouveau mode du politique qui s'invente sur fond de pauvreté, d'exclusion et de chômage à partir des innovations symboliques par lesquelles les jeunes sont les acteurs privilégiés du changement social.

À Dakar où certains trouvent trop sage Youssou Ndour, l'enfant de la Médina et le roi du Mbalack[21], ce n'est pas en redonnant vie aux mythes anciens que les jeunes expriment leur ras-le-bol. Ils s'inscrivent directement dans un système d'expression et de communication qui s'universalise avec l'émergence d'une nouvelle culture des jeunes en expansion dans les villes africaines. Au-delà des musiques enracinées dans le terroir, la jeunesse africaine participe à une nouvelle vague pour laquelle s'impose une manière de vivre qui consiste à rapper. Rappelons l'emprise de la «Positive Black Soul» dont le style est une mise en scène de la contestation politique. À cet égard, les médias d'État sont l'une des cibles du Rap sénégalais comme le montre ce morceau choisi :

«C'est pas normal.
La télévision est pourrie.
Les mecs dedans sont pourris
Rien pour les jeunes
Pas de programmes pour les jeunes.
À part quelques petits tocards qui se
Prennent pour des jeunes
Et considèrent la jeunesse comme un tremplin politique
Facilement ils ont des sponsors et entrent en politique
Leurs programmes sont nases sont tellement nuls
France ou CFI et pour le reste, c'est nul
Y a rien à voir
Y a rien à faire

---

20. Voir Bahi et Biaya, *op. cit.* pp. 108-117.
21. Lire «Génération Youssou Ndour», in *Africa*, n° 306, juillet-août 1997, pp. 67-73.

Doug -E -Tee est dégouté
On vit dans la médiocrité
On s'y complait
Canal Horizon est arrivé comme une bouffée d'air
Mais c'est seulement pour les riches et donc moi je désespère
Le pire dans cette télé bidon : ils ne font que des magouilles[22] ».

Pour les rapeurs du quartier Fass à Dakar, la télévision est cette immense machine à abêtir qui empêche l'opinion d'ouvrir les yeux pour prendre conscience de la crise profonde d'une société où il n'y a « rien pour les jeunes ». De fait, cette « télé bidon » qui est un lieu de magouille s'interdit de montrer qu'« on vit dans la médiocrité ». Or non seulement « c'est pas normal » mais, cela doit prendre fin : « faudra bien y mettre le holà sinon aie houla houla ».

Confisquer les médias publics, c'est soumettre l'imaginaire sous le joug et gouverner par le règne du mensonge en bloquant les changements qui ne peuvent s'opérer que si l'on met à jour les vérités que l'on cache. Précisément, les jeunes s'insurgent contre la perversité des médias d'État qui sont un instrument de la violence du pouvoir et un moyen utilisé par les classes dirigeantes pour dédramatiser la situation des jeunes sans avenir. Ce qui nous frappe dans le « positive Black Soul », c'est la recherche d'un nouveau système social et politique où surgissent de nouveaux acteurs ayant le courage de dénoncer la banalisation de l'horreur dans laquelle vit la jeunesse dakaroise :

« on vit tellement le mal qu'à la limite il est banal.
Faudrait bien que quelqu'un le dise tout haut.
Ceci n'est pas normal[23] ».

Il importe de souligner cette situation critique qui prend des proportions inquiétantes dans un État en crise au moment même où Dakar fait partie des « villes de la peur[24] » compte

---

22. « Rap africain : La nouvelle vague », in *L'Autre Afrique*, n° 21, 15-21 octobre 1997, p. 51.
23. *Ibidem*.
24. Notes de lecture de Amady Aly Dieng, « Les villes de la peur », Wafadjri *L'Aurore*, vendredi 5 septembre 1997, n° 641.

tenu des formes de violence, d'insécurité[25] et du «grand banditisme» qui a ses quartiers et ses rues bien identifiés[26]. Il faut se mettre à l'écoute des jeunes dont la majorité semblent condamnés à «vivre de la rue, dans la rue[27]», contraints à la mendicité et exposés à la drogue dans un contexte socio-économique où le réinvestissement dans le sexe risque de devenir une stratégie de survie[28] comme la migration lointaine en Europe et aux États-Unis. Car, sur place, les jeunes n'ont pas de place.

«À 30 km de Dakar, des populations sans eau ni électricité» vivent dans les villages où les jeunes sans espoir sont des candidats potentiels à l'exode :

> «Tous les jeunes du village rêvent d'aller ailleurs sous d'autres cieux, là où la vie est plus clémente. Ce n'est pas la terre qui les intéresse, mais l'Europe ou l'Amérique et souvent la Côte-d'Ivoire, la Mauritanie, avec en prime la liberté de faire ce qui leur plaît[29]».

Ce rêve qui hante les jeunes ne se comprend que si l'on revient au regard qu'ils portent sur le reserrement des contraintes dans une ville comme Dakar où l'enlisement se lit dans les rues. Écoutons encore Positive Black Soul :

> «Je te le dis
> La ville est pourrie.
> Dakar est pourrie
> Oui pourri pourri
> La crasse atteint le cerveau
> Oui les enfants sont devenus pourris
> Partout c'est plein il y a des rats
> J'ai l'impression qu'on joue l'appât
> Les cafards les moustiques et les mouches ne sont pas en reste

---

25. Monique Marks, «Insécurité à Dakar», in *Sud Quotidien*, 26 août 1997.
26. Le Dossier sur «Du Plateau à Grand-Dakar : Les angles vivants du grand banditisme», in *Sud Quotidien*, n° 1310, Jeudi 21 août 1997, p. 8, «Pikine : La psychose de l'insécurité demeure», in *Le Soleil*, 10 Septembre 1997, p.7.
27. M. Louise Benga, «La Dure Corvée des enfants travailleurs», in *Le Soleil*, 9 septembre 1997.
28. J. F. Werner, *Marges, sexe et drogues à Dakar, Enquête ethnographique*, Paris, Karthala, 1993.
29. Malick Diagne, «Partir, le seul rêve des jeunes», in *Sud Quotidien*, 9 septembre 1997.

Y a des maladies nouvelles
Tous les jours oui des gens meurent
C'est l'hécatombe dans les rues
Regarde un peu ces femmes qui pleurent
Quand je pense qu'on a une commune, un maire et un ministre
Je demande au Président s'il a mesuré le sinistre
On vit tellement le mal qu'à la limite il est banal
Faudrait bien que quelqu'un le dise tout haut
Ceci n'est pas normal[30]».

LE REFUS DE L'IMPÔT

Tel est, dit avec des mots nus, le nouveau langage de la contestation. De Dakar à Douala, ce langage se généralise dans les sociétés bloquées où les rapeurs, «considérés comme des délinquants[31]», s'élèvent contre les inégalités et les injustices, le pillage des forêts, les magouilles des classes politiques, l'insalubrité urbaine, le chômage, l'exclusion et le racisme, le silence des élites au pouvoir et leur insouciance à l'égard d'une jeunesse sacrifiée. Sans nécessairement recourir à des coups de poings, aux cailloux, au feu ou à des armes sophistiquées, les jeunes sont désormais socialisés à travers une culture du conflit avec l'État en Afrique. Ce climat de luttes larvées et de résistance passive pèse sur la vie des quartiers populaires où l'on assiste à l'émergence de la «violence de l'informel». Une analyse en profondeur de l'univers de la débrouille met en lumière les structures fondamentales de cette violence dans les lieux de créativité marqués par l'esprit d'insoumission.

En effet, parmi les acteurs de l'économie populaire en milieu urbain, on observe :
– un état d'esprit réfractaire au mensonge officiel ;
– les pratiques des générations qui ont tendance à rejeter les autorités, à tourner en dérision les mots d'ordre, les slogans, les discours, les tics ou les noms des dirigeants ;

---

30. Positive Black Soul (PBS), Daw Thiow, extraits de «c'est pas normal», in *L'Autre Afrique*, op. cit., p. 51.
31. «Le rap africain, la nouvelle vague», *op. cit.*

— le refus de se plier à l'ordre établi ;
— la tendance à susciter le désordre comme action salvatrice ;
— la décision de se mettre délibérément « hors-la-loi ».

Dans les pays où la prédation organisée par les dirigeants a vidé les caisses de l'État, le refus de l'impôt est peut-être la forme suprême de la dissidence comme on le voit au Cameroun et dans les villages du Woleu Ntem, au Gabon, où les gens ne reconnaissent plus le droit à l'État compte tenu du lourd déficit de légitimité qui frappe les systèmes prédateurs qui structurent les mécanismes du pouvoir en Afrique. Rappelons les enjeux socio-politiques de l'informalisation de l'économie dans un pays comme le Sénégal où triomphe, notamment à Dakar, la culture de la débrouille. Ce phénomène permet d'illustrer les tensions entre l'informel et l'État dans les sociétés en crise. G. Duruflé l'a bien observé lorsqu'il écrit :

« Longtemps considéré comme un « résidu » par les autorités et les « développeurs » qui pensaient que le secteur « moderne » allait absorber l'ensemble de l'économie, le secteur informel s'est largement développé à l'écart de l'État et de ses institutions : école, réglementation, législation du travail, administration, fiscale, notamment[32] ».

Si « le renforcement du poids démographique et économique du secteur informel[33] » frappe l'observateur de la vie urbaine, ce qui doit retenir notre attention ici, c'est le poids politique des stratégies de survie qui prolifèrent dans un pays où, confronté à un faisceau de « contraintes structurelles[34] », l'État s'avère incapable de répondre aux demandes sociales de la majorité des populations exposées au chômage et à l'exclusion. Pour saisir l'ampleur des tensions qui s'inscrivent dans le champ politique, il faut reconsidérer les managers du trottoir comme de véritables acteurs dont l'émergence s'impose à l'analyse de l'économie politique des conflits au quotidien dans la vie africaine. G. Duruflé met en évidence « les

---
32. G. Duruflé, *Le Sénégal peut-il sortir de la crise ?*, op. cit., p. 145.
33. *Ibidem.*
34. *Ibidem*, pp. 123-139.

nouveaux défis » que la croissance de l'économie populaire pose à l'État sénégalais. En effet,

> « L'essor de certains segments du secteur informel, notamment dans l'importation et la distribution, contribue à l'érosion de la base fiscale traditionnelle de l'État qu'est le secteur moderne. Or les taux d'imposition du secteur moderne ont sans doute atteint leur limite et deviennent contre-productifs[35] ».

Par ailleurs, constate encore l'économiste,

> « Le secteur informel ne se contente plus de se tenir à l'écart de la fiscalité, certains de ses segments s'y opposent ouvertement, en refusant que leur soit appliquée une forme adaptée de fiscalité intérieure (taxe d'égalisation) et en contournant activement la fiscalité de porte[36] ».

Comme on peut le constater, la rue devient un espace politique dans la mesure où le refus de l'impôt fait partie intégrante des stratégies du pauvre. Au Sénégal, les rapports entre l'État et la rue prennent une dimension spécifique compte tenu de l'interaction des nouveaux acteurs économiques et des autres composantes de la société globale. Ici, l'État s'expose à l'impopularité s'il n'apprend pas à gérer avec précaution ses relations avec le secteur informel dont l'essor se traduit par l'emprise et les connexions avec les autres organisations de la vie sociale :

> « Son poids politique s'est fortement accru du fait de sa croissance démographique et économique, du renforcement de ses liens avec la confrérie mouride et du soutien que lui apporte la masse des consommateurs urbains qui bénéficient des bas prix qu'il est en mesure de pratiquer[37] ».

Au Cameroun, on se souvient du poids politique et économique des « villes mortes ». Or, les métiers de rue ont joué un rôle décisif dans cette forme aigüe de désobéissance civile. Aujourd'hui encore, taxer l'informel à Douala et à Yaoundé ne va pas de soi. L'économie politique de la rue nous oblige

---

35. *Ibidem*, p. 145.
36. *Ibidem*.
37. *Ibidem*, p. 146.

à reconsidérer les tensions permanentes entre l'État et l'informel dans les pays où, face à la dégringolade et à l'effondrement de l'économie nationale, les managers du trottoir sont confrontés à la violence du pouvoir. Les conflits quotidiens se multiplient entre les petits commerçants et les agents du fisc, les chauffeurs de taxi et les gendarmes, les vendeurs à la sauvette et les forces de sécurité, les chefs de village et de quartiers et leurs populations. Ces conflits renvoient à cette tradition d'indiscipline que se réapproprie la génération des débrouillards dans une Afrique en quête d'un nouvel ordre politique et économique. Le refus de l'impôt met en question la nature même de l'État dans un contexte où les travailleurs de rue ne veulent plus financer les pillards qui s'approprient le monopole de la violence criminelle. Contribuer à sortir l'État de la banqueroute financière sans avoir les garanties que ceux qui gouvernent ont la volonté politique de changer leurs méthodes, c'est apporter son appui aux pouvoirs qui tuent, leur fournir les ressources matérielles qui leur permettent d'aggraver le marasme généralisé. À la racine des débats entre l'État et l'informel, il faut retrouver l'enjeu politique des stratégies de survie qui, par les emplois qu'elles créent, les revenus qu'elles rapportent, sont devenues l'un des lieux où se réactualise la mémoire d'insoumission dans un contexte où, à court d'argent, l'État se jette sur les travailleurs de la rue pour s'alimenter en taxant les petits métiers de survie. Dans cette perspective, la question de l'impôt est au cœur d'une nouvelle génération de conflits au quotidien. Si l'on considère le poids socio-économique de ces petits métiers qui subissent la violence de l'État prédateur, il faut s'attendre à l'émergence des mouvements sociaux dont les formes se renouvellent et sont susceptibles de devenir les vecteurs des changements politiques en Afrique noire.

Les nouvelles cultures de la contestation dont nous avons examiné les modes d'expression à travers l'humour, la chanson et la danse, obligent les chercheurs à repenser les nouvelles conditions d'émergence de sociétés civiles. Ce que les artistes et les jeunes indiquent par leur prise de parole, c'est la nécessité de réexaminer le rôle des acteurs culturels dont on ne peut négliger l'impact dans la réinvention du politique à travers des phénomènes d'innovation qui montrent le dynamisme et la capacité politique des groupes marginalisés à promouvoir leur créativité dans les lieux de la vie quotidienne. Les échecs des mouvements d'opposition s'expliquent ici par l'incapacité des leaders à enraciner les processus de changement dans les nouvelles cultures politiques qui s'inventent à travers les dynamiques de dissidence et habitent l'imaginaire des nouveaux acteurs porteurs de civilité. Car, les sociétés africaines font leur entrée dans l'espace du politique où, comme disait Saint-Augustin, « des États sans justice ne sont que du banditisme à large échelle ».

Comment passer du rire à la mise en œuvre d'un projet de société qui pose les conditions d'une alternative crédible aux impasses actuelles ? Tel est le défi de tous les acteurs impliqués dans la recherche des stratégies d'action visant à renforcer la capacité et le dynamisme des sociétés civiles en Afrique noire.

8
FACE AU DÉFI DU NOMBRE, UN NOUVEAU FÉTICHE ?

De puissants groupes d'intérêts s'organisent pour « investir dans les femmes » africaines en les plaçant sous contrôle des marchands au moment où tout doit être fait pour accélérer la « révolution contraceptive » en Afrique subsaharienne[1]. Après la conférence du Caire qui est restée muette sur les véritables enjeux du continent noir, on est tenté de se demander si les politiques visant à freiner l'explosion démographique dans cette partie du monde ne relèvent pas d'une « diversion organisée ». Toutes les ressources que les pays du Nord sont encore capables de mobiliser pour les pauvres semblent n'avoir plus qu'un seul objectif : réduire le dynamisme de la fécondité des femmes africaines. On s'attend à ce que les bailleurs de fonds apportent un appui durable pour atteindre cet objectif. À l'heure où l'on assiste à « la fin du Tiers-Monde », la Banque mondiale et le FMI imposent au continent africain des mesures draconiennes dont on commence à mesurer l'impact dans les rapports à la procréation, au mariage et à la santé au sein des villages et des villes d'Afrique.

---

1. Dr Nafis Sadik, *Investir dans les femmes : objectifs des années 90*, FNUAP ; sur ce sujet, lire J. M. Ela, « Les enjeux de la conférence du Caire : les femmes africaines sous contrôle des marchands », in *Afrique 2000*, novembre 1994.

La proposition de recommandation faite naguère auprès des instances internationales des Nations-Unies donne à réfléchir :

« La Conférence Internationale *Développement et Croissance Démographique Rapide, Regard sur l'Avenir de l'Afrique* (Paris, 26 septembre 1991), considérant la méconnaissance dans laquelle les institutions financières Internationales tiennent les problèmes démographiques dans la mise en œuvre de leurs programmes dits "d'ajustement structurel", mais en raison de l'impact néanmoins qu'ont ces mesures sur l'état de ces populations ; considérant le manque de vigilance de ces institutions à l'égard de la législation du travail, en particulier des enfants et des femmes, et de leur désintérêt concernant la question des droits de l'homme ; considérant l'aggravation de la situation économique et sociale des pays soumis à cette politique ; recommande que toutes les Agences des Nations Unies concernées participent à l'élaboration et aux décisions concernant les politiques économiques recommandées aux gouvernements et à la définition des conditions d'accès aux tirages spéciaux et aux prêts de ces organismes publics internationaux.

Elle souhaite qu'à cette recommandation soit assortie celle de mettre en place une commission internationale chargée d'examiner un projet d'harmonisation des rémunérations du travail et des charges sociales à l'échelle mondiale, afin que la concurrence ne puisse s'exercer par une surenchère dans l'exploitation du travail et par la dégradation des conditions de vie des populations les plus faibles mais, comme il se doit dans une saine économie de marché, par la stricte émulation des entrepreneurs dans l'inventivité technique et gestionnaire ».

Au milieu des vacarmes sur l'accélération de la croissance démographique au sud du Sahara, un temps de pause nous paraît nécessaire pour s'interroger, en toute liberté, sur ce que cache le nouveau fétiche dont les institutions financières internationales vantent l'efficacité pour relever le défi du nombre dans le contexte des déséquilibres actuels de la population mondiale. Les analyses qui vont suivre tentent d'ouvrir le débat sur ce défi majeur de notre temps.

L'EXPLOSION DÉMOGRAPHIQUE: RÉALITÉ ET DÉFI

« Des mécanismes adéquats devraient être créés partout où cela est nécessaire pour assurer une plus grande intégration des variables démographiques dans la planification du développement, tenant compte du doublement prévu de la population de la région entre 1975 et 2000[2] ».

Inscrite en 1980 dans le *Plan d'Action de Lagos*, cette recommandation des chefs d'États africains met en lumière l'importance particulière des relations entre la population et le développement. Si elle reprend manifestement un concept qui a acquis droit de cité lors de la Conférence mondiale de la population organisée en 1974 par les Nations-Unies à Bucarest, elle annonce aussi les choix fondamentaux qui, à la veille de Mexico, s'expriment dans les 93 points du Programme d'action du Kilimandjaro concernant la population.

De toute évidence, il n'y a plus à choisir entre le développement et la pilule en Afrique noire. Dans certaines capitales du continent, les petits vendeurs à la sauvette proposent à un très bas prix des condoms aux jeunes filles exposées à une fécondité précoce[3]. Des services et organismes divers distribuent gratuitement aux femmes leur ration hebdomadaire de contraceptifs qu'il arrive aux hommes de découvrir en fouillant le sac de leurs conjointes[4]. Sujet tabou il y a quelques années, la planification familiale s'apprête à entrer à l'école dans les différents niveaux d'enseignement. Une vaste conquête du terrain se met en place, financée par des institutions puissantes appuyant les séminaires, les colloques ou les sessions qui se multiplient[5]. Dans les régions d'Afrique où l'on pouvait à peine aborder ces questions avec les responsables locaux, ces

---

2. O.U.A., *Plan d'action de Lagos pour le développement économique de l'Afrique 1980-2000*, Addis-Abéba, 1981.
3. Voir le Séminaire sur la fécondité des adolescentes au sud du Sahara, Yaoundé du 27 au 30 août 1990.
4. Cf *Cameroon Tribune*, 25 et 30 juillet 1990.
5. À titre d'exemple, *Cameroon Tribune*, 25 juillet 1990, 21 août 1990.

rencontres officielles marquent un tournant capital dans la prise de conscience, par les pays africains, des conséquences d'une croissance démographique trop forte sur les efforts de développement.

Vingt ans après Bucarest, peut-être mesurons-nous mieux l'ampleur des défis démographiques en ces temps difficiles où l'Afrique est « frappée de plein fouet par la crise[6]» qui « ne cesse de s'approfondir » comme le constate un rapport de la Banque mondiale[7]. Face à ces défis graves, quel développement en milieu africain ? Cette question doit être examinée dans les pays où de nombreux ménages se demandent si leurs enfants iront à l'école tandis que l'État, à bout de souffle, ne recrute plus les diplômés de l'enseignement supérieur. Pour saisir l'enjeu des choix d'avenir, quelques remarques s'imposent.

Rappelons quelques données qui inquiètent les bailleurs de fond et ouvrent, sans doute, de nouvelles pistes de réflexion et de recherche. Procéder ici, au préalable, à l'analyse des tendances démographiques de l'Afrique subsaharienne dépasse les limites de nos compétences[8]. Pour cerner le sens des questions qui nous préoccupent, qu'il nous suffise d'évoquer ce que les experts considèrent comme « une bombe démographique[9]». En effet, « l'Afrique est aujourd'hui un continent qui se remplit, qui se remplit vite, qui se remplit à une vitesse accélérée[10]». « La simple multiplication des chiffres est vertigineuse » 220 millions d'habitants en 1950, 600 millions aujourd'hui, près de 1,5 milliards vers 2025 : l'explosion démographique de l'Afrique s'affirme assurément comme l'un des faits les plus marquants de l'histoire contemporaine.

« La situation de l'Afrique est unique », écrit la Banque mondiale. « L'humanité n'a jamais connu une croissance

---
6. Voir Batch, C., « L'Afrique frappée de plein fouet par la crise », in *Le Monde diplomatique*, novembre 1983.
7. Banque mondiale, *L'Afrique subsaharienne : de la crise à une croissance durable*, Washington, 1989, p. XI.
8. Sur ce sujet, cf. la synthèse de Tabutin, D., *Population et sociétés en Afrique au Sud du Sahara*, Paris, L'Harmattan. 1988, pp. 17-50.
9. Tabutin, D., « L'Afrique au sud du Sahara : une véritable bombe démographique », *Vivant univers*, janvier-février 1989, pp. 17-50.
10. Giri, J., *L'Afrique en panne, 25 ans de developpement*, Paris, Karthala. 1996, p. 13.

démographique aussi rapide[11] ». On trouve ici « la fécondité la plus élevée du monde » dans les pays où les femmes se marient très jeunes et n'arrêtent souvent de procréer qu'en atteignant la ménopause[12]. Il n'est pas rare qu'on atteigne des chiffres inquiétants comme on le voit au Kenya où « la pression humaine est telle que la population grignote les terres dépeuplées des réserves de faune[13] ».

Nulle part le rythme de l'accroissement démographique n'atteint aujourd'hui celui que connaît le continent noir : l'augmentation annuelle y dépasse 3 % alors qu'elle est tombée aux environs de 2 % dans nombre de pays d'Asie et d'Amérique latine. Il n'est pas rare de rencontrer en Afrique noire des taux bruts de natalité de 50 pour 1000, ce qui approche ce que les démographes considèrent comme le maximum physiologique absolu. Si la densité moyenne s'abaisse jusqu'à quatre habitants au kilomètre carré dans certains pays comme le Niger et le Congo, alors qu'elle ne dépasse pas dix-huit dans le reste du continent, le rythme de croissance de la population est tel que, si rien ne change, il risque de conduire à des doublements en une vingtaine d'années malgré la diversité des pays et des régions. Ces tendances se dessinent dans un contexte mondial qui doit être pris en considération pour situer le défi de l'explosion démographique de l'Afrique au sud du Sahara.

Les pays riches se voient vieillir[14] tandis que « la planète s'est rétrécie[15] », compte tenu des progrès des moyens de transport et de communication ainsi que des mouvements migratoires qui, à l'échelle internationale, sont au cœur des débats contemporains[16]. On ne peut cerner les enjeux démographiques de l'Afrique en occultant les déséquilibres qui s'instaurent dans les processus de distribution de la population mondiale[17].

---

11. Banque mondiale, *L'Afrique subsaharienne ...*, op. cit., pp. 7 ; 47-48.
12. Tabutin, D., *Population et sociétés en Afrique au sud du Sahara*, op.cit., pp. 24-25.
13. Paringaux, R. P., « Afrique : le poids de la population », in *Le Monde*, 26 mars 1990.
14. « Le déclin démographique en Europe », in *Le Monde*, 15 avril 1989.
15. Tabah, L., « Deux hémisphères, deux démographies », in *Le Monde*, 26 janvier 1984.
16. Sur ce sujet, L'immigration au cœur du débat. « Un défi pour les Douze », *Le Monde*, 3 mars 1990, lire *Le Monde diplomatique*, juin 1990.
17. Vallin, J., *La population mondiale*, Paris, La Découverte, 1989, pp. 16-36.

Devant cette évolution, l'on a du mal à résister à la tentation d'appliquer l'esprit du soupçon sur les débats en cours en référence au vécu quotidien : que dissimulent ces débats dans les sociétés opulentes où la famille traverse une crise grave et durable ? Au moment où l'on prend conscience de « deux démographies » propres aux « deux hémisphères » dans lesquelles nous vivons, compte tenu des contrastes entre le Tiers-Monde, et singulièrement l'Afrique noire, et les pays du Nord engagés dans « l'inexorable processus de vieillissement[18] », quel est l'enjeu de ces débats « quand l'homme a peur de son nombre[19] » ?

Ces questions ne sauraient nous échapper si nous prenons au sérieux le poids de l'imaginaire qui pèse sur les problèmes de population à partir desquels des « périls » séculaires et des vieilles peurs « remontent » et s'actualisent devant le flux des émigrés entassés dans les ghettos des cités industrielles. Un gigantesque effort de « décryptage » est nécessaire pour mettre à jour des « pensées muettes » afin d'arracher à la « dérive idéologique » l'étude des défis démographiques qui surgissent à la périphérie. À partir de ces défis, tout se passe comme si, par un phénomène de « détour » analogue à celui que Balandier analyse avec lucidité dans un livre éclairant[20], L'Occident était renvoyé à lui-même et à ses contradictions internes dans la phase actuelle de redéploiement du capitalisme à l'échelle de la planète. Il semble nécessaire de situer les vrais problèmes que pose l'explosion démographique de l'Afrique par rapport à « l'échange inégal[21] » qui s'accentue. Car ces problèmes prennent leur réelle dimension dans un contexte historique où, dans l'hémisphère Nord, « le déclin commence à poser des problèmes graves[22] » tandis que le rythme accéléré de la croissance démographique d'un continent à la dérive[23] risque de réactiver les fantasmes archaïques qui alimentent les représentations collectives et conduisent à des stratégies politiques de contrôle

---

18. Tabah, L., *Deux hémisphères, deux démographies, op. cit.*
19. Decornoy. J., in *Le Monde diplomatique*, juin 1990, p. 28.
20. Balandier, G., *Le détour, Pouvoir et modernité*, Paris, Favard, 1985.
21. Vallin, J., La population..., *op. cit.*, p. 16.
22. Tabah, L., Deux hémisphères..., *op. cit.*
23. Julien, C., in *Le Monde diplomatique*, février 1990.

de l'immigration où certains observateurs retrouvent «les masques du racisme[24]».

Un fait est sûr : face aux nouveaux éclairages projetés sur la population mondiale, des images d'apocalypse entretenues par la science-fiction prolifèrent en cette fin de siècle. L'irruption historique des millions d'affamés éveille les plus graves inquiétudes dans un contexte où les déséquilibres démographiques créent une situation génératrice de tensions et de conflits potentiels[25]. Pour échapper à toute forme de manipulation idéologique, il convient de dévoiler la situation spécifique qui demeure l'arrière-plan des débats démographiques de notre temps. On peut alors s'interroger sur la pertinence des stratégies et des programmes d'intervention préconisés dans les pays d'Afrique, compte tenu de la nécessaire articulation des problèmes de population et de développement.

L'EMPIRE DU DOLLAR ET LE MARCHÉ DES CONDOMS

Relevons un paradoxe frappant. Au moment où l'on ne cesse d'insister sur la nécessité d'intégrer les variables démographiques dans la planification du développement, le centre de gravité des pratiques demeure, en fin de compte, les problèmes de natalité. C'est sur ces problèmes que tous les efforts se concentrent de manière quasi exclusive. À Arusha, lors de la deuxième Conférence africaine de la population, les dirigeants africains ont pris conscience, dans leur majorité, des menaces que la pression démographique fait peser sur leurs équilibres politiques, économiques, écologiques et sociaux. La même attitude a dominé la conférence mondiale de Mexico dont la convocation fut réclamée, précisément, par les pays du Tiers-Monde où, dans la quasi-totalité des régions, on avait cru naguère que «le meilleur contraceptif, c'est le développement», selon le slogan formulé par le délégué algérien à Bucarest. D'après le consensus qui se dégage à travers les discours d'appareil et les options des grandes organisations internationales, il semble bien que le vrai développement à promouvoir, c'est celui du contraceptif.

---

24. *Ibidem.*
25. VALLIN, J., *La population mondiale, op cit.*, p. 121.

Tout se passe comme si le contrôle de la fécondite était l'urgence de l'heure. Dans un continent qui, en réalité, reste sous-peuplé[26], ce qui fait problème, c'est le taux d'augmentation de la population qu'il s'agit de réduire dans une Afrique en crise où la mise en valeur des ressources considérables[27] constitue une préoccupation marginale. C'est ce que révèlent les programmes en faveur de la planification familiale qui tend à polariser toutes les énergies.

Soutenus par les grandes organisations internationales, ces programmes s'inspirent des modèles familiaux à partir desquels les pays riches regardent l'avenir de la population mondiale. Après le baby-boom, le papy-boom : telle est, à terme, l'évolution qui s'inscrit à l'horizon dans les pays d'Afrique où, face à une crise économique sans précédent, la réduction de la taille de la famille est une «opération de survie». Dans les grands centres de décision où l'avenir du continent est programmé, la recherche démographique apporte une caution scientifique aux mesures d'intervention devant freiner l'accroissement démographique selon les schémas préétablis. Au-delà des évaluations quantitatives de l'état de la population à travers les recensements financés de l'extérieur, on commence à s'interroger sur les incidences socio-économiques des processus migratoires qui accélèrent la croissance urbaine en Afrique noire. Mais c'est sur les problèmes de fécondité que se concentrent les enquêtes qui obligent à examiner la contribution des adolescentes à l'accroissement de la population comme le rappellent des études récentes sur la sexualité précoce. On ne peut continuer à laisser faire : il faut agir.

«S'il est urgent de mettre un frein à l'explosion démographique de l'Afrique, ce n'est pas parce que la population du continent est trop nombreuse dans l'absolu. mais parce que son taux d'accroissement est trop rapide pour que l'économie puisse suivre[28]».

---

26. Sur ce sujet, lire Samir Amin, *Impérialisme et sous-développement en Afrique*, Paris, Maspero, 1976, pp. 353-367; Diop, Ch. Anta, «Les fondements économiques et culturels d'un État fédéral d'Afrique noire», in *Présence Africaine*, 1974, p. 36.
27. Diop, Ch. A., *op. cit.*, pp. 56-72.
28. Banque mondiale, *L'Afrique subsaharienne, op. cit.*

Les contraintes actuelles obligent les Africains à prendre au sérieux les recommandations des grands bailleurs de fonds qui conditionnent l'aide financière à la pratique de la contraception[29]. En Afrique où les greniers se vident[30], on se rend compte de la gravité des déséquilibres qui alimentent d'importantes recherches[31]. Dans les villes en expansion, les problèmes d'approvisionnement s'aggravent avec l'exode rural[32]. Or l'accès à la nourriture tend à devenir un véritable enjeu socio-politique comme le rappellent ici et là les « émeutes » du pain, du riz ou du maïs souvent liées à la hausse des prix imposée aux États endettés par les institutions financières incontournables. Dans une région du monde où la pauvreté a un avenir prospère selon les sombres perspectives des experts[33] il faut regarder la réalité en face. Comme le remarque « l'agronome de la faim » après une tournée de conférences où il a eu l'occasion de redire ses convictions[34], « le véritable drame que vit l'Afrique noire, en cette fin de siècle, reste dominé par le facteur démographique[35] ». Si elle veut survivre, l'Afrique noire qui était déjà mal partie dès 1960, doit donc se mobiliser pour limiter les naissances. Tel est le nouveau fétiche qui engage de nombreux acteurs dans les programmes de planification familiale.

Face à la faillite du développement dont le constat est établi dans cette « Afrique en panne » dont parle J. Giri, ces programmes tendent à s'imposer comme la seule réponse au défi du nombre au sud du Sahara. Rappelons-le : ces mesures proviennent des anciennes métropoles coloniales qui, après l'énorme ponction démographique qu'a exercée la traite des

---

29. Cf Diop, Ch. A., *Les fondements, op cit.*, p. 35.
30. Lire Dumont, R., « La production alimentaire ne suit plus », in *Le Monde diplomatique*, mars 1989.
31. Cf. Colloque international : *Déséquilibres alimentaires, déséquilibres démographiques*, CNRS, ORSTOM, CEPED, Paris, 14-16 mars 1990.
32. Voir l'ouvrage collectif *Nourrir les villes en Afrique subsaharienne*, Paris, L'Harmattan, 1985.
33. Voir *La C.E A. et le développement de l'Afrique 1983-2008*, New York, 1983.
34. Dumont, R., *Un monde intolérable*, Paris, Le Seuil, 1988.
35. Dumont, R., « L'Afrique noire est-elle perdue ? », in *Le Monde diplomatique*, mai 1990.

Noirs pendant des siècles jusqu'au cœur du continent[36], ont importé dans les territoires conquis des lois prohibant toute attitude antinataliste. On a pu observer ce fait dans les colonies portugaises, françaises et belges. On est en droit de s'étonner de l'engouement pour les problèmes de la planification familiale dans les pays d'Afrique où, pendant longtemps, la mise en valeur des colonies était liée à une main d'œuvre abondante qui, précisément, est restée un des problèmes majeurs des planteurs européens dans les régions où il a fallu instituer les travaux forcés au cours des années sombres de l'indigénat. Durant ces périodes, les rares recensements de la population étaient liés surtout au contrôle de l'espace et à la collecte des impôts, au moment où s'amorce la croissance démographique qui suscite aujourd'hui un intérêt ambigu.

Après les décennies où la faim est apparue comme le grand marché du siècle[37], il y a lieu de se demander si le continent noir, à cause de son taux élevé de fécondité, n'est pas annexé à l'empire du dollar dans la mesure où de puissants groupes d'intérêts y découvrent un débouché providentiel comme le suggère la vente des condoms et des contraceptifs de toutes marques. À travers le vigoureux plaidoyer en faveur de l'espacement des naissances dans les régions où, de fait, les femmes sont les principales victimes d'une fécondité incontrôlée, on voit se profiler les tentacules des grandes puissances qui financent les campagnes de planification familiale jusqu'au fond des brousses. Peut-être les pays industriels n'hésiteraient-ils pas à accorder des crédits aux États pauvres pour acheter du stérilamide et des prêts pour importer des défoliants et répandre du cyanure mortel sur les récoltes au moment où le Nord se recentre tandis que le continent africain est voué à une sorte de « déclassement international[38] ». Dans les pays du Nord on assiste à une sorte de « pause » de l'aide à

---

36. Sur ce sujet, Coquery-Vidrovitch. C., « Populations africaines au passé », in Tabutin, D., *Populations et sociétes, op. cit.*, pp. 55-59.
37. Cf. George, S., *Comment meurt l'autre moitié du monde*, Paris, Robert Laffont, 1978.
38. Voir Lrdi, Zaki, « Le déclassement international de l'Afrique », *Politique étrangère*, n° 3, 1988, pp. 667-675.

l'Afrique. Certes, l'on convient toujours d'intervenir dans les situations d'urgence dans ce « continent naufragé » qui a besoin « d'aide humanitaire ». Pour les milieux d'affaires, les vrais enjeux sont désormais ailleurs dans la « jungle du grand marché[39] » où s'organise le bal des vampires. Dans les pays où le chômage a pris des proportions inquiétantes alors que la part de la santé et de l'éducation dans les budgets nationaux n'a cessé de baisser, on n'abandonne pas tout à fait l'Afrique à son triste sort. Mais c'est sur le contrôle de la fécondité qu'il convient d'investir en priorité. Car, les grandes agences financières intègrent aussi les problèmes de population dans leurs stratégies d'intervention, comme l'indiquent les rapports de la Banque mondiale[40].

Selon M. Barber Conable, le contrôle des naissances doit être « une pratique acceptée par au moins la moitié des couples du Tiers-Monde ». Il exprime aussi « son sens de l'urgence [...] au sujet des terribles pressions que des milliards de gens en plus vont imposer à l'environnement de notre Terre ». Il faut donc réduire la pauvreté « d'une manière qui soit sensible à l'environnement » et, pour préserver cette Terre qu'il faut aimer comme soi-même[41], « il n'y a absolument aucun doute qu'il nous faut saisir la question démographique à bras-le-corps[42] ».

On retrouve les fantasmes dont la démographie est l'objet dans les sociétés où la surpopulation et la faim apparaissent comme « deux bombes à retardement pour l'an 2000[43] ». Le spectre du pauvre hante l'imaginaire des pays d'Occident. On ne se contente plus de faire entendre aux populations indigènes qu'un accroissement démographique laissé à lui-même représente une charge excessive dans toute l'Afrique subsaharienne ; il faut aller plus loin : si « cette charge grève l'épargne des individus, des ménages et de l'État », non seulement elle « affaiblit les efforts des pays pour améliorer la qualité de la vie

---

39. Cf. Cassen, B., in *Le Monde diplomatique*, septembre 1988.
40. Pour l'essentiel, Banque mondiale. *L'Afrique subsaharienne*, pp. 82-87.
41. Voir le *Monde diplomatique*, juin 1990, p. 2.
42. Cité par George, S., Conscience planétaire et « trop nombreux » pauvres, *Le Monde diplomatique*, mai 1990.
43. Lire Vidal-Naquet, A., in *Le Monde diplomatique*, juillet 1989 p. 24.

et la productivité de la population », mais elle porte aussi atteinte à l'intégrité de la création[44]. Compte tenu du « choix écologique[45] » qui oblige l'humanité à inventer un autre avenir pour la planète, il faut bloquer l'émergence de « trop nombreux pauvres » qui, par les déboisements répétés, contribuent à la « mise à sac » de la planète. Aussi, l'Afrique au sud du Sahara doit devenir le lieu privilégié des efforts de stabilisation de la population mondiale. Car le contrôle de la croissance démographique de ce continent est une dimension du combat écologique à l'heure où doit grandir en chaque homme une véritable « conscience planétaire[46] ».

Seulement, en assumant la question démographique « à bras-le-corps » pour réduire la fécondité dans ces sociétés où, trop souvent encore, « les enfants sont un don de Dieu », peu de groupes de pression, d'acteurs ou de mouvements sociohistoriques ne semblent guère s'inquiéter outre mesure des menaces qui pèsent sur « les États poubelles[47] ». En effet, dans les pays d'Afrique, il n'a pas suffi aux entreprises d'exploitation de détruire les forêts tropicales. De plus en plus, des grands trusts négocient des projets de centrales électriques pour brûler des tonnes d'ordures ménagères des pays riches. Il a fallu attendre le scandale du cargo Zanabia en 1987 pour que le monde prenne conscience de l'ampleur des transferts de produits toxiques vers l'Afrique où triomphent les logiques marchandes avec la caution des élites irresponsables[48]. Ainsi, là où la justice importe plus encore que les arbres, la protection de la nature peut être un grand alibi. Au moment où il s'agit d'accroître la demande de planification familiale auprès des couples africains dont 3 à 4 % pratiquent la contraception, où sont les investisseurs qui, en dehors de l'agro-business, acceptent de créer des emplois pour la masse des jeunes qui

---

44. Banque mondiale, *op. cit.*, p. 48, pp. 52-53.
45. Robin, J., in *Le Monde diplomatique*, juillet 1989.
46. Morin, E., « Pour une nouvelle conscience planétaire », *Le Monde diplomatique*, octobre 1989.
47. « L'Afrique devient-elle une poubelle », *Jeune Afrique Économie*, juin 1988. Maesschal, A, et De Seys, G., « Nature et population du Tiers Monde sous la menace des déchets toxiques », *Le Monde diplomatique*, août 1989, pp. 8-9.
48. Cf. *L'Afrique a faim : "V'la nos poubelles"*, Lausanne, 1989.

accèdent au marché du travail ? Car « la croissance et l'atténuation de la pauvreté constituent un préalable à la préservation de l'environnement[49] ». Comme le rappelle encore E. Saouma,

« pour aider les pays pauvres à jeter les bases d'un développement durable, pour les inciter à protéger leurs ressources naturelles, rien ne sert de crier au loup. Il faut commencer par les libérer du carcan de la faim et du sous-développement[50] ».

Dans les pays du Nord « d'où proviennent chaque jour de façon plus pressante des appels au contrôle de la population[51] » en Afrique, l'aide au développement n'a cessé de diminuer. Entre 1960 et 1970, grâce aux prêts sans scrupule, des affairistes et des trafiquants d'« ébène » ont été enrichis par des projets de prestige négociés avec la complicité des élites au pouvoir à travers les mécanismes de « l'Argent noir » qui a sa source dans les mains blanches[52]. Affairisme et corruption formaient un couple qui s'ébattait dans les régions où des appareils de répression mettaient les potentats locaux à l'abri de toute contestation[53]. Dans les pays où 1/4 de l'humanité dispose des 80 % des richesses mondiales[54], on commence à s'interroger sur les conséquences du vieillissement pour l'évolution de l'économie[55]. Mais ces pays ne semblent pas se soucier du fait que la gestion de la dette contribue à accroître le taux d'augmentation de la population dans ces régions où, loin du festin des riches, les Africains sont l'objet d'une attention privilégiée des programmes de planification familiale. Peut-être la situation démographique de l'Afrique actuelle est-elle le fait d'un mode

---

49. Saouma, E., « Rien ne sert de crier au loup », in *Le Monde diplomatique*, octobre 1989.
50. *Ibidem*.
51. George, S., Conscience planétaire, *op. cit.*
52. Péan, P., *L'Argent noir, corruption et sous-développement*, Paris, Fayard, 1988.
53. Voir Ela, J. M., *Le cri de l'homme africain*, L'Harmattan, 1980.
54. Cf. Vallin, J., *La population mondiale, op. cit., p.* 22.
55. Voir dans la *Revue économique de l'OCDE*, deux articles sur le sujet : Hagemann, Robert P., et Nicoletti, Guiseppe, « Les effets économiques du vieillissement démographique et ses conséquences pour le financement des retraites publiques », pp. 59-110, et Auerbach. Alan J., Kotlikoff. Laurence J., Hagemann, Robert, et Nicoletti, Guiseppe, « Conséquences du vieillissement démographique pour l'évolution de l'économie : une étude sur

d'exploitation qui utilise les moyens de reproduction des sociétés dominées par divers procédés d'extorsion des surplus paysans. En considérant les conditions d'inégal accès aux nécessités de la vie en Afrique, on se rend compte que les maîtres du capitalisme ne sont pas de doux agneaux. Si l'on se souvient des logiques économiques structurantes à l'œuvre dans le monde contemporain, on voit bien que le flux de capitaux étrangers contribue de façon marginale à ce qu'il est convenu d'appeler le développement. Tout se passe comme si la richesse ne pouvait prendre greffe que sur la richesse. Ce qui frappe l'attention, c'est le peu d'intérêt accordé à tout efort pour réduire la fracture grandissante entre les sociétés de l'opulence et la foule des exclus. L'Afrique risque une marginalisation accrue au moment où s'opère un déplacement des axes de développement[56].

Dans ce contexte, comme le suggère S. George, « la population, en tant que telle, est un concept pratiquement vide de sens[57] » Dans la mesure où les populations les moins nombreuses sont celles qui accaparent le plus de ressources, soulignons ce fait : tout est « question du pouvoir exercé par les uns et les autres sur ces ressources[58] ». Pour sortir des abstractions généreuses, il faut donc reprendre le problème des relations entre population et développement en tenant compte des stratégies qui aggravent la fragilité de l'Afrique au moment où la planification familiale tend à devenir une véritable panacée.

Comme le relève bien Bairoch,
« s'il est probable qu'une stratégie du développement a extrêmement peu de chance d'être efficace sans une action de freinage démographique, ce freinage ne peut, en aucun cas, être présenté comme un substitut à une telle stratégie de développement. Le freinage démographique n'est pas en lui-même un élément suffisant pour favoriser le développement économique s'il ne s'inscrit

---

56. Ela, J. M., *Jeune Afrique Économie*, septembre 1989.
57 George, S., Conscience planétaire, *op. cit.*
58. *Ibidem.*

pas dans un cadre général d'une stratégie de développement[59] ».

Ne sommes-nous pas en train de nous éloigner de cet équilibre sans lequel toute planification familiale apparaît comme un alibi qui masque les inégalités de développement entre le Nord et le Sud? L'argent coule toujours à flots et des sommes colossales s'investissent dans les pays industriels où l'on a vu croître le rôle des sociétés multinationales au cours de la dernière décennie. Mais
« il n'est plus question de financer des pays en cessation de paiement. Les flux en direction du Sud ont ainsi décru de 52 milliards de dollars de 1981 à 1988 (ils ont en fait été inversés). La répugnance des banquiers à continuer de prêter implique qu'il y a peu à attendre à l'avenir d'un financement extérieur de ce type. Quant aux investissements directs, il est difficile d'imaginer comment ils pourraient retrouver leur élan, même si les réglementations et les législations leur sont favorables[60] ».

Tel est le lieu d'un débat à relents malthusiens où, pour les riches, les pauvres sont un sujet d'inquiétude par leur nombre même. Il n'y a « jamais eu autant de richesses produites et jamais tant de pauvreté recensée[61] ». En Afrique noire,
« le nombre de personnes vivant dans les taudis et bidonvilles ne recule pas, il s'accroît. Un nombre croissant de personnes n'ont pas accès à l'eau potable ni à des installations sanitaires et sont donc la proie des maladies qui découlent de ces manques[62] ».

Dans ce contexte, on écarte systématiquement toute hypothèse de la baisse de la croissance démographique par une amélioration du niveau de vie.

---

59. Bairoch, P., « L'inflation démographique dans les régions sous-développées : Rappel des données essentielles et quelques éléments de solution », *Mondes en développement*, 10, 1975, p. 312.
60. Decornoy, J., « Les multinationales omniprésentes et... impuissantes », in *Le Monde diplomatique*, novembre 1988, p. 9.
61. *Ibidem*, p. 10.
62. Banque mondiale, *Poverty and Hunger: Issues and Opinions for Food Security in Developing Countries*, Washington.

Une telle démarche impliquerait une concentration massive sur les problèmes de développement qui se posent à un continent en manque de capitaux. Dans les impasses actuelles des sociétés africaines, ce que l'on met en relief, c'est l'impact socio-économique de la croissance démographique dans la mesure où il constitue un obstacle à l'expansion du profit. Si l'on choisit d'intervenir dans la reproduction d'une masse de pauvres, c'est pour éviter qu'ils ne tombent à la charge d'une économie qui se fonde, en vérité, sur le gaspillage.

Relevons les faiblesses d'un système qui écarte de l'économie mondiale des millions d'hommes au moment où nous vivons une phase sans précédent de création de richesses.

AJUSTEMENT STRUCTUREL OU DÉVELOPPEMENT ?

On touche aux contradictions des politiques qui exigent le contrôle de la croissance démographique tout en imposant une politique économique fondée sur le tout-exploitation au détriment de la réduction effective pauvreté. Il faut ici mettre en lumière les politiques à courte vue, élaborées dans le cadre « d'ajustements » strictement liés aux aspects financiers. Ces politiques mettent à nu la vulnérabilité extrême de l'Afrique à partir des programmes qui contribuent à « l'aggravation de la surexploitation de sa force de travail ». Tel est « au fond, note J.F. Bayart, l'objectif des programmes d'ajustement structurel que s'efforcent d'imposer les bailleurs de fonds occidentaux ». Au lieu de « développement », il n'est plus question que d'« ajustement » au cœur des rapports de force où, en définitive, il faut contraindre l'État de sortir de l'économie au profit des firmes étrangères qui reviennent en force dans le cadre de la privatisation[63].

On le voit, la fin du cauchemar n'est pas en vue. Malgré les mesures draconiennes imposées par le FMI et la Banque mondiale sur ce continent, la fin de la crise n'est pas pour demain. Les efforts d'ajustement structurel imposés aux débiteurs d'Afrique ne viennent pas à bout d'une « crise » qui

---

63. Cf. Céleste, Marie-Claude, « La grande aventure de la privatisation en Afrique », in *Le Monde diplomatique*, mai 1989, pp. 2-27.

n'est que le produit d'un système de gestion des ressources fabriquant les exclus. C'est en fonction de ce système que s'élaborent les politiques de population imposées à l'Afrique : « moins d'intervention de l'État et plus de confiance dans le progrès technique : tels sont les remèdes aux problèmes démographiques du tiers-monde[64] ». Venues des États-Unis, ces consignes illustrent les pratiques mises en œuvre à travers les programmes de planification familiale qui s'inscrivent dans les processus de « privatisation » en cours.

Des stratégies économiques et démographiques sont appliquées à l'Afrique dans les situations où la nourriture, l'éducation, le logement et la santé imposent des dépenses auxquelles on ne peut se dérober. On se heurte ici à l'hégémonie exercée sur le reste du monde par le cartel des pays nantis. Pour mesurer l'impact des décisions prises par les pays riches, il convient de mettre en évidence l'emprise des institutions financières que les grandes puissances utilisent pour agir plus efficacement sur le contrôle de la population là où le contrôle volontaire des naissances par l'« éducation » risque d'échouer. L'ajustement structurel : tel est le véritable contraceptif imposé à l'Afrique en crise.

Si ne peuvent recevoir l'aide internationale que les pays accomplissant durablement d'énergiques programmes de réforme et appliquant les prescriptions rituelles des grandes agences financières[65], l'avenir économique du continent noir est soumis au contrôle des grands groupes d'intérêts. À l'heure où « l'Afrique s'ajuste[66] », on mesure l'emprise des bailleurs de fonds qui imposent aux États accablés par le poids de l'endettement un passage préalable devant le FMI et la Banque mondiale dont on connait les choix en faveur de la réduction de la fécondité. Or si l'ajustement réclamé des États africains risque d'accentuer les disparités socio-économiques qui n'ont cessé de se développer depuis l'avènement des indépendances,

---

64. Cité par Brisset, C., in Le Monde, 1er août 1984.
65. Voir : *L'ajustement et la croissance en Afrique pendant les années 80*, Banque mondiale et Programme des Nations-Unies pour le développement, 1984.
66. Cf. *Jeune Afrique Économie*, septembre-octobre 1987.

les mesures préconisées s'avèrent incapables de promouvoir une stratégie orientée vers la satisfaction des besoins de la population. Hors des exportations, point de salut. Car en diminuant les dépenses de santé et d'éducation, il s'agit désormais d'investir dans le secteur de l'exploitation afin de payer le service de la dette. De nombreux observateurs commencent à se rendre compte qu'il n'y a pas grand-chose à attendre des programmes d'austérité qui bloquent la croissance et accélèrent la dégradation des conditions de vie en dépit de la rhétorique sur la « dimension sociale de l'ajustement structurel[67] ». En ces années qui sont celles du FMI[68], comment sortir des impasses du développement en Afrique ? En d'autres termes, comment sauvegarder le potentiel futur du développement de l'homme africain dans les pays du continent qui n'échappent plus aux processus d'administration de l'ajustement ? On sait que ces processus n'en finissent pas. Car ils ne font que passer d'une phase à une autre en provoquant toujours davantage la dégradation des conditions de vie des populations à revenus très bas. Au-delà des contraintes immédiates, il convient de situer en profondeur les problèmes de développement dans une perspective à long terme. C'est cette approche qu'écarte le FMI dans les pays où il contrôle la planification de la santé et de l'éducation dont la part n'a cessé de diminuer dans les budgets nationaux. Les stratégies en cours ne visent pas d'abord à résoudre les problèmes de sous-développement qui s'aggravent dans une Afrique en crise. Ce qui préoccupe ces stratégies, c'est la résorption des déséquilibres budgétaires et monétaires des États endettés.

Les modèles d'intervention qui tendent à s'imposer échouent à répondre aux problèmes qui se posent dans les situations concrètes des pays d'Afrique. Au moment ou l'ampleur

---

67. Sur les résultats peu encourageants de ces programmes, lire Duruflé, G., *L'ajustement structurel en Afrique (Sénégal, Côte d'Ivoire, Madagascar)*, Paris, Karthala, 1988 ; Wautelet, J.M., *Endettement, ajustement structurel et politique de développement*, CIDEP, Louvain-la-Neuve, 1987-88/43. Voir aussi, C.E.A., *Cadre africain de réflexion pour le programme d'ajustement structurel en vue du redressement et les transformations socio-économiques* (CARPAS), 1984, Nations-Unies, E/ECA/CM, 15/6, 1989 ; J. M. Éla, *Afrique : L'irruption des pauvres*, Harmattan, Paris, 1994.
68. Bessis, S., « Les années FMI », in *Jeune Afrique Économie*, sept-oct. 1988, p. 58.

des dégraissages exigés par le FMI et la Banque mondiale aggrave les tensions sociales qui font de nombreux pays un volcan prêt à éclater, il faut assumer les questions négligées par les spéculateurs qui exposent des millions d'Africains non seulement à la paralysie économique mais à la violence et à la répression des pouvoirs autoritaires. Ces questions sont au cœur des débats actuels où l'on doit se demander si la gestion de la démographie galopante ne pose pas, en dernière analyse, la question de la gouvernabilité en Afrique noire.

AU-DELÀ DES SCHÉMAS ÉCONOMICISTES

Face à ces défis majeurs, les rationalités venues du dehors risquent de masquer les vraies questions qui se posent à partir des réalités locales. Car si le contrôle de la fécondité peut être une solution simple et facile[69], il tend aussi à devenir une sorte de prétexte visant à « capter » des ressources extérieures à partir des programmes de planification familiale qui n'épuisent pas les problèmes de population en Afrique noire. L'accent mis sur la limitation des naissances peut être « utilisé » comme un recours face à l'échec des politiques de développement. Comme l'a confié un délégué africain à Mexico,

« les dirigeants sont favorables à une politique antinataliste mais c'est aussi le moyen d'obtenir une aide des pays industrialisés, en répondant à la pression de la part de la Banque mondiale. Et c'est tout autant une tentation face à l'échec des politiques de developpement[70] ».

Si les problèmes démographiques et économiques de l'Afrique doivent être analysés globalement pour une meilleure compréhension de leurs interactions mutuelles, un certain nombre de mises au point s'imposent. À cet égard, outre l'apport doctrinal de Mexico sur la liberté des couples et des individus de « décider du nombre de leurs enfants et de l'espacement des naissances », il faut tenir compte des nouveaux éclairages de la recherche.

---

69. Singleton, M., et Vandeschrick, C.,« L'explosion démographique : mythe ou réalité ? », in *Vivant Univers*, janvier-février 1989, p. 3
70. Cité par Herzlich, G., in *Le Monde*, 14 août 1984.

En Afrique noire, si le taux élevé de fécondité trouble la conscience occidentale, on ne saurait oublier le problème de la femme sans maternité dans les sociétés où l'enfant occupe une place prépondérante dans l'imaginaire culturel[71]. Les travaux de Sala-Diakanda[72], de Retel-Laurentin[73], de Caldwell[74] et d'Evina Akam[75] mettent en lumière, avec raison, l'ampleur de l'infécondité dans de nombreuses régions d'Afrique où ce phénomène a de multiples incidences psycho-sociales[76]. L'infécondité et la stérilité créent une menace pour les structures sociales et économiques dans plusieurs régions d'Afrique. Le drame des femmes infécondes est tel que certaines d'entre elles, pour se faire soigner, sont prêtes à verser la totalité des revenus familiaux. Dans une Afrique où l'on recommande aux couples de ne pas avoir plus d'enfants qu'ils ne peuvent en nourrir, « les programmes de santé maternelle et infantile et de planification familiale, gagneraient », écrit Sala-Diakanda, « à développer aussi des services sanitaires susceptibles de "contrôler l'infécondité"[77] ». En fait, on doit se demander si les niveaux très élevés d'infécondité ne rendent pas compte du peu de succès rencontré, dans certaines ethnies ou régions, par les programmes de planification familiale. Il est un autre facteur puissant où il faut situer les résistances à ce que de nombreux Africains considèrent, dans les quartiers urbains ou les villages de brousse comme une « affaire des Blancs », c'est la mortalité infantile. Tant que celle-ci reste à des niveaux très élevés, comme c'est le cas dans beaucoup de milieux ruraux ou citadins, le réflexe inscrit dans les « logiques » autochtones consiste à « stocker » les enfants.

---

71. Sur ce sujet, lire Erny, P., *L'enfant et son milieu en Afrique noire*, Paris, Payot, 1972; « Stérilité et rites de fécondité dans la tradition africaine », in *Afrique Documents*, Dakar, n° 101,1969, pp. 47-61.
72. Sala-Diakanda, M., « L'infécondité de certaines ethnies », in Tabutin, D., *Populations et sociétés en Afrique au sud du Sahara*, *op. cit.*, pp. 192-216.
73. Retel-Laurentin, A., *Infécondité en Afrique Noire. Maladies et conséquences sociales*, Paris, Masson, 1974.
74. Caldwell, J.C., et Caldwell, P., « Ampleur et causes de la sous-fécondité en Afrique tropicale : données démographiques », *Rapport trimestriel de statistiques mondiales*, O.M.S., vol. 36, n° 1, 1983, pp. 2-34.
75. Akam, Evina, *Infécondité et sous-fécondité: évaluation et recherche des facteurs. Le cas du Cameroun*, Yaoundé, I.F.O.R.D., 1990.
76. Cf. Sala-Diakanda, M., *op. cit.*. p. 213.
77. Sala-Diakanda, M., *op. cit.*, p. 213.

Or les conditions socio-économiques et les problèmes de nutrition n'assurent pas à tous les enfants les mêmes chances d'accès à la santé. Compte tenu des «anomalies» que révèlent des enquêtes de terrain[78], il faut admettre que chaque année de scolarité ne se traduit pas automatiquement «par une diminution de décès d'enfants et de nourrissons» dans la mesure où le système formel d'instruction hérité de la colonisation n'intègre pas toujours les problèmes de la mère et de l'enfant[79]. Néanmoins, de nombreuses études donnent à penser que «la mortalité des nourrissons et des enfants est d'autant plus faible que les mères sont plus instruites[80]». Il en résulte une mortalité différentielle dans les sociétés où des inégalités scolaires s'accentuent entre les régions, les ethnies ou les groupes sociaux au sein d'un même pays. Cette situation s'aggrave dans le contexte actuel où, depuis une décennie, la chute du taux de scolarisation de l'Afrique subsaharienne est due aux mesures d'austérité imposées par les programmes d'ajustement structurel[81]. Dans les milieux touchés par l'analphabétisme, la baisse du niveau d'instruction atteint par un couple risque d'exercer une influence encore plus néfaste sur bon nombre d'enfants exposés à des conditions d'alimentation déplorable.

Au cœur des taudis qui prolifèrent et des villages enclavés où les programmes de soins de santé primaire restent un vœu pieux, il faut s'attendre à une mortalité infantile plus élevée dans la mesure où, en dépit des programmes de vaccination, l'avenir de l'enfant africain est mis en cause par les politiques qui obligent l'État à élever le coût de l'alimentation et à réduire ou à supprimer les services voués à l'entretien de la vie.

Rappeler ces faits, c'est souligner l'apport des recherches qui mettent en évidence l'articulation des rapports entre la mortalité infantile et les inégalités sociales qui se développent

---

78. Sur ces anomalies, cf. *L'enquête sur la Mortalité infantile à Yaounde : une étude des saisonnalités*, IFORD, juin 1988.
79. Ela, J.M., *La plume et la pioche*, Clé, 1971.
80. Dackam Ngatchou, R., *L'éducation de la mère et la mortalité des enfants en Afrique*, Yaoundé, IFORD, 1990, p. 138.
81. Lemay, A., «S.O.S. pour l'école», *Les enfants du monde*, n° 98, 1989, pp. 10-11.

au sein des déséquilibres des sociétés en mutation[82]. Au-delà des variations régionales, écologiques ou climatiques, les incidences des inégalités socio-économiques en matière de mortalité rappellent que les problèmes de population ne se posent pas exclusivement en termes de taux de natalité mais aussi en termes de santé et de mortalité infantile et d'éducation. Or ce n'est que si l'on tente de résoudre ces problèmes, si l'on assure un certain nombre d'infrastructures que l'on peut demander aux gens d'avoir moins d'enfants. Plus précisément, il faut élargir les perspectives et resituer les problèmes démographiques dans le contexte global des migrations qui bouleversent «une Afrique entre le village et la ville[83]». Compte tenu des disparités qui s'accentuent dans les États où il faut renoncer à regarder la société à travers le prisme déformant de l'égalité de la misère[84], il semble difficile d'approfondir les relations entre population et développement sans s'interroger sur les incidences des inégalités qui ne cessent de croître dans le processus des formations sociales en Afrique noire.

Depuis des décennies, on ne cesse de répéter qu'il faut «intégrer population et développement». Mais il ne semble pas que l'on s'est posé à ce sujet une question élémentaire : «intégrer population et développement pour qui, dans quelle société?». Si l'on ne peut confondre les variables de population avec des variables statistiques, il faut bien identifier le contexte social où les individus et les groupes sont marqués par des réseaux de rapports de force qui déterminent leurs attitudes et comportements. Tout nous oblige ici à regarder la réalité au-delà des équations mathématiques pour mettre à jour les dynamiques socio-historiques sans lesquelles il est difficile de saisir les relations entre population et développement dans les sociétés africaines postcoloniales. Quand on étudie les affections subies par les enfants au cours des premières années de vie dans une ville comme Yaoundé, on ne peut masquer les clivages qui s'opèrent à partir des modes d'approvisionnement en

---

82. Voir le séminaire sur *Mortalité et société en Afrique au sud du Sahara*, Yaoundé, 19-23 octobre 1987.
83. Franqueville, A., *Une Afrique entre le village et la ville. Migrations dans le Sud Cameroun*, ORSTOM, 1987.
84. Voir «L'Afrique des bourgeoisies», in *Le Monde diplomatique*, novembre 1981.

eau, des quartiers de résidence et du type d'habitat. À travers l'action que ces facteurs exercent sur la mortalité infantile, c'est, en un sens, une société qu'on retrouve, avec ses classes dont les membres inscrivent leur position de pouvoir dans les formes d'appropriation de l'espace. C'est ce que suggère aussi le problème alimentaire dont nul n'ignore les répercussions dans le domaine de la santé en Afrique noire où la malnutrition est l'une des principales causes de décès. Or, par delà les facteurs tenant au climat et aux relations économiques internationales, la crise alimentaire qui s'aggrave depuis des années est une crise sociale[85]. En effet à travers les politiques alimentaires, ce qui se dissimule, ce sont les conflits d'intérêts entre la nouvelle classe dominante et les catégories sociales dominées. En d'autres termes, l'accès à la nourriture ne va pas de soi. Sans une modification des structures sociales, il est difficile de manger mieux, c'est-à-dire, en dernière analyse, d'être en bonne santé. Or en dépit des discours officiels sur «l'auto-suffisance alimentaire», si tout le monde va au même marché, le panier de la ménagère révèle les differences qui traduisent les disparités socio-économiques croissantes.

Qu'il s'agisse de la santé et de l'éducation dont les coûts ne cessent de s'élever, on est toujours renvoyé aux dures réalités d'une société où les conditions du bien-être dépendent des positions de pouvoir qui tendent à se confondre avec les positions d'accumulation.

C'est pourquoi on ne peut plus se contenter d'aborder le problème de l'impact socio-économique de la croissance démographique sans tenir compte de la réalité des inégalités sociales et de la complexité de la société dans laquelle nous vivons. La société n'est pas une abstraction. Il s'agit d'un ensemble de groupes sociaux avec des aspirations diverses et des intérêts concrets sinon contradictoires. Il faut identifier ces groupes avec leurs stratégies propres compte tenu des enjeux autour desquels des dynamiques s'élaborent. Dans ce sens, il faut renoncer à la fiction d'un développement indifférencié qui

---

85. Voir l'ouvrage collectif publié sous la direction de Haubert, Maxime, *Politiques alimentaires et structures sociales en Afrique noire*, Paris, P.U.F., 1985, 287 p.

profiterait de la même manière à tout le monde. On le voit bien dans les pays où, en dépit des « pannes » et des blocages réels, les élites au pouvoir ont accumulé des fortunes à partir de l'État, où des coalitions se forment afin de confisquer les bénéfices des projets de développement dans les régions où les situations de pauvreté ont servi de prétexte à des investissements massifs qui ne profitent guère aux populations locales.

Si l'on part du fait qu'au sujet du « développement », ce que les gens attendent, ce sont des réalisations qui répondent à leurs problèmes concrets et quotidiens, on ne maîtrise pas le cadre théorique sous-tendu par le thème « intégrer population et développement » si l'on ne met pas à jour les rapports sociaux internes. Car tout semble se jouer autour des transformations de ces rapports dans les pays où l'acte de gouverner tend à se confondre avec l'acte banal de manger[86]. C'est pourquoi, au-delà des schémas économicistes dont sont restés prisonniers des analystes des relations entre population et développement, il faut revenir au quotidien; là, on découvre que l'accès au bien-être est un enjeu socio-politique.

Nous ne pouvons nous satisfaire indéfiniment des raisonnements sur la croissance économique et les problèmes démographiques sans nous interroger davantage sur le contenu concret de ces données et leurs conséquences sociales, à long terme, au-delà de la conjoncture immédiate. Dans les milieux où certains paraissent considérer que la politique de développement se confond avec celle de l'ajustement structurel, on trouve des affirmations péremptoires qui, à l'examen, ne sont pas politiquement innocentes. Ne faut-il pas approfondir l'analyse politique du développement et du rôle qu'y jouent les organisations multilatérales dans un contexte où les experts qui peuplent ces bureaucraties internationales tendent à travestir l'histoire en ne considérant que l'aspect des choses qui sert les

---

86. Ela, J. M., *Quand l'État pénètre en brousse*, Karthala, 1990; Mbembé, Achile, *Afriques indociles, Christianisme, pouvoir et état en société postcoloniale*, Paris, Karthala, 1988, 222 p. et *État, violence et accumulation*, Leçons d'Afrique noire, Centre Lebret, 1988. J. F. Bayart, *L'État en Afrique, la politique du ventre*, Fayard, 1987.

intérêts les plus puissants du marché ? Compte tenu des disparités internes qui reproduisent les formes de « l'échange inégal » entre les pays industriels et les pays du Sud, on voit tout l'intérêt qu'il y a reconsidérer les relations entre les problèmes de population et les problèmes de développement à partir des pratiques dominantes et des modes de production de la société dans l'étape actuelle de l'histoire du continent africain. Un réajustement des langages s'impose dans la mesure où la population elle-même est un sous-système dont il faut souligner les connexions avec l'ensemble des faits marquants de la vie d'une société. On s'en rend compte dans les milieux d'étude qui s'efforcent de dépasser le cadre des analyses disciplinaires et sectorielles pour resituer les phénomènes de population dans le contexte d'une approche multivariée et systémique de la société globale.

Comment ne pas relever la fécondité de cette démarche ? Car elle oblige à tenir compte de la diversité des configurations concrètes dans lesquelles, selon les recommandations de la conférence mondiale de Mexico, chaque pays est appelé à mettre en œuvre une politique de population conforme à sa situation propre. Dans ce domaine, les sciences sociales aident les statisticiens et les démographes dominés par les analyses quantitatives à ne pas travailler seuls sur les objets d'étude qui ne se laissent pas enfermer dans une parole unique. D'où l'importance des recherches pluridisciplinaires permettant de comprendre le vécu familial dans le contexte des cultures et des sociétés en changement. Marquée par le passé, la famille en Afrique noire est en quête de nouvelles structures à partir des incidences socio-culturelles de la scolarisation et de l'urbanisation. Il faut désormais tenir compte des mutations symboliques qui affectent les individus et les groupes impliqués dans le processus des migrations et de la croissance urbaine. Des changements d'attitude et de comportement face à la vie et à la sexualité, aux rapports entre l'homme et la femme, des relations inédites entre les parents et les enfants, un nouveau statut de la femme sont en germe dans le mouvement qui fait passer l'Africain du village à la ville. Si ces changements posent des problèmes socio-économiques qui s'aggravent dans l'état actuel des infrastructures urbaines, ils engagent une symbolique du corps et de la vie familiale elle-même. Dans la mesure où les pays d'Afrique subsaharienne ne sont pas la Chine, la Suède et l'Allemagne ou l'Amérique du Nord, il faut leur laisser la possibilité d'imaginer une transition démographique spécifique à partir de l'historicité de leurs sociétés. Il est encore difficile de discerner quel sera l'avenir de la famille africaine. Peut-être convient-il d'identifier les facteurs à partir desquels les acteurs socio-historiques peuvent déjouer tous les calculs.

Dans les pays du continent où le défi alimentaire est un enjeu global, un autre développement s'expérimente à partir des «ripostes paysannes» aux interventions autoritaires. Ces initiatives ne sont pas d'abord le fait de l'État ou programmées de manière technocratique. Elles sont en rupture avec les modèles imposés du dehors. Elles témoignent du dynamisme interne des sociétés africaines et échappent aux prévisions des experts. Sans tambour ni tam-tam, les organisations paysannes élaborent des stratégies par lesquelles les oubliés de la terre font preuve d'une créativité porteuse de promesses. À partir de la ville qui reste à construire et représente, de ce fait, un enjeu considérable dans les États où le rapport à l'espace est une question d'avenir, il faut aussi observer les prodigieux efforts d'imagination qui se déploient dans le secteur dit non-structuré. On a pensé que ce secteur était un pis-aller, une survivance des époques révolues. On commence à y voir aussi une expression du dynamisme des sociétés africaines. En marge des pratiques de développement par «le haut» dont la faillite est reconnue aujourd'hui, les «gens sans importance» refusent la fatalité du malheur. À l'ombre de l'État, une classe sociale se forme : sa force réside dans son inertie et sa capacité à construire un projet de société peu conforme aux aspirations des gens «d'en-bas». L'avenir peut dépendre de la capacité des nouveaux acteurs d'un développement différent à contrôler et à maitriser des processus de transformation à partir des innovations techniques et des réseaux de prise en charge des problèmes quotidiens dans les quartiers où le secteur dit informel est créateur d'emplois et lieu d'endogénéisation des progrès techniques. Rien n'est joué. L'Afrique se met en marche, avec son rythme propre. On mesure les défis à relever et les obstacles à surmonter pour poursuivre la marche en avant.

LA FIN DES CERTITUDES

Nous avons identifié ces difficultés en essayant de mettre à jour l'enjeu des débats démographiques qui s'imposent dans un contexte où 1/4 de la population concentre les 3/4 des ressources mondiales. Il faut sans cesse se référer à cette situation pour se demander si avec la mise en place d'un modèle standard de planification familiale financé de l'étranger, on veut réellement aussi le développement d'un continent riche en potentialités agricoles, en sources d'énergie et en ressources minérales et humaines. Par-delà la question démographique, se profile donc un vaste débat : au moment où les riches sont parvenus à une phase de déclin démographique, n'assistons-nous pas à une manœuvre gigantesque destinée à bloquer l'émergence de puissances industrielles concurrentes des pays aujourd'hui développés ? N'y a-t-il pas ici, enfouie au cœur de l'imaginaire, la peur de voir les 3/4 de la population mondiale, parmi lesquels l'Afrique compterait un milliard d'êtres humains dans les décennies qui viennent, prendre toute la place ? Ou, si l'on préfère, comment vivre sans heurts la modification radicale des rapports entre le Nord et le Sud au sein des déséquilibres démographiques d'aujourd'hui et de demain ? Tel est le fond du problème.

Au-delà des faux dilemmes ou des tensions entre le contraceptif et le développement, on a pu croire qu'avec la détente retrouvée après l'écroulement des goulags, les puissances industrielles allaient consentir à partager les ressources avec les peuples démunis. En réalité, le désintérêt pour l'Afrique n'a jamais été aussi poussé qu'en cette fin de siècle où, sans contre-modèle, la victoire du capitalisme est plus totale que jamais, avec tous les risques de multiplication des inégalités auxquels les mécanismes de « l'Argent fou » exposent les individus et les sociétés.

Confrontée à elle-même, l'Afrique est seule, face à son destin. Au moment où, en un sens, elle incarne le « tiers-état d'aujourd'hui », ne faut-il pas donner raison à Braudel lorsqu'il écrit : « De toute façon, le tiers monde ne pourra réaliser de progrès qu'en détruisant d'une manière ou d'une autre l'ordre actuel du monde[87] » ? Jusqu'ici, on s'est contenté d'affirmer toujours plus haut et fort : « pas de développement possible tant que la production est absorbée par l'inflation démographique ». Dans la situation actuelle, c'est toute perspective de développement économique qui semble s'éloigner de l'horizon africain. Si l'on ne veut pas faire disparaître cette population grandissante pour ne pas l'avoir à charge, « l'enjeu Nord/Sud » doit revenir au centre des débats sur les rapports entre la population et le développement[88]. Au-delà de tout alarmisme, ce qui est en cause, c'est l'ordre géopolitique et économique actuel. Autrement dit, pour que vive la terre, il faudra nécessairement remettre en question la dictature du marché.

Incapables d'imaginer l'évolution vers un autre type de développement, les grands de ce monde continuent d'agir et de penser comme si, aux désordres monétaires et économiques croissants, des palliatifs pouvaient tenir lieu de remède de choc.

L'état du monde exige que soient inventées les voies d'une nouvelle prospérité. Or un autre avenir se dessine quand les hommes et les peuples s'organisent dans la solidarité. Dès lors, les vieux dogmes se fissurent. Depuis les années 80, l'idéologie triomphante n'en finit pas de dissimuler ses échecs. Nous entrons dans le temps des ruptures à partir desquelles il faut apprendre à repenser le monde. En Afrique noire, une démission de la réflexion serait grave en ce tournant où nous devons assumer le défi alimentaire et le défi de l'emploi pour répondre aux nouvelles demandes des générations actuelles. Dans ces pays en quête d'alternatives crédibles, après 30 ans de tentatives vaines, il s'agit de reprendre en compte les problèmes de développement à partir des rapports villes/campagnes dont on ne peut ignorer les incidences sur les problèmes de population.

---

87. Braudel, Fernand, *Civilisation matérielle, économie et capitalisme. Tome 3. Le temps du monde*, Paris, A. Colin, 1979.
88. Voir Vallin, J., *La population mondiale*..., *op. cit.*, pp. 120-121.

Au-delà des schémas économicistes[89], il convient alors de redonner tout son sens au social longtemps considéré comme un résidu économique par les experts à partir des modèles d'analyse et des «rationalités» en honneur dans les pays du Nord obsédés aujourd'hui par le sort de l'espèce humaine. Pour élaborer des stratégies de développement à long terme, il faut donc accorder toute leur importance aux conditions du bien-être social tenues en médiocre estime par les statisticiens qui peuplent la bureaucratie des services de la planification. Car, dans les pays d'Afrique où les pouvoirs répressifs commencent à se heurter au verdict de la rue, les jeunes de plus en plus nombreux qui font irruption dans le marché du travail ne pourront pas manquer à la fois de nourriture et de liberté. Pour sortir des impasses actuelles, il ne suffit pas de nouvelles injections financières. Face au défi du nombre, il s'agit de restaurer le débat sur l'État, la société et l'économie[90].

Ce débat est urgent dans les régimes où se multiplient les exclusions. Car, liés à la démographie galopante, les problèmes de développement se conjuguent avec ceux qui provoquent la montée des millions de pauvres dans une Afrique où les citoyens s'insurgent contre toutes les formes de dictature et réclament une «seconde décolonisation[91]».

---

89. Comme exemple des analyses prisonnières de ces schémas, cf. Courtois, Claude, «Taux de croissance démographique et développement économique en Afrique noire», in *Revue Tiers-Monde*, XXII, n° 85, janvier-mars 1981, pp. 167-199.
90. Ela J.-M.. *Quand l'État pénètre en brousse*, op. cit.; *Afrique: L'irruption des pauvres*, op. cit.
91. Cf. *Le Monde diplomatique*, juin 1990.

9
RÉFORMES ÉCONOMIQUES ET ENJEUX GÉOPOLITIQUES

Quel avenir pour l'Afrique noire ? Les réflexions et les analyses que nous avons amorcées depuis le début de cet ouvrage s'articulent autour de cette question fondamentale. Précisons le sens de cette question à laquelle nous tenterons d'apporter une réponse par une approche globale qui nous oblige à resituer les sociétés africaines dans les dynamiques contemporaines.

LES TERMES DU DÉBAT : DE LA «SURVIE» AU «DÉVELOPPEMENT» ?

Lorsque l'on parle de l'Afrique au sud du Sahara, il faut résister à la tentation de la réduire au monde rural selon une tradition transmise et répandue par certains organismes d'intervention qui font du développement un problème de puits ou de soins de santé primaires dans les villages de brousse. Dans cette perspective, tout se passe comme si l'Afrique sud-saharienne était constituée par un ensemble de « terroirs » sur lesquels doit se concentrer l'essentiel des projets et des activités visant l'amélioration des conditions de vie. Dans certains milieux, l'image du Sahel reste dominée par les perceptions et les représentations collectives qui ont marqué l'opinion occidentale à partir des problèmes auxquels sont confrontés les paysans et les éleveurs dans les régions de savane éprouvées par les sécheresses et les famines cycliques. L'impact des médias qui ont contribué à la dramatisation de ces situations accentue le risque de regarder l'Afrique à travers le prisme de la ruralité. Il n'y a pas de place pour les villes et les problèmes d'industrialisation sur la carte mentale qui définit l'imaginaire des sociétés du nord ou de beaucoup d'ONG qui se penchent sur le Sahel. Tout au plus, des reportages et des émission télévisées envahissent l'opinion publique en exhibant d'immenses tas d'ordures pris d'assaut par des gamins de Dakar ou de Niamey. Ces images imposent une vision misérabiliste qui ne permet pas de comprendre la réalité profonde des sociétés qui font face aux contraintes de la modernité économique dans une région du continent engagée dans un processus de restructuration durable.

S'il est bien évident que l'agriculture et les problèmes de soudure, l'hydraulique villageoise et les phénomènes d'érosion sont un défi majeur pour les pays africains, il faut aussi se rendre compte des mutations profondes qui s'opèrent dans les sociétés qui passent du rural à l'urbain. Cela est vrai pour le Sahel comme pour les régions côtières et l'ensemble des zones forestières du continent où, depuis la Deuxième guerre mondiale, on assiste à un vaste processus d'urbanisation accélérée. Comme le rappelle la croissance de Dakar, d'Abidjan, de Lagos, de Douala, de Kinshasa ou de Nairobi, l'Afrique noire s'oriente vers les « cités géantes » qui l'inscrivent dans un système mondial où le phénomène urbain pose de graves problèmes de qualité de vie, de gestion et de développement. En un sens, la ville apparaît comme l'environnement de la majorité des Africains de demain. Dans la mesure où elle constitue le foyer privilégié du changement social, elle s'impose à notre attention comme un espace de crise où se concentre la totalité des problèmes auxquels l'Afrique contemporaine est confrontée. Pour la majorité des populations qui s'entassent dans les bidonvilles en expansion, habiter la ville est un défi quotidien. Aussi, au moment où l'on se rend compte que la ville est l'avenir du monde ainsi que l'a rappelé le Sommet d'Istanbul, le phénomène urbain fait partie des grands enjeux du continent. Les mouvements migratoires qui accélèrent la croissance de la ville africaine nous obligent à renoncer à l'image d'une Afrique qui serait essentiellement rurale. Mais si l'Afrique s'urbanise, il convient d'observer le resserrement des écarts entre les ruraux et les citadins. Le temps n'est plus où la ville pouvait être perçue comme le lieu de promotion sociale en Afrique noire[1]. Les difficulés d'insertion auxquelles se heurtent la majorité des jeunes migrants et migrantes rappellent que l'espace urbain tend à devenir, au-delà des mirages trompeurs, un lieu de précarité et de pénurie[2].

Nous ne reviendrons pas ici sur les problèmes spécifiques du travail urbain que nous avons évoqués plus haut. Ce que nous devons ajouter, c'est que, si l'avenir fait problème en Afrique noire, c'est parce que, comme l'indique le Rapport sur le développement humain au Cameroun, 65,9 % des chômeurs résident dans les villes. Nous avons vu que ce monde des désoeuvrés est composé essentiellement de jeunes.

Plus précisément, « l'Afrique est la seule partie du monde où l'élite instruite est au chômage[3] ».

Dans les sociétés africaines où l'explosion urbaine s'accompagne de la juvénilisation de la population compte tenu du taux élevé de la croissance démographique du continent, on comprend les inquiétudes provoquées par le chômage des jeunes diplômés. Au moment où la ville s'inscrit à l'horizon de l'an 2000 comme l'une des grandes questions du continent africain, le problème est de savoir si la crise africaine n'est pas, fondamentalement, une crise de l'espoir. Les sociétés africaines proposent-elles des raisons de vivre à la majorité des jeunes qui frappent aux portes de l'avenir ?

---

1. J.-M. Ela, *La ville en Afrique noire*, op. cit, pp. 95-103.
2. Sur les problèmes de la pauvreté urbaine et les difficultés des migrants, voir les enquêtes publiées par Ph. Antoine et S. Coulibaly (éds), *L'insertion urbaine des migrants en Afrique*, Paris, Orstom, 1989.
3. J.-L. N Komo, « Afrique : fonder l'ajustement sur les ressources humaines », in *Travail*, n° 8, 1994, p. 40.

Quelle place réservent-elles à ces jeunes dont on connaît la valeur dans l'imaginaire social[4]?

Ou, si l'on préfère, l'Afrique de demain est-elle appelée à devenir un peuple en haillons comdamné à vivre dans les marges de l'histoire ? Cette question s'impose à l'examen lorsqu'à partir des défis d'aujourd'hui, on se tourne vers le monde qui vient. Une caricacture récente publiée par *Le Monde* porte à réflexion : « Au XXIe siècle, tout va changer pour nous ! Bien sûr !... Nous deviendrons des adultes...[5] ».

Ce texte met en scène le drame de milliers d'enfants noirs pour lesquels la rue est leur seule famille. À Kinshasa comme à Dakar, Abidjan, Nouakchott, Cotonou, Douala, Brazzaville ou Nairobi, etc., vivre dans la rue est la conditon de nombreux jeunes africains soumis à un véritable processus de déclassement social dans les pays où urbanisation et paupérisation vont de pair.

Sur le continent de l'enfant-roi, la question est de savoir si ce que l'on observe aujourd'hui n'est pas annonciateur de l'avenir pour les adultes en germe dans les sociétés où la ville, compte tenu du relâchement des encadrements familiaux, tend à devenir un espace de violence et de conflits[6].

Précisément, si l'avenir demeure une tâche et un défi fondamental pour les individus et les sociétés, il est urgent de s'interroger sur la manière de le penser et le construire dans les pays d'Afrique où le rapport à la terre et à l'espace, à l'habitat, à la nourriture et au travail, au savoir et à la ville est un enjeu primordial. Les dirigeants africains commencent à s'en rendre compte. Pour la sécurité de leurs régimes, il leur faut trouver des stratégies afin d'étouffer la colère de ces jeunes qui constituent une véritable armée de réserve prête à occuper la rue pour exiger plus d'emplois et moins de mercédès. Ce qui fait peur à l'État prédateur en Afrique noire, ce ne sont

---

4. Sur la valeur de l'enfant dans le système culturel et social africain, voir notre étude sur «Fécondité, structures sociales et fonctions dynamiques de l'imaginaire en Afrique noire», in H. Gérard et V. Piché (dir), *La Sociologie des populations*, Les Presses de l'Université de Montréal, Aupelf-Uref, 1995, pp. 188-215.
5. *Le Monde*, 16 novembre 1996, p. 15.
6. R. Pourtier, *Afrique : Capitales de la violence*, Enda, 1995.

pas les armées régulières. Nous avons vu que la coopération française se préoccupe d'aider les dirigeants africains à les contrôler, notamment dans les «pays du champ». On ne peut pas dire non plus que les oppositions fragiles sont une menace réelle pour l'ordre établi. En revanche, ce qui inquiète les classes dominantes, c'est la masse incontrôlable des jeunes dont la montée pose un problème sérieux de gestion politique de la croissance démographique dans le continent qui se remplit sans cesse d'hommes et de femmes devant lesquels les États en crise sont manifestement désemparés.

« Pour ne pas voir la cohorte de jeunes diplômés au chômage grossir les rangs de l'opposition, les gouvernements africains tentent par tous les moyens de leur trouver des débouchés. Ainsi de devenir chauffeurs de taxi, les Congolais ont été invités à retourner au village. Au Sénégal, les autorités profitent du départ des Mauritaniens pour inciter les jeunes à reprendre leurs commerces. Plus fort, la collecte des ordures au Burkina Faso est érigée en *must* pour les nouveaux demandeurs d'emploi... Autrefois relativement épargnés par le chômage, les jeunes diplômés africains constituent aujourd'hui la catégorie la plus vulnérable. Chaque année, 3000 Maliens sont concernés ainsi que 50 % des Camerounais. Avec la cure d'amaigrissement de la fonction publique imposée par les PAS, le diplôme est devenu un capital inutile, voire un handicap dans la plupart des pays africains.[7]»

On constate que les solutions proposées par les gouvernements africains ne dépassent pas les stratégies de survie que les jeunes n'ont cessé d'inventer eux-mêmes depuis la décennie 80 en mettant leur « imagination au service de la conjoncture » comme l'a montré Abdou Touré[8].

---

7. Sylvie Tellep-Bisseck, «Diplomé cherche poste désespérément», in *Jeune Afrique*, n° 1853, 10-16 juillet 1996, p. 35.
8. A. Touré, *Les petits métiers à Abidjan : l'imagination au service de la conjoncture*, Paris, Karthala, 1985 ; sur ces stratégies du pauvre, voir J.-M. Ela, *La ville en Afrique noire*, op. cit, notamment l'analyse du phénomène «Bana-Bana, mon frère», pp. 158-166.

Ces réponses ne s'inscrivent nullement dans un projet global d'insertion des jeunes qui se situe dans la longue durée. Bousculés par les urgences, les dirigeants africains ne se préoccupent de l'avenir des jeunes que pour des raisons tactiques : l'objectif à atteindre est d'empêcher les jeunes chômeurs de grossir le nombre des opposants. Ce qui nous paraît plus grave, c'est que les élites au pouvoir ont renoncé à s'interroger sur les réponses à trouver aux problèmes de la jeunesse dans l'Afrique en devenir. Si, comme nous le verrons plus loin, les richesses du continent noir sont immenses, comment imaginer que les autorités politiques ne trouvent à offrir aux jeunes que des « petits métiers de rue » ? Faut-il condamner les chômeurs intellectuels à ramasser les ordures ou à retourner au village où les Biya et autres présidents-paysans sont devenus les grands planteurs en vidant les caisses de l'État et en ruinant les banques pour investir dans l'agriculture après avoir arraché les terres des petits producteurs ruraux qu'ils n'hésitent pas à transformer en manœuvres prolétarisés ?

Pour approfondir la question centrale de l'avenir de l'Afrique, ne doit-on pas s'interroger sur les conditions du passage de la « survie » à ce qu'on a appelé « développement » ? La pertinence de cette question nous amène à nous demander si, face aux contraintes auxquelles la majorité des populations sont confrontées dans le processus de globalisation en cours, des groupes d'intérêt n'ont pas programmé la mise à l'écart de l'Afrique du système économique mondialisé.

LE PIÈGE LIBÉRAL

Afin de saisir l'enjeu du débat sur l'avenir du développement dans les pays d'Afrique, il nous faut remettre en valeur la grille d'analyse qui, depuis le début de notre réflexion, nous oblige à revenir sur cette anthropologie de la subjectivité qui constitue le cadre théorique de référence pour l'ensemble des recherches sur l'Afrique au sein des dynamiques contemporaines. En effet, s'il convient de considérer les défis économiques comme une partie intégrante du champ d'analyse des processus de changements sociaux au sud du Sahara, on ne peut éviter de cerner ces défis en les situant au cœur des rapports de force dans un système d'influences construit à partir des stratégies d'acteurs aux intérêts divergents. Cette approche se justifie au moment où des millions d'Africains sont aujourd'hui à une nouvelle croisée des chemins. Face aux mutations de l'économie mondiale, comment échapper à l'exclusion ? Dans le cas contraire, comment réagir aux contraintes et aux chocs extérieurs afin de repenser autrement les voies de l'avenir dans un monde démesurément aggrandi où tout repli sur soi paraît suicidaire ? Bref, comment l'Afrique peut-elle devenir le sujet de son histoire en s'inscrivant dans ce que Braudel appelle « le temps du monde » ? Ces questions permettent de donner un nouveau souffle aux recherches sur l'Afrique. Au-delà des analyses sur ce qu'il est convenu d'appeler « la crise » et des enquêtes sur l'impact des programmes d'ajustements structurels, il nous faut élargir les débats sur les sociétés africaines et désenclaver les problèmes du continent en montrant qu'ils ont une dimension internationale.

Comme nous l'avons vu plus haut, les situations de précarité et de dénuement qui préoccupent la majorité des populations du continent s'enracinent dans une longue histoire. Nous avons tenté d'esquisser une lecture de cette histoire à partir du paradigme du joug compte tenu de l'héritage des contraintes imposées par la Traite atlantique et les colonisations du XIXe siècle. On ne peut pas négliger ces événements qui font partie de la mémoire des peuples africains. Dans aucune société contemporaine, aucun système culturel ou politique n'accepte que son passé soit occulté ou falsifié. Ici ou là, on voit des lobbies s'organiser pour relire et réinterpréter leur histoire en vue de la réappropriation de leur mémoire. Pour ces lobbies, c'est une question de vie ou de mort. Au cours de son premier voyage en Afrique sud-saharienne, on a vu Chirac évoquer la traite et la colonisation devant les communautés françaises de Libreville et de Brazzaville.

« La traite, disait le président français, a amorcé un long processus de sous-développement dont les séquelles ne sont pas encore cicatrisées.[9] »

---

9. *Le rêve africain de Chirac*, art. cit., p. 8.

Quant à l'époque coloniale, Chirac la qualifie de « belle page de notre histoire qu'[il] ne renie pas[10] ».

À l'heure du révisionnisme qui hante les études africanistes dans certains milieux de recherche, il importe de réévaluer le poids de l'héritage du passé pour comprendre l'histoire du présent au sud du Sahara. Dans la mesure où, depuis le XVIe siècle, l'Europe est sortie de ses frontières pour s'approprier les ressources d'outremer, l'Afrique est au cœur des processus d'émergence de l'économie-monde compte tenu du rôle joué par la Traite atlantique. Au moment où se constitue un espace-monde fortement hiérarchisé à partir de l'Europe occidentale, les Africains appartiennent à ces zones périphériques où les ressources humaines et matérielles naguère contrôlées par les commerçants arabes vont devenir un enjeu de puissance pour les Occidentaux qui intègrent les indigènes dans leur système de domination. Nous avons rappelé que du XVIe au XIXe siècle, l'Afrique, au regard de l'Occident, est d'abord une immense réserve d'esclaves et de main-d'œuvre. Plus précisément, nous avons montré que la modernité occidentale impose aux Africains de vivre le rapport à la terre et au travail dans un système de contraintes et de coercition. Dans sa course à l'expansion coloniale, la position de puissance occupée par l'Occident dans l'espace-monde lui permet d'imposer sa volonté sur de nombreux peuples parmi lesquels figurent les Africains. Cette situation a-t-elle fondamentalement changé ?

Ne risque-t-elle pas de s'aggraver au cours des processus de globalisation au moment où l'emprise du capitalisme s'exerce sur tous les espaces de la vie en société et « tend à dominer toutes les formes d'activités[11] » ?

Comment échapper à la tentation de croire que l'avenir de l'Afrique s'inscrit dans un nouvel esclavage à l'ère du re-déploiement du capitalisme à l'échelle de la planète ?

Pour répondre à ces questions, considérons attentivement les stratégies mises en œuvre par les principaux bailleurs de fonds des États africains pour attraper les pauvres

---
10. *Ibidem.*
11. Sur ce sujet, lire M. Beaud, « Penser l'économie mondiale », in *Les grands entretiens du monde*, Tome 3, juin 1996, p. 72.

dans les rets du piège libéral. Pour s'en rendre compte, il n'est pas sans intérêt de souligner le rôle des institutions financières internationales dans la vie des populations africaines au sein des évolutions en cours. Alors que les interventions de ces institutions étaient plus discrètes au lendemain des indépendances africaines, elles sont devenues plus spectaculaires et massives depuis les années 80. Les générations de la crise et des programmes d'ajustement structurel se sont habituées à entendre parler du FMI et de la Banque mondiale si l'on considère la gravité des coûts sociaux des mesures d'austérité imposées par ces institutions aux États en faillite. Tout se passe comme si les bailleurs de fonds étrangers étaient devenus les véritables acteurs du champ socio-économique où se décide l'avenir des millions d'hommes et de femmes en Afrique.

Il y a lieu de parler d'une sorte de prise de pouvoir des institutions financières internationales dans cette Afrique qui s'ajuste[12].

On ne peut masquer ce fait grave : les bailleurs de fonds sont devenus les vrais acteurs du jeu politique et économique en Afrique en prenant la place de l'État dont le seul rôle est de médiatiser leurs décisions et de les faire appliquer.

Relevons les enjeux théoriques de l'intervention des institutions financières internationales. Dès lors que tout se pense à Washington quand il s'agit d'élaborer des scénarios de sortie de crise, l'avenir des sociétés africaines est soumis aux critères d'analyse par lesquels la vision de l'Afrique dans sa totalité ne peut s'enraciner que dans la tradition libérale. De manière spécifique, ce que l'on impose à l'imaginaire africain à partir des schémas d'intelligibilité élaborés par les experts du FMI et de la Banque mondiale n'est rien d'autre que le dogme du «tout marché». Tel est l'enjeu fondamental des mutations de la pensée contemporaine au moment où les institutions de Bretton Woods exercent une sorte de magistère mondial et de leadership dans tous les domaines de la

---

12. J.-M. Ela, *Afrique, l'irruption des pauvres : société contre ingérence, pouvoir et argent*, op. cit.

recherche et de la réflexion sur les problèmes de développement dans les pays d'Afrique.

Or, comme le rappelle opportunément Ph. Hugon, « le développement est le produit d'une culture spécifique, il est d'abord un regard partiel sur le monde et une représentation avant d'être un objet réel[13] ».

Depuis le rapport Berg jusqu'au rapport récent de la Banque mondiale sur « l'ajustement en Afrique : réformes, résultats et le chemin à parcourir » publié en mars 1994, toute la stratégie des bailleurs de fonds se réduit à un seul objectif : enraciner le crédo libéral dans la vie, les attitudes et les comportements, les mœurs et, en définitive les « politiques de développement ».

Investie d'une sorte d'infaillibilité dans tout ce qui concerne la pensée sur la gestion de la vie collective, la Banque mondiale se voit autorisée d'assumer une mission divine : prendre les 700 millions d'Africains par la main pour les conduire vers la Terre promise du Marché.

À travers le crédo libéral, il s'agit de soumettre les sociétés africaines aux exigences d'une rationalité limitée à court terme dans la mesure où l'essentiel est de tout vendre dans un monde réduit à n'être qu'un immense marché[14].

En définitive, la stratégie vise à imposer à l'Afrique la loi du marché qui est devenue la grande Bible d'un monde désenchanté. Nous nous situons ici dans les domaines de la connaissance et de la culture. Ce qui est en jeu, c'est une manière de voir le monde, de penser et de vivre. Remodeler l'espace économique à partir des postulats du néolibéralisme imprègne les consciences. Cela exige tout un corpus doctrinal qui s'applique à tous les champs de la réalité humaine et impose les habitudes qui s'enracinent dans un système de représentations et de normes.

À l'ère de la mondialisation du capital[15], ce que l'on retrouve aujourd'hui, comme le rappelle Samir Amin, c'est un

---

13. Ph. Hugon, « La pensée française en économie du développement. Évolution en spécificité », dans *Revue d'économie politique*, Paris, n° 2, mars-avril, 1991, p. 199.
14. Sur ce point, lire Riccardo Petrella, « Le globe-trotter de la pensée critique », in *Le Devoir*, 10 juin 1996.
15. F. Chesnais, *La mondialisation du capital*, Paris, Syros, 1994.

phénomène inhérent à la logique de développement du capitalisme[16].

Quand on s'interroge sur les raisons profondes qui mobilisent les bailleurs de fonds et sur leur acharnement à convertir l'Afrique à «l'Évangile de la compétitivité[17]», on est tenté de se demander si l'objectif poursuivi par les nouveaux apôtres de la modernité économique n'est pas de pousser jusqu'au bout le processsus d'occidentalisation du monde amorcé par les colonisations du siècle dernier.

Dans cette perspectrive, il convient d'insister sur les fondements symboliques et culturels des réformes économiques que la Banque mondiale veut promouvoir en Afrique noire. Ces réformes reposent sur les piliers suivants, il s'agit de :
- placer les sociétés africaines sous l'empire du capital-roi et de la religion du marché ;
- reconstruire toute la vie en société en accordant la priorité à la productivité et au culte de la performance ;
- soumettre tous les espaces de vie et les puissances du désir à la culture de l'immédiat et de l'instant en ignorant le long terme.

Ces efforts semblent justifiés par les conditions spécifiques de la situation de l'Afrique dans le monde contemporain. Trois facteurs définissent ces conditions :
1) Le déclassement international du continent noir dans le monde de l'après-guerre froide marqué par la chute du Mur de Berlin et l'effondrement du communisme.
2) La crise de confiance dont l'Afrique a longtemps souffert dans les milieux d'affaires et les enjeux de l'intégration du continent à l'économie mondiale par les politiques de privatisation et le développement industriel du continent[18].
3) La tendance à pousser les Africains à imiter les gagnants

---

16. S. Amin, *Les défis de la mondialisation*, Paris, l'Harmattan, 1997.
17. R. Petrella, «L'Évangile de la compétitivité», in *Le Monde diplomatique*, septembre 1991 ; *Litanies de saintes compétitivités*, février, 1994, *Les Nouvelles Tables de la Loi*, octobre, 1995.
18. Sur cette crise de confiance, lire Assou Massou, «À l'ouest, quoi de nouveau ?», *Jeune Afrique*, n° 1846, 22-28 mai 1996, p. 52ss ; T. Sotinel, «Un sommet pour réinventer l'industrie africaine», in *Le Monde*, 25 novembre 1996, p. 3.

en se laissant interpeler pas le «miracle asiatique» comme le suggère le dernier rapport de la Banque mondiale sur l'ajustement en Afrique.

À ces mouvements de fond dont on retrouve l'impact dans les milieux de réflexion s'ajoutent les éléments d'une évolution favorable qui ne peut laisser indifférents les investisseurs étrangers.

Avec la reprise du chemin de la croissance dont témoignent les derniers rapports du FMI et de la Banque mondiale, on assiste à l'émergence de l'afro-optimisme succédant aux années d'afro-pessimisme[19] :

« Bonne nouvelle : l'Afrique va mieux et entame une reprise de sa croissance. Mauvaise nouvelle : elle ne va pas suffisamment bien pour transformer la reprise en développement. Tels sont les messages complémentaires-contradictoires qui sont adressés aux Africains par les différentes institutions internationales. L'Afro-pessimisme, qui reléguait l'Afrique au rang du continent sans espoir, est certes en recul, mais il a encore de beaux jours devant lui. James D. Wolfensohn, président de la Banque mondiale, qui a effectué récemment une tournée de neuf jours en Afrique sud-saharienne, a trouvé les nouvelles plutôt "bonnes". Pour la deuxième année consécutive, le continent réalise une croissance positive. En 1996, le taux a été de 4 % supérieur à celui de l'accroissement de la population. Les ving-quatre pays de la zone franc ont fait mieux que prévu depuis la dévaluation du franc CFA, même si celle-ci s'est accompagnée de "souffrance sociale", comme on dit dans la terminologie neutre des instances internationales. Le coup de fouet ainsi donné aux exportations a permis d'améliorer les revenus de millions de paysans pauvres et de préparer le terrain à d'éventuels investissements étrangers, qui tardent d'ailleurs à se manifester.[20] »

---

19. J. Godfrain, « Afro-optimisme », in *Le Monde*, 16 novembre 1996, p. 15.
20. « Le Chemin de la croissance », in *Le Nouvel Afrique Asie*, n° 93, juin 1997, p. 37.

En dépit des zones d'ombre, la fin de l'Afro-pessimisme ouvre une nouvelle page de l'histoire économique du continent. De nouveaux appétits s'éveillent. De puissants groupes d'intérêts prennent conscience aujourd'hui du potentiel économique du continent. Nous reviendrons sur les convoitises que l'Afrique nourrit dans les pays industriels qui se mobilisent pour s'impliquer dans la gestion des ressources et la reconquête des marchés. Il nous suffit de mettre en évidence les choix d'analyse par lesquels les bailleurs de fonds persistent à soutenir que « le chemin à parcourir » pour l'Afrique passe par la seule religion du marché. Il faut le rappeler avec force : cette religion à laquelle on somme les Africains d'adhérer se fonde sur une certitude rassurante et naïve qui veut faire croire au monde contemporain que l'Occident serait parvenu au terme de l'histoire. À partir du mythe hégélien d'un État homogène et universel, l'Américain Francis FukuYama a repris naguère ce thème du dernier homme en nous faisant croire qu'il n'y avait plus rien à attendre. Car, à partir de l'Occident, on a atteint un stade indépassable. Bref, « l'eschaton » s'est réalisé pleinement une fois pour toutes dans l'histoire de l'Occident. Au moment où l'on annonce la fin des idéologies, on voit ressurgir les vieux mythes de la supériorité indiscutable d'une civilisation qui a la prétention de confisquer et d'incarner l'universel. Dans ces conditions, les autres sociétés n'ont qu'un seul choix : accepter le modèle ou disparaître de la carte du monde. Tel est le fondement ultime des réformes économiques que les bailleurs de fonds imposent à l'Afrique sur la base des nouvelles Tables de la Loi dont parle Petrella. Rappelons ces dix commandements que la Banque mondiale, tel le nouveau Moïse du néo-libéralisme triomphant, se charge d'enseigner dans les sociétés africaines soumises aux impératifs de l'ajustement structurel :

« - Des mesures d'austérité tu adopteras.
- Le rôle de l'État tu réduiras.
- Les entreprises publiques tu privatiseras.
- La fonction publique tu dégraisseras.
- Les salaires tu désindexeras.
- Les subventions tu supprimeras.

- La monnaie tu dévalueras.
- À la loi du marché tu te soumettras.
- Les barrières douanières tu aboliras.
- La vulgarisation agricole tu "bénoriseras". (mettras en valeur)[21]».

Ces principes fondamentaux constituent les critères ultimes par lesquels on tend à gérer le «Dossier africain» aujourd'hui. Aucun secteur de la vie quotidienne n'y échappe. En pleine forêt ou dans la savane tropicale, le paysan africain est appelé à repenser son rapport à la terre dans la perspective qui suppose, à terme, l'émergence d'un secteur privé dans le monde rural. Car, si l'on n'a pas renoncé aux vieilles recettes de la modernisation de l'agriculture, il s'agit, non seulement de favoriser les cultures à vocation commerciale, mais d'accorder la priorité à la compétitivité des produits sur les marchés. Dans les régions où les enjeux fonciers sont énormes, on entrevoit la crise des petits producteurs qui risquent d'être transformés en prolétariats ruraux si la reprise de l'agriculture par le secteur privé devient la règle du développement rural. Ce qui est certain, c'est que les nouvelles politiques agricoles se préoccupent d'abord de créer et de maintenir un cadre favorisant l'initiative privée dans l'agriculture. Ces objectifs constituent les défis et les enjeux définis à partir des axiomes de base dans les sociétés rurales où les contraintes et les potentialités propres à chaque milieu doivent être assumées en vue de soumettre le travail de la terre aux exigences de la productivité à l'hectare et à la loi de la compétitivité des exportations agricoles. En insérant l'agriculture dans les marchés, le monde rural est appelé à reconsidérer les produits agricoles comme des marchandises. En fait, l'ensemble de l'Afrique sud-saharienne doit se redéfinir en fonction de ces normes. Cela entraîne des mutations profondes dans les manières de vivre et de penser. Pour s'approprier les logiques d'une histoire qui a pris fin en Occident, les indigènes d'Afrique n'ont plus qu'à apprendre à s'adapter au monde du Coca-Cola et du Hamburger.

---

21. «Les dix commandements de la Banque mondiale», in *L'Autre Afrique*, 17-23 septembre 1997, p. 10.

Rien ne prouve que les réformes économiques à entreprendre soient pensées de manière à diversifier les économies africaines et à résoudre les problèmes de l'exode rural par la création des emplois. En forçant le réalignement idéologique du continent africain en vue de réorganiser la vie et la pensée économiques à partir du crédo néolibéral, la Banque mondiale semble surtout préoccupée de préparer les conditions de passage de l'Afrique à l'économie de marché. Dans la phase de transition où se trouve le continent, les processus de restructuration mondiale de l'économie imposent un effort de vigilance qui oblige les groupes d'intérêts à identifier les obstacles structurels qui risquent d'empêcher le triomphe du capitalisme dans les espaces qu'il veut investir et contrôler. Dans cette conjoncture, l'État en Afrique devient le centre de convergence de toutes les stratégies de ralance économique. La Banque mondiale intraitable sur ce point, affirme que : « le succès de ces réformes (d'ajustement) suppose une transformation radicale du rôle de l'État[22] ».

Un tel choix d'analyse des conditions de réussite des réformes économiques ne peut être neutre. Dans le contexte africain, si l'on se souvient de l'omniprésence de l'État dans les secteurs vitaux des sociétés post-coloniales, on n'est pas surpris de la place accordée par les bailleurs de fonds à la réforme des institutions. En esquissant les jalons d'une anthropologie de la corruption, nous avons mis en évidence les limites d'un modèle d'accumulation qui a conduit l'Afrique à l'improductivité généralisée et à la faillite économique. Les analyses de J.-F. Bayart sur « la politique du ventre » illustrent ces pratiques dans les pays où la relation à l'État confère aux acteurs la possibilité de s'enrichir et de dominer le champ social[23]. L'instauration des multipartismes administratifs n'a pas mis fin à ces pratiques.

Aujourd'hui encore, il suffit d'être au service de Paul Biya, de Bongo ou d'Eyadéma pour être à l'abri de la précarité dans la mesure où « la rétribution politique des alliés et des

---

22. Banque mondiale, *L'ajustement en Afrique : réformes, résultats et le chemin à parcourir*, 1994, pp. 257-258.
23. J.-F. Bayart, *L'État en Afrique*, op. cit, 1989, p. 119.

concurrents est en fait la priorité des politiques économiques du régime » en place[24] ».

Il faut rompre avec ce modèle. La dérive vers l'improductivité inhérente à la manière de gouverner des élites au pouvoir est incompatible avec les lois du marché. La décision d'engager l'économie vers des voies nouvelles nécessite la refonte radicale du mode de régulation politique dans les pays où l'État est resté longtemps le relais du capital extérieur. C'est précisément ce compromis qui, aux yeux des experts, est à l'origine de ce que Sandbrook appelle la « stagnation capitaliste » en Afrique[25].

Les bailleurs de fonds obligent l'État à s'ajuster dans les conditions draconniennes qui le mettent dans une situation de disette où il n'a plus rien à distribuer. L'intégration de l'Afrique à la mondialisation de l'économie exige que l'État soit écarté des circuits de l'argent. Pour y parvenir, les bailleurs de fonds ont découvert qu'il fallait utiliser l'arme de la dette qui, faut-il le rappeler, a servi à construire les « éléphants blancs ». Face aux mesures d'austérité par lesquelles le crédo néo-libéral oblige l'Afrique à passer par l'ajustement structurel, on a insisté jusque là sur la priorité donnée aux exportations et à la réduction des budgets sociaux dont on connaît désormais les effets pervers.

Si on veut élargir le débat sur ces mesures, il est nécessaire de revenir sur les questions radicales qu'elles posent à la recherche en Afrique noire. Sans reprendre les critiques sur le caractère monétariste des politiques d'ajustement structurel, constatons que ces politiques sont avant tout le produit de la réflexion des experts du FMI et de la Banque mondiale. Sur les problèmes graves qui nécessitent un débat public dans les pays concernés, les fonctionnaires de la Banque mondiale ont décidé d'avance ce qui convient de faire dans les sociétés africaines. Écoutons S. Michaïlof :

---

24. O. Vallée, « À son créancier, celui qui s'endette devra céder sa place même à la mosquée » (proverbe peulh), dans P. Geschiere et P. Konnings, *Itinéraires d'accumulation au Cameroun*, op. cit. p. 182.
25. R. Sandbrook, « Personnalisation du pouvoir et stagnation capitaliste », in *Politique africaine*, n° 26, 1987.

« Les choix doivent être précis : il n'y a pas de salut pour les pays de la zone franc hors d'une intégration profonde au marché mondial dans le cadre d'une recherche déterminée de la compétitivité internationale. Pas de salut économique et par là même de salut politique [...] l'État en Afrique doit-il produire l'électricité, l'eau courante, ramasser les ordures, entretenir lui-même les routes, assurer les transports urbains, les transports aériens, gérer les hopitaux ?[26] ».

On reconnaît la théologie de la rédemption par le marché à travers la doctrine de l'ajustement structurel que la Banque mondiale prêche dans tous les pays d'Afrique depuis les années 80. On croit se retrouver dans une église dogmatique qui détient la vérité infaillible sur les voies du salut pour un continent en perdition. Pour ce continent, les prêtres et les théologiens de l'église établie ont fait des « choix précis » qui déterminent l'avenir des sociétés dont les acteurs doivent se soumettre à un crédo identique pour tous les pays.

La seule chose qu'on attend de ces acteurs, c'est qu'« au lieu de se faire imposer les conditionnalités par les donnateurs », ils apprennent « à regarder les problèmes en face, à renoncer à la stratégie de l'évitement[27] ».

Tout le problème est là : la capacité d'initiative reconnue aux pays d'Afrique ne peut s'exercer en dehors de l'orthodoxie néo-libérale. Dans ce sens, l'enjeu des réformes économiques se concentre sur la redéfinition du rôle de l'État.

« En Afrique sud-saharienne, la voie que devront suivre les programmes d'ajustement est toute tracée : poursuivre les réformes macro-économiques, compléter les réformes du commerce extérieur et du secteur agricole, restructurer les finances publiques et créer des conditions propices à l'essor du secteur privé dans les différents secteurs de la production des biens comme dans le secteur des services. Le succès de ces réformes suppose une

---

26. S. Michaïlof, « Protectionnisme ou libre échange en zone franc ? », in *Politique Africaine*, n° 58, 1994, p. 118 et p. 125.
27. S. Michaïlof, art. cit. p. 125.

transformation radicale du rôle de l'État, qui n'ira pas sans difficultés dans le contexte africain, caractérisé par la faiblesse des institutions et trop souvent par une très vive résistance politique.[28] »

Pour une institution qui prêche la transparence et la « bonne gouvernance » aux pays d'Afrique, comment ne pas être frappé par l'intolérance et le dogmatisme du discours sur les réformes économiques qui, dans l'état normal des choses, engage la liberté des citoyens ? La prétention d'une banque d'affaires à la neutralité trouve ses limites dans le projet des réformes économiques où les bailleurs de fonds renoncent à se tenir sur les problèmes techniques d'économie pour imposer aux acteurs sociaux et institutionnels internes des choix politiques applicables dans tous les secteurs de l'économie nationale. Sur ce sujet, la Banque mondiale parle toujours à l'impératif : le verbe « devoir » revient sans cesse dans le discours sur les réformes institutionnelles. Qu'on en juge par ce texte fondamental qui se situe au même niveau que celui que nous avons cité plus haut.

« L'État devrait se garder d'intervenir pour régler des problèmes qui peuvent être résolus, même imparfaitement, en laissant faire le marché. Celui-ci ne fonctionne peut-être pas parfaitement mais, dans de nombreux pays africains, on ne voit pas que les pouvoirs puissent faire mieux en intervenant. Les gouvernements devraient donc réserver les ressources limitées dont ils disposent pour les interventions dans les domaines où des résultats ne sauraient être obtenus par le seul jeu des forces du marché : mettre en place l'infrastructure et les services sociaux de base, "gérer l'appareil juridique et judiciaire qui exige une économie de marché", et protéger l'environnement.[29] »

Comme on le voit, nous sommes au cœur des choix politiques qui se fondent sur le doute ou le constat de l'incapacité des pouvoirs africains à reconnaître leurs limites et laisser faire le marché. Ce qui leur revient de droit, c'est de mettre en place les infrastructures et les services sociaux de base et de repenser

---

28. Banque mondiale, *op. cit.* pp. 257-258.
29. *Ibidem*.

tout le système juridique et judiciaire au profit d'une économie de marché. La reconceptualisation du rôle de l'État met en lumière les fonctions théoriques et idéologiques que s'arrogent les bailleurs de fonds dans un système mondial où l'on permet à l'Afrique de s'assumer alors que l'orientation des réformes institutionnelles lui est imposée par les groupes d'intérêts dont la mission consiste à penser pour et à la place des indigènes d'Afrique. B. Campbell souligne avec raison les enjeux politiques des programmes d'ajustement structurel lorsqu'elle écrit :
« Loin d'être politiquement neutres et de jouer un rôle d'efficacité technique comme on le suggère, ces programmes sont conçus de façon à orienter les interventions de l'État, de manière à délaisser certaines stratégies de développement. Plus précisément, ce sont les stratégies non orientées vers l'exportation et celles qui favorisent des réformes qui sont remises en cause par le processus d'ajustement et de désétatisation.[30] »

Si l'on reconnaît l'importance que la Banque mondiale accorde à « la lutte contre la pauvreté » dans les pays du Sud, il n'est pas évident que le vaste projet d'affaiblir l'État se traduise par le souci de rendre le pouvoir à la société civile. En dépit des apparences, les acteurs internes ne sont pas concernés par la transformation radicale du rôle de l'État en Afrique noire. En subordonnant les réformes institutionnelles aux forces du marché, la Banque mondiale qui reproduit le discours de l'ensemble des institutions financières internationales oriente ces réformes dans un sens qui privilégie les positions des groupes d'intérêts dont on se garde de préciser l'identité. D'où la question que pose B. Campbell.

« L'approche technocratique de la Banque mondiale évite que soit posée la question du contrôle du processus de développement : Qui le contôle ? et en faveur de quels intérêts ?[31] »

---

30. B. Campbell, « Débats actuels sur la reconceptualisation de l'État par les organismes de financement multilatéraux », in *Politique africaine*, mars-avril 1996, p. 19.
31. B. Campbell, « Quelques enjeux conceptuels et politiques autour de la notion de gouvernance », in *Bonne gouvernance et développement en Afrique*, Dakar, Institut africain pour la démocratie, 1997, p. 85.

Le fait de masquer ces groupes ne fait que confirmer l'hypothèse d'une analyse « marquée » des conditions du passage à l'économie de marché.

En réalité, « dans la mesure où la pauvreté renvoie au mode particulier de régulation sociale de politique sélective, il s'agit en fait d'un problème de lutte pour la redistribution du pouvoir et donc d'un problème éminemment politique[32] ».

Au moment où les bailleurs de fonds ont tendance à se substituer aux forces sociales internes dans un domaine important de la redéfinition du rôle de l'État et la formulation des réformes institutionnelles, on ne peut s'empêcher de penser que l'Afrique est gouvernée à partir de Washington sur la base d'une usurpation des pouvoirs accrus que les institutions financières internationales s'arrogent dans le processus de globalisation en cours. D'une certaine manière, l'Afrique noire est placée sous la tutelle de l'État, du FMI et de la Banque mondiale dans un contexte socio-économique où l'ajustement structurel est imposé comme la seule réponse à la crise et l'unique « chemin à parcourir » dans les années qui viennent. Dans cette perspective, la capacité des groupes au pouvoir se réduit à réprimer les résistances à l'ajustement structurel dont les coûts insupportables sont à l'origine des frustrations et des émeutes qui traduisent le désarroi des populations durement frappées par les politiques d'austérité. À travers les enjeux théoriques et politiques concernant la mise en place des réformes institutionnelles se dégage toute une vision du monde et des rapports sociaux. La théorie du marché que ces réformes supposent est dictée par les bailleurs de fonds qui déresponsabilisent les sociétés africaines. Celles-ci n'ont plus qu'à se mobiliser pour projeter sur la scène mondiale l'image qui peut séduire les bailleurs de fonds étrangers et permettre d'accroître le montant des prêts auprès du FMI, de la Banque mondiale ou du Club de Paris. Cela oblige ce qui reste d'État en Afrique à se soumettre, tête baissée, à un ordre établi qui ne laisse aucune possibilité à d'autres finalités des économies, à d'autres

---

32. *Ibidem*, p. 85.

modèles de régulation sociale et à d'autres systèmes de valeurs à promouvoir dans le monde. L'impact de l'ajustement qui est demandé à l'Afrique est tel que les défis que nous venons d'évoquer ne peuvent être négligés dans une analyse globade du destin de l'Afrique dans la phase actuelle de transition vers l'économie de marché. Sous le masque des critères de scientificité qui dissimulent les stratégies des groupes d'intérêts, il nous faut découvrir les jeux du pouvoir qui utilisent la violence symbolique à travers les grilles d'analyse et les paradigmes dont l'épuisement se traduit par l'essoufflement de la pensée unique. Au moment où la Banque mondiale veut confier l'Afrique aux ONG dont on cherche à renforcer les interventions et l'efficacité en vue de la gestion de la pauvreté dans le cadre de la «dimension sociale de l'ajustement», la question est de savoir si le prix à payer pour la réussite des programmes économiques ne réside pas dans le renouvellement d'un système d'esclavage programmé. Comment comprendre l'acharnement des bailleurs de fonds à soumettre l'Afrique à la dynamique des croyances propres à l'Occident si le continent noir n'est pas perçu comme une sorte de laboratoire et une terre d'élection d'un projet global d'expansion du néolibéralisme contemporain ? Nous ne saurions éluder cette question. Elle nous oblige à examiner la place de l'Afrique dans les enjeux géopolitiques et économiques de la mondialisation.

LE CONTINENT DU XXIE SIÈCLE ?

À l'heure où la «croissance revient[33]», l'image du continent change. Au-delà des scénarios de conflits, de génocides, d'implosions, de pandémies ou de coups d'État que véhiculent les médias, un autre regard s'impose sur l'Afrique au sud du Sahara. Les perspectives de relance économique dans les régions où, tout peut être rendu, y compris le soleil «quand l'Europe gèle[34]», exigent des mutations. Il faut s'attendre dans les pays du Nord, au passage de l'afro-pessimisme à l'afro-business. Il suffit

---

33. S. Tellep-Bisseck, «La croissance revient», in *Jeune Afrique*, n° 1866 9-15 octobre 1996, p. 56.
34. «Soleil d'hiver», in *Jeune Afrique* n° 1873, 3 décembre 1996, p. 21.

d'observer les sentiments qui s'expriment dans les milieux d'affaires.

« En Europe, aux États-Unis, en Asie, on en parle dans les salons, dans les bureaux des banquiers, chez les hommes d'affaires. Les voyageurs retrouvent le chemin du continent. Des fonds d'investissement sont montés, à New York et ailleurs, des établissements se spécialisent dans la renégociation de la dette. Les plus audacieux rêvent de banques d'affaires spécialisées sur l'Afrique. Tout reste, bien sûr, marginal. Les chiffres, comme d'habitude, sont réfractaires et ne viennent pas confirmer ce sentiment diffus. Reste que, pour la première fois depuis des années, le mot Afrique ne fait pas fuir les interlocuteurs.[35] »

Si les conflits demeurent un sujet de préoccupation pour les gouvernements, les organismes internationaux, les groupes de pression et les chercheurs engagés dans les problèmes de la sécurité internationale, l'Afrique dont on parle n'est pas celle des Grands Lacs en état de convulsion, des divers coups d'État réels ou larvés, des élections truquées. Il s'agit d'une autre Afrique dont prennent conscience les groupes d'intérêts qui découvrent le potentiel énorme que constitue un marché de 700 millions d'habitants. Tout se passe comme si les bureaux d'études dévoilaient les nouveaux « réservoirs de croissance » qui commençaient à manquer à l'économie mondiale en expansion. Comme le rappelle Lymam :

« L'Afrique reste le paradis des matières premières : coton, cobalt, bois, diamant, or, pétrole, cuivre, café, cacao... Comparé à l'Asie, par exemple, qui a largement épuisé son potentiel naturel, le réservoir africain est peu exploité. Avec la perspective de la reprise mondiale, ces matières premières redeviennent attractives, que ce soit dans le domaine de l'extraction ou, mieux encore, de la transformation. Les Asiatiques, toujours eux, ou les Américains ne s'y trompent pas. Ils viennent de plus en plus nombreux, investissent, achètent ou, tout simplement,

---

35. Zyad Lymam, « Afro-business », in *Jeune Afrique*, n° 1837, 20-26 mars 1996, p. 62.

s'informent. Ensuite parce que les besoins en équipement sont considérables : routes, énergie, transport...[36]»

Si le bois, l'agriculture d'exportation héritée de la colonisation et tout le secteur de l'agro-industrie n'ont pas perdu leur intérêt, les ressources du sous-sol situent le continent africain au cœur des enjeux qui se dessinent dans la mondialisation du capital. En Afrique de l'Ouest, soulignons l'importance de la Côte d'Ivoire où les découvertes du pétrole introduisent ce pays dans les régions qui intéresssent désormais les majors dans un contexte où « le Golfe de Guinée pèsera lourd sur le marché mondial du pétrole dans les prochaines années[37]».

Au Mali, on s'interroge sur l'avenir en regardant sous les sables, à la recherche de l'or noir.

« Le sous-sol malien recélerait-il du pétrole ? Certains opérateurs étrangers souhaitent en tous cas en avoir le cœur net. La société canadienne Sahelian Oil Ltd a signé avec le gouvernement une convention d'établissement pour la recherche et l'exploitation de gisements d'hydrocarbures.[38]»

La reprise de l'exploration pétrolière dans les bassins du Tamesna, de Taoudenit, de Nara, de Gao et de Iullemeden ne saurait masquer les transformations qui s'annoncent dans le pays du Sahel où le regard risque d'être piégé par les seules images de la sécheresse et de la famine, les conditions des femmes paysannes ou le travail des enfants de Bamako. L'image du Burkina Faso que l'on dit frappée d'« ongite » risque d'être entièrement modifiée par la mise en valeur des ressources minières dont on parle peu dans les médias. L'existence d'un code minier annonce de nouvelles opportunités économiques en perspective dans un environnement économique où la compétitivité est devenue un objectif primordial.

« Le secteur minier burkinabé a connu une évolution si notable depuis 1995 qu'une adaptation des textes s'imposait.

---

36. Ibidem.
37. Assou Massou, « Côte d'Ivoire. Le pétrole n'est plus un mythe », in *Jeune Afrique*, n° 1866, op, cit, p. 54, voir aussi « Mines et pétrole » in *Jeune Afrique*, n° 1862.
38. J.-D. Geslin, « Sous les sables, l'or noir », in *Jeune Afrique*, n° 1919-1920, 15-28 octobre 1997.

Depuis, le pays connaît un boom de la recherche minière. On évalue à environ 287 milliards de FCFA l'ensemble des investissements qui y sont consacrés à ce jour. Pour la seule année 1996, ces estimations s'élèvent à 25 milliards. Ce qui place le Burkina au 3ᵉ rang africain après l'Afrique du Sud et le Ghana. Que ce pays agricole puisse tirer de si gros profits de l'industrie minière relevait du domaine de l'hypothétique.³⁹»

Le droit de regard que l'État burkinabé se donne sur les sociétés minières se justifie dans un contexte d'ouverture qui oblige à élargir les horizons en situant les dynamiques paysannes dans un système où les politiques de gestion des ressources naturelles et la réorganisation foncière s'articulent avec les enjeux miniers en vue d'un meilleur équilibre économique et social. Toute la littérature sur le Burkina est ici remise en question par ces enjeux. Dans le même sens, les trois champs pétrolifères du bassin de Doba où Elf, Shell et Esso vont agir comme opérateurs rappellent désormais que « le Tchad utile » n'est plus concentré dans cette région méridionale longtemps soumise à l'empire du coton. Toute la vie du pays doit être repensée en fonction des investissements massifs par lesquels l'impact des interventions des consortiums étrangers risque de bouleverser les systèmes naturels et sociaux dans un ensemble sous-régional où un pipeline de 1050 km reliant le bassin de Doba et le port de Kribi sur la Côte camerounaise ne peut pas ne pas avoir des incidences graves sur les dynamiques démographiques et écologiques. L'irruption du Tchad méridional dans les marchés mondiaux par des voies autres que celles de coton-Tchad est un événement d'envergure dont il est difficile d'évaluer les conséquences dans un pays où les souvenirs d'une guerre longue et meurtrière ne peuvent plus cacher les bouleversements qui se profilent à l'horizon.

Après les négociations récentes sur ce qu'Anne Kalou appelle « le pipeline du profit⁴⁰», tout peut changer demain pour

---

39. Alpha Barry, « Burkina. Le code minier fait l'unanimité », in *L'Autre Afrique* 5-11 novembre 1997, p. 52.
40. Anne Kalou, « Tchad-Cameroum : le pipeline du profit », in *Afrique, la fin du bas empire*, in *Limes, Revue française de géopolitique*, Paris, Gallimard/Limes, 1997, pp. 97-104.

les populations dont l'avenir s'est construit longtemps autour du coton et du poisson si l'on considère l'importance des ressources halieutiques du bassin de Logone et de l'un des plus grands lacs situé au cœur du continent africain.

« Le Tchad a un espoir : le pétrole » que va gérer un ancien rebelle devenu président dans ce pays où Amnesty International a publié, en 1996, un rapport très critique sur les Droits de l'Homme[41].

Parmi les régions potentiellement émergentes du continent noir, comment ignorer, en Afrique centrale, les pays du Golfe de Guinée où, avec les ressources pétrolières du Gabon, du Congo et du Cameroun, Elf Aquitaine occupe des positions stratégiques. Dans cette même zone, on commence à se demander si la Guinée équatoriale n'est pas appelée à devenir un petit eldorado pétrolier. Car, l'ancienne colonie espagnole, longtemps ruinée par la dictature sanglante de Macias Nguema, renversé par son neveu Teodoro Obiang Nguema, ne manque pas d'atouts :

« Demain, un émirat ? Dans deux ou trois ans, on l'appellera peut-être la "Cendrillon" de l'Afrique centrale. Cette petite république hispanophone de 28051 km², considérée récemment encore comme la laissée-pour-compte du développement, pourrait bien prendre sa revanche et devenir une princesse courtisée [...]. Il aura fallu un décennie pour que le sous-sol livre son secret [...]. De nouveaux gisements ont été découverts en 1994 et en 1995. La Guinée équatoriale s'achemine vers une production supérieure de 40 000 barils par jour, peut-être même 80 000 barils à l'horizon de l'an 2000, un peu plus que la production ivoirienne. Ce qui n'est pas peu pour un pays de moins de 400 000 habitants.[42] »

Rappelons aussi les richesses immenses du sous-sol angolais.

« Avec une production d'environ 700 000 barils par jour, générant 4,5 milliards de dollars, l'Angola est le deuxième

---

41. *Jeune Afrique*, n° 1904, 2-8 juillet 1997, p. 25.
42. « Guinée équatoriale. Les ninjas et l'or noir », in *Jeune Afrique*, n° 1855, 24-30 juillet 1996, p. 63.

producteur de pétrole d'Afrique sud-saharienne, juste après le Nigeria. Ses réserves récupérables prouvées sont estimées à plus de 4,5 milliards de barils et les travaux d'exploration actuellement en cours laissent prévoir, à terme, une production de l'ordre de 1 million de barils par jour, ou 50 millions de tonnes par an, en l'an 2000. À titre de comparaison, la production angolaise en 1996, soit 34 630 tonnes, fut l'équivalent du tiers de celle du Nigerria (100 360 tonnes), mais deux fois supérieure à celle du Gabon (18 400 tonnes). Représentant aujourd'hui plus de 90 % de ses exportations, et 42 % du produit intérieur brut, le pétrole est la première ressource économique du pays loin devant les diamants.[43] » Avec les minerais précieux et stratégiques comme le diamant, l'or, le fer, le cuivre, la bauxite et l'uranium dont ce pays regorge après le pétrole[44], le formidable potentiel ne peut qu'intéresser les investisseurs étrangers. Sous cet angle, il n'est pas nécessaire d'insister sur la République démocratique du Congo dont on sait qu'elle constitue, selon la formule consacrée, un « scandale géologique ». Plus précisément,

« les trois grandes régions, le Kivu, le Shaba et le Kasaï, constituent la "partie utile" du Zaïre. Le Kivu, considéré comme le "grenier" du pays, disposerait d'énormes réserves de gaz naturel et de pétrole. Le Kasaï regorge de diamants, le sous-sol du Shaba est insolemment riche en cuivre, cobalt, manganèse, uranium. Le nord-est du haut Zaïre recèlerait aussi d'or, de diamants et de pétrole : une concession de 83 000 km^2 vient d'être octroyée à une compagnie américaine, dont le conseil d'administration compte un ancien président américain, un ancien chef de la CIA et un ancien premier ministre canadien[45] ».

Ces révélations se passent de tout commentaire. Pour ne considérer que le pétrole, comment ne pas reconnaître que

---

43. « L'Angola de plus en plus convoité », in *L'Autre Afrique*, 2-5 juillet 1997, p. 96.
44. Ph. Triay-Koné, « L'Angola mise sur ses richesses », in *Jeune Afrique économie*, n° 240, 5 mai 1997, p. 76.
45. *Le Monde*, 27 novembre 1996, p. 2.

l'Afrique noire est au cœur des dynamiques de la mondialisation ? Il faut y voir l'une des régions du monde dont le poids est lourd dans les stratégies d'accumulation et les configurations économiques et géopolitiques où se joue l'avenir du monde. L'Afrique sud-saharienne a tous les atouts pour occuper cette place centrale[46].

Pour les chercheurs de l'or noir, après le Moyen-Orient, voici, à partir du Golfe de Guinée, l'un des grands pôles de croissance où le Nigéria, avec une production de 2,15 millions de barils par jour en 1996, est une source de convoitises.

Il convient de noter ces atouts pour comprendre le poids de « cette Afrique qui vaut de l'or.[47] »

Dans ce contexte, parler de « marginalisation » de l'Afrique sans nuance relève d'une stratégie de diversion organisée. Il faut reconsidérer l'importance de cet Eldorado qui, avec les « enjeux miniers[48] » qu'il représente, est au centre des stratégies de contrôle d'un potentiel économique énorme convoité par de puissants groupes d'intérêts. Ce que les médias ne disent pas toujours, c'est que, au moment où les grands pays miniers du nord (Australie, Canada, États-Unis) voient leurs gisements s'épuiser, le continent noir, où l'exploration connaît un développement spectaculaire, indique, selon une étude du Cabinet spécialisé canadien Metals Economics Group, que les grandes mines de demain seront africaines. Dès maintenant, il faut renouveler tous les discours sur le continent noir où se concentrent les grands intérêts de la finance internationale.

« Pour l'Afrique, c'est la ruée : les investissements en exploration passent de 418 à 663 millions de dollars, ce qui représente une augmentation de 58 %. En fait, si on exclut l'Afrique du Sud où, du moins pour l'or, la situation est similaire à celle des pays riches précédemment cités, la progression du continent est encore plus marquée, tout particulièrement pour ce qui est de l'Afrique de l'Ouest

---

46. Marie Yoannidis, « Pétrole. les atouts de l'Afrique noire », in *Sud Quodidien*, 8 septembre 1997.
47. « Quand l'Afrique vaut de l'or », in *Jeune Afrique*, n° 1921, 29 octobre - 4 novembre 1997, p. 88.
48. Fayçal Yachir, *Enjeux miniers en Afrique*, Paris, Karghala, 1987.

qui concentre l'essentiel des budgets. Le potentiel de la région étant connu depuis des années, c'est surtout la preuve qu'elle est devenue crédible aux yeux des compagnies internationales.[49]»

Nous avons évoqué plus haut les ressources pétrolières qui rendent compte de l'engouement pour le Golfe de Guinée dans les pays consommateurs du nord qui craignent une dépendance accrue sur le pétrole du Moyen-Orient. Cette hantise est aggravée par l'épuisement des réserves de l'Amérique du Nord au moment où, par ailleurs, la production de la mer du Nord commence à baisser. Dès lors, les pays du Golfe de Guinée, dont on a vu l'importance du potentiel pétrolier, sont appelés à jouer un rôle-clé dont les grandes compagnies internationales sont parfaitement conscientes :

«Cette région est l'une de celles où il reste possible de faire de nouvelles découvertes d'importance, relève un expert. Ce sont des facteurs majeurs pour les compagnies qui cherchent à accumuler des réserves et à consolider leurs positions pour répondre à la hausse prévisible de la demande mondiale au cours des prochaines décennies. Grâce à la technologie moderne qui a beaucoup avancé depuis une dizaine d'années, on peut forer plus loin et en eau toujours plus profonde, plus facilement et à un moindre coût, ce qui fait l'affaire des pays de la région où le pétrole est surtout situé dans l'offshore en eau profonde. Les experts pétroliers relèvent que depuis le début de l'année 1997, "huit grandes découvertes ont été faites dans ces eaux". Les experts soulignent aussi que le coût d'extraction du baril dans cette zone coûte en moyenne de 5 à 7 dollars, ce qui est bien en dessous de la moyenne mondiale qui se situe entre 7 et 9 dollars par baril, dans le Golfe du Mexique notamment.[50]»

Si, à ce potentiel pétrolier, on ajoute le diamant africain dont les filières occidentales se disputent le contrôle[51], on peut

---

49. «Quand l'Afrique vaut de l'or», in *Jeune Afrique* n° 1921, 29 octobre - 4 novembre1997, p. 88.
50. Marie Yohannidis, *art. cit.*
51. F. Misser et O. Vallée, *Les gemmocraties. L'économie politique du diamant africain*, Paris, Desclée De Brouwer, 1997.

affirmer que toutes les conditions sont remplies pour faire de l'Afrique sud-saharienne le continent de l'avenir. Si l'inventaire des ressources du continent dépasse les limites de notre étude, il nous a semblé important de resituer cette recherche dans une problématique d'ensemble qui permet de renouveler profondément l'intelligence des problèmes des sociétés africaines en tenant compte du poids énorme des secteurs pétroliers et miniers dans les mutations globales du monde contemporain soumis aux lois du marché. On ne peut se borner indéfiniment à entretenir les images de l'Afrique autour des phénomènes de sorcellerie, des « paroles de brousse », des « petits métiers », des problèmes d'alphabétisation et de nutrition. Sans négliger les défis alimentaires qui, face à l'urgence et au court terme, nécessitent une réappropriation de l'agriculture en fonction des marchés internes dans un contexte social et démographique où la croissance urbaine pose de graves problèmes d'approvisionnement en produits vivriers, tous les projets de développement ne se concentrent pas sur la production de la nourriture dans les sociétés africaines.

Au-delà du transfert de technologie dans les entreprises modernes et les problèmes d'émergence d'un nouvel esprit qui montrent que les Africains n'échapperont pas à une révolution culturelle en entrant dans le monde des affaires, c'est, plus radicalement, la question du pouvoir qui est en jeu dans la mise en valeur et le contrôle du potentiel économique de l'Afrique noire. Autrement dit, si la société d'aujourd'hui et de demain ne peut se construire par les seuls artisans et les petits entrepreneurs de quartier qui, en Côte d'Ivoire, au Mali, au Cameroun, au Sénégal ou au Burkina Faso, bricolent avec les moyens du bord, c'est la question des enjeux des politiques sociales et industrielles qu'il faut reconsidérer à partir des parcours entrepreneuriaux marqués par l'irruption des grandes compagnies internationales dans les bassins pétroliers et miniers des pays d'Afrique noire. Le regard que nous devons porter sur les mutations en cours ne peut s'arrêter sur ce qui se passe à l'intérieur des terres. Un continent comme l'Afrique qui, par sa situation géographique unique au monde, est entouré par l'océan Atlantique, la Méditerranée, la mer Rouge et l'océan Indien oblige la recherche africaine à assumer les enjeux de la maritimité. Qu'il suffise d'entrevoir l'importance de ces enjeux non seulement en ce qui concerne les questions de frontières mais aussi en tenant compte des problèmes de la pêche et de l'exploitation des autres ressources marines sans oublier, bien entendu, les problèmes de transport et de communication dans la mesure où les mers ont été, de tout temps, les voies naturelles d'échanges entre les sociétés, les cultures et les économies. Le Golfe de Guinée constitue, à cet égard, un des espaces critiques du continent où de grands « intérêts économico-financiers » ont leur champ d'intervention dans les eaux profondes comme on le voit au Congo, au Gabon et au Cameroun. Ces implantations nous obligent à redéfinir les rapports entre l'homme et la mer. À la limite, l'articulation des rapports entre mines, pétrole et sociétés est un défi fondamental à la recherche sur l'Afrique contemporaine. À l'heure de la libre concurrence et de la libéralisation imposées par les programmes d'ajustement structurels en Afrique, ne convient-il pas de réévaluer les outils d'analyse sur les problèmes de société à partir de la question centrale posée par le contrôle des ressources économiques du continent africain au sein des rapports de force en présence dans les dynamiques contemporaines ?

AJUSTEMENT STRUCTUREL ET RECOLONISATION

Une mise en perspective est nécessaire pour comprendre les données essentielles que nous avons réunies pour situer l'Afrique sud-saharienne dans l'évolution des économies occidentales. Si l'ajustement structurel est la seule politique qui s'impose aux pays africains qui doivent s'adapter aux diktats et aux stratégies des firmes multinationales dans le cadre de la pensée unique, le prix à payer pour le dur passage à l'économie mondialisée est, comme nous l'avons rappelé, la déconfiture de l'État en Afrique. Telle est, pour la Banque mondiale, la condition préalable à toutes les réformes économiques qui s'inscrivent dans le seul cadre de référence des mesures d'austérité exigées par les forces du marché. Pour enraciner profondément le capitalisme dont le modèle de l'État post-colonial a provoqué la faillite à travers ce qu'il est convenu d'appeler la « crise » ou l'« échec du développement » en Afrique, les bailleurs de fonds ont pris soin d'empêcher une nouvelle faillite du système occidental en resserrant les contraintes structurelles qui ne laissent aucune marge de manœuvre aux pays étranglés par le fardeau de la dette. S'ajuster, c'est, à la limite, assumer la condition des États sous tutelle des institutions financières internationales. Dans cette perspective, comment ne pas reconnaître que l'ajustement est l'instrument de la recolonisation du continent noir ? Cette question doit être abordée pour tenter de dégager les enjeux géopolitiques qui s'organisent autour du potentiel économique qui intéresse les forces sociales en quête des marchés libres.

Si l'on considère la diversité des pays africains qui ont leur historicité propre, leurs trajectoires spécifiques et leurs configurations politiques et sociales, il faut s'attendre à des modalités différentes d'insertion dans les relations qui s'établissent entre les groupes d'intérêts nationaux ou multinationaux et l'institutionnalisation de la sujétion à travers les structures de contrôle des ressources économiques du continent. Ce qui reste d'état en Afrique n'a pas le même poids selon que le territoire est situé dans une zone riche ou pauvre en ressources du sol ou du sous-sol. Dans un continent ou l'intégration régionale est en panne, on peut redouter une « balkanisation » accrue des quasi-États africains en fonction du positionnement dans les zones d'intérêt où le capital mondialisé trouve son compte. Un pays réduit à ne vendre que le cacao ou le café, l'arachide ou le coton, ne représente pas le même poids d'intérêt que celui qui regorge de pétrole ou de minerais stratégiques comme on l'a vu plus haut. Une sélection s'opère au sein du continent à partir des réservoirs de ressources qui portent les régions névralgiques sur le devant de la scène au moment où l'économie de marché est à la recherche de nouvelles « bases » d'expansion. Il n'est pas nécessaire d'insister sur les processus de l'intégration dans l'économie-monde qui s'effectue sur diverses modalités de l'exclusion. Il nous suffit de constater l'existence de « parents pauvres » de la mondialisation. Car, pour les investisseurs qui se ruent sur l'Eldorado noir, la nouvelle géographie des affaires a ses points de repères privilégiés sur la carte du continent, compte tenu des banques de données stockant les informations sur les débouchés, les indications statistiques, les ressources économiques et énergétiques, la nature des régimes politiques et le niveau de stabilité des institutions, l'état de l'administration, le taux de croissance, les partenaires potentiels, l'environnement régional, etc. La capacité d'ouverture d'un pays à la compétitivité des marchés oblige à distinguer « l'Afrique utile » de « l'Afrique inutile ». Si les entreprises publiques à privatiser existent dans tous les pays condamnés par les bailleurs de fonds à entreprendre les réformes économiques et institutionnelles, les régions situées dans « l'Afrique inutile » risquent d'être abandonnées par les États industriels qui, en ces temps de crise budgétaire et de faible croissance, doivent se recentrer autour des zones stratégiques qui, en plus des produits agricoles, ont l'avantage de leur offrir des réservoirs miniers ou pétroliers à mettre en valeur.

Ce recentrage s'impose dans le contexte de la libéralisation économique à partir des impératifs d'ajustement par lesquels les institutions financières internationales remettent en question l'existence des fiefs constitués par les héritages historiques et culturels. En vigueur, l'ajustement structurel entraîne le démantèlement des protections nationales. Le marché n'a ni frontières, ni zones d'influence réservées à un monopole. Il exige l'ouverture totale selon un système d'implantation où seules la concurrence et la compétitivité doivent régir les activités économiques.

Ce postulat s'attaque non seulement aux multiples entraves aux échanges sécrétés par les politiques protectionnistes au sein des pays africains[52], mais aussi aux situations de rente résultant de l'histoire coloniale. Peut-être sommes-nous à la veille des mutations radicales des économies africaines. Avec les règles d'un capitalisme sans entraves, le

---

52. J.-P. Barbier, « Des marchés protégés aux marchés libres », in *Afrique contemporaine*, n° 164, octobre-décembre 1992, Paris, La documentation française, pp. 99-108.

temps de l'ajustement, c'est aussi la crise de la division globale de l'Afrique sud-saharienne dans un contexte de la vision internationale du travail où toutes les relations économiques qui rappellent le « pacte colonial » sont inadaptées aux logiques du marché libre engagé dans la conquête de nouvelles zones d'expansion sur le continent. Si la relance de la croissance des économies africaines nourrit les convoitises des entrepreneurs des pays du nord, la fin de l'aide dont le procès est en cours en Occident où l'on observe une grande lassitude face à la misère du monde que tous les efforts de compassion et d'assistance n'ont pu vaincre en raison des mécanismes de corruption et de pillage dont nous avons parlé, oriente les puissances industrielles vers d'autres choix économiques en direction du sud. Ce débat agite les États-Unis d'Amérique dans les conditions décisives qui amènent l'USAID à fermer ses portes dans les centres à partir desquels elle intervenait depuis des années dans de nombreux pays africains. En effet, pour une grande partie de l'opinion américaine,

« l'aide a failli à sa mission. Elle a même eu des effets négatifs, en Afrique noire notamment, où nombre de pays sont plus pauvres aujourd'hui qu'avant le lancement des programmes d'aide. En outre, les aidés ne sont pas ceux qui réussissent le mieux, ni sur le plan de la qualité des politiques ni sur celui la performance économique. Bref, loin de stimuler la croissance, l'aide subventionnerait des politiques malsaines qui favorisent la stagnation et prolongent la pauvreté.

Même l'aide conditionnelle, aujourd'hui en vogue, est jugée d'une efficacité toute relative. Certes, les politiques qu'elle appuie (libéralisation, ouverture économique, gestion rigoureuse des finances publiques) sont aussi celles qui ont rendu possible le décollage des dragons asiatiques et des nouveaux tigres d'Amérique latine. Mais son succès dépend de la volonté politique des pays, de la vision qu'ils peuvent avoir de leur destin et de leur capacité d'épargne et de sacrifice au service d'impératifs à long terme[53] ».

---

53. « Développement : changer l'aide », in *Jeune Afrique* n° 1910-1911, 13-26 août 1997, p. 108.

Un consensus se dégage des débats en cours : « Le commerce oui l'aide non[54] ».
Tel est le fil conducteur de la politique américaine en Afrique. Pour le parlementaire français Yves Marchand, « l'Afro-réalisme » exige une refonte totale des mécanismes d'aide par la supression de la conditionnalité commerciale qui oblige les pays du « champ » à acheter d'office les marchandises produites par les entreprises du pays donnateur[55]. En tout état de cause, les entreprises sont appelées à se substituer à l'initiative publique. Pour en finir avec les politiques de développement fondées sur l'action directe des États, le secteur privé doit désormais devenir prioritaire[56].

Les bailleurs de fonds internationaux imposent désormais le « tout libéral ». Devant cet impératif, les pays du nord n'ont pas de choix, même si certains ne croient pas à l'émergence rapide du secteur privé en Afrique noire.

Ils sont obligés d'adopter les positions ultra-libérales de la Banque mondiale et du FMI pour lesquels le processus de privatisation est irréversible[57].

Engagés dans cette voie par l'ajustement structurel, les pays africains sont condamnés à faire du lobbying pour attirer les investisseurs. Rappelons les voyages de leurs dirigeants à l'étranger où ils apprennent à vendre leur pays en affichant leurs taux de croissance, en vantant la stabilité de leurs régimes et la libéralité de leurs codes d'investissement. Notons aussi parmi les nouvelles techniques du marketing l'importance des forums pour les investisseurs organisés en Côte d'Ivoire et au Sénégal. Séduire et rassurer : tel est le mot d'ordre qui résume la stratégie de chaque État africain qui, à l'instar du Niger, consacre des journées d'information sur les

---

54. Adama Gaye, « États-Unis. Le commerce oui l'aide non », in *Jeune Afrique*, n° 1841, 17 - 23 avril 1996, pp. 52-54.
55. Y. Marchand, *Une urgence : l'Afro-réalisme. Pour une nouvelle politique de l'entreprise en Afrique sud-saharienne*. Rapport au premier ministre, avril 1996.
56. J.-P. Pigasse, « Afrique. Priorité au secteur privé », in *Jeune Afrique*, n° 1864, 25 septembre-1er octobre 1996, p. 35.
57. S. Tellep Bisseck, « Coopération. Privatiser, disent-ils. », in *Jeune Afrique*, n° 1873, 27 novembre - 3 décembre 1996, p. 91.

investissements en dressant le portrait d'un pays en meilleure forme pour attirer de nouveaux partenaires[58].

En fait, les puissances industrielles ne cachent plus l'intérêt que présente l'Afrique pour leurs économies. Après les années d'afro-pessimisme, ils prennent mieux conscience du potentiel économique du continent. Les données que nous avons recueillies plus haut le confirment. Plus que jamais, l'Afrique tend à devenir un continent convoité[59].

Mais dans cette phase de transition vers l'économie de marché où, de toute évidence, l'Afrique apparaît comme le « dragon » de demain, nous mesurons le risque de parler de la « renaissance » du continent noir. Tous les enjeux géopolitiques et économiques impliqués dans les processus de privatisation obligent à identifier les blocages qui s'accumulent à l'horizon à l'ère de la compétition où les multinationales imposent l'ordre néo-colonial dans les pôles de croissance en Afrique. En effet, si les États en crise n'hésitent pas à ruser avec le FMI et la Banque mondiale dans les régimes politiques où la privatisation se heurte aux pesanteurs étatiques et aux résistances des classes dominantes, il faut s'interroger sur les complicités, les magouilles et les vastes cuisines d'intrigues qui se développent entre les dirigeants africains et les puissances industrielles pour lesquelles le continent noir est d'abord un immense marché comme le perçoivent les Américains dont l'engouement pour les richesses du sol et du sous-sol de cette région du monde est évident.

Quand « Washington se tourne vers l'Afrique[60] », ce n'est pas pour aider les indigènes qui vivent dans l'extrême pauvreté. Il s'agit pour l'Oncle Sam de faire du commerce en bousculant les monopoles institués par la colonisation dans le continent. La mondialisation de l'économie s'effectue dans le cadre d'un système de convoitise, de compétition et de rivalité dont l'Afrique est le centre d'intérêt. À travers les

---

58. P. Sandouly, « Niger. Place aux investisseurs », in *Jeune Afrique*, n° 1904, 2-8 juillet 1997, p. 6.
59. J.-B. Placca, « L'Afrique des convoitises », in *L'autre Afrique*, 2-8 juillet 1997, p. 3.
60. Hamid Zyad, « Économie. Washington se tourne vers l'Afrique », in *Le Nouvel Afrique Asie*, n° 93, juin 1997, p. 36.

mécanismes de propagande, de manipulation, de coups bas, de surenchères idéologiques, de stratégies d'une diplomatie commerciale active et parallèle, l'Afrique est un espace de conflits, d'alliances ou de négociations entre les groupes d'intérêts qui cherchent à transformer de vastes régions en zones de « razzias », en « propriétés privées », ou en « territoires occupés » au profit de l'étranger. C'est comme si nous assistions à la réédition de la conférence de Berlin où les puissances européennes ont partagé l'Afrique au siècle dernier. Ce qui change, c'est que, avec le retour des nouveaux conquérants, le partage du gâteau africain s'opère, selon les régions, sur fond de violence meurtrière et de conflits armés. Il s'agit d'une véritable guerre économique qui se manifeste sous des formes larvées à travers les initiatives et les déclarations dont le caractère prémonitoire est évident. Pensons à l'offensive américaine lancée par le secrétaire d'État Warren Christopher qui a joué un rôle déterminant dans la crise des Grands Lacs :

« Le temps est révolu où l'Afrique pouvait être découpée en zones d'influence, où des puissances extérieures pouvaient considérer des groupes entiers de pays comme leur domaine privé. L'Afrique a besoin du soutien de ses nombreux amis et non plus seulement du patronage de quelques-uns[61] ».

Jim McDermott, membre de la Chambre des représentants du Congrès américain et l'un des concepteurs de l'initiative Clinton pour l'Afrique, est encore plus explicite sur la manière dont les Américains conçoivent aujourd'hui le continent africain. Dans une interview récente, il déclarait : « Il est temps de briser l'hégémonie européenne en Afrique[62] ». L'objectif de la stratégie que les États-Unis déploient en direction de l'Afrique ne peut se comprendre qu'en fonction d'une politique d'intervention qui exclut toute référence à l'« aide » comme en témoignent les contraintes auxquelles est soumise l'USAID dont nous avons parlé plus haut. Les ONG et les petits projets agricoles ou sanitaires, longtemps soutenus par l'agence d'aide américaine, devront apprendre à se

---

61. Hamid, Zyad, « Wahington se tourne vers l'Afrique », art. cit.
62. Propos recueillis à New York par Ould Babou Salam, in *L'Autre Afrique* du 2 juin au 8 juillet 1997, p. 89.

prendre en charge. Les villages de broussse habitués à vivre avec les missionniares de Peace/ corps qui s'infiltraient dans la vie des populations pour des raisons obscures devront aussi compter sur eux-mêmes au moment où les États-Unis redéfinissent leurs relations avec les pays africains en fonction des critères de rentabilité à partir des choix qui s'organisent autour d'une seule priorité : «*Trade not aid*». Dans ce sens, l'objectif à atteindre par les Américains se situe d'abord dans un contexte où, selon le dogme établi, le salut passe par le marché. L'image africaine des États-Unis est celle des commerçants et d'hommes d'affaires pour lesquels le continent demeure une région du monde où l'on peut vendre ou acheter. Comme le précise le député Jim McDermott, «il faut d'ores et déjà commencer à traiter ce continent comme un partenaire commercial[63]».

Comme on peut l'observer, les priorités de la politique africaine des États-Unis correspondent aux attentes de nombreux dirigeants confrontés à une grave crise de l'épargne nationale. Pour le président ougandais, «l'aide au développement est totalement inadaptée aux besoins de l'Afrique. Seuls importent les investissements[64]».

En fait, la recherche des marchés en développement n'est pas un phénomène nouveau. Bien avant la chute du mur de Berlin, les États-Unis ont ciblé leurs implantations en fonction des critères commerciaux et stratégiques comme le rappellent leurs intérêts en Égypte, au Nigéria et en Afrique du Sud sans oublier l'importance des pays tels que le Kenya, l'Angola et le Mozambique. Bien plus, les entreprises américaines n'ont pas attendu «l'initiative Clinton» pour engager leurs capitaux sur le marché africain. Avant l'offensive de Warren Christopher, les investisseurs américains étaient présents dans de nombreux pays francophones où leur intervention est liée à des secteurs stratégiques :

«Les privés américains sont généralement intéressés par trois domaines : l'énergie, les télécommunications et les mines. Ils ont investi au Congo-Zaïre, mais aussi en

---

63. *Ibidem.*
64. J. Goldberg, «Yoweri Museveni : ce que j'attends des Américains», in *Jeune Afrique*, n° 1893, 16-22 avril 1997, p. 18.

Zambie, en Angola, au Tchad, au Cameroun, y compris avec des sociétés françaises. Aux États-Unis, il y a des sommes d'argent colossales. Dans certains pays, la privatisation des télécoms a été faite au profit d'entreprises américaines et malaisiennes, je crois que c'est le cas en Guinée, en Ouganda, au Bénin, en Mauritanie et au Sénégal[65]».

En ce qui concerne l'«hégémonie européenne» que les États-Unis découvrent à la fin du XXe siècle en Afrique, il faut n'avoir pas été à l'école ou occulter délibérément le passé américain pour ne pas se rendre à l'évidence : les Négriers de Boston nous rappellent le rôle funeste joué par les pays de Bill Clinton dans la tragédie des peuples noirs dont on retrouve les traces dans les ghettos de Los Angeles ou de Harlem sur le continent nord-américain. Ce qui est aussi grave, c'est que, depuis l'assassinat de Lumumba qui, avec Fanon, est, selon Jean-Paul Sartre, «l'un des grands morts qui représentent l'Afrique[66]», les États-Unis ont pris une part active dans le destin de l'ex-Congo-Belge, devenu le Zaïre sous la dictature de Mobutu durant trente-deux ans. Les jeunes Africains qui ont besoin de redécouvrir leur histoire doivent prendre conscience de l'impérialisme hideux qui «n'a pas souci des vies humaines[67]». Ce que Jean-Paul Sartre écrivait jadis reste encore valable :

> «L'impérialisme a besoin d'une classe dirigeante qui soit assez consciente de sa situation précaire pour lier ses intérêts de classe à ceux des grands sociétés occidentales[68]».

Dans cette perspective, en faisant de Mobutu l'instrument de l'exploitation des ressources du Congo dès les années 60, il fallait supprimer Lumumba qui, trop conscient des enjeux de l'unification du Congo et de l'ensemble du continent africain, incarnait le danger redouté par le capitalisme d'Occident. La

---

65. G. Faes dans «Actualité. Spécial Afrique-États-Unis», in *L'autre Afrique*, 2-8 juillet 1997, p. 48.
66. J.-P. Sartre, Préface aux textes recueillis et présentés par J. Van Lierde sur *La pensée politique de Patrice Lumumba*, Paris, Présence Africaine, 1963, p. 1.
67. *Ibidem*, p. XXXVIII.
68. *Ibidem*.

mort de Lumumba conditionne la perpétuation de la domination dans cette région d'Afrique aux ressources insolentes : « Les États-Unis se sont mis d'accord avec les Belges pour exploiter en commun les richesses congolaises par l'intermédiare des sociétés mixtes[69] ».

Pour réussir cette entreprise, les Américains soutiendront Mobutu pendant trois décennies au moment où ce personnage symbolise la corruption et la répression en Afrique noire. Si la nouvelle offensive américaine prend sens aujourd'hui, c'est semble-t-il, pour des raisons économiques et politiques précises. Il s'agit d'abord pour les Américains d'adapter et de renforcer leur mode de présence en s'alignant plus résolument aux contraintes du néo-libéralisme.

« La mondialisation de l'économie est incompatible avec l'existence de marchés captifs comme on en a connu en Afrique. C'est dans ce contexte qu'il faut situer l'initiative américaine pour l'Afrique[70] ».

En lançant une initiative dite « majeure » à la veille du Sommet des pays riches à Denver, Clinton n'a sans doute pas oublié que son pays qui est l'un des plus riches du monde n'accorde à l'Afrique que 0,01 % du PIB américain en 1995. Si le nouvel engouement de Washington pour le continent mérite de retenir l'attention, c'est parce qu'il témoigne de la volonté d'accélérer le processus d'appropriation des richesses d'un continent où ce qui intéresse les milieux d'affaires, c'est de s'enrichir pendant que les millions d'Africains crèvent. Afin de poursuivre une longue histoire de l'exploitation des richesses africaines dans le cadre des marchés ouverts, les groupes d'intérêts ne peuvent que transformer l'Afrique en véritable champ de bataille où l'on se bat pour le contrôle d'immenses ressources. À partir des alibis linguistiques, historiques et institutionnels qui masquent des ambitions hégémoniques, les États-Unis s'attaquent aux positions dominantes occupées longtemps par les anciens colonisateurs au sud du Sahara. Ce qui est visé dans cette guerre des marchés, ce sont les zones

---

69. *Ibidem*, p. XXXIV.
70. J. Vieyra, « Vu et entendu. Business ou aide publique ? », in *Jeune Afrique*, n° 1904, 2-8 juillet 1977, p. 31.

d'influence définies par les accords de Yalta lorsque, après la Deuxième guerre mondiale, les États-Unis qui sont au centre du monde dit libre, doivent confier des « missions spéciales » à la France dans les régions stratégiques en Afrique noire. Ce qui est apparu comme « Les conflits Washington-Paris » abondamment commentés par la presse occidentale, n'est pas autre chose, à notre sens, que la douloureuse reconnaissance des mutations profondes des relations internationales. À cet égard, la crise des Grands Lacs oblige à relire l'histoire contemporaine en la délivrant des ravages de l'ethnocentrisme occidental. En ce qui nous concerne, ce n'est pas la chute du mur de Berlin qui a mis fin à la guerre froide, c'est « le fiasco français » dans la région des grands Lacs[71]. C'est sur le terrain, en Afrique, que l'on découvre l'archaïsme de la théorie des zones d'influence dans la mesure où, pour préserver le rayonnement de leur langue et de leur culture, les Français cherchent à justifier leur prétention à empêcher le Zaïre de sombrer dans le chaos en évitant la chute d'un dictateur considéré comme « L'homme incontournable » pour le maintien de la stabilité régionale. L'effondrement d'une dictature qui, pendant plus d'un quart de siècle a conduit à la ruine un pays pourtant riche met en cause une vision du monde où les manipulations autour d'un axe anglo-saxon mettent en lumière la persistance d'une politique d'intervention qui, sous prétexte de garantir la stabilité, impose un despote à tout un peuple. Les arguments avancés par le gouvernement français pour tenter de sauver Mobutu sont les mêmes que ceux qui durant la guerre froide, ont servi pour couvrir l'arbitraire, la corruption et la dictature en Afrique sub-saharienne. Ce système s'est effondré à bord du navire sud-africain Outeniqua où, non seulement la France mais les alliés stratégiques de Mobutu, c'est-à-dire les membres du réseau de la Françafrique, furent écartés des discussions sur l'avenir de la République démocratique du Congo.

---

71. Sur ce sujet, lire M. Léotard : « Un "triple échec" de la France », in *Le Monde*, 4 avril 1997.

Par un étrange paradoxe, le retour au Congo ex-Belge nous éclaire sur le passé et le présent du continent africain. En 1855, l'objectif de la conférence de Berlin fut, sous l'instigation de Bismark, de freiner l'expansionnisme français dans cette région stratégique. La chute de Mobutu fait du Zaïre une nouvelle zone de libre-échange compte tenu de son importance stratégique et géo-économique. Pour des raisons d'intérêt vital, la fin de la guerre froide se joue au Congo et, en définitive, dans les pays du Golfe de Guinée dans la mesure où les Occidentaux n'ont plus besoin de la France pour le maintien de la paix et la gestion des crises dans cette région stratégique. La mise à l'écart de Paris à qui Washington confia la mission de garantir les intérêts de l'Occident dans cette partie du monde durant la guerre froide bouleverse la carte géopolitique du monde contemporain. En un sens, en perdant l'ex-Zaïre, la France perd quelque chose de son prestige et de son rayonnement dans l'histoire de cette fin de siècle en attendant peut-être de se faire expulser dans les autres pays du pré-carré où elle n'a plus grand-chose à dire aux nouvelles générations africaines. La gestion de la crise des Grands Lacs marque donc pour l'Afrique la véritable après-guerre froide. En revanche, la crise qui s'annonce durable est celle du pré-carré dans l'ère des privatisations sans frontières :

« Partout sur le continent, Paris est sur la brèche. Et il faut bien se le dire : l'offensive anglo-saxonne ne s'arrêtera pas là. À l'Ouest, région plus "stable", Washington pousse des pions non militaires. Hillary Clinton est allée au Sénégal ouvrir personnellement la voie. Avant elle, le prédécesseur de Madeleine Albright au Département d'État, Warren Christopher, a mené une tournée africaine remarquée avant l'élection de Kofi Annan à l'ONU. En Côte d'Ivoire, la compétition franco-américaine a déjà pris une réelle tournure économique. L'Afrique est encore juteuse. Et l'économie constitue le nouvel enjeu des batailles en cours ou à venir. Pendant la guerre froide, la France jouait un rôle d'avant-poste américain. Les États-Unis s'étaient reposés sur elle en l'utilisant comme rempart anti-communiste en Afrique francophone. Aujourd'hui,

la donne est différente : l'Afrique a perdu une grande partie de son importance stratégique et son passé est maintenant à l'ère du "tout économique"[72]».
P. Gaillard explique bien la crise de cette distribution des rôles à pôle unique :
«Les États-Unis n'ont plus besoin de la France face à l'adversaire (l'Union Soviétique) qui n'existe plus sur le plan idéologique et militaire, mais se trouve en compétition avec l'Europe sur le plan économique. D'où la bagarre actuelle. On est dans une situation qui n'a plus rien à voir avec celle de 1960 et il faut bien considérer que Jacques Foccart a appliqué jusqu'au bout la politique de 1960[73]».

Ainsi, les rivalité franco-américaines illustrent les divergences de position qui offrent de précieuses indications sur cette Afrique qui est devenue le nouvel enjeu des conflits dans le monde en mutation. Peut-être les malheurs de ce continent viennent-ils de l'ampleur de ses ressources qui constituent une accumulation de conflits potentiels pour les financiers internationaux qui trouvent ici «la dernière terre élue du capitalisme[74]». Au moment où l'empire éclate, un nouvel imaginaire néo-colonial surgit à travers les affrontements qui montrent que le pré-carré français n'est plus un «domaine réservé». L'emprise croissante des hommes d'affaires américains en Côte d'Ivoire annonce la fin des monopoles[75] dans les pays d'Afrique où, avec l'intégration du continent dans le marché global, l'on doit s'attendre à la remise en question des privilèges anciens. En jouant le jeu de la mondialisation, les Africains n'hésitent pas à mettre en compétition les groupes financiers qui n'ont pas un lien direct avec le pré-carré. Les entreprises françaises trop longtemps sûres d'elles-mêmes en Afrique risquent de perdre du terrain et des marchés si elles ne renoncent pas à leur archaïsme atavique pour faire preuve de

---

72. *Africa International*, n° 304, mai 1997, p. 30.
73. P. Gaillard, *Foccart parle*, (Tome I, II), *op. cit.*
74. E. Fottorino, «L'ultime rêve américain», in *L'Autre Afrique*, 2-8 juillet 1997, p. 31.
75. Ouattara Anzo, «Côte d'Ivoire, le monopole français bousculé», in *Africa International*, n° 300, décembre-janvier 1997, p. 70.

plus d'efficacité, de performance, d'agressivité et de dynamisme face aux autres investisseurs qui lorgnent la «chasse gardée» de Paris. Au Cameroun, les Indonésiens ont repris Hévécam où ils exploitent les vastes plantations de Nyete. Le Gabon s'ouvre aux investisseurs japonais[76]. Un périple de huit jours en Extrême-Orient suffit à «Bongo l'Asiatique» pour convaincre Chinois, Coréens et Japonais d'investir dans le pays de celui que «Chirac l'Africain» considère comme son ami personnel[77]. Dans l'Union européenne, on découvre «un grand intérêt chez les opérateurs économiques allemand. Le chancelier Helmut Kohl l'a dit : L'Allemagne est "fortement intéressée" à consolider ses relations économiques avec le pays pétrolier d'Afrique centrale[78]».

On peut se demander si la tentation de bloquer tout concurrent dans les anciennes zones d'influence où les entreprises françaises ne se préoccupent pas toujours de prendre des risques, n'est pas à l'origine des tensions qu'on observe dans les régions d'Afrique centrale en état de guerre[79]. Dans ces pays où les P.A.S. ont paupérisé la majorité des populations, on note une polarisation sociale très forte qui accentue un climat lourd de conflits potentiels. La restauration autoritaire fait planer l'ombre de Kabila dans les sociétés où les régimes au pouvoir sont soutenus comme nous l'avons montré plus haut, par des filières mafieuses de la Françafrique. La criminalisation rampante de l'économie oblige à reconsidérer les rapports entre le pétrole et la politique dans les régimes discrédités où, comme au Cameroun, Biya, connu pour ses liens avec des groupes ésotériques, a installé un système de terreur qui se traduit par les assassinats politiques poussant l'horreur jusqu'à utiliser les organes humains en vue de pratiquer des rites magiques comme le rappelle la mort cruelle du Père Engelbert Mveng inhumé sans son cerveau. En réutilisant le thème du «chaos» auquel

---

76. *Jeune Afrique Économie*, 19 mai 1997, p. 21.
77. S. Tellep Bisseck, «Gabon. Bongo l'Asiatique», in *Jeune Afrique*, n° 1866, 9-15 octobre 1996, p. 30.
78. Cité par *Africa*, n° 297, septembre 1996, p. 17.
79. F. Soudan, «Afrique Centrale. Est-ce le tour du Cameroun?», in *Jeune Afrique*, n° 1905, 9-15 juillet 1997, p. 22 ; S. Mondjo, «Gabon. La hantise de la contagion "congolaise"», in *L'Autre Afrique*, 18-24 juin 1997, p. 58.

Paris est très sensible dans une région menacée d'embrasement, Biya ne peut prétendre échapper à l'implosion qu'en s'appuyant sur les réseaux qui ont leurs intérêts dans cette région d'Afrique centrale où la «confession» de Loïc Le Floch-Prigent révèle que rien ne peut se faire ici sans ELF, cet «État dans l'État[80]». Le voile se lève aujourd'hui sur les missions secrètes confiées par la France à ce groupe d'intérêts dans un environnemnt politico-économique et international où «tous les présidents des pays pétroliers d'Afrique ne jurent plus que par "Pasqua l'Africain"[81]».

On sait que Foccart fut l'un des patrons d'ELF. La gestion de la manne pétrolière dans le Golfe de Guinée est inséparable des missions de renseignement et de soutien des pouvoirs qui tuent dans le Golfe de Guinée. Il faut procéder à une archéologie de la violence en Afrique noire pour fonder l'économie politique des conflits dans cette région du continent où les groupes d'intérêts manipulent l'ethnicité pour contrôler les ressources stratégiques et protéger leurs rentes. La dernière guerre du Congo n'avait-elle pas une forte odeur de pétrole ? Sans revenir sur la guerre en Angola dont nous avons rappelé le formidable potentiel économique, qu'il suffise de souligner le poids du pétrole au cœur des conflits entre le régime du MPLA et l'Unita dans un contexte géopolitique et économique où les rivalités entre les groupes pétroliers français et américains se doublent d'une rivalité politique franco-américaine. Cette fracture profonde trouve une mise en scène dans un pays confronté à une véritable guerre du pétrole[82]. Toute l'économie politique du diamant africain peut être reprise sous cet éclairage. Par ailleurs, l'implication évidente des puissances régionales et internationales dans les conflits des Grands Lac oblige à mettre à jour les dessous économiques des conflits et des guerres qui sont

---

80. Sur ces révélations de l'ancien président d'ELF, lire *L'Express* du 12 décembre 1996; voir aussi le dossier de Alpha Touté, «ELF, une officine des services secrets français en Afrique», in *Le Nouvel Afrique Asie*, n° 89, février 1997, p. 26.
81. Dossier «Les filières mafieuses : armes et fausse monnaie», in *Le Nouvel Afrique Asie*, avril 1995, p. 21.
82. M. Sampaio, «Pétrole, L'Angola de plus en plus convoité», in *L'Autre Afrique*, 2-8 juillet 1997, p. 96.

devenus une voie d'accès au pouvoir et un instrument d'accumulation. F. Misser écrit dans *La Libre Belgique* du 7 avril 1997 : « Après avoir mis la main sur l'or du Kivu et du Maniema, puis investi Mbuji-Mayi, la capitale du diamant, les troupes de l'Alliance sont en train de s'emparer du cuivre et du cobalt du Shaba. L'essentiel des richesses minières du pays devrait tomber bientôt aux mains de la rébellion, comme si les objectifs de la guerre de"libération" menée par Kabila étaient arrêtés par un géologue ».

On retrouve les groupes étrangers en concurrence pour partager le gâteau minier de l'ex-Zaïre en collaboration avec une nouvelle coalition indigène. Tout se passe comme si le transfert de pouvoir obéissait à un plan de reconquête du Congo établi d'avance à partir de la perception que les milieux d'affaires ont des enjeux économiques du célèbre « scandale géologique » africain :

« L'aperçu des groupes étrangers en concurrence pour s'approprier une part du gâteau minier du Zaïre laisse à penser que Kabila et les siens ne devraient pas avoir trop de problèmes à monnayer leurs conquêtes. Des contacts secrets par filiales interposées auraient déjà eu lieu depuis longtemps entre l'Alliance et les principaux groupes étrangers. Au cours des derniers mois, ces contacts sont devenus publics.

Ce regard économique éclaire d'une autre lumière la politique des pays occidentaux et de l'Afrique du sud par rapport au Zaïre et particulièrement le déploiement militaire de ces dernières semaines dont l'objectif déclaré est l'évacuation des ressortissants étrangers. Si l'arrivée en force des groupes nord-américains dans le sillage est indéniable, [...] tous les acteurs en présence sont des sociétés transnationales dont l'objectif ultime est identique [...]: il s'agit de maximiser le rendement de leur investissement et de rapatrier les bénéfices. [...] Le danger de néocolonisation économique du Zaïre est réel[83] ».

---

83. Lire « Afrique, les dessous économiques de la guerre », in *Espérance des pauvres, Espérances des peuples*, n° 366, avril 1997, p. 15 ; sur ce sujet, lire aussi le supplément « Grands Lacs » n° 3 de *La Lettre du 32* d'avril 1997 sur « La ruée vers l'or, le diamant, le cobalt, le cuivre, le pétrole ».

Ce pays constitue à lui seul un paradigme pour comprendre tout le drame du continent dans cette ruée vers l'or, le diamant, le cobalt, le cuivre, le pétrole, l'uranium et les autres ressources stratégiques qui forment l'arrière-plan des conflits[84] ayant surgi naguère dans la région des Grands Lacs. Comment ne pas y reconnaître la main invisible qui se lève pour étrangler tout le continent à partir des postulats d'un système qui n'a que faire des pauvres ? Claude Cheysson le reconnaît justement lorsqu'il brise le mythe de la mondialisation et démasque ses effets pervers :

« La mondialisation et la libéralisation de l'économie, si elles s'appliquent pleinement, seront une catastrophe pour les faibles. Le jour où s'établira une libre concurrence, sans droits de douane ou presque, entre un pays pauvre qui n'a pas de matières premières qui intéressent véritablement, et un pays industrialisé, vous condamnerez le partenaire faible à ne pas se développer. Dans un système d'économie libérale, aux niveaux national et international, l'entreprise et le marché ne s'intéressent qu'à ceux qui le servent. C'est normal. Pourquoi une entreprise s'intéresserait-elle à un pauvre ? À quoi sert un pauvre ? S'il n'a pas la chance d'être assis sur un magot, une matière première qui intéresse, celui-là a toutes les chances d'être oublié, exclu.[85] »

Ce qui s'est passé dans l'ex-Zaïre illustre la grande mystification qui, à travers le chemin de la croissance, dissimule un vaste projet d'assujettissement dont l'ajustement structurel est l'instrument privilégié. À cet égard, on admire le courage de J.F. Bayart qui, tout en dénonçant « la criminalisation de l'État en Afrique », investit les ressources de son intelligence pour théoriser « la réinvention du capitalisme[86] » au moment même où des millions de pauvres en sont victimes non seulement en Afrique mais dans les pays du nord dont la majorité des populations sont confrontées au chômage et à l'exclusion. Le politologue africaniste n'ignore pas

---

84. *Ibidem.*
85. C. Cheysson, « La mondialisation ? Une catastrophe ? », in *L'Autre Afrique*, 5-11 novembre 1997, p. 13.
86. J.-F. Bayart (Dir), *La réinvention du capitalisme*, Paris, Karthala, 1994.

que « le capitalisme sait, à l'occasion être quelque peu crapuleux[87] ». Depuis les temps modernes, l'Afrique n'a cessé de faire l'expérience du meurtre sur lequel se fonde l'« ethos » capitaliste, c'est-à-dire un mode de pensée qui traverse l'imaginaire de l'Occident. Car le capitalisme est d'abord une spécificité historique des sociétés occidentales. Dans cette perspective, pourquoi les sociétés africaines devraient-elles se réapproprier un « esprit » qui tue, à partir de la mémoire des victimes d'une histoire tragique et vivante ? S'il est vrai que l'éthique du capitalisme n'éprouve aucun scrupule à recourir à la violence, au crime et à la guerre, au chômage et à l'exclusion lorsque la recherche du profit l'exige, il nous paraît grave d'inviter les Africains à « inculturer » une croyance dont la majorité des Européens et des Américains exposés à la précarité ne sont nullement disposés à assumer les coûts. Dans les pays du nord comme dans les pays du sud, les maîtres du monde ne sont pas de doux agneaux. Partout où la dictature de l'argent est une source de menaces pour le respect et le triomphe de la vie, des millions d'êtres humains tombent et meurent. Chaque jour, ils font l'expérience du « capitalisme-tueur ». En Afrique, l'assassinat de P. Lumumba en a fait une figure emblématique dans un contexte historique et culturel où l'impérialisme, dans sa lucidité tragique, sait découvrir les valeurs qui lui refusent toute légitimité. J.-P. Sartre a bien montré toute la charge symbolique des événements qui font de l'ex-Zaïre une sorte de préfiguration de l'ensemble du continent : « En fait, les nations africaines découvraient au Congo leur destin, le destin de l'Afrique.[88] »

Depuis 1980, les jeunes Africains subissent les ravages du néo-libéralisme triomphant. En plus des vies brisées et des espoirs éventrés, on assiste, à travers les politiques d'ajustement structurel, au démantèlement de l'état. Telle est la condition du passage à l'économie de marché. L'Occident tend à faire basculer l'Afrique dans la jungle globale. Au nom d'une dogmatique qui asservit l'esprit et confisque toutes les ressources de la pensée et de l'imagination, il faut

---

87. *Ibidem*, p. 35.
88. J.-P. Sartre, *op. cit.*, p. XLIII.

que meure le citoyen lui-même, puisque le politique doit être subjugué par l'économique. Dans ces conditions, au lieu de « réinventer le capitalisme », la tâche prioritaire n'est-elle pas de refuser la barbarie ? Seule la réponse à cette question pose les fondements de la renaissance de l'Afrique.

CONCLUSION

LES RUSES DE L'IMAGINAIRE

Au terme des analyses qui précèdent, des tendances lourdes retiennent l'attention. Face à l'énorme faisceau de contraintes structurelles qui s'enchevêtrent à travers des forces de coercition, des systèmes de violence et de précarité, des conflits des savoirs et des enjeux de pouvoir, les sociétés africaines se caractérisent par une extraordianire capacité de résistance, d'invention et de créativité. Elles l'ont prouvé au long de l'histoire en manifestant leur dynamisme par des trajectoires multiples et variées, des cheminements imprévus, des « réveils » ou des révoltes violentes et des réponses inédites aux défis du temps. Aucune intelligence de ces sociétés n'est possible sans une prise en compte de cette culture de la résistance et de l'innovation qui se réactualise dans l'espace et la durée. Pour le monde africain, tout se passe comme s'il y avait toujours quelque chose de neuf à faire face aux enjeux politiques et économiques qui obligent l'ensemble d'une société à se réexaminer elle-même, à interroger ses fondements, ses systèmes de valeurs et de normes, ses pratiques et ses institutions. Ce que nous savons de la vie et de l'histoire de ce continent ne peut s'éclairer qu'à la lumière de ce « travail culturel » des sociétés sur elles-mêmes à partir de leur imaginaire spécifique qui ouvre aux hommes et aux femmes des pays d'Afrique un vaste champ des possibles où se déploie leur liberté dans une sorte de création continuée. Car rien ici n'est figé. Il faut rompre avec une vision de l'Afrique qui l'enferme dans la répétition et l'immobilisme. Les mythes, les croyances et les symboles comme les autres dimensions des cultures du terroir ne sont pas donnés une fois pour toute. En Afrique comme ailleurs, tout est soumis à un processus de relecture qui oriente toutes les dynamiques de réinvention des traditions. Sur la base de cette histoire vivante et de la production de la société par elle-même, on comprend les résurgences de tout un capital d'inventivité accumulé par les imaginaires culturels et historiques des sociétés subsahariennes. L'Afrique reste fidèle à sa tradition d'indocilité, à sa mémoire d'insoumission, à sa culture de la vie qui est fondamentalement le refus de mourir.

Il semble important de dégager ces lignes de force qui orientent les attitudes et les comportements, les pratiques sociales et les formes d'organisation qui sont la réponse des sociétés aux logiques de mort qui les menacent. On a observé au cours des dernières décennies les stratégies individuelles et collectives par lesquelles les acteurs sociaux sont de véritables créateurs d'historicité dans les espaces critiques où l'on a vu surgir des modes de vie, des recompositions sociales, des restructurations économiques, des innovations dans les différents domaines de la vie en société. L'histoire de cette créativité reste à faire. Ce qu'il importe de retenir ici, c'est l'urgence de repenser les sociétés africaines à travers les dynamiques vivantes qui s'expriment par l'émergence de nouveaux comportements. Au temps des négriers, de l'indigénat et des despotismes obscurs qui ont investi dans la tradition coloniale d'autoritarisme, une même culture d'indocilité a fonctionné. Il ne s'agit pas seulement des formes de dérobades ou des aspects multiples des stratégies du pauvre; il s'agit d'un art de vivre dont la production est un défi à l'imaginaire dans un contexte global où la totalité du champ social est sommée de se redéfinir pour faire face aux drames et aux souffrances du temps. Au-delà de ce qui se donne à voir, il y a toujours dans l'histoire des sociétés africaines ce qui se dissimule et se cache. C'est ce non dit qu'il importe de repérer. Pour en saisir le sens et la portée, il faut découvrir l'événement fondateur dont on perçoit les dessous à travers l'émergence des nouveaux comportements.

Conclusion

Confrontées aux ravages du néo-libéralisme en expansion, les société africaines ne sont pas passives. Elles ont trop l'expérience d'avoir été traumatisées par les événements graves dont elles ont subi les chocs à partir de l'irruption des dynamiques de violence. La précarité qui a marqué la rencontre entre les sociétés africaines et les forces économiques, politiques, culturelles et religieuses de l'Occident, est loin d'avoir brisé les ressorts de l'homme africain. Les restrictions sévères dans les budgets des ménages, les formes de pénurie et de disette qui n'ont cessé de s'aggraver, les sacrifices inhumains imposés aux populations africaines par la religion de l'argent en matière de santé, d'éducation et d'emploi, suscitent des capacités de contournement organisées par les groupes qui rappellent qu'il existe d'autres manières de vivre que celles du profit individuel et de la compétitivité. Les nouveaux réseaux de sociabilité qui réinventent les vieilles habitudes, les formes d'accès au travail par les liens de solidarité, bref, le réinvestissement du capital social et culturel du patrimoine ancestral sont autant de formes de récits de vie des acteurs qui racontent l'histoire du présent au moment où la sacralisation néo-libérale du marché croit bloquer définitivement l'avenir. On peut reconstituer aujourd'hui la vie du continent noir en assumant cette narrativité des sociétés par elles-mêmes. Les experts du FMI et de la Banque mondiale sont surpris par l'extraordinaire vitalité des sociétés qui déploient les dynamiques de l'imaginaire en rusant avec les structures de mort imposées par les groupes d'intérêts qui s'organisent pour contrôler les ressources du continent.

Paradoxalement, c'est par les jeunes et les femmes que s'exprime la vitalité des sociétés africaines. Autrement dit, le lieu par excellence où l'Afrique s'invente se révèle dans les marges qui demeurent le défi primordial de tous les acteurs et des organismes d'intervention ou des groupes d'opinion et de pression décidés à accompagner le continent noir sur les chemins de sa renaissance. Nous pensons ici à l'essor du mouvement associatif qui conditionne depuis deux décennies l'ensemble des transformations à travers lesquelles on découvre la capacité d'innovation des sociétés africaines. Ce phénomène exprime un choix de normes et de valeurs qui apparaît comme une alternative aux logiques que veulent imposer les bailleurs de fonds qui s'imaginent que sur toute l'étendue de la terre, le seul rapport à l'argent passe nécessairement par la conversion à un système culturel et social fondé sur l'individualisme européen et nord-américain. Pour les Africains, il est possible de s'ouvrir à la modernité sans nullement se compromettre avec le particularisme des croyances et des modes de pensée qui font de l'inégalité sociale la seule voie d'accès à la modernité économique.

Le développement des tontines prouve que cette modernité peut être fondée sur l'articulation des rapports entre l'argent et l'esprit de famille ou toute autre forme de réseaux sociaux de solidarité (voisinage, village, région, etc.). Si, comme toutes les recherches le montrent, la pratique tontinière est source d'accumulation du capital, cela prouve que la recrudescence du mouvement associatif auquel nous assistons apparaît à la fois comme révélateur et vecteur des dynamiques d'innovations sociales en Afrique. Or ce processus s'est généralisé à partir des pratiques populaires qui obligent les Africains à réactualiser les habitudes enracinées dans les mémoires collectives afin d'inscrire les initiatives communautaires dans les projets d'action et d'intervention qui dépassent le stade de la survie. La réinsertion des membres d'un groupe dans un système social en crise s'opère par le refus de ce que l'on pourrait appeler « la civilisation de l'anti-frère ». Il convient de redonner toute l'importance à ce principe de base sur lequel repose une « socio-économie » qui n'a pu surgir dans les États en crises que grâce aux ruses de l'imaginaire africain. En effet, là où l'ajustement structurel conduit à la paupérisation et à l'exclusion, les économies réelles qu'inventent les « gens d'en-bas » posent les fondements d'une autre économie en rupture avec la rationalité marchande qui enferme les millions d'hommes et de femmes dans le dénuement et la précarité.

Toutes les pratiques populaires qui manifestent la créativité des sociétés africaines ne sont pas un simple réflexe de survie devant l'ajustement structurel. Il s'agit d'une reprise d'un mode d'organisation à la fois vieux et complexe qui s'appuie sur la mise en valeur des réseaux qui par leur complexité et leur souplesse, manifestent cette double capacité des cultures africaines à renforcer et à recréer des liens sociaux et donc une véritable économie de la vie[1]. La quotidienneté devient le lieu où les acteurs divers réinventent la vie à travers les pratiques qui donnent aux villages et villes d'Afrique l'image des sociétés vivantes et dynamiques. Comment inscrire la créativité de ces sociétés dans les processus macro-économiques sans réhabiliter les acteurs longtemps négligés ?

Ne faut-il pas davantage dialoguer avec les « gens sans importance » pour repenser les conditions de la renaissance de l'Afrique ? La réponse à cette question nous fournit le deuxième facteur d'émergence d'une autre manière de faire et de voir le monde qu'il nous faut imaginer dans les régions où le totalitarisme du marché obéit à un seul but : contrôler le potentiel économique du continent pour empêcher l'émergence des pays africains en utilisant les institutions financières internationales et en démantelant l'État. Nous sommes confrontés au grand défi de la mondialisation dans la mesure où ce qui est un jeu, c'est la capacité d'initiative politique des hommes et des femmes de ce continent. La reconquête de la souveraineté est la seule alternative qui s'impose aux sociétés africaines dans un contexte néo-colonial où les dirigeants doivent, s'ils veulent se maintenir au pouvoir, exécuter les décisions des milieux d'affaires qui confisquent les lieux du pouvoir à travers les politiques d'ajustement structurel. Comment refonder la société sur un ordre politique dans les pays d'Afrique où le retour en force des dictatures favorise la reconquête des ressources du continent et renvoie aux calendes grecques tout ce qui a trait aux droits humains et à la démocratisation ? Nous avons vu que les réseaux mafieux qui protègent ces dictatures n'ont aucun scrupule lorsqu'il s'agit de préserver leurs intérêts en finançant par des moyens occultes les élites qui s'accrochent au pouvoir et s'interdisent toute tentation d'ouvrir les possibilités d'une véritable alternance. Dans la majorité des pays africains où la répression et le pillage vont de pair, la reconceptualisation de l'État prônée

---

1. Sur ce sujet, lire l'ouvrage remarquable de J. Ph. Peemans, *Crise de la modernisation et pratiques populaires au Zaïre et en Afrique*, Paris, L'Harmattan, 1997.

par les bailleurs de fonds n'est pas une panacée. Car la redéfinition des objectifs de l'économie exige la réhabilitation du politique et l'émergence d'une culture citoyenne fondée sur les capacités des nouveaux acteurs sociaux à inverser le cours actuel de l'histoire.

Faut-il le rappeler : l'Afrique n'est pas pauvre. Elle est appauvrie par les élites indigènes qui collaborent à la culture de la violence institutionnalisée par les mécanismes économiques et politiques qui fondent le système d'inégalité et de domination qui se réactualise depuis le temps colonial. Les indépendances de drapeau n'ont pas mis fin à ce système. L'ajustement structurel le renforce. Or ce système est à l'origine des dynamiques de paupérisation qui sont source d'insécurité et de conflits destructeurs. Si la crise africaine est d'abord une crise politique, il faut rompre avec toutes les dérives culturalistes qui risquent de détourner les groupes d'action des problèmes d'engagement face à des conditions de vie inacceptables. On perçoit l'ampleur des mouvements sociaux qui s'amorcent avec la prolifération des organisations populaires porteuses de multiples enjeux socio-politiques et économiques. Dès lors l'avenir se joue autour du contrôle des changements économiques à partir des demandes de ceux qui ne peuvent se résigner à demeurer éternellement des « rien-du-tout ».

En Afrique noire, la « bonne gouvernance » chère à la Banque mondiale ne suffit pas. Dans un contexte grave où les bailleurs de fonds gouvernent l'Afrique, des millions d'hommes et de femmes cherchent à sortir d'un modèle de société qui les réduit à « une modernité de rebut », une sorte de banlieue du nord où la violence de l'argent met en œuvre de vastes processus de clochardisation. C'est ce système qui doit changer. Au-delà du rire, de l'humour et de la dissidence, des réactions et des stratégies de survie, il s'agit d'identifier les dynamismes internes, de construire d'autres politiques sociales et écomiques et de renforcer les contre-pouvoirs afin d'inscrire les alternatives qui se cherchent dans un vaste processus de changement social. Ces tâches interpellent tous les acteurs en quête de sociétés viables.

Conclusion

Peut-être les milieux de recherche ont-ils ici des responsabilités spécifiques à assumer pour penser autrement le passage de l'Afrique à la modernité économique. Si l'état du monde interdit de croire aux légendes des économistes de Chicago, qui, loin des archipels de la misère, croient naïvement que la libéralisation conduit au bonheur de l'humanité[2], les intellectuels africains doivent ouvrir leurs yeux sur l'incapacité du modèle occidental à répondre aux besoins réels des villages et des villes d'Afrique. Les observateurs lucides ne se privent plus de dénoncer la faillite de ce modèle en mettant à nu le « malaise dans la mondialisation[3] ».

Pour donner un sens à un « vivre ensemble » dans un espace commun par-delà l'ajustement structurel et le marché, ne convient-il pas d'assumer les enjeux ruraux et urbains dans les champs d'analyse qui imposent un renouvellement des connaissances dans tous les domaines de la vie en Afrique ? Aucun développement viable et durable ne peut se concevoir sans un investissement massif et une mobilisation générale des intelligences. Soulignons-le avec force : l'avenir du développement en Afrique passe par la recherche scientifique. À cet égard, le chercheur africain dans le domaine précis de son travail est un acteur indispensable sur lequel la société doit compter. Une réflexion stratégique sur l'avenir du continent nous apprend à voir aussi loin que possible pour identifier les nouvelles formes de la dictature, alerter sur les risques écologiques et technologiques et ouvrir les voies nouvelles. L'Afrique bénéficie d'un héritage de réflexion et de recherche légué par la génération des années 50 qui s'est heurtée à la violence du colonialisme et a transmis une mémoire de lutte et de résistance qui est devenue une dimension de la culture africaine repérable dans l'art, la musique, la littérature, la réflexion philosophique, les sciences sociales, historiques, économiques et politiques, juridiques et religieuses. Les créateurs de ces œuvres de l'esprit indigène ont joué le rôle

---

2. E. Izraelwicz, « Les économistes de Chicago voient l'avenir en rose », in *Le Monde*, 31 mai 1995.
3. Zaki Laïdi, *Malaise dans la mondialisation*, Paris, Textuel, 1997.

d'avant-garde et d'éclaireurs. Ils ont été les maîtres d'initiation dont il faut reprendre les idées directrices pour approfondir une vision à long terme des défis et des enjeux du continent afin de produire des outils d'analyse et d'inventer des instruments d'aide à la décision, à l'innovation et à l'émergence des nouvelles conditions d'existence de l'Afrique dans le monde. Croire qu'il y a des remèdes miracles à nos problèmes, c'est se livrer à la magie et à l'ésotérisme du FMI et de la Banque mondiale qui nous convient à la fatalité du modèle néo-libéral. Les nouvelles générations d'intellectuels africains doivent reprendre le droit à l'initiative, rapatrier les débats sur les questions majeures du temps, déconstruire les mythes et désacraliser les fétiches imposés par le culte de l'argent.

<u>Nous entrevoyons l'urgence d'une éthique de la transgression qui nous oblige à réhabiliter la pensée maudite afin de retrouver les sources de la créativité.</u> À partir des problèmes quotidiens, les intellectuels africains ont besoin de se redéfinir face au destin du continent. Leur rôle est plus que jamais immense dans la mesure où l'idée d'une Afrique laissée en bordure du monde est insupportable. Précisément, pour consacrer cet état de choses, les bailleurs de fonds sont trop conscients des enjeux que représentent les lieux de production et de transmission de la connaissance. Aussi, la Banque mondiale considère l'enseignement supérieur comme un luxe pour l'Afrique. Car, avec les indigènes tout juste alphabétisés sous l'arbre, il n'y a aucune menace à redouter dans un système international implacable où les groupes financiers ont décidé de faire de l'Eldorado africain leur marché providentiel. Avec l'appui des filières mafieuses, ces groupes s'organisent pour soutenir les dirigeants africains qui répriment les étudiants et les enseignants sur les campus. À travers le continent, les restrictions budgétaires qui suscitent la grogne des étudiants mettent en lumière un projet global qui se réalise progressivement par la destruction du potentiel humain d'un continent qui, dans les conditions actuelles ne peut prétendre à son relèvement futur, en l'absence d'hommes et de femmes solidement formés et préparés.

Privés de toute sécurité humaine et sociale, les jeunes se voient fermer les portes de l'avenir dans les pays où les universités sont à l'agonie. Si de nombreux États sont évanouis et n'ont plus rien à distribuer, ils disposent de puissants moyens de destruction de la vie à travers un système coercitif qui se renforce avec les restaurations autoritaires. Plus personne n'est sûr de sa sécurité. Les pouvoirs, incapables de répondre aux demandes sociales des générations sinistrées sont mobilisés en permanence pour exercer une violence brute sur tous les esprits qui dérangent. Les élites corrompues créées à l'ombre de ces pouvoirs participent activement à l'organisation systématique d'un véritable holocauste au quotidien à travers les stratégies brutales qui contribuent à bloquer l'émergence des nouvelles générations d'acteurs et de créateurs, ces élites empêchent la formation d'une relève plus crédible et soucieuse de satisfaire les aspirations aux changements qui travaillent en profondeur le monde des petits et des faibles. On voit dans de nombreux pays africains les meilleurs journalistes enfermés dans des cachots. D'autres ont pris le chemin de l'exil. Des artistes célèbres vivent dans la hantise des menaces qui pèsent sur les créateurs en rupture avec l'ordre établi. L'Afrique risque de battre le triste record du nombre des réfugiés parmi lesquels on trouve les « exilés du savoir ». Persécuté par la dictature de son pays, le Nigéria, Wole Soyinka, prix Nobel de littérature (1986), vit en exil. Inculpé de trahison, crime passible de la peine de mort, il vit sous la menace d'être supprimé comme ce fut le cas de l'écrivain Key Sako-Wiwa pendu en 1995. Écrire et oser penser en toute liberté en pays dominés par les pouvoirs qui tuent ne peut qu'étouffer toute créativité scientifique et condamner de nombreux écrivains, penseurs et intellectuels à n'être que des griots des partis qui gouvernent. Il faut mesurer les coûts de cette pagaille énorme qui persiste au Cameroun, au Nigéria, au Togo et dans les autres dictatures africaines qui, par toutes les formes de brimades et de violence, ne cessent d'afficher leur mépris pour l'intelligence.

Or l'Afrique a besoin de pensées autant que de routes, d'ordinateurs ou d'engrais. Il lui faut des hommes et des femmes qui gardent cette capacité d'indignation leur permettant d'assumer l'héritage des générations qui, au cours de l'histoire contemporaine, n'ont cessé de réfléchir collectivement et de manière critique sur le destin des peuples noirs dans le monde. Produire des nouveaux savoirs sur l'Afrique, en tenant compte des enjeux théoriques et scientifiques résultant de l'irruption du monde africain dans le système des connaissances, relève de cette économie du savoir sans laquelle les sociétés africaines ne peuvent ni mettre en valeur leur potentiel économique, ni défendre leurs droits à la vie face aux puissants monopoles qui font main-basse sur le continent. On prend conscience de l'urgence et du besoin d'amorcer la réflexion sur l'économie politique de la connaissance en Afrique, de défendre les libertés académiques et d'assurer la réhabilitation et la promotion de l'intelligence et sa dignité dans les pays du continent où les systèmes politiques utilisent la violence pour réprimer les penseurs et les chercheurs, les écrivains, les journalistes, les artistes et autres créateurs critiques et engagés.

À travers ces efforts, des projets de sociétés sont en jeu. Ce qu'il importe d'assurer, c'est une présence significative de l'Afrique dans l'espace-monde de notre temps. En effet, au-delà d'un ajustement sans ressources humaines, il nous faut comprendre que la production et la gestion des intelligences est un atout stratégique si le continent africain doit trouver sa place au XXIe siècle. <u>Le défi de l'innovation ne peut être relevé sans les investissements intellectuels massifs</u>. Les roitelets indigènes qui dirigent l'Afrique comprendront-ils que la mondialisation les contraint à séduire les têtes et non à les couper ? Il ne s'agit pas ici de ces diplômés des universités que l'on embrigade dans les stratégies de pillage, de prédation et de criminalisation. Nous pensons aux vrais travailleurs de l'esprit, aux créateurs d'idées et aux producteurs des savoirs dont l'Afrique a un impérieux besoin pour sortir de la marginalité scientifique et technologique. C'est toute la question de la créativité culturelle et intellectuelle qui doit être examinée dans les pays qui aspirent à passer des bricolages actuels à la réappropriation des conditions de leur autonomie. Telles sont les tâches des nouvelles générations appelées à réactualiser la mémoire des grandes figures emblématiques qui, depuis Nkrumah, Lumumba, Cheikh Anta Diop, Alioune Diop et Franz Fanon, demeurent les repères dont il convient de retrouver le message dans un « monde privé de sens. »

Conclusion

Les Africains ne doivent pas se leurrer. Pendant que leurs dirigeants répriment et condamnent les jeunes à la débrouille, les grandes compagnies multinationales se ruent sur le continent aux trésors, notamment l'or, le diamant, le cuivre, l'aluminium et le pétrole africains. Plus que jamais, ils savent que l'Afrique est l'Eldorado du XXIe siècle. Les télévisions occidentales n'en parlent pas. Le sida, les famines, les guerres interethniques, la sécheresse ou la corruption suffisent pour occuper l'opinion dans les pays où les discours institués sont muets sur les réservoirs de ressources inventoriées au sud du Sahara. Cette Afrique des convoitises est au centre des luttes gigantesques où les groupes financiers sont prêts à se battre pour occuper des espaces stratégiques. La globalisation, c'est aussi ce vaste processus politique qui recouvre des rapports de forces, des stratégies de conquête, des logiques d'appropriation et d'exclusion, des dynamiques de violence, d'expansion et de contrôle, des projets hégémoniques construits et institutionnalisés par les acteurs qui s'organisent en réseaux ou consortiums portant la pleine responsabilité de leurs risques et de leurs engagements, qui affecte le rapport de l'homme à son environnement et met en cause la garantie de ses droits sociaux. Les mesures du P.A.S. font comprendre aux sociétés africaines l'ampleur des menaces qui pèsent sur l'individu et ses droits sociaux dans un contexte économique et politique où seule compte la promotion des intérêts privés à partir des normes jugées indiscutables qui résultent de la seule théorie économique. Les intérêts privés qui pensent le monde à leur image ont investi les institutions de Bretton Woods en les érigeant en véritable syndicat des grandes puissances au moment même où l'on assiste à la crise du syndicalisme dans le monde. Nous sommes entrés dans une période où les bailleurs de fonds nous font croire que seul le droit du commerce et des affaires est au-dessus de tous les droits.

Ainsi les maîtres du monde peuvent se permettre de se déplacer comme ils veulent sans subir aucune contrainte ni humiliation. Attiré irrésistiblement par l'Eldorado africain, le Nord est un monde en mouvement. Le capital l'exige. La globalisation impose cette mobilité structurelle qui est une dimension de l'ordre néo-libéral. Au moment où les « naufragés de la planète » tentent de bouger, toute l'opinion occidentale s'ameute pour contrôler la mobilité du Sud et refouler les envahissseurs[4]. Elle secrète et entretient une culture d'émeute qui transforme les indigènes qui viennent d'Afrique en jeteurs potentiels de bombes que les États souverains doivent repousser violemment en bloquant toutes les portes par lesquelles la horde des pauvres risque d'« envahir » les territoires réservés, menacer la sécurité et troubler la fête des sociétés de la grande bouffe. Devant les frontières, les policiers qui sont les gardiens du temple ont été dressés comme les bergers allemands. Ils s'indignent devant un homme de science et de culture qui s'aventure à passer de l'Afrique aux portes de l'Occident.

Dans un contexte mondial où les savoirs n'ont pas de patrie, une sociologie des consulats et des aéroports nous fait découvrir l'horreur d'un système économique et politique qui semble avoir perdu toute capacité de l'humain[5]. L'Occident se barricade. <u>Tout est programmé pour maintenir les barbares dans leur enclos tout en pompant leurs richesses avec arrogance.</u> Pour réussir cette entreprise d'enfermement, des leaders d'opinion qui font les affaires avec l'Afrique ressuscitent les vieux mythes de l'inégalité des races[6]. D'autres stratèges manipulent les millions de pauvres du Nord en leur faisant croire que les balayeurs de rue venant des savanes africaines sont la cause du chômage en expansion dans les pays industriels où la création des emplois n'est pas l'objectif de la privatisation[7]. Le système néo-libéral est si avisé qu'il récupère la vague de xénophobie pour lancer l'industrie des « charters de la honte » en créant les marchés de l'immigration[8]. L'histoire des « sans papiers » est un cas significatif d'une politique occidentale de

---

4. Sur la mobilisation de l'Occident contre la nouvelle menace, lire J.-C. Rufin, *L'empire et les nouveaux barbares*, Rupture Nord-sud, Paris, Éd. J.-C. Lattès, 1991, pp. 10-11.
5. Sur cette situation, lire « Visas : le cauchemar ! », in *L'Autre Afrique*, n° 8, 9-15 juillet 1997, pp. 8-13.
6. Sur les « mots qui tuent », lire « Le Cardinal Lustiger dénonce le danger des discours de M. Le Pen », in *Le Monde*, 19 septembre 1996, p. 10.
7. Voir les réflexions sur « L'immigration, un dérivatif », dans A. Minc, *La vengeance des nations*, Paris, Grasset, 1990, pp. 179-230.
8. Pour un bref aperçu sur cette industrie, lire E. Emptaz, « France, charter d'asile ! », in *Le Canard enchaîné*, 14 août 1996.

fermeture des frontières qui s'amplifie en créant un climat de suspicion sur tout candidat à la migration. L'arbitraire des États policiers est tel que le droit d'asile et l'ensemble des conquêtes en matière de droits humains[9] des cinquante dernières années ne sont plus garantis à l'heure où pourtant certains esprits lucides commencent à s'interroger sur la « fin des frontières » dans le nouveau monde qui prend forme sous nos yeux[10]. Ce qui est plus grave, c'est que le néo-libéralisme a réussi à imposer une sorte de consensus autour du « péril migratoire » dans les pays d'Occident où la peur du nombre risque de priver certains pays du concours des cerveaux africains qui s'exilent vers les sociétés qui prennent conscience des richesses que constituent le partage des expériences et une meilleure gestion de la différence. Si l'avenir de l'humanité appartient aux « sociétés et aux cultures métis », l'Afrique n'a rien à mendier aux autres peuples. Tout ce qu'elle apporte à partir des lieux de mémoire de sa culture, c'est peut être le goût de l'humain dans un monde où le « tout-marchand » enferme les sociétés entières dans la dictature de l'immédiat et de l'instant. Le spectacle du vide que nous offre le nouveau capitalisme en expansion n'est pas autre chose. Pour renaître, l'Afrique ne peut se laisser subjuguer par une civilisation du tube digestif qui ne peut épuiser les dynamismes de l'imaginaire humain.

Aussi sommes-nous tentés de revenir à Fanon qui nous rappelle l'urgence de rompre le consentement aux impasses de la modernité occidentale pour créer du neuf là où la résurgence de l'irrationnel au sein des sociétés occidentales met en lumière la crise de sens et la faillite du modèle que

---

9. Voir M. Bertrand, *Le Monde diplomatique*, février 1990, pp. 6-7 ; sur la réduction d'accueil des demandeurs d'asile dans l'Union européenne, lire aussi L. Legoux, « Les réfugiés dans le monde », in *Population et sociétés*, n° 315, juillet-août 1996 ; pour une vue d'ensemble du sujet, voir le dossier HRC, *Les réfugiés dans le monde, en quête de solution*, Paris, La découverte, 1995.
10. Concernant le débat sur la territorialité à l'heure de la globalisation, lire l'ouvrage fondamental de B. Badie, *La fin des territoires*, Paris, Fayard, 1995 ; « Citoyens sans frontières », entretien avec B. Badie dans *La Revue Nouvelle*, n° 2, février 1997, pp. 38-43.

l'économie de marché veut imposer à l'ensemble de la planète[11]. Au moment où le centre de gravité du monde se déplace du Nord vers le Sud, singulièrement vers l'Afrique subsaharienne compte tenu de son poids démographique et de son potentiel économique, on mesure l'ampleur des défis à relever pour repenser les rapports entre le social et l'économique, le marché et la culture. Les intellectuels africains trouvent là un champ de recherche qui doit mobiliser les esprits s'ils veulent éviter à leur peuple de s'asseoir sur « la natte des autres » pour reprendre la merveilleuse expression de J. Ki Zerbo. Car au cœur des enjeux de l'Afrique confrontée aux contraintes de la globalisation, on retrouve la prétention des croyances occidentales à l'universalité.

Les fondements structurels et symboliques de l'ajustement structurel nous le rappellent tous les jours. Il s'agit d'une nouvelle forme de dictature qui, au travers des réformes économiques et de la reconceptualisation du rôle de l'État, impose une manière de voir le monde et de vivre. Les croyances occidentales sont-elles universalisables ? Sont-elles viables ? Une culture qui s'enracine sur le culte de la violence perd toute crédibilité dès lors que le monde n'est plus qu'un vaste marché où l'on refuse à des millions d'êtres humains le droit à la vie. En cette fin de siècle où des groupes entiers risquent de basculer dans le « hors-monde », si l'Afrique signifie quelque chose qui mérite d'être rêvé, il nous faut renoncer à la croyance naïve selon laquelle l'humanité serait parvenue à la fin de l'histoire. Ce mythe est repris dans l'ensemble des discours véhiculés par des groupes d'intérêt qui ne sont pas décidés à assumer la fermeture de la parenthèse coloniale. Pour sortir du vide devenu insupportable à l'Occident lui-même, nous avons besoin de redécouvrir l'Afrique. <u>Ce continent constitue une immense réserve de sens et de ressources</u> : ce capital doit être valorisé afin que l'espoir germe au cœur des « Damnés de la Terre » et que des matins neufs se lèvent sur l'Afrique. En dépit des apparences, rien n'est joué. On mesure ici la tâche immense des hommes et des femmes dont l'office est de se réapproprier

---

11. Relire dans ce sens le testament de F. Fanon, *Les Damnés de la terre*, pp. 374-376.

l'initiative de la recherche afin de produire les savoirs permettant de transformer la société et de recréer les espaces où la vie peut s'épanouir dans toutes ses dimensions.

L'Afrique nous est apparue comme le continent de l'avenir. Mais toutes les contraintes sont réunies pour qu'elle reste un « continent pour les autres ». Dès lors, la réappropriation de l'Afrique par elle-même est le défi majeur des générations qui montent. Pour l'heure, l'urgence impose un vaste mouvement d'idées et de recherches, d'expériences, de réflexions et de pratiques devant conduire dans les lieux de vie et d'action à une « désoccidentalisation » radicale des sociétés subsahariennes : entreprise prométhéenne à laquelle aucun groupe d'hommes et de femmes du continent ne peut se dérober. Ce projet historique doit mobiliser toutes les puissances de l'imaginaire en vue de la renaissance de l'Afrique. Dans ce but, les difficultés du temps présent sont une épreuve qu'il convient d'assumer avec lucidité pour nous mesurer à nous-mêmes et mettre en œuvre le possible de nos sociétés. Pour surmonter les contraintes multiples qui se dressent sur les chemins de notre histoire, comment ne pas rappeler l'art de vivre que nous propose ce paysan d'Afrique :

« Le malheur pousse à l'innovation. C'est à cause des difficultés que les initiatives paysannes sont nées : les difficultés ont même été une bonne chose, car sans elles, nous dormirions encore dans les bras de la dépendance[12] ».

Face à l'énorme enchevêtrement des contraintes, une tradition d'inventivité est née. Elle donne à de nombreux acteurs la possibilité de montrer ce dont ils sont capables. Là où l'État ne recrute plus tandis que la privatisation créée au sein des populations la hantise des licenciements massifs, les sociétés prennent leur revanche. Après la faillite du salariat qui a longtemps fait rêver les générations de l'indépendance, les jeunes et les femmes créent de nouvelles activités, n'en méprisant plus aucune. Ils sont prêts à travailler autrement. Les

---

12. Paroles d'un paysan du Sénégal recueillies par P. Pradervand, « La révolution silencieuse des paysannes africaines », in *Vers un développement endogène en Afrique occidentale*, Société neuchâteloise de géographie, bulletin n° 36, p. 65.

initiatives qui se multiplient préparent les conditions d'émergence d'un rapport au monde des affaires et des entreprises qui diffère des économies barbares fondées sur l'intégrisme véhiculé par le FMI et la Banque mondiale.

Dans les sociétés qui retrouvent leur dynamisme, l'Afrique peut compter sur les nouveaux acteurs socio-économiques qui ne sont pas des mendiants mais qui sont prêts à s'organiser et à innover pour entreprendre. Pour le vérifier, il suffit de rejoindre les milliers de travailleurs ruraux et urbains dans les lieux de la quotidienneté où s'expérimentent les nouvelles manières de vivre et de penser. C'est cette inventivité des « petites gens » qui nourrit l'espoir des changements en germe. Elle constitue le socle où s'enracinent tous les choix porteurs d'avenir. Dans ce sens, au-delà des clichés usés, l'Afrique renaît obstinément à partir des innovations inattendues des gens plus importants qu'ils n'en ont l'air, dont les jeunes et les femmes du continent. Tel est le défi de ce que nous appelons le « monde d'en-bas ».

BIBLIOGRAPHIE

ADDA, J. et Smoutz, M.C., *La France face au Sud. Le miroir brisé*, Paris, Karthala, 1989.
AGIR ICI et SURVIE, *Les dossiers noirs de la politique africaine de la France : Les liaisons mafieuses de la France-Afrique*, n° 2, Paris, L'Harmattan, 1996, pp. 66-140.
ALGIETTA, M. et ORLÉAN, A., *La violence de la monnaie*, Paris, P.U.F., 1982.
AMIN, S., *La faillite du développement en Afrique et dans le Tiers-Monde*, Paris, L'Harmattan, 1989.
AMIN, S., *Les défis de la mondialisation*, Paris, L'Harmattan, 1996.
AMSELLE, J. L., *Le développement vu du village, Sociologia Ruralis*, vol. XXVIII, n° 2/3, pp. 179-181.
ARGHIRI, E., *Technologie appropriée ou technologie sous-développée?*, Paris, P.U.F., 1981.
ARONDEL, P.H., *L'impasse libérale*, Paris, Desclée de Brouwer, 1995.
BAIROCH, P., *Le Tiers-Monde dans l'impasse. Le démarrage économique au XVIIIe et au XIXe siècle*, Paris, Gallimard, 1971.
BAIROCH, P., *Révolution industrielle et sous-développement*, Paris, Mouton, 1974.
BAIROCH, P., *Mythes et Paradoxes de l'histoire économique*, Paris, La Découverte, 1994.
BAKARY, T.D., *Société civile et modes de transition politique en Afrique*, Gorée Institute, Dakar, mars 1993.
BALANDIER, G., *Sens et puissance, Les dynamiques sociales*, Paris, P.U.F., 1971.
BALANDIER, G., *Le Tiers-Monde : sous-développement et développement*, Paris, P.U.F., 1961.

BALANDIER, G., *Sociologie des Brazzavilles noires*, Paris, Presses de la Fondation des sciences politiques, 1985.
BALANDIER, G., *Anthropologie politique*, Paris, Quadrige, P.U.F., 1995.
BANQUE MONDIALE, *L'Afrique subsaharienne : de la crise à la croissance durable*, Washington, D.C., 1990.
BANQUE MONDIALE, *L'ajustement structurel en Afrique : réformes, résultats et le chemin à parcourir*, Washington, 1994.
BARRÈRE, A., *L'enjeu des changements : exigences actuelles d'une éthique économique et sociale*, Paris, Ed. Erès, 1991.
BASSANA, H., *Travail forcé, Expropriation et formation du salariat en Afrique noire*, Grenoble, P.U.G., 1978.
BAYART, J. F., *L'État au Cameroun*, Paris, F.N.S.P., 1979.
BAYART, J. F., *L'État en Afrique : la politique du ventre*, Paris, Fayard, 1989.
BAYART, J. F., ELLIS, S. et HIBOU, B., *La criminalisation de l'État en Afrique*, Paris, Éd. Complexe, 1997.
BEDARD, G., « Argent chaud et argent froid », in Renard, G., *La mobilisation de l'épargne par des institutions coopératives et son impact sur le développement local dans sept pays africains*, Genève, BIT, 1987.
BEKOLO EBE, B., et BILONGO, R., *Comportements des gains et structures des taux d'intérêt dans les tontines : étude de quelques cas*, Douala, Grea, 1988.
Belloncle, G., *Anthropologie appliquée et développement*, Paris, L'Harmattan, 1993.
BOIRAL, J. P. et al., *Paysans, experts et chercheurs en Afrique noire*, Paris, Karthala, 1985.
BON, M., *Face à la corruption*, Revue commentaire, n° 66, 1994, pp. 15-26.
BOUGOIGNIE, G. (éd.)., GENNÉ, M., *Ajustement structurel et réalités sociales en Afrique*, Université d'Ottawa, 1990.
BRUCKNER, P., *La tentation de l'innocence*, Paris, Grasset, 1995.
BRUNEL, S., *Le gaspillage de l'aide*, Paris, Le Seuil, 1993.
BUGNICOURT, J., *Action administrative et communication avec les administrés en Afrique*, Revue française d'administration publique, n° 7, avril-juin, 1979.
CAMPBELL, B., « Débats actuels sur la reconceptualisation de l'État par les organismes de financement multilatéraux et l'USAID », in *L'État en Afrique : indigénisations et modernités*, Paris, Cahier du Gemdev, n° 24, 1996.
CARFANTIAN, J.Y. et CONDAMINES, *Qui a peur du Tiers-Monde?*, Paris, Seuil, 1980.

Bibliographie

CÉLESTE, M. Cl., « La grande aventure de la privatisation en Afrique », in *Le Monde diplomatique*, mai, 1989.
CHABAL, P., « Pouvoir et violence en Afrique post-coloniale », in *Politique africaine*, n° 42, juin, 1991, pp. 51-64.
CHASTELAND, J.C. et CHESNAIS, J.C. (dir), *La population monde. Enjeux et problèmes*, Paris, P.U.F., 1997.
CHENAIS, F., *La mondialisation du capital*, Paris, Syros, 1994.
CHEVALLIER, J., *La science administrative*, Paris, P.U.F., 1986.
CLAIRMONT, F.F., *La logique de production*, Le monde diplomatique, mai 1994.
CLERC, D., « De la production des richesses à la production des exclus », in *Le Monde diplomatique*, juillet 1992.
COHEN, W.B., *Français et Africains : les Noirs dans le regard des Blancs 1530-1880*, Paris, Gallimard, 1980.
COQUERY-VIDROVITCH, C., et FOREST, A., (éds), *Décolonisation et nouvelles dépendances*, Lille, Presses universitaires, 1986.
COQUERY-VIDROVITCH, C., HEMERY, D., PIEL, J., (éds), *Pour une histoire du développement. États, sociétés, développement*, Paris, L'Harmattan, 1988.
COURADE, G., (éd.), *Le village camerounais à l'heure de l'ajustement*, Paris, Karthala, 1994.
DARBON, D., « L'État prédateur », in *Politique africaine*, n° 39, septembre 1990, pp. 37-45.
DETIENNE, M. et VERNANI, J.-P., *Les ruses de l'intelligence. La métis des Grecs*, Paris, Flammarion, 1974.
DE VILLERS, G., « Domination de la technologie et technologies de la domination », in *Politique africaine*, 18 juin 1985, pp. 5-15.
DIAKHITE, T., *L'Afrique malade d'elle-même*, Paris, Karthala, 1986.
DIAL, *Développement social en Afrique subsaharienne : les changements sociaux face à la crise sont-ils viables à long terme?*, janvier 1995.
DUMONT, R., *Un monde intolérable. Le capitalisme en question*, Paris, Seuil, 1988.
DURUFLÉ, G., *L'ajustement structurel en Afrique (Sénégal, Côte-d'Ivoire, Madagascar)*, Paris Karthala, 1988.
DURUFLÉ, G., *Le Sénégal peut-il sortir de la crise? Douze ans d'ajustement structurel au Sénégal*, Paris, Karthala, 1994.
EIHRENBERG, A., *Le culte de la performance*, Paris, Calmann-Lévy, 1995.
EL AMANI, *Le discrédit sur des technologies indigènes; histoire de l'hydraulique villageoise en Tunisie*, Actuel développement, n° 17, 1977.

ÉLA, J. M., « Les enjeux de la conférence du Caire : Les femmes africaines sous contrôle des marchands ? », in *Afrique 2000*, n° 19, oct.-déc. 1994, pp. 11-20.

ÉLA, J. M., « Développement et "diversion" Démographique », in *Le Monde diplomatique*, septembre 1994.

ÉLA, J. M., *Afrique : l'irruption des pauvres. Société contre ingérence, Pouvoir et argent*, Paris, L'Harmattan, 1994.

ÉLA, J. M., « L'avenir de l'Afrique : enjeux théoriques, stratégiques et politiques », in *L'avenir du développement*, Paris, L'Harmattan, 1997.

ENDA, *Initiatives paysannes au Sahel. S'organiser et lutter contre la fatalité*, Dakar, 1985.

FOCCART PARLE, *Entretiens avec Philippe Gaillard*, Paris, Fayard, 1997.

FUKUYAMA, F., *La fin de l'histoire et le dernier homme*, Paris, Flammarion, 1992.

GAILLARD, PH., « Affaires de femmes », in *Jeune Afrique Plus*, n° 9, nov.-déc. 1990.

GÉLINAS, J. B., *Et si le Tiers-Monde s'autofinançait. De l'endettement à l'épargne*, Montréal, Éco société, 1994.

GENTIL, D. et FOURNIER, Y., *Les paysans peuvent-ils devenir banquiers ? Épargne et crédits en Afrique*, Paris, Syros, 1993.

GEORGES, S. et Sabelli, F., *Crédits sans frontières. La religion séculière de la banque mondiale*, Paris, La découverte, 1992.

GIBBON, P. (éd.), *Social change and economic reform in Africa*, Uppsala, The scandinavian Institute of Africa studies, 1993.

GIBBON, P., Yusuf Bangura et Arve Ofstad, *Authoritarianism, Democracy and Adjustment. The politics of economic reform in Africa*, Uppsal, The scandinavian Institute of African studies, 1992.

GLASSER, A. et SMITH, S., *Ces messieurs d'Afrique. Le Paris-village du continent noir*, Paris, Calmann-Lévy, 1992.

GLASSER, A. et SMITH, S., *L'Afrique sans Africains*, Paris, Stock, 1994.

GOUFFERN, L., « Les limites d'un modèle ? À propos d'État et bourgeoisie en Côte-d'Ivoire », in *Politique africaine*, n° 6, mai 1982, pp. 19-34.

GUBRY, P. et al., *Le retour au village. Une solution à la crise économique au Cameroun ?*, Paris, L'Harmattan, 1996.

GUILLAUMONT, P. et GUILLAUMONT, S. (dir.), *Ajustement et développement : l'expérience des pays ACP*, Paris, Économica, 1994.

HAZARD, P., *La crise de la conscience européenne 1690-1715*, Paris, Fayard, 1961.

HENRY, A., et al., *Tontines et banques au Cameroun. Les principes de la société des amis*, Paris, Karthala, 1991.
HUGON, PH., *Analyse du sous-développement. L'exemple de l'économie camerounaise*, Paris, P.U.F., 1968.
HUGON, PH., QUIERS, G., VALETTE, S. (éds.), *L'Afrique des incertitudes*, Paris, P.U.F., 1995.
HUSAIN, I., *Poverty and structural adjustment; the African case*, Washington, Banque mondiale, 1993.
JACOP, J. P. et LAVIGNE DELVILLE, PH. (dir.), *Les associations paysannes en Afrique. Organisation et dynamique*, Paris, Karthala, 1994.
JUDET, P. (dir.), *Transfert de technologie et développement*, Paris, 1977.
JUDET, P., COURLET, CL., « Industrialisation et développement : la crise des paradigmes », in *Revue Tiers-Monde*, n° 107, juillet-septembre 1986.
KAHN, J F., *La pensée unique*, Paris, Fayard, 1995.
KAPTUE, L., *Travail et main-d'œuvre au Cameroun 1916-1952*, Paris, L'Harmattan, 1986.
KESSLER, D. et ULLMO, P. (dir.), *Épargne et développement*, Paris, Économica, 1985.
KRAY, G., *La traite des Noirs*, Paris, Laffont, 1968.
LAMBERT, D. C., *Le mimétisme technologique dans le Tiers-Monde*, Paris, Économica, 1979.
LATOUCHE, S., *Faut-il refuser le développement?*, Paris, P.U.F., 1986.
LATOUCHE, S., *L'occidentalisation du monde*, Paris, La Découverte, 1991.
LELART, M. (dir.), *La tontine, pratique informelle d'épargne et de crédit dans les pays en voie de développement*, Paris, Éd. John Libbey Eurotext/AUPELF, 1990.
LE NOIR, A., « Les leçons d'une hécatombe », in *Jeune Afrique, Économie*, n° 152, février 1992.
LE ROY, E., « Trente ans de pratiques juridiques à l'ombre de l'État : la domestication du Leviathan », in Bach D. et Kirk-Greene, A.A., *États et Sociétés en Afrique francophone*, Paris, Économica, 1993.
LESPÈS, J. L., « Les informalités tontinières : traditions et innovations », in Lelart M. (dir.), 1990.
LIPIETZ, A., *Mirages et miracles : problèmes de l'industrialisation dans le Tiers-Monde*, Paris, La Découverte, 1985.
MAHIEU, F.H., *Les fondements de la crise économique en Afrique : entre la pression communautaire et le marché international*, Paris, L'Harmattan, 1990.

MARCHAND, Y., *Une urgence : l'Afro-réalisme*, Paris, La documentation française, Rapport au Premier ministre, 1996.

MARTIN, H. P. et SCHUMANN, H., *Le Piège de la mondialisation. L'agression contre la démocratie et la prospérité*, Paris, Solin, 1997.

MBEMBE, A., *Afriques indociles, Christianisme, État et société en Afrique post coloniale*, Paris, Karthala, 1989.

MBEMBE, A., *Pouvoir, violence et accumulation*, Politique africaine, n° 39, septembre 1990, pp. 4-24.

MBEMBE, A., *Afrique : enjeux d'une fin de siècle*, Foi et développement, n° 187-189, déc. 1990.

MBEMBE, A., *Désordres, résistances et productivité*, Politique africaine, n° 40, 1991, pp. 28.

MBEMBE, A., «Traditions de l'autoritarisme et problèmes de gouvernement en Afrique subsaharienne», in *Africa Development*, vol. XVII, n° 1, 1992, pp. 37-64.

MBEMBE, A., «Le véritable enjeu des débats sur la démocratie. Afrique des comptoirs ou Afrique du développement?», in *Le Monde diplomatique*, février 1992, pp. 24-25.

MBEMBE, A., «Déconfiture de l'État et risques de la "Transition démocratique"», in *Le Monde diplomatique*, mai 1993, pp. 16-17.

M'BOKOLO Elikia, *L'Afrique au XXe siècle. Le continent convoité*, Paris, Seuil, 1985.

MÉDARD, J. F., «L'État patrimonialisé», in *Politique africaine*, n° 39, septembre 1990, pp. 2536.

MENDE, T., *De l'aide à la recolonisation*, Paris, Seuil, 1972.

MENY, Y., (dir.), *Le mimétisme institutionnel : la greffe et le rejet*, Paris, L'Harmattan, 1993.

MICHAÏLOF, S., *Les apprentis du développement : mythes technologiques face à la pauvreté rurale*, Paris, Économica, 1987.

MISSER, F., et VALLÉE, O., *Les gemmocraties. L'économie politique du diamant africain*, Paris, Desclée de Brouwer, 1997.

MONGA, C., *Anthropologie de la colère. Société civile et démocratie en Afrique noire*, Paris, L'Harmattan, 1994.

MONGA, C., *L'argent des autres. Banques et petites entreprises publiques en Afrique. Le cas du Cameroun*, Paris, L.G.D.J., 1997.

MORICE, A., «Corruption, Loi et société : quelques propositions», in *Revue Tiers-Monde*, T. XXXVI, n° 141, janvier-mars 1995, pp. 41-65.

MORIN, E., «Le développement de la crise du développement», in Candido Mendès (sous la dir.), *Le mythe du développement*, Paris, Seuil, 1977.

MPESSA MOULONGO, G., « Cameroun : chronique d'un pillage annoncé », in *Jeune Afrique, Économie*, janvier 1992, pp. 175-183.

NAUDET, J.D., *Études des perspectives à long terme en Afrique de l'Ouest : éléments de vision économique prospective : L'Afrique de l'Ouest à l'horizon décennal*, Dial, nov. 1993.

NAUDET, J D., « Crise de l'économie réelle et dynamique de la demande en Afrique de l'Ouest », in Coussy, J., et Vallin, J., (dir.), *Crise et population en Afrique. Crises économiques, politiques d'ajustement et dynamiques démographiques*, Paris, Orstom, 1996, pp. 71-98.

NLEP, R.G., *L'administration publique camerounaise. Contribution à l'étude des systèmes africains d'administration publique*, Paris, L.G.D.J. 1986.

OLIVIER DE SARDAN, J. P. et PAQUOT, E., *D'un savoir à l'autre. Les agents de développement comme médiateurs*, Paris, Gret, 1991.

ORSTOM, *Pauvreté, chômage et exclusion dans les pays du sud*, Paris, 1995.

PARTANT, F., *La fin du développement : naissance d'une alternative*, Paris, La Découverte, 1983.

PEEMANS, J. PH., *Crise de la modernisation et pratiques populaires au Zaïre et en Afrique*, Paris, L'Harmattan, 1997.

PÉRENNES, J. J., *Le développement en question : quelques repères dans la crise de modèles et des stratégies*, Foi et développement, n° 193, mai 1991.

PERROT, D., *Les empêcheurs de développer en rond*, Ethnies, n° 13, 1991.

PLACCA, J. B., « L'Afrique des convoitises », in *L'autre Afrique*, 2-8 juillet 1997.

PNUD, *Rapport Mondial sur le développement humain*, Paris, Économica, 1994.

PONCELET, M., *Une utopie post-tiersmondiste. La dimension culturelle du développement*, Paris, L'Harmattan, 1995.

PRAVERDAND, P., *Une Afrique en marche. La révolution silencieuse des paysans africains*, Paris, Plon, 1989.

Raffer, K. et Singer, H.W., *The foreigh aid business*, Cheltenham, Edward Elgar, 1996.

RAHAMATO, D., *Organisations paysannes en Afrique : problèmes et perspectives*, Dakar, Codesria, 1991.

RIST, G., *Le développement dans une perspective interculturelle*, Genève, Institut universitaire du développement, 1985.

RIST, G. et SABELLI, F., *Il était une fois le développement*, Lausanne, Éd. D'en bas, 1986.

RIST, G., « Le développement : une croyance occidentale », in *Croissance, Le monde en développement*, n° 400, janvier 1997.
RUFIN, J.C., *L'empire et les nouveaux barbares. Rupture Nord/Sud*, Paris, J. C. Lattès, 1991.
SALAMA, P. et VALLIER, J., *Pauvreté et inégalités dans le Tiers-Monde*, Paris, La Découverte, 1990.
SALA-MOLINS, L., *Le code noir ou le calvaire de Canaan*, Paris, P.U.F., 1986.
SANDBROOK, R., « Personnalisation du pouvoir et stagnation, capitaliste », in *Politique Africaine*, n° 26, juin 1987, pp. 15-41.
SAUVY, A., *L'Europe submergée*, Paris, Bordas, 1988.
SEE, H., *Les origines modernes du capitalisme*, Paris, A. Collin, 1930.
SEWANOU DABLA, J. J., *Arts et renaissance culturelle en Afrique*. Quotidien du stage de préparation au départ et mutation interétats du secrétariat d'État à la coopération, Orléans, Silo, 1997.
SINGLETON, M., *Projet et projets*, Cahiers du Cidep, n° 7, Paris, L'Harmattan, 1990.
SMITH, S. et GLASER, A., *Ces messieurs Afrique 2. Des réseaux aux lobbies*, Paris, Calmann-Lévy, 1997.
Sorman, G., *La nouvelle richesse des nations*, Paris, Fayard, 1987.
SOUDAN, F., « L'Afrique recolonisée ? Faute de mieux », in *Jeune Afrique*, n° 1666, 10-16 déc. 1992.
STRAHM, R.H., *Pourqouoi sont-ils si pauvres?* Neuchâtel, La Baconnière, 1978.
STREN, R., WHITE RODNEY ET COQUERY, M., (dir.), *Villes africaines en crise*, Paris, L'Harmattan, 1993.
TABUTIN, D., (dir.), *Population et sociétés en Afrique au sud du Sahara*, Paris, L'Harmattan, 1988.
TUQUOI, J. P., « Le sursaut de l'Afrique », in *Le Monde*, 7 janvier 1997.
WALLERSTEIN, I., *Le système du monde du XVe siècle à nos jours. Capitalisme et économie-monde (1450-1640)*, Paris, Flammarion, 1980.
WALLERSTEIN, I., *Le système du monde du XVe siècle à nos jours. Le mercantilisme et la consolidation de l'économie-monde européenne (1600-1700)*, Paris, Flammarion, 1984.
ZAOUAL, H., « La crise du paradigme du développement », in *Revue Tiers-Monde*, n° 100, t. XCXVI, oct.-déc., 1984.
ZOUAL, H., « L'impensé de l'économiste du développement », in *Mondes en développement*, t. 17, n° 68, 1989, p. 141.

616912 - Août 2015
Achevé d'imprimer par